Matthias Schnettger
Das 17. Jahrhundert

Oldenbourg
Grundriss der Geschichte

—

Herausgegeben von Hans Beck, Karl-Joachim Hölkeskamp, Achim Landwehr, Steffen Patzold und Benedikt Stuchtey

Band 54

Matthias Schnettger

Das 17. Jahrhundert

Krisen, Kriege, Konsolidierungen

ISBN 978-3-11-073767-7
e-ISBN (PDF) 978-3-11-073277-1
e-ISBN (EPUB) 978-3-11-073283-2
ISSN 2190-2976

Library of Congress Control Number: 2023951913

Bibliografische Information der Deutschen Nationalbibliothek
Die Deutsche Nationalbibliothek verzeichnet diese Publikation in der
Deutschen Nationalbibliografie; detaillierte bibliografische Daten
sind im Internet über http://dnb.dnb.de abrufbar.

© 2024 Walter de Gruyter GmbH, Berlin/Boston
Satz: bsix information exchange GmbH, Braunschweig
Druck und Bindung: CPI books GmbH, Leck

www.degruyter.com

Vorwort der Herausgeber

Die Reihe *Oldenbourg Grundriss der Geschichte* dient seit 1978 als wichtiges Mittel der Orientierung, sowohl für Studierende wie für Lehrende. Sie löst seither ein, was ihr Titel verspricht: ein Grundriss zu sein, also einen Plan zur Verfügung zu stellen, der aus der Vogelschau Einsichten gewährt, die aus anderen Perspektiven schwerlich zu gewinnen wären.

Seit ihren Anfängen ist die Reihe bei ihren wesentlichen Anliegen geblieben. In einer bewährten Dreiteilung wollen ihre Bände in einem ersten Teil einen Überblick über den jeweiligen historischen Gegenstand geben. Ein zweiter Teil wird bestimmt durch einen ausgiebigen Forschungsüberblick, der nicht nur den Studierenden in einem historischen Forschungsgebiet eine Übersicht über gegenwärtige wie vergangene thematische Schwerpunkte und vor allem Debatten gibt. Denn angesichts der Komplexität, Internationalität sowie der zeitlichen Tiefe, die für solche Diskussionen kennzeichnend sind, stellt es auch für Wissenschaftler eine zunehmende Herausforderung dar, über die wesentlichen Bereiche einer Forschungsdebatte informiert zu bleiben. Hier leistet die Reihe eine wesentliche Hilfestellung – und hier lässt sich auch das Merkmal identifizieren, das sie von anderen Publikationsvorhaben dieser Art deutlich abhebt. Eine umfangreiche Bibliographie rundet als dritter Teil die jeweiligen Bände ab.

Im Laufe ihrer eigenen Historie hat der *Oldenbourg Grundriss der Geschichte* auf die Veränderungen in geschichtswissenschaftlichen Diskussionen und im Geschichtsstudium reagiert. Sie hat sich nach und nach neue Themenfelder erschlossen. Es geht der Reihe in ihrer Gesamtheit nicht mehr ausschließlich darum, in der griechisch-römischen Antike zu beginnen, um das europäische Mittelalter zu durchschreiten und schließlich in der Neuzeit als unserer erweiterten Gegenwart anzukommen. Dieser Gang durch die Chronologie der deutschen und europäischen Geschichte ist für die Orientierung im historischen Geschehen weiterhin grundlegend; er wird aber zunehmend erweitert durch Bände zu nicht europäischen Themen und zu thematischen Schwerpunkten. Die Reihe dokumentiert damit die inhaltlichen Veränderungen, die sich in den Geschichtswissenschaften international beständig vollziehen.

Mit diesen Inhalten wendet sich die Reihe einerseits an Studierende, die sich die Komplexität eines Themenfeldes nicht nur inhaltlich, sondern auch forschungsgeschichtlich erschließen wollen. Andererseits sollen Lehrende in ihrem Anliegen unterstützt werden, Themengebiete in Vorlesungen und Seminaren vermitteln zu können. Im Mittelpunkt steht aber immer der Versuch zu zeigen, wie Geschichte in ihren Ereignissen und Strukturen durch Wissenschaft gemacht wird und damit selbst historisch gewachsen ist.

Hans Beck
Karl-Joachim Hölkeskamp
Achim Landwehr
Steffen Patzold
Benedikt Stuchtey

Vorwort

Als ich vor etwa 35 Jahren als studentische Hilfskraft in Münster die Fertigstellung des Vorgängerbandes von Heinz Duchhardt miterlebte, hätte ich mir nicht träumen lassen, selbst einmal einen Band für die OGG-Reihe zu schreiben. Es war mir eine große Freude und Ehre, dass mich mein akademischer Lehrer einlud, bei der letzten Auflage von „Barock und Aufklärung" (2015) einen Teil des Forschungsberichts zu verfassen, und dass mir nun der Band zum 17. Jahrhundert anvertraut wurde. Während ich im Forschungsteil einige Gedanken aus dem Band von 2015 übernehmen konnte, habe ich den Darstellungsteil völlig neu konzipiert. Dies ist nicht nur durch den zeitlichen Neuzuschnitt des Bandes erforderlich geworden, sondern auch, weil sich die Bedürfnisse der Studierenden in den vergangenen Jahrzehnten grundlegend geändert haben.

Die Vermittlung von Forschungsergebnissen an ein größeres – und nicht zuletzt studentisches Lesepublikum – ist mir ein wichtiges Anliegen. Ich hoffe, es ist mir gelungen, einen Text zu verfassen, der Lesenden ohne spezifische Vorkenntnisse einen Zugang zum 17. Jahrhundert eröffnet – und damit zu einer Welt, die Menschen des 21. Jahrhunderts in vielem sehr fremd, in anderem aber durchaus vertraut erscheinen mag. Genau in dieser Kombination von Nähe und Ferne liegt für mich ein besonderer Reiz der Beschäftigung mit der Frühen Neuzeit, und es würde mich freuen, wenn ich mit diesem Buch ein wenig von diesem Reiz vermitteln könnte.

Wenn mir das gelungen sein sollte, so wäre das nicht allein mein Verdienst, sondern vielmehr auch einer Reihe von Menschen zu verdanken, die die Entstehung dieses Bandes begleitet haben. Aus meinem Mainzer Frühneuzeit-Team haben Sebastian Becker, Bettina Braun, Lara Luisa Schott-Storch de Gracia und Christian Zimmermann den gesamten Text gelesen. Meine Kollegin Barbara Henning hat mir wichtige Hinweise zu den Abschnitten zum Osmanischen Reich gegeben. Weitere Verbesserungen hat Achim Landwehr als Reihenherausgeber beigesteuert, ebenso wie Bettina Neuhoff vom Verlag de Gruyter Oldenbourg, die den Band sorgfältig lektoriert hat. Jens Lindenhain hat ihn kompetent durch die Drucklegung begleitet. Peter Palm hat mit viel Geduld die Karten erstellt. Ihnen allen sei hiermit sehr herzlich gedankt. Danken möchte ich aber auch meinen Mainzer Studierenden, deren Rückmeldungen zu meiner Einführungsvorlesung für mich eine Inspirationsquelle waren, und last but not least Andreas, der es so geduldig wie nur eben möglich hinnimmt, wenn ich selbst an den Wochenenden regelmäßig ins 17. Jahrhundert entschwinde, der mich aber auch immer rechtzeitig in die Gegenwart zurückholt.

Mainz, im Dezember 2023   Matthias Schnettger

Inhaltsverzeichnis

Vorwort der Herausgeber —— V

Vorwort —— VII

I	**Darstellung** —— 1	
1	Einführung —— 1	
2	Europa um 1600 —— 5	
	2.1	Land und Stadt: Ständische Gesellschaften —— 5
	2.2	Monarchen, Stände, Republiken: Strukturen politischer Herrschaft —— 22
	2.3	Glaubenswelten zwischen Uniformität und Pluralismus —— 33
	2.4	Wissenshorizonte und Medien —— 42
	2.5	Europa in der Welt —— 48
3	Der Dreißigjährige Krieg —— 51	
	3.1	Der Weg in den Krieg —— 51
	3.2	Der Kriegsverlauf —— 56
	3.3	Der Westfälische Frieden und die langwierige Liquidation eines Krieges —— 71
4	Konflikte und Konsolidierungen —— 80	
	4.1	Auf dem Weg zur absoluten Monarchie: Frankreich von Heinrich IV. zu Ludwig XIV. —— 80
	4.2	Verfassungsmäßiger Absolutismus? Die skandinavischen Reiche —— 89
	4.3	Kaiser, Reich und Stände nach dem Westfälischen Frieden —— 93
	4.4	König und Parlament: Die britischen Inseln von Jakob I./VI. bis zur Union —— 102
	4.5	Das „Goldene Zeitalter" der Vereinigten Niederlande —— 112
5	Diplomatie und Kriege im Zeitalter Ludwigs XIV. —— 119	
	5.1	Außenbeziehungen im 17. Jahrhundert —— 119
	5.2	„Mars christianissimus"? Die Kriege Ludwigs XIV. bis zum Frieden von Rijswijk —— 128

	5.3	Der Spanische Erbfolgekrieg —— **134**
	5.4	Türkenkriege des 17. Jahrhunderts —— **138**
	5.5	Nordische Kriege —— **143**
6	Europa um 1700 —— **149**	
	6.1	Gesellschaft und Wirtschaft zwischen Beharrung und Aufbrüchen —— **149**
	6.2	Staatsmacht und Mächtegleichgewicht —— **155**
	6.3	Zwischen „Rekonfessionalisierung" und „Toleration" —— **157**
	6.4	Vorboten der Aufklärung —— **160**
	6.5	Globalisierungen —— **163**
II	**Grundprobleme und Tendenzen der Forschung —— 167**	
1	Abschied vom „Absolutismus": Politische Herrschaft im 17. Jahrhundert —— **167**	
2	Machtvolle Frauen: Fürstinnen und Mätressen —— **181**	
3	Reichsgeschichte im Wandel —— **191**	
4	Konfessionen – Konfessionskonflikte – Konfessionskulturen —— **202**	
5	Internationale Beziehungen – Außenbeziehungen —— **212**	
6	Ein Konflikt mit vielen Gesichtern: Der Dreißigjährige Krieg —— **222**	
7	„Erbfeind" und Partner: Das Osmanische Reich in Europa —— **232**	
8	Ein Krisenjahrhundert: Katastrophen und Katastrophenbewältigung —— **243**	
III	**Quellen und Literatur —— 255**	
1	Quellen —— **255**	
	1.1	Allgemeines und Quellenkunden —— **255**
	1.2	Korrespondenzen und Egodokumente sowie Werkausgaben —— **255**
	1.3	Quellen zur politischen Herrschaft —— **256**
	1.4	Publizistische und Bildquellen —— **257**
	1.5	Diplomatische Korrespondenzen und andere Quellen zu internationalen Beziehungen/Außenbeziehungen —— **257**

2	Basisliteratur —— **258**	
	2.1	Epochensignaturen —— **258**
	2.2	Überblicksdarstellungen und Nachschlagewerke —— **259**
	2.3	Gesellschaft —— **260**
	2.4	Wirtschaft —— **261**
	2.5	Bildung, Wissen, Medien —— **261**
	2.6	Europa in der Welt —— **261**
3	Vertiefende Literatur —— **262**	
	3.1	Politische Herrschaft im 17. Jahrhundert —— **262**
	3.2	Frauen und politische Herrschaft —— **268**
	3.3	Heiliges Römisches Reich deutscher Nation und Reichsverfassung —— **270**
	3.4	Kirchen und Religion —— **275**
	3.5	Internationale Beziehungen – Außenbeziehungen —— **279**
	3.6	Der Dreißigjährige Krieg —— **283**
	3.7	Das Osmanische Reich in Europa —— **287**
	3.8	Krisen, Katastrophen und Katastrophenbewältigung —— **289**

Zeittafel —— **293**

Karten —— **297**

Abkürzungen —— **303**

Autorenregister —— **304**

Personenregister —— **311**

Ortsregister —— **316**

Sachregister —— **322**

Oldenbourg Grundriss der Geschichte —— **332**

I Darstellung

1 Einführung

Krisen, Kriege, Konsolidierungen: Signaturen eines Jahrhunderts

Krisen, Kriege und Konsolidierungen gab es in jedem Jahrhundert der europäischen Geschichte. Im 17. Jahrhundert waren die Krisen und die Kriege aber zahlreicher, länger und tiefgreifender als in den meisten anderen Epochen. Zugleich gab es Phasen der Konsolidierung. Diese Konsolidierungen erfolgten auf sehr unterschiedliche Weisen. Sie erwiesen sich vielfach zugleich als sehr nachhaltig bzw. folgenreich. In einigen Ländern Europas wurden Weichenstellungen vorgenommen, deren Auswirkungen bis in die Gegenwart reichen.

Epochensignaturen

Das 17. Jahrhundert war in verschiedener Hinsicht ein Jahrhundert der Krisen. Dabei handelte es sich nicht zuletzt um eine Klimakrise in Gestalt einer Kleinen Eiszeit, mit sehr regenreichen Sommern und harten Wintern, die im Schnitt über ein Grad kälter waren als Ende des 20. Jahrhunderts – Höhepunkte erreichte die winterliche Kälte in den 1690er Jahren und vor allem im Jahrhundertwinter 1708/09, in dem nicht nur sämtliche mitteleuropäischen Flüsse, sondern auch die Lagune von Venedig und die Ostsee zufroren. Dieses nasskalte Klima, das sich in unterschiedlicher Intensität und Ausprägung in ganz Europa nachweisen lässt, verkürzte die Wachstumsperioden und führte zu Ernteausfällen. Die Klimakrise wurde verschärft durch andere Naturkatastrophen wie Sturmfluten, die an der Nordseeküste große Menschen- und dauerhafte Landverluste bewirkten. In anderen Ländern gab es menschengemachte ökologische Probleme wie die Versteppung großer Teile der Iberischen Halbinsel infolge der ausufernden Schafzucht. Mit der Klimakrise ging eine weite Teile des Kontinents erfassende Wirtschaftskrise einher, die seit dem ausgehenden 16. Jahrhundert eine langandauernde Wachstumsphase beendete und in einigen Ländern auch zu einer demographischen Krise führte. Zugleich durchlitten manche europäischen Länder, nicht zuletzt Frankreich und die britischen Inseln, gravierende, lang andauernde oder sich in Schüben ereignende politische Krisen, die oft mit der Formierung des neuzeitlichen Staats bzw. mit tiefreichenden Konflikten über

Ein Jahrhundert der Krisen

die Formen, die Träger und die Grenzen politischer Herrschaft zusammenhingen.

Ein Jahrhundert der Kriege

Dass das 17. Jahrhundert ein Jahrhundert der Kriege war, steht nicht in Zweifel. Nach den Berechnungen des Politikwissenschaftlers Quincy Wright befanden sich in diesem Jahrhundert alle europäischen Mächte länger im Zustand des Krieges als des Friedens. In der an Kriegen nicht armen deutschen Geschichte kommt dem Dreißigjährigen Krieg zweifellos eine Sonderrolle zu. Für die Vereinigten Niederlande lag der größere, wenn auch weniger existentiell bedrohliche Abschnitt des Achtzigjährigen Kriegs, ihres Unabhängigkeitskampfs gegen die Krone Spanien (1568–1648), im 17. Jahrhundert. Frankreich stand während des überwiegenden Teils der Regierung Ludwigs XIV. (1643–1715) in kriegerischen Auseinandersetzungen mit anderen Mächten. Im Ostseeraum und Südosteuropa wurden im 17. Jahrhundert die sogenannten Nordischen Kriege bzw. Türkenkriege ausgetragen. Gerade im Hinblick auf die letztgenannten Konfliktherde ist es sinnvoll, den Blickwinkel über die Jahrhundertgrenze hinaus zu weiten, denn im Spanischen Erbfolgekrieg (1701–1713/14), im Großen Nordischen Krieg (1700–1721) bzw. im Türkenkrieg der Jahre 1716–1718 kamen Entwicklungen, die im 17. Jahrhundert begonnen hatten, zu einem vorläufigen Abschluss.

Ein Jahrhundert der Konsolidierungen

Eher ungewöhnlich ist es, das 17. Jahrhundert als eine Zeit der Konsolidierungen zu charakterisieren. Mit diesem Begriff soll einerseits die substantielle Stärkung der monarchischen Gewalt in mehreren europäischen Königreichen erfasst werden, die traditionell mit dem Begriff „Absolutismus" belegt wird. Dieser Terminus wird auch in diesem Buch verwendet, allerdings in einer Weise, die den Forschungsergebnissen der letzten Jahrzehnte Rechnung trägt und zugleich die strukturellen Grenzen monarchischer Gewalt mitdenkt. Von einem „Zeitalter des Absolutismus" wird in diesem Band bewusst nicht gesprochen, denn während sich in manchen europäischen Ländern auf die eine oder andere Weise eine „absolute" Monarchie etablierte, konsolidierte sich der frühneuzeitliche Staat namentlich in den Vereinigten Niederlanden und auf den britischen Inseln in einer ganz anderen Weise. Auch das Heilige Römische Reich deutscher Nation erlebte nach dem Dreißigjährigen Krieg eine Epoche der Stabilisierung. Eine Staatswerdung fand hier – jedenfalls auf Reichsebene – aber nicht statt.

Krisen, Kriege und Konsolidierungen standen in vielfältigen, oft dialektischen Zusammenhängen, ereigneten sich in den verschiedenen Ländern nicht synchron und auch nicht in gleicher Intensität. In einigen Reichen unterblieb eine Konsolidierung ganz bzw. sie erfolgte erst jenseits des Betrachtungsraums dieses Buchs. Dies gilt insbesondere für Spanien, für das um 1660 nicht nur in politischer Hinsicht das *Siglo de Oro*, das Goldene Jahrhundert, zu Ende ging. Dennoch erfassen diese Begriffe wesentliche Charakteristika des 17. Jahrhunderts in Europa.

Eine knappe Einführung in die Geschichte des 17. Jahrhunderts muss auswählen und Akzente setzen. Dieses Buch tut dies zum einen dadurch, dass es sich im Wesentlichen auf die Geschichte Europas beschränkt. Dabei werden die östlichen Randmächte Russland und Osmanisches Reich nicht ausgeblendet, stehen aber nicht im Fokus. Berücksichtigt werden ferner die komplexen Beziehungen zwischen Europa und den anderen Kontinenten, die wesentlich, aber keineswegs nur durch die beginnende Kolonialisierung geprägt waren.

<small>Aufbau: Darstellungsteil</small>

Eine weitere Schwerpunktsetzung besteht in der Konzentration auf die politischen Entwicklungen. Der Band soll aber zugleich einen Zugang zu den gesellschaftlichen, wirtschaftlichen, konfessionellen etc. Strukturen vermitteln. Dies geschieht insbesondere im zweiten Kapitel des Darstellungsteils in Form eines ausführlichen Rundblicks über das Europa um 1600. Anschließend widmet sich das dritte Kapitel dem Dreißigjährigen Krieg. Das vierte Kapitel verfolgt die verschiedenen Formen der politischen Krisen und Konsolidierungen in ausgewählten europäischen Ländern, bevor das fünfte Kapitel den Blick auf die Spezifika der „internationalen Beziehungen" in dieser Epoche und auf die Kriege der zweiten Jahrhunderthälfte lenkt. Ein sechstes Kapitel erfasst in einem zweiten, kürzeren Rundblick, nun über das Europa um 1700, wesentliche Signaturen des 17. Jahrhunderts in der Retrospektive und stellt Verknüpfungen zum 18. Jahrhundert, dem Jahrhundert der Aufklärung, her.

Dem bewährten Konzept der Reihe folgend, schließt an die Darstellung ein zweiter Textteil an, der ausgewählte Aspekte der Darstellung aufgreift und in konzentrierten Forschungsberichten vertieft, die die Lesenden in die Lage versetzen sollen, wichtige Forschungsdiskussionen nachzuverfolgen und in diesen Debatten selbst Position zu beziehen. Von den zahlreichen in Betracht kommenden Themen wurden solche ausgewählt, die einen guten Zugang zu wesentlichen Spezifika der Epoche ermöglichen, in den vergangenen Jahren besonders fruchtbare, teils kontroverse For-

<small>Forschungsteil</small>

schungsdiskussionen erlebt haben und die Zeitgebundenheit historischer Forschungsansätze offenlegen.

Der Forschungsteil beginnt mit einem Einblick in die Kontroverse um das Absolutismusparadigma, der in den größeren Kontext der Erforschung politischer Herrschaft in der Frühen Neuzeit gestellt wird. Eine Gruppe von Herrschenden, die Frauen nämlich, steht im Zentrum des nächsten Kapitels. An diesem Beispiel soll zugleich verdeutlicht werden, wie sich die Frauen- und Geschlechtergeschichte in den vergangenen Jahrzehnten von einem Nicht- bzw. Nischenthema zu einem Teil der allgemeinen Geschichte entwickelt hat. Auch der folgende Abschnitt zur Reichsgeschichte zeigt auf, wie und warum sich historische Wertungen binnen einer Forschungsgeneration geradezu um 180 Grad drehen können. Angesichts der überragenden Bedeutung von Kirche und Glauben in der Frühen Neuzeit ist auch diesem Gegenstand ein Kapitel des Forschungsteils gewidmet, das unter anderem auf die Forschungsdiskussion um die Konfessionalisierungsthese eingeht und nach Erscheinungsformen des konfessionellen Pluralismus fragt. Den internationalen Beziehungen und insbesondere der Frage, was diese Chiffre für die Frühe Neuzeit bedeuten kann und was nicht, wendet sich das anschließende Kapitel zu. Zumal das 17. Jahrhundert ein ausgesprochen kriegerisches Jahrhundert war, behandeln die beiden folgenden Abschnitte die lange und vielfältige Forschungsgeschichte des Dreißigjährigen Krieges bzw. die oft kriegerischen Beziehungen zwischen den Ländern des christlichen Europa und dem Osmanischen Reich. Der Forschungsteil endet mit einem Kapitel zu Katastrophen und Katastrophenbewältigung im 17. Jahrhundert. Er verdeutlicht, dass die Erforschung der Frühen Neuzeit bei aller Fremdheit dieser Epoche (die zugleich einen Reiz der Frühneuzeitforschung ausmacht) von nicht zu unterschätzender Bedeutung ist, wenn man gegenwärtige Konstellationen und Herausforderungen mit einem angemessen tiefen Reflexionshintergrund durchdringen möchte.

Der Darstellungs- und der Forschungsteil ergänzen einander und greifen ineinander, sind aber auch unabhängig voneinander lesbar. Die Auswahlbibliographie enthält neben den im Forschungsteil erwähnten Publikationen eine kleine Zusammenstellung von Quelleneditionen und einführenden Werken.

2 Europa um 1600

2.1 Land und Stadt: Ständische Gesellschaften

In Europa lebten dank einer stabilen Wachstumsphase, die seit den demographischen Einbrüchen infolge der Großen Pest des 14. Jahrhunderts andauerte, um 1600 mehr Menschen als jemals seit der römischen Antike. Schätzungen gehen von knapp 105 Mio. Menschen in ganz Europa aus. Das bevölkerungsreichste Land war Frankreich mit etwa 18,5 Mio. Einwohnern, auf der flächenmäßig größeren Iberischen Halbinsel, also in Spanien und Portugal, lebten demgegenüber nur gut 11 Mio. Menschen, und im Deutschen Reich waren es etwa 15 Mio. Die am dichtesten besiedelten Länder, Italien und die kleinen Vereinigten Niederlande, kamen auf gut 13 Mio. bzw. knapp 3 Mio. Einwohner. Zum Vergleich: Heute liegt die Bevölkerungszahl allein in Deutschland bei über 83 Mio.

Bevölkerungszahlen

Wenn man derartige Vergleiche anstellt, begibt man sich freilich auf dünnes Eis. Das gilt grundsätzlich für die gesamte quantifizierende Demographie, wenn sie sich auf ein vorstatistisches Zeitalter bezieht, das keine auch nur annäherungsweise exakten, flächendeckenden Bevölkerungserhebungen kannte. Demzufolge ist die historische Demographie auf fundierte Schätzungen angewiesen, die auf dem verfügbaren Quellenmaterial beruhen. Das können zum Beispiel Kirchenbücher sein, die die Zahl der Taufen, Eheschließungen und Todesfälle auflisten, oder Steuerlisten, die die zahlungspflichtigen Haushalte aufführen. Da derartige Quellen aber nur für einzelne, meist kleine Räume, oft auch nur für bestimmte Zeitabschnitte vorhanden sind, ist man zu Hochrechnungen gezwungen, wenn man Aussagen zur demographischen Entwicklung in ganzen Ländern oder über längere Zeiträume hinweg treffen will. Je weiter man sich räumlich und zeitlich von den verfügbaren Daten entfernt, desto unsicherer werden die Schätzungen. Das hängt auch damit zusammen, dass bei den vorhandenen Quellen manche Variablen unklar bleiben. Etwa: Wie viele Personen umfassten durchschnittlich die angegebenen Haushalte in einer Steuerliste? Angesichts derartiger Unsicherheitsfaktoren kann es nicht verwundern, dass die Schätzungen zu den Bevölkerungszahlen für das frühneuzeitliche Europa sehr unterschiedlich ausfallen.

Herausforderungen der historischen Demographie

Alle Aussagen zu den Bevölkerungszahlen sind daher unter dem Vorbehalt der Unsicherheitsfaktoren der historischen Demographie zu lesen, die trotz aller formulierten Einschränkungen dennoch wertvoll bleibt, um eine Vorstellung von den Bevölkerungsverhältnissen im frühneuzeitlichen Europa zu bekommen. So können etwa die genannten Kirchenbücher Aussagen zur Lebenssituation – Lebenserwartung, Heiratsalter, Zahl der Ehen und Kinder, ggf. Todesursachen – gerade derjenigen Menschen ermöglichen, zu denen sonst kaum oder gar keine Quellen vorhanden sind.

Demographische Krise

Was die Quellen relativ deutlich erkennen lassen, ist, dass sich das jahrhundertelange Bevölkerungswachstum in Europa um 1600 abschwächte, in einigen Ländern sogar in einen Rückgang umschlug. Ursächlich für die demographische Krise war eine Klimaverschlechterung, eine Kleine Eiszeit mit verkürzten Vegetationsperioden und erhöhten Niederschlägen, die vielerorts zu geringeren Erträgen in der Landwirtschaft führte, die Ernährungssituation der Menschen verschlechterte und sie so anfälliger für Krankheiten und Seuchen machte. Das galt gerade für die Städte, in denen die ärmere, von Lohnzahlungen abhängige Bevölkerung besonders unter den Folgen von Wirtschaftskrisen und Inflation litt. Auch noch im 17. Jahrhundert kam es immer wieder zu Ausbrüchen der Pest, mit örtlich sehr hohen Todesraten, beispielsweise in Italien, wo die Seuche 1656/57 die Bevölkerung der Stadt Genua auf 40 000 Menschen nahezu halbierte. Nicht immer, wenn in den Quellen von „Pestis" die Rede ist, handelte es sich jedoch um die Beulen- oder die Lungenpest, sondern auch die Pocken und andere Epidemien wurden gelegentlich so bezeichnet. Diese Seuchen folgten in Kriegszeiten häufig den durchziehenden Truppen.

Auswirkungen der Kriege

Überhaupt waren Kriege, in Mitteleuropa insbesondere der Dreißigjährige Krieg, mitverantwortlich für die demographische Krise. Zahlreiche Menschen – Soldaten und Zivilisten – starben aufgrund direkter Kriegseinwirkungen, noch viel mehr Menschen aber aufgrund der Kriegsfolgen, nicht zuletzt der Seuchen und der nachhaltigen Schädigung der Landwirtschaft. Denn wenn über längere Zeit kein Ackerbau betrieben werden konnte, verödete das Kulturland und ging der landwirtschaftlichen Produktion verloren. Zudem sank die Reproduktionsrate: Es wurden weniger Ehen geschlossen und weniger Kinder geboren. In einigen Ländern, zum Beispiel in Spanien, trugen Migrationen zu den Bevölkerungsverlusten bei. Ein allzu weiter Blick kann freilich zu verzerrten Wahrnehmungen führen. So büßten einige deutsche Regionen im Verlauf des Dreißigjährigen Krieges über die Hälfte der Bevölkerung ein, wie Thüringen oder der pfälzische Raum. Andere Gegenden, wie die im Windschatten des Krieges bleibende Grafschaft Oldenburg, profitierten sogar von der andernorts herrschenden Krise.

Die Gesellschaften des frühneuzeitlichen Europa waren ständische Gesellschaften. Sie fußten nicht auf der Grundannahme oder dem Anspruch einer Gleichheit der Menschen, sondern gingen im Gegenteil davon aus, dass die Angehörigen der verschiedenen Stände unterschiedlich seien und daher auch unterschiedliche Pflichten und Rechte hätten. Dabei wurde weniger das einzelne Individuum in den Blick genommen als eben der gesamte Stand. Stand aber meinte zunächst einmal: Geburtsstand. Das heißt, dass ein Mensch in einen bestimmten Stand hineingeboren wurde, dem er im Normalfall sein ganzes Leben lang angehörte. Diese Standeszugehörigkeit prägte die Chancen und Begrenzungen eines Lebens ganz wesentlich. Es gab zwar Möglichkeiten, in einen anderen, höheren Stand zu wechseln, etwa wenn ein Herrscher verdiente bürgerliche Verwaltungsfachleute oder Finanziers in den Adel erhob. Derartige Aufstiege blieben aber stets die Ausnahme und stellten die ständische Ordnung nicht grundlegend in Frage.

_{Ständische Gesellschaften}

Traditionellerweise unterschied man drei Stände: den geistlichen Stand, den Adelsstand und den sich aus Bürgern und Bauern zusammensetzenden Dritten Stand. Die Angehörigen aller dieser Stände hatten eine respektable, wenn auch unterschiedliche Position in der ständischen Gesellschaft. Für wachsende Bevölkerungsgruppen, die außer- oder unterständischen Schichten, traf das nicht zu. Überhaupt war die frühneuzeitliche Gesellschaft in der Realität viel differenzierter, als dies die hergebrachte Ständelehre suggeriert.

Eine zentrale Lebensnorm der frühneuzeitlichen Gesellschaft war die „Ehre". Ehre besaß der einzelne Mensch – Männer wie Frauen – durch seine Herkunft, seinen Stand sowie seinen Beruf und hatte sie durch eine entsprechende Lebensführung zu wahren und zu festigen. Das galt für Adlige ebenso wie für Bauern und Bürger, wobei die Ehre und die aus ihr resultierenden Konsequenzen für die Lebensführung bis zu einem gewissen Grade standes- und geschlechtsspezifisch waren. Ein Ehrverlust konnte den sozialen Tod bedeuten.

Ehre

Der Haushalt als kleinste soziale Einheit

Neben der ständischen ist eine weitere spezifische Struktur der frühneuzeitlichen Gesellschaft anzusprechen. Unabhängig von der Standeszugehörigkeit war der Haushalt die kleinste soziale Einheit. Er umfasste neben der Kernfamilie oft weitere Blutsverwandte, wie unverheiratete Geschwister der Eltern oder Großeltern. In vielen Fällen kam noch Dienstpersonal hinzu. Das waren in einem Bauernhaushalt wenige Knechte und Mägde, an einem adligen Hof unter Umständen Hunderte von Menschen mit den unterschiedlichsten Funktionen. Ob auf einem Bauernhof, in einem Handwerkerhaus oder in einem Schloss: Der Haushalt war gleichzeitig Lebensgemeinschaft und zumindest partiell autonome Wirtschaftseinheit. Hier spielten sich wesentliche Teile des Lebens ab. Eine Trennung von Privathaus und Arbeitsplatz, wie sie sich später durchsetzen sollte, war unüblich.

Innerhalb der Haushalte lässt sich oft eine geschlechtsspezifische Arbeitsteilung beobachten. Dabei waren körperlich schwere Tätigkeiten und oft auch außerhäusliche Aufgaben meistens der männlichen Sphäre zugeordnet. Die „Hausfrau" oder „Hausmutter" besaß aber ebenso wie der „Hausvater", wenn auch diesem meist untergeordnet, eine herrschende Stellung im Haus. Die Tätigkeiten der Frau waren, beispielsweise in Handwerk und Landwirtschaft, ebenso unverzichtbar wie die des Mannes. Gemeinsam bildeten sie ein Arbeitspaar (Heide Wunder). Fiel ein Teil dieses Paars aus, konnte der andere zumindest befristet dessen Aufgaben mitübernehmen. Vor allem Witwen wurde zugetraut, bis zur Mündigkeit ihrer Söhne die Rolle des Haushaltsvorstands wahrzunehmen. Das traf für Bäuerinnen und Handwerkerfrauen ebenso zu wie für Fürstinnen, von denen etliche die Regentschaft für einen minderjährigen Thronfolger führten. Damit ist zugleich gesagt, dass Frauen als Jungfrauen, als Ehefrauen und Mütter oder als Witwen einen respektablen, wenn auch den Männern ihres Standes grundsätzlich untergeordneten Platz in der frühneuzeitlichen Gesellschaft innehatten. Sie besaßen mindere Rechte, waren aber keineswegs rechtlos. In der ständischen Hierarchie rangierten adlige Frauen vor Männern aus dem Dritten Stand.

Stellung der Frauen

Begründet wurde die prinzipielle Unterordnung der Frau unter den Mann anthropologisch, also etwa mit den größeren Körperkräften des Mannes, und biblisch, also etwa mit entsprechenden Aussagen im Buch Genesis und in den Briefen des Apostels Paulus. Eine Frau wurde üblicherweise dem Stand ihres Vaters und nach der

Heirat dem Stand ihres Mannes zugeordnet. Ihre Sozialisation fand vorwiegend im familiären und häuslichen Raum statt, wo ja später auch der Schwerpunkt ihrer Tätigkeiten lag.

Über die angemessene Stellung der Frauen wurde in der Frühen Neuzeit eine intensive Debatte geführt. Im 17. Jahrhundert intensivierte sich die sogenannte *Querelle des Femmes* über die Gleichheit der Geschlechter und nicht zuletzt über die Bildungsfähigkeit der Frauen. Wenn sich 1673 François Poullain de la Barre in seinem Werk „De l'Egalité des deux Sexes" als erster Theoretiker der Geschlechtergleichheit profilierte, vertrat er eine Minderheitenmeinung. Misogyne Autoren verwiesen häufig anhand biblischer und historischer Beispiele auf negative Frauenrollen, als Verführerin (Eva), Hure oder Hexe.

Die Querelle des Femmes

Die Geistlichen verdankten ihre Position als Erster Stand der ihnen zugeschriebenen Rolle als Vermittler des göttlichen Heils, wie sie insbesondere durch die katholische Sakramentenlehre betont wurde. Dafür wurden ihnen verschiedene Privilegien zugestanden, insbesondere eine weitgehende Steuerfreiheit und eine eigene Gerichtsbarkeit. Die Bandbreite der Personen, die dem Ersten Stand zugeordnet wurden, war gewaltig: Zu ihm zählte der hohe Klerus: Bischöfe, Äbte und Prälaten adliger Herkunft, die zu den reichsten Landbesitzern gehörten und oft erheblichen politischen Einfluss ausübten, wie im Reich die geistlichen Fürsten oder in Frankreich die Ersten Minister Richelieu und Mazarin. Am anderen Ende der Skala stand die niedere Geistlichkeit, wie einfache Pfarrer, Kapläne, Mönche und Nonnen. Sie stammten aus dem Dritten Stand und blieben ihm auch lebensweltlich verbunden, beispielsweise wenn auf dem Land zu einer Pfarrstelle auch ein landwirtschaftlicher Betrieb gehörte. An dem hohen Anspruch, der mit der Zugehörigkeit zum Ersten Stand verknüpft war und dem die Geistlichen oft nicht gerecht wurden, entzündete sich immer wieder Kritik am Klerus und seinen Privilegien. Diese Kritik hatte im Kontext der Reformation einen Höhepunkt erreicht und sollte im Zeitalter der Aufklärung einen neuen Aufschwung erleben, sie wurde aber auch im 17. Jahrhundert geäußert. In evangelischen Gegenden, in denen die Pfarrer infolge der protestantischen Lehre von einem Priestertum aller Gläubigen viel von ihrer Position als Heilsvermittler einbüßten, wurden die Geistlichen faktisch ein Bestandteil des akademisch gebildeten, gehobenen Dritten Standes. Sie waren auch nicht zur Ehelosigkeit verpflichtet. Dies führte vielfach dazu, dass der Pfarrerbe-

Die Geistlichkeit

ruf in der Familie weitergegeben wurde und sich regelrechte „Pfarrerdynastien" bildeten.

Der Adel

Dem Rang nach zwar nur der Zweite Stand, war der Adel als sozial und politisch privilegierte Führungsschicht der eigentlich herrschende Stand. Er zeichnete sich durch charakteristische Lebensformen und -normen, ein besonderes Ethos und einen spezifischen Ehrbegriff aus und suchte sich nach unten abzuschließen. Der Anteil der Adligen an der Gesamtbevölkerung lag in den meisten europäischen Ländern bei etwa 1 %. Signifikant höher war er in Spanien (ca. 5 %) und Polen (ca. 10 %). Gerade in diesen Ländern waren die Unterschiede zwischen den hochadligen Granden und den kleinen *Hidalgos* bzw. zwischen den Magnaten und der niederadligen *Szlachta* gewaltig. Wenigen Familien, die über ausgedehnten Landbesitz verfügten und die politischen Spitzenpositionen zu besetzen pflegten, stand eine große Zahl von Kleinadligen mit oft dürftigen materiellen Ressourcen gegenüber, die sich nur durch Abstammung, Anspruch und einige Privilegien von Bauern unterschieden, gerade deswegen aber diese Merkmale ihrer ständischen Exklusivität betonten.

Auch in anderen Ländern bestanden innerhalb des Adels große Unterschiede. In erster Linie richtete sich die adlige Rangfolge nach den Titeln und dem Alter der Familie. So stand beispielsweise im Deutschen Reich eine altfürstliche Dynastie wie die Welfen vor einem reichsgräflichen Haus wie den Nassauern und diese wiederum vor einer reichsritterlichen Familie wie den Sickingen. Aber auch die Privilegien, der Grundbesitz und die Einkünfte eines Adelsgeschlechts waren für seinen Status und seinen realen Einfluss wichtig. Immer bedeutender wurden auch die Verdienste, die eine Familie oder eine Einzelperson sich gegenüber dem Landesherrn bzw. dem Gemeinwesen erworben hatte und die dann oft wieder mit Ländereien, Privilegien, unter Umständen sogar einer Rangerhöhung vergolten wurden. Auf diese Weise gewann ein dem Adel im Grunde fremder, spezifisch neuzeitlicher Leistungsgedanke Eingang in die adligen Rangfolgen.

Herausforderungen an den Adel

Der Adel sah sich in der Neuzeit mit etlichen Herausforderungen konfrontiert, die seine traditionelle Führungsstellung bedrohten. Hierzu zählten Wandlungen im Militärsektor, die schon im ausgehenden Mittelalter den militärischen Wert adliger Reitertruppen erheblich gemindert hatten, und ein sich etablierendes staatliches Gewaltmonopol, das die politischen Spielräume des Adels beschnitt.

Etliche Adelsfamilien hatten mit wirtschaftlichen Problemen zu kämpfen, wenn der Anspruch auf ein standesgemäßes Leben nicht (mehr) im Einklang mit den Erträgen der Familiengüter stand. Schließlich sah sich der Adel mit einem aufstrebenden, gebildeten Bürgertum konfrontiert, das ihm vor allem in Regierung und Verwaltung Konkurrenz machte. Das geschah meist nicht in der Weise, dass ein adeliger Amtsträger durch einen Bürgerlichen ersetzt worden wäre. Vielmehr wurden zusätzliche Stellen eingerichtet und mit Bürgerlichen besetzt, die wichtige Aufgaben der alten, weiterhin dem Adel vorbehaltenen Positionen übernahmen und Letzteren so ihre frühere Bedeutung raubten. In einigen Ländern, zum Beispiel in Frankreich, entstand neben dem alten Geblüts- oder Schwertadel (*Noblesse de Sang* oder *Noblesse d'Épée*) ein regelrechter Amtsadel (*Noblesse de Robe*). Alles in allem gelang es dem Adel jedoch auf breiter Front, sich an veränderte Rahmenbedingungen anzupassen und seine Führungsstellung zu behaupten. Das galt in besonderer Weise für den Militärsektor, wo der Adel stets einen Großteil der höheren Offiziere stellte, aber auch für die Kirche, wo viele Spitzenpositionen in adligen Händen blieben, und für die Regierungen. Denn an etlichen Höfen, etwa am Wiener Kaiserhof, wurden leitende Ministerposten in der Regel mit Männern aus altem Adel besetzt. Eine andere Entwicklung nahm der Adel in England, wo sich die niedere Aristokratie mit dem Finanz- und Handelsbürgertum zur sogenannten *Gentry* verflocht und eine wirtschaftlich wie – durch ein weitgehendes Monopol auf die Sitze der zweiten Parlamentskammer – politisch starke Position errang. In anderen Ländern, so in Frankreich, waren Aktivitäten des Adels in Handel und Gewerbe verpönt und konnten zum Verlust des Adelstitels und der adligen Privilegien (*Dérogeance*) führen.

In den meisten Ländern hatte der Adel seine wirtschaftliche Basis auf dem Land. Dort lebten in der Frühen Neuzeit etwa 80–90 % der europäischen Bevölkerung. Dass die meisten Angehörigen des Dritten Standes dem Bauerntum angehörten, entsprach der überragenden Bedeutung der Landwirtschaft für die frühneuzeitliche Gesellschaft. Es war geradezu unabdingbar, dass die Mehrzahl der Menschen in diesem Sektor tätig war, um eine – normalerweise – hinreichende Menge an Nahrungsmitteln zu produzieren. Man hielt im Wesentlichen an den aus dem Mittelalter bekannten Anbauformen fest, also einer Zwei- bzw. Dreifelderwirtschaft, bei der immer ein Teil des anbaufähigen Landes brachlag. Vor allem in Westeuro-

Die bäuerliche Bevölkerung

pa wurden durch eine verbesserte Düngung oder Fruchtfolge zwar Ertragssteigerungen erzielt. Der Großteil der bäuerlichen Betriebe verharrte jedoch in einer Subsistenzwirtschaft. Ihre Landwirtschaft stellte also, solange keine Missernten, Viehseuchen oder sonstigen Katastrophen eintraten, die Ernährung des bäuerlichen Haushalts sicher, produzierte aber kaum für den Markt oder eine größere Vorratshaltung. Eine andere Situation bestand in Regionen, in denen Sonderkulturen, wie Wein-, Obst- und Gemüseanbau, vorherrschten oder die sich wie Teile der Niederlande auf die Produktion hochwertiger Milchprodukte für den Markt spezialisiert hatten. Hier wurde vor allem für einen – auch überregionalen – Markt produziert.

Die ostelbische Gutsherrschaft

Ein Großteil der ländlichen Bevölkerung lebte in unterschiedlichen Graden der feudalen Abhängigkeit. Besonders drückend war die Lage der Bauern in der ostelbischen Gutsherrschaft. Dort hatten die Grundherren nach und nach den Anteil des von ihnen selbst bewirtschafteten Landes ausgeweitet, so dass allmählich ausgedehnte, in großem Umfang für den Markt produzierende landwirtschaftliche Betriebe entstanden. Zugleich hatte sich die Position der abhängigen Bauern verschlechtert: Sie wurden als Guts- oder Erbuntertanen an die Scholle gebunden, durften also nicht ohne Zustimmung des Herrn ihren Hof verlassen. Überdies galt der Hof nicht mehr als ihr Eigentum, sondern ihnen wurde nur noch ein Nutzungsrecht zugebilligt, das vom Herrn aufgekündigt werden konnte. Vor allem im 16. Jahrhundert, als eine wachsende Nachfrage nach Agrarprodukten die Landwirtschaft besonders lukrativ machte, waren viele Bauernstellen eingezogen und dem Eigenbetrieb des Gutsherrn zugeschlagen worden (sog. Bauernlegen). Um dem Gutsherrn die erforderlichen Arbeitskräfte zu sichern, wurden die verbliebenen Bauern zudem einer erhöhten Dienstpflicht unterworfen. Ihre Kinder mussten sich dem Gutsherrn als Knechte oder Mägde zur Verfügung stellen. Da dieser über die Grund-, die Leib- und die Gerichtsherrschaft verfügte und die Polizeigewalt sowie das Kirchenpatronat ausübte, erreichte er eine weitgehende Kontrolle über die gutsuntertänige Bevölkerung. Man spricht in diesem Zusammenhang auch von einer „Zweiten Leibeigenschaft".

Die westeuropäische Grundherrschaft

Im Westen des Kontinents war die Lage der Bauern – bei allen regionalen Unterschieden – insgesamt günstiger. Die meisten unterstanden zwar einem Grundherrn. Alles in allem war die Grundherrschaft aber deutlich milder als die soeben skizzierte Gutsherrschaft.

Hier verfügten die Bauern über ein faktisches oder verbrieftes, also schriftlich fixiertes, vererbliches Besitzrecht an ihrem Grund und Boden. Sie waren persönlich frei bzw. wenn eine Leibeigenschaft bestand, dann hatte sie sich „versachlicht". Das heißt, sie wurde mit maßvollen jährlichen Geld- oder Sachleistungen – zum Beispiel mit einem Huhn – abgegolten. Bisweilen war es noch üblich, dass im Todesfall des Bauern das beste Stück Vieh (Besthaupt) oder eine entsprechende Abgabe von seinem Erben verlangt wurde. Für den Grund und Boden hatten die Bauern dem Grundherrn Sachleistungen (in der Regel Feldfrüchte) oder Arbeitsdienste zu erbringen oder Geldzahlungen zu leisten. Vielfach bestanden Mischformen; der Trend ging aber hin zur Vergeldlichung der Abgaben. Üblicherweise lag auch die Gerichtsherrschaft im Dorf beim Grundherrn. Die meisten Bauern in Europa lebten also in unterschiedlichen Graden der Abhängigkeit von Guts- oder Grundherren. In einigen Gebieten überwog aber das freie Bauerntum, wie zum Beispiel in Skandinavien, in Dithmarschen oder in den Alpen. Freibauern verfügten oft auch über politische Partizipationsrechte in den Landständen des betreffenden Territoriums.

<small>Freibauern</small>

Selbst dort, wo Grundherrschaft bestand, konnten die bäuerlichen Gemeinden ihre Belange zumindest partiell autonom organisieren. Dabei herrschte auch bei der nichtadligen ländlichen Bevölkerung keineswegs Gleichheit vor. Eine schmale Oberschicht aus vermögenden Bauern, oft als Dorfehrbarkeit bezeichnet, gab den Ton an und besetzte die meisten Ämter. Die Mittelschicht bildeten die Hofbauern, deren Betriebe eine hinreichende Lebensgrundlage boten, jedoch nur geringe Überschüsse für den Markt produzierten. Damit standen sie in der Gefahr, infolge von Missernten oder anderen Unglücken in die Unterschicht abzurutschen, die auch als unterbäuerliche Schicht bezeichnet wird. Dazu zählten diejenigen, die keine volle Hofstelle besaßen und für ihren Lebensunterhalt zusätzlich auf Lohnarbeit angewiesen waren. Ihr Anteil an der ländlichen Bevölkerung nahm im Verlauf der Frühen Neuzeit deutlich zu. Eine Sondergruppe der dörflichen Bevölkerung bildete das Gesinde, das dem Haushalt „seines" Bauern zugeordnet wurde. Für Kinder reicher Bauern war die Tätigkeit als Knecht oder Magd meist eine vorübergehende Phase, die man als einen Teil der bäuerlichen Ausbildung begreifen kann. Kinder armer Bauern blieben oft lebenslang im Dienstbotenstatus, der übrigens eine Eheschließung grundsätzlich nicht vorsah.

<small>Dorfgemeinden</small>

Vor allem in Gebieten, in denen eine geschlossene Dorfsiedlung vorherrschte, bildete die Dorfgemeinde eine soziale, wirtschaftliche und kultische Gemeinschaft. Mit anderen Worten: Man lebte, arbeitete, betete und feierte zusammen. Die Dorfgemeinde fungierte als Körperschaft mit Selbstverwaltungsrechten, beispielsweise bei der Organisation von Abgabenerhebung und Infrastrukturmaßnahmen, sowie mit Normsetzungs- und Sanktionsgewalt. So konnte die Gemeinde den Zeitpunkt der Aussaat vorgeben und Verstöße bei der Nutzung des Gemeindeeigentums – wie der Allmende, des Gemeindewalds, des Backhauses oder des Wirtshauses – ahnden.

Gemeindeversammlung und Gemeindeämter

Die maßgeblichen Beschlüsse fällte die Gemeindeversammlung, zu der nur die Hofbauern zugelassen waren und die von der Dorfehrbarkeit dominiert wurde. Die landarmen und landlosen Haushalte waren also von der Mitbestimmung ausgeschlossen und wurden bisweilen auch bei der Nutzung des Gemeindeeigentums benachteiligt. Die Herrschaft wiederum suchte durch die Besetzung der wichtigsten Gemeindeämter Einfluss im Dorf zu nehmen. An deren Spitze stand der Ortsvorsteher – regional unterschiedlich als Schulze, Schultheiß oder Vogt bezeichnet –, der eine Art Zwischenstellung zwischen Herr und Gemeinde einnahm. Er saß sowohl der Gemeindeversammlung wie dem Gemeindegericht mit seinen bäuerlichen Schöffen vor, das eine wichtige lokale Konfliktregelungsinstanz zum Beispiel bei missbräuchlicher Nutzung des Gemeindeeigentums oder bei Ehrverletzungen bildete. Gerade verbale und körperliche Beleidigungen konnten in einer so geschlossenen Lebenswelt wie dem Dorf eine gefährliche Dynamik entwickeln, weil sie nach dem Empfinden der Betroffenen und ihrer Mitmenschen die Ehre verletzten, was die so Beeinträchtigten zur Reaktion zwang, wollten sie nicht ihren gesellschaftlichen Status einbüßen.

Bauernaufstände

Neben den Grundherren versuchte auch der frühneuzeitliche Staat in wachsendem Maße Einfluss auf das dörfliche Leben zu nehmen: durch den Erlass allgemeinverbindlicher Normen, durch die verstärkte Erhebung von Abgaben etc. Solche obrigkeitlichen Eingriffe, die von den Bauern als Verstöße gegen das „Alte Recht" aufgefasst wurden, provozierten bisweilen Aufstände wie den 1675 in der Bretagne, der sich gegen die wachsende Steuerlast richtete. Bisweilen waren Bauernaufstände auch ein Teil größerer politischer Auseinandersetzungen wie 1641 und 1691 in Irland. Im Reich verliefen Bauernaufstände meist in gemäßigten Bahnen. Hier entwickelte sich die Tendenz, Konflikte zwischen Obrigkeit und Bauern auf dem Gerichtsweg zu lösen.

Auch wenn immer noch die übergroße Mehrheit der Menschen auf dem Land lebte, verzeichneten die Städte im 16. Jahrhundert doch ein deutliches Wachstum, das sich freilich in vielen Fällen infolge der Krisen des 17. Jahrhunderts abschwächte. Da die Städte aufgrund der ungünstigen hygienischen Bedingungen und der nach Missernten schlechten Lebensmittelversorgung in der Regel einen Mortalitätsüberschuss aufwiesen – es starben dort also mehr Menschen als geboren wurden –, war ihr Wachstum nur durch konstante Zuwanderung möglich. Dabei handelte es sich zumeist um Nahwanderung, aber gerade größere, wirtschaftlich prosperierende Städte zogen auch Menschen aus weit entfernten Gegenden an.

Städte

Die meisten europäischen Großstädte lagen um 1600 im Westen des Kontinents. Hierzu zählten Paris (250 000 Einwohner), als größte italienische Stadt Neapel (280 000 Einwohner), London (200 000 Einwohner), der spanische Hauptumschlagsplatz für den Kolonialhandel Sevilla (126 000 Einwohner), die portugiesische Hauptstadt und Handelsmetropole Lissabon (150 000 Einwohner) und das aufstrebende Amsterdam (65 000 Einwohner). Die höchste Städtedichte hatten die Niederlande und Italien zu verzeichnen. Die größte mitteleuropäische Stadt war die kaiserliche Residenzstadt Prag mit 70 000 Einwohnern, gefolgt von der österreichischen Hauptstadt Wien und dem unter polnischer Hoheit stehenden Danzig mit jeweils etwa 50 000 Einwohnern. Eine Reihe von Reichsstädten wie Augsburg, Köln und Hamburg bewegte sich in der Größenordnung von 40 000 Einwohnern. Deutlich größer waren die Hauptstädte der östlichen Randmächte: In Moskau lebten um 1600 100 000 Menschen. Die Bevölkerungszahl der osmanischen Hauptstadt Konstantinopel übertraf nach einigen Schätzungen die der westlichen Metropolen deutlich (1640 ca. 1 Mio. Einwohner).

Städtische Demographie

Die Bandbreite der frühneuzeitlichen Städte war gewaltig, selbst wenn man nur ihre Einwohnerzahl betrachtet. Man denke nur an die Metropole Paris und das winzige Buchhorn (heute Friedrichshafen) am Bodensee, in dem nach dem Dreißigjährigen Krieg nur noch 70 Menschen lebten. Dennoch kann man Merkmale benennen, die auf die meisten frühneuzeitlichen Städte zutrafen. Konstitutiv für eine Stadt waren, wie schon im Mittelalter, vor allem zwei Punkte: Sie verfügte über ein Stadtrecht, das heißt über Privilegien, die sie aus dem Umland hervorhoben, und sie war eine von

Kennzeichen von Städten

einer als Schwurgemeinschaft konstituierten Bürgergemeinde selbstverwaltete Gebietskörperschaft. In unterschiedlichem Maße waren Städte zugleich wirtschaftliche Zentren, wobei die einzelnen Gewerbe häufig in bestimmten Straßen oder Vierteln konzentriert waren. Viele Städte fungierten als Sitz weltlicher oder geistlicher Behörden, manche hatten militärische Funktionen oder beherbergten Institutionen der höheren Bildung wie Lateinschulen, Universitäten oder Akademien. Bei der Neugründung oder dem Ausbau von Städten lässt sich eine zunehmende Planhaftigkeit beobachten, wie bei dem 1599 gegründeten Freudenstadt mit seinem quadratischen Grundriss oder dem ab 1656 mit einem rechtwinkligen Straßennetz angelegten Mainzer Bleichenviertel. Diese Planhaftigkeit verweist zugleich darauf, dass sich die Stadtherren zunehmend in die städtischen Belange einzumischen begannen und genau die gemeindliche Selbstverwaltung und die städtischen Privilegien beschnitten, die am Anfang der Stadtgründungen gestanden hatten. In den meisten Fällen war dies ein schleichender Prozess. Mehrfach wurden jedoch im 17. Jahrhundert Städte, die sich bis dahin einer weitgehenden Autonomie erfreut hatten, von ihren Landesherren mit Waffengewalt unterworfen, wie 1661 Münster durch seinen Fürstbischof, 1664 Erfurt durch den Mainzer Kurfürsten und 1672 Braunschweig durch den Herzog von Braunschweig-Wolfenbüttel. Im Deutschen Reich bewahrten aber einige Dutzend Städte eine weitgehende Autonomie. Als Reichsstädte waren sie dauerhaft nur der Hoheit von Kaiser und Reich unterstellt.

Typologien Bei den meisten frühneuzeitlichen Städten handelte es sich um kleine und kleinste Städte. Im Reich existierten etwa 3 000 Städte mit einer Bevölkerung von jeweils weniger als tausend Menschen. Von ihrer wirtschaftlichen Struktur her waren dies gemäß der Kategorisierung von Arnold Scheuerbrandt sogenannte Ackerbürgerstädte, deren Einwohner zu einem guten Teil Landwirtschaft betrieben. Das vorhandene Handwerk produzierte nur für den lokalen Bedarf. Verwaltungsfunktionen besaßen diese Städte üblicherweise nicht. Marktstädte als Warenumschlagplätze für eine Region waren demgegenüber an das Fernhandelsnetz angebunden; sie lagen häufig an Fernhandelsstraßen oder schiffbaren Flüssen. Handels- und Gewerbestädte nahmen nicht nur passiv am Fernhandel teil, sondern verfügten über ein spezialisiertes Handwerk, das auch für den überregionalen Handel produzierte. Ihre Einwohnerschaft wies eine deutliche soziale Differenzierung auf. Häufig verfügten sie über höhere Bildungsinstitutionen. Nur wenige Städte erreichen von ihrer wirtschaftlichen Bedeutung her den Status eines Handelsemporiums. Dabei handelte es sich um wichtige Seehandelsstädte, bedeutende Messestädte und Finanzmetropolen. Sie verfügten über eine stark ausdifferenzierte gewerbliche Produktion, häufig auch über Spezialgewerbe wie Gold- und Silberschmieden oder Seidenmanufakturen, über ein ausdifferenziertes Bildungswesen und vielfältige Unterhaltungsmöglichkeiten. Auf europäischer Ebene repräsentierten im 17. Jahrhundert Amsterdam und London diesen Typus am vollkommensten. Unter den deutschen Städten entsprachen ihm nur wenige, wie Hamburg und Frankfurt, und das auch nur mit gewissen Abstrichen. Vor allem diese wirtschaftlich attraktiven Städte mit ihren vielfältigen Beschäftigungs- und Verdienstmöglichkeiten zogen Immigranten aus entfernten Gegenden an. Konnten die Zuwanderer beispielsweise aus konfessionellen Gründen nicht in der Stadt selbst Fuß fassen, siedelten sie sich häufig in der unmittelbaren Umgebung an, etwa in dem unter dänischer Herrschaft stehenden Altona bzw. in der Hanauer Neustadt oder im gräflich-isenburgischen Offenbach.

Eine Klassifikation frühneuzeitlicher Städte allein nach ihrer Größe und ihrer wirtschaftlichen Relevanz würde der Vielfalt der Städtelandschaft nicht gerecht. Die Bedeutung der Städte war nämlich auch von anderen Faktoren abhängig, nicht zuletzt davon, ob sie spezielle Funktionen übernahmen. Von den Sondertypen sind die Haupt- und Residenzstädte an erster Stelle zu nennen. Sie entwickelten sich zu politischen Zentren, aber auch zu Zentren des Konsums, boten zahlreiche Verdienst- und Aufstiegschancen im Hof- und Verwaltungsdienst und ein reiches Unterhaltungsangebot. Ähnliches lässt sich über geistliche Zentren, insbesondere Bischofsstädte, sagen, insbesondere dann, wenn die Kirchenfürsten, wie die deutschen Fürstbischöfe, zugleich die Herren über ein weltliches Herrschaftsgebiet waren. Ein für das 17. Jahrhundert spezifischer Städtetyp sind die Exulantenstädte, Neugründungen, in denen Gruppen von Glaubensflüchtlingen angesiedelt wurden, wie 1599 das württembergische Freudenstadt, in dem Protestanten aus Innerösterreich Aufnahme fanden, oder das 1699 für französische Hugenotten gegründete Neu-Isenburg. Ein weiterer Sondertyp ist die Festungsstadt. Er erlebte im 17. Jahrhundert einen beachtlichen Bedeutungsgewinn, denn gegen die weiterentwickelte Artillerie boten die traditionellen Stadtmauern keinen befriedigenden Schutz. Auf-

Sondertypen

wändige bastionäre Befestigungen vermochten sich aber nur wenige Städte bzw. Fürsten zu leisten. Ludwig XIV. ließ durch seinen Festungsbaumeister Vauban einen ganzen Ring von Festungsstädten an den Grenzen seines Königreichs errichten, wie Neuf-Brisach und Briançon. Allerdings konnten Festungen, statt Sicherheit zu bieten, aufgrund ihrer strategischen Bedeutung geradezu den Feind anziehen. Dies trifft etwa auf das von den Gonzaga ab 1589 zur zeitweise stärksten Festung Europas ausgebaute Casale im Monferrato zu. Vielfach fielen mehrere der genannten Sonderfunktionen zusammen, so im Fall von Wien und von Mainz, die zugleich Residenz-, Bischofs-, Universitäts- und Festungsstädte waren.

Präsenzgesellschaften

Die überschaubare Dimension der meisten frühneuzeitlichen Städte bewirkte, dass es sich wie bei den Dorfgemeinden auch bei den städtischen Gesellschaften um Präsenzgesellschaften handelte. Man kannte also die meisten oder doch sehr viele Mitmenschen aus eigener Anschauung, begegnete ihnen mehr oder weniger regelmäßig und kommunizierte bei Bedarf direkt, mündlich – oder im Konfliktfall auch handgreiflich – mit ihnen. Die Einzelnen waren über Haushalt und Verwandtschaft hinaus in ein dichtes Netz von Sozialbeziehungen eingebunden, zum Beispiel in der Pfarrei, in Bruderschaften, in Zünften, der Nachbarschaft etc. Diese Netzwerke boten Sicherheit und Unterstützung in Notlagen, erleichterten unter Umständen das berufliche Fortkommen, stellten aber auch Ansprüche.

Ständische Gesellschaften in der Stadt

Auch die städtischen Gesellschaften waren ständisch strukturiert; es herrschte kein Gleichheitsprinzip. Die Menschen hatten demnach auch in der Stadt, je nach ihrer Geburt, unterschiedliche Rechte, Pflichten und Lebensperspektiven. Zur städtischen Oberschicht, den politischen und wirtschaftlichen Eliten, zählten alteingesessene Geschlechter, reiche Kaufleute, gelegentlich auch wohlhabende Handwerksmeister. Die Mittelschicht bildeten kleine Kaufleute, Handwerker und akademisch gebildete Menschen, zum Beispiel Juristen. In evangelischen Städten gehörten zu dieser Gruppe, die in der Regel über das Bürgerrecht, aber nur über einen geringen politischen Einfluss verfügte, auch die Pfarrer. Die Unterschichten aus Handwerksgesellen, Gesinde, Lohnarbeitern, Bettlern etc. besaßen kein Bürgerrecht, sondern lediglich den minderen Rechtsstatus von Beisassen oder waren bloße „Schutzverwandte". Doch auch jenen Familien, die zu den ökonomischen Führungsschichten zählten, aber sich nicht zur jeweils herrschenden Konfession bekannten, wurde regelmäßig das Bürgerrecht verweigert. Teile der städtischen Bevölkerung, insbesondere erfolgreiche Unternehmer, Beamte und Gelehrte, gehörten zu den dynamischen Elementen der frühneuzeitlichen Gesellschaft. Manchen von ihnen gelang der soziale Aufstieg bis in den Adel oder eine adelsähnliche Stellung. Und auch das ist charakteristisch: Die Benachteiligten der ständischen Gesellschaft strebten im 17. Jahrhundert nicht nach einer Abschaffung der ständischen Unterschiede, sondern nach dem Aufstieg in einen höheren Stand.

Ein Beispiel für einen gesellschaftlichen Aufstieg aus dem Unternehmertum in den hohen Adel sind die Augsburger Fugger. Um 1650 gaben die nunmehrigen Reichsgrafen die Aktivitäten in Handel und Bergbau auf, weil sie ihre gewerblichen familiären Wurzeln hinter sich gelassen hatten, nicht weil ihre Handelsgesellschaft bankrottgegangen wäre. Die Schuldforderungen in Millionenhöhe an die Habsburger beider Linien mussten sie freilich in den Wind schreiben, sie hatten aber gewissermaßen das verlorene ökonomische Kapital in soziales Kapital ummünzen können. Weit weniger gut gelang das den Augsburger Welsern, deren Handelsgesellschaft 1614 pleiteging. Die Zukunft gehörte neuen, als Kapitalgesellschaften organisierten Handelskompanien, die insbesondere im niederländischen und englischen Kolonialhandel einen großen Einfluss erlangten (s. S. 49 f.). *Handelsgesellschaften*

Die großen Handelsgesellschaften bildeten gewissermaßen die Spitze eines vielfältigen, stark diversifizierten Handels, wie er für frühneuzeitliche Städte typisch war. Hier waren nicht nur Kaufleute, Krämer, handwerkliche und bäuerliche Erzeuger aktiv, sondern auch Hausierer, Pfand-, Gebrauchtwaren- und Straßenhändler. Auf allen Ebenen, vor allem aber im Kleinhandel, waren auch Frauen tätig. *Ein diversifizierter Handel*

Privilegierte Orte des Handels waren die Messen, die nicht nur dem Großhandel eine Plattform boten, sondern auch eine Verbrauchermesse beinhalteten. Die wichtigste deutsche Messestadt war um 1600 Frankfurt, wo alljährlich eine Frühjahrs- und eine Herbstmesse stattfanden. Die Frankfurter Messe erlebte zwischen 1560 und 1630 eine Blütezeit, die durch eine Erweiterung des Einzugsraums und des Warenspektrums geprägt war. Auch die Frankfurter Buchmesse erlebte damals einen Boom, bevor in der zweiten Jahrhunderthälfte die Führungsposition an die Leipziger Buchmesse verlorenging. *Messen*

Das Zunfthandwerk

Das Rückgrat der gewerblichen Produktion blieb das Zunfthandwerk, dessen Innovationsfeindschaft von der älteren Forschung oft kritisch hervorgehoben worden ist. Die Hauptaufgabe der Zünfte war aber eben nicht die Förderung des wirtschaftlichen Fortschritts, sondern die Versorgung der Bevölkerung mit bestimmten Gütern, für deren gleichbleibende Qualität sie sich verbürgten, und die Sicherung eines angemessenen Lebens für die Zunftangehörigen. Diesen Zielen diente nicht nur die Reglementierung der Produktion – und das schloss die Begrenzung der Größe der einzelnen Handwerksbetriebe ein –, sondern die Angehörigen der Zunft erhielten auch Fürsorge in Notsituationen. Gegen außerzünftische Konkurrenz – sogenannte Pfuscher – wurde entschieden opponiert, was dazu führte, dass außerzünftische gewerbliche Produktion häufig außerhalb der Städte und damit des Einflussbereichs der Zünfte stattfand. Aber auch in größeren Städten entwickelte sich das Handwerk weiter, insbesondere durch eine Spezialisierung und die Ansiedlung neuer Handwerke. Die Zunfthandwerker entwickelten besonders rigorose Vorstellungen von „Ehre" bzw. „Ehrlichkeit", die „Unehrlichen", wie Straftätern, unehelich Geborenen oder den Angehörigen bestimmter Berufe, den Zugang zu ihren Zünften verwehrten. Fatal für die Betroffenen war, dass gemäß der Logik der ständischen Gesellschaft auch der Status der Unehrlichkeit erblich war. Das heißt, dass beispielsweise die Söhne eines Scharfrichters kaum einen Zugang zu „ehrlichen" Berufen fanden und daher oft in das Metier ihres Vaters gezwungen wurden.

Inflation

Um 1600 war ein wachsender Anteil der städtischen Bevölkerung von Verarmung bedroht. Zu den Auswirkungen der Kleinen Eiszeit, die die landwirtschaftliche Produktion stagnieren ließ, während das Bevölkerungswachstum andauerte, kam eine sich beschleunigende Inflation infolge einer starken Zunahme der Edelmetallmengen: In Mitteleuropa wurde seit dem späten 15. Jahrhundert der Bergbau intensiviert, und die spanischen Silberflotten, die um 1600 jährlich Gold und Silber im Wert von über 30 000 Pesos über den Atlantik brachten, heizten, ausgehend von Spanien, die Inflation weiter an. Zwischen 1480 und 1590 stiegen die Preise für Lebensmittel auf das Fünf- bis Sechsfache. Davon wurden insbesondere Lohnarbeiter, die über keine Naturaleinkünfte verfügten, hart getroffen. Aber auch von Geldrenten lebende Adlige erlitten durch die Inflation herbe Verluste.

Neben vielen anderen Menschen zogen frühneuzeitliche Städte auch Arme an, die dort auf Arbeit bzw. Unterstützung durch die kirchliche oder kommunale Sozialfürsorge hofften. In katholischen Ländern wurde im 17. Jahrhundert noch die traditionelle kirchliche Caritas gepflegt, und auch die Bereitschaft der einzelnen Gläubigen zur tätigen Nächstenliebe wurde durch die Hoffnung gefördert, durch gute Werke einen maßgeblichen Beitrag zum eigenen Seelenheil leisten zu können. Dagegen hatte die Reformation in den evangelisch gewordenen Städten einen deutlichen Wandel bewirkt. Zwar wurden die Gläubigen immer noch ermahnt, Werke der Nächstenliebe zu vollbringen. Aber weil diese Werke gemäß der evangelischen Theologie nicht mehr unmittelbar heilswirksam waren, hatten sie an Attraktivität eingebüßt. Außerdem wurde den Gläubigen nahegelegt, nicht mehr direkt einzelne Bedürftige zu beschenken. Vielmehr sollten alle Spenden in einen „Gemeinen Kasten" oder „Almosenkasten" fließen, aus dem dann spezielle Beauftragte die Armen mit dem Erforderlichen versorgten. Die Armenfürsorge wurde also zentralisiert und rationalisiert. Zugleich unterschied man stärker zwischen „würdigen", also ortsansässigen, arbeitsunfähigen, Armen und „unwürdigen" Armen, wie Arbeitsunwilligen und fremden Bettlern. Nur die ersteren wurden unterstützt, während die Obrigkeiten gegenüber den letzteren eine immer restriktivere Haltung einnahmen und – meist ohne nachhaltigen Erfolg – versuchten, sie aus der Stadt zu vertreiben. Im 17. Jahrhundert lassen sich Ansätze beobachten, das Problem nicht nur durch Repression anzugehen, sondern die „Besserung" von „unwürdigen" Armen anzustreben, indem man sie in ein Arbeitshaus einwies. Das erste Arbeitshaus war schon 1555 in London gegründet worden. Frühe deutsche Beispiele sind Bremen 1609, Lübeck 1613 und Hamburg 1620. Während hier die abschreckende Wirkung letztlich noch eine größere Rolle spielte als die „Besserung" der Insassen, verfolgte der Pietist August Hermann Francke mit seinen 1695 in Halle gegründeten Stiftungen einen anderen, präventiven Ansatz, indem er Kindern aus verarmten Familien eine gute Ausbildung angedeihen ließ.

Armut und Sozialfürsorge

Zu den Krisenphänomenen der frühneuzeitlichen Gesellschaft gehören die Hexenverfolgungen, deren Höhepunkt in den Jahrzehnten zwischen 1560 und 1630 lag. Dabei handelte es sich um ein – mit starken regionalen Besonderheiten – in weiten Teilen Europa auftretendes Phänomen. Die Ursachen und die Umstände der Verfol-

Hexenverfolgungen

gungen, von denen in erster Linie Frauen, aber auch Männer und selbst Kinder betroffen waren, unterscheiden sich von Fall zu Fall. Die Opferzahlen waren teilweise hoch. So fielen den Verfolgungen in Kurköln und Kurmainz etwa 2 000 bzw. 1 500 Menschen zum Opfer. Diese hohen Zahlen sind auch dadurch zu erklären, dass die Beschuldigten regelmäßig der Folter unterworfen wurden, denn entsprechend den frühneuzeitlichen Rechtsvorstellungen war eine Verurteilung nur dann statthaft, wenn die Delinquentin oder der Delinquent sich schuldig bekannte, und sei es unter der Folter. Zu dem Fragenkatalog, den die angeblichen Hexen zu beantworten hatten, gehörte standardmäßig die Erkundigung nach anderen Personen, die auf dem Hexensabbat anwesend gewesen seien. Auf diese Weise konnten die Verfolgungen sich in einer Art Schneeballsystem ausweiten.

Kritiker der Verfolgung

Gerade aber die hohen Opferzahlen der Verfolgungen riefen Kritiker auf den Plan. Einer der frühesten und einflussreichsten war der Jesuit Friedrich Spee, der in seiner 1631 wohlweislich anonym veröffentlichten „Cautio criminalis" nicht die Hexerei an sich in Abrede stellte, aber die Prozess- und Folterpraxis massiv kritisierte. Erst Christian Thomasius erklärte in seiner „Dissertatio de crimine magiae" von 1701 den Teufelspakt und somit die Basis der Hexenlehre für unmöglich und forderte das Ende der Verfolgungen. Nach und nach wurde das Hexereidelikt aus dem Strafrecht getilgt, in Preußen zum Beispiel 1714 (vgl. auch S. 250–253).

2.2 Monarchen, Stände, Republiken: Strukturen politischer Herrschaft

Staatsbegriffe

Wenn man in frühneuzeitlichen Quellen den Begriff „Staat(en)" (bzw. „Status", État[s] etc.) findet, können sehr unterschiedliche Dinge gemeint sein: das Gut eines Fürsten, ein Geburtsstand, die Landstände eines Territoriums, der Hofstaat eines Fürsten, der Zustand/die Verfassung eines Gemeinwesens – oder auch gemäß heutigem Verständnis ein politisches Gemeinwesen, eben ein Staat. Gerade dafür finden sich aber auch andere, alternative Termini – wie „Res publica", womit durchaus auch Fürstenstaaten bezeichnet wurden. Nicht nur der Begriff, auch der Inhalt dessen, was in der Moderne unter einem Staat verstanden wird, setzte sich erst allmählich durch: Im 17. Jahrhundert war es noch keineswegs die Regel, dass ein Staat über ein klar definiertes Territorium mit einem dauerhaft ansässigen Staatsvolk und einer Regierung verfügte, die alle Herrschaftsrechte über Land und Leute exklusiv in ihrer Hand bündelte, mithin über die Souveränität nach innen und außen verfügte. Vor diesem Hintergrund ist für diese Epoche eine reflektierte Verwendung des Staatsbegriffs unabdingbar. Manche Historikerinnen und Historiker vermeiden diesen Terminus ganz, um Missverständnissen vorzubeugen.

Der Begriff und das Konzept der Souveränität waren durch Jean Bodins „Six Livres de la République" (1576) um 1600 schon in der Welt. Bodin vertrat das Ideal eines starken Monarchen, der nur dem göttlichen und dem natürlichen Recht unterworfen, aber losgelöst von den menschengemachten Gesetzen sein sollte (in der lateinischen Fassung: „legibus solutus"). Diese Ideen erfuhren im 17. Jahrhundert eine breite Rezeption, waren von ihrer Umsetzung jedoch noch weit entfernt. Wesentlich umstrittener waren die Vorstellungen einer konsequent und rücksichtslos die eigenen Interessen verfolgenden Staatsräson, wie sie Niccolò Machiavelli 1513 in seinem „Principe" vertreten hatte. Unter anderen Giovanni Botero, der den Begriff *Ragione di Stato* 1589 erst prägt, hatte dieses Prinzip scharf verurteilt, und seinem Verdikt wurde allenthalben beigepflichtet – ungeachtet dessen, dass sich die politische Realität ganz anders darstellte. Eine den Lehren Machiavellis verwandte Position vertrat der Tacitismus. Sein wichtigster Vertreter Justus Lipsius entwickelte unter anderem in seinem Hauptwerk, der „Politica" (1589), eine von neostoizistischen Grundsätzen geprägte politische Klugheitslehre, die moralische Integrität in der Politik als geradezu illusorisch bezeichnete.

Die meisten europäischen Staatswesen im 17. Jahrhundert waren monarchisch verfasst. Darunter dominierten die Erbmonarchien. Die beiden vornehmsten Herrscher der Christenheit, Papst und Kaiser, waren aber Wahlmonarchen. Gewählt wurden beispielsweise auch der König von Polen und die geistlichen Fürsten im Deutschen Reich. Unabhängig davon, ob sie qua Erbrecht oder durch Wahl auf den Thron gelangt waren, betrachteten und titulierten sich Monarchen und Fürsten als Herrscher von Gottes Gnaden und beanspruchten aufgrund dieses Gottesgnadentums prinzipiell unbegrenzte Prärogativen, um die zentrale Herrscheraufgabe des Schutzes von Frieden und Recht wahrzunehmen. Bis ins 17. Jahrhundert war es den europäischen Herrschern in unterschiedlichem Maße

Souveränität

Staatsräson

Monarchien

gelungen, ihre Position zu stabilisieren und auszubauen. Sie hatten feste Residenzen bezogen, was den Auf- und Ausbau zentraler Regierungsinstitutionen erleichterte. An deren Spitze stand üblicherweise ein übergeordneter Staatsrat – im deutschen Raum als Geheimer Rat bezeichnet –, in dem die wichtigsten Minister, häufig aber auch Familienmitglieder des Fürsten oder hohe Adlige saßen. In den größeren Staatswesen existierten untergeordnete Räte mit bestimmten Ressorts – etwa der Wiener Hofkriegsrat – oder regionalen Zuständigkeiten – zum Beispiel der spanische Indienrat. Oft bestanden alte Institutionen fort, wie in deutschen Territorien die für Finanzen zuständige Hofkammer. Schon seit dem ausgehenden Mittelalter waren die Herrscher zudem zu einer intensiveren eingreifenden Gesetzgebung übergegangen. Diese legislative Tätigkeit wird allgemein als Policeygesetzgebung bezeichnet. Damit wird zum Ausdruck gebracht, dass sie dem Anspruch nach der „guten Policey" verpflichtet war, also der Bewahrung oder Herstellung einer ausgewogenen Ordnung in Staat und Gesellschaft. Während die ältere Policeygesetzgebung sich auf eine nicht näher definierte „gute alte Ordnung" zu beziehen pflegte, griffen die Obrigkeiten im 17. Jahrhundert mit immer detaillierteren Regelungen stärker gestaltend in die gesellschaftlichen und wirtschaftlichen Verhältnisse ein, um sie den sich wandelnden Rahmenbedingungen anzupassen. Nicht zuletzt hatten die Herrscher den Justizapparat ausgebaut und ihren höchstrichterlichen Anspruch durchgesetzt. Außerdem waren sie bestrebt, konkurrierende Gewalten zu kontrollieren oder zu eliminieren. Für alle diese Maßnahmen war ein Ausbau der Bürokratie erforderlich, in der mit Vorliebe Juristen eingesetzt wurden, nicht zuletzt aber erhebliche Finanzmittel – und gerade an Geld fehlte es vielen frühneuzeitlichen Fürsten.

Neben den neuen bestanden vielfach alte, zum Beispiel lehnsrechtliche, Herrschaftsstrukturen fort. Überhaupt kam personalen Beziehungen für die Ausübung von Herrschaft eine große Bedeutung zu. Für die Vergabe von Posten waren nicht allein – und oft nicht einmal in erster Linie – professionelle Kompetenzen entscheidend. Wichtiger waren persönliche Bindungen. Während im 21. Jahrhundert „Vetternwirtschaft" und „Seilschaften" Synonyme von Korruption sind, gehörte Patronage im 17. Jahrhundert zu den elementaren Herrschaftstechniken, die eine einigermaßen reibungslose Administration ermöglichten. Wenn etwa ein Minister sicherstellen wollte, dass seine Weisungen von seinen Untergebenen bzw. in der Provinz tatsächlich umgesetzt wurden, war er gut beraten, die jeweiligen Schlüsselstellungen mit den eigenen Klienten zu besetzen. Daher nahm diese „Mikropolitik" für die Regierenden einen äußerst hohen Stellenwert ein. Die enge Verzahnung zwischen Regierung und persönlichen Beziehungen wird nirgends so deutlich wie bei den Favoriten. Etliche Monarchen hatten eine solche vertraute Person, die als ihr Alter Ego nicht nur die Regierung leitete, sondern auch die Patronageressourcen verwaltete, also über die Vergabe von Ämtern, Titeln und Gütern entschied, und nicht zuletzt den Zugang zum Herrscher kontrollierte.

Favoriten

Aufgrund der nur schwach ausgebildeten Territorialverwaltung und der zahlreich vorhandenen intermediären Gewalten – Stände, Kirche, Grundherren, Zünfte etc. – mit ihren eigenen Rechten und Ansprüchen hatte die Zentralregierung nur einen sehr eingeschränkten Zugriff auf die einzelnen Untertanen in der Provinz. Gerade hier war ein „Durchregieren" ausgeschlossen, sondern Herrschaft musste zwischen dem Fürsten und den anderen Herrschaftsträgern ausgehandelt werden. Das waren zwar tendenziell immer weniger gleichberechtigte Verhandlungen. Aber regelmäßig wurden etwa Adel und Kirche für ihre Zugeständnisse Kompensationen gewährt bzw. sie konnten zumindest einen Teil ihrer Rechte und Privilegien bewahren. Eine Kontrolle aller anderen Gewalten, wie sie die ebenfalls im 17. Jahrhundert kräftig ausgebaute herrscherliche Repräsentation häufig suggerierte, wenn sie den Fürsten beispielsweise mit antiken Kaisern, Heroen und Göttern gleichsetzte, erreichte in der Realität kein Herrscher des 17. Jahrhunderts.

Aushandlung von Herrschaft

Auszuhandeln hatte der Fürst seine Herrschaft insbesondere mit den Ständen. Dies waren bestimmte Untertanengruppen und Korporationen – meist hoher Klerus, hoher und niederer Adel, Städte, manchmal auch freie Bauern –, die ein Mitspracherecht in den Landesangelegenheiten besaßen. In einigen süddeutschen Territorien bestand die Sonderform der Landschaft, die nur aus Vertretern ländlicher Gemeinden oder Ämter gebildet wurde. Das Recht, die Stände einzuberufen, lag beim Herrscher. Üblicherweise berieten die einzelnen Ständegruppen getrennt. So bestanden im deutschen Reichstag die Kurien der Kurfürsten, der Fürsten und der Reichsstädte. Im englischen Parlament saßen im Oberhaus (*House of Lords*) die Bischöfe und der hohe Adel, im Unterhaus (*House of Commons*) die gewählten Vertreter der Grafschaften und privile-

Stände

gierten Städte. Das englische Parlament ist ein Beispiel dafür, dass sich aus einer frühneuzeitlichen Ständeversammlung eine moderne Volksvertretung entwickeln konnte.

Der polnische Sejm

Eine sehr starke Stellung hatte der polnische Reichstag, der *Sejm*, der ähnlich wie das britische Parlament in einen aus Magnaten und Bischöfen gebildeten Senat und die Landbotenkammer gegliedert war, in der gewählte Abgeordnete aus dem niederen Adel, der *Szlachta*, saßen. Bereits seit 1505 war die königliche Gesetzgebung an die Zustimmung des *Sejms* gebunden. Darüber hinaus wurde das *Liberum Veto* eingeführt. Das bedeutete, dass ein einzelnes Mitglied des *Sejms* durch seinen Widerspruch einen Beschluss blockieren konnte. Dieses Einstimmigkeitsprinzip folgte der Logik, dass das, was alle betreffe, von allen gebilligt werden müsse („Quod omnes tangit, ab omnibus approbari debet"), barg aber die Gefahr, den Reichstag lahmzulegen. Der Ernstfall – die Sprengung des *Sejm* durch einen einzigen Landboten – trat erstmals 1652 ein; vorher war es immer gelungen, Abweichler durch Druck oder Überredung zum Einlenken zu bewegen. Durch die starke Stellung des *Sejms* entwickelte sich Polen-Litauen zu einer Adelsrepublik mit königlicher Spitze.

Ständische Rechte

Die Stände beanspruchten, das Land zusammen mit dem, gegenüber dem oder sogar gegen den Fürsten zu repräsentieren. In der Realität vertraten sie meist aber nicht die Belange des Landes oder der gesamten Bevölkerung, sondern ihre jeweiligen Partikularinteressen. Das zentrale Recht der Stände war die Steuerbewilligung. Ja, sie wurden wegen des wachsenden fürstlichen Finanzbedarfs überhaupt erst ins Leben gerufen. Grundsätzlich herrschte nämlich lange die Auffassung, dass der Fürst seine Ausgaben mit den Erträgen seiner Kammergüter und Regalien bestreiten sollte. Wollte er durch Steuern auf das Eigentum seiner Untertanen zugreifen, bedurfte eine solche außerordentliche Maßnahme der Begründung – zum Beispiel wegen erhöhter Militärausgaben im Kriegsfall – und der Genehmigung der Stände als mitherrschende Vertreter des Landes. Manche Herrscher waren gezwungen, förmliche Herrschaftsverträge mit den Ständen zu schließen, wie in Dänemark die Handfesten, die die Könige bei ihrem Regierungsantritt zu beschwören hatten. Auch den Römischen Kaisern wurde seit 1519 bei ihrer Wahl von den Kurfürsten eine Wahlkapitulation vorgelegt, die ihnen vorschrieb, was sie in ihrer kaiserlichen Regierung zu tun und zu lassen hatten. Charakteristischerweise begann jeder Artikel mit der Formulierung „Wir sollen und wollen".

Über die Steuerbewilligung hinaus erwarben die Stände in vielen Ländern umfassende weitere Kompetenzen. Mit der Steuerbewilligung hängt die Beteiligung am landesherrlichen Schuldenmanagement zusammen, die sicherstellen sollte, dass das bewilligte Geld gemäß seiner Zweckbestimmung verwendet wurde. Von da war der Aufbau einer ständischen Finanzverwaltung, wie sie beispielsweise in den österreichischen Erblanden der Habsburger lange bestand, nicht weit. Üblicherweise besaßen die Stände das Recht, dem Herrscher Gravamina vorzutragen, die zum Beispiel bei den französischen Generalständen in den berühmten *Cahiers de Doléances* – Beschwerdeschriften – gesammelt wurden. Verbreitet war auch die ständische Praxis, die Steuerbewilligung an die Bedingung zu knüpfen, dass die Beschwerden abgestellt wurden. Solche Beschwerden betrafen im 16. und frühen 17. Jahrhundert vielfach die landesherrliche Kirchenpolitik – ein Bereich, in dem die Stände oft ein Mitspracherecht einforderten, besonders dann, wenn Landesherr und Ständemehrheit unterschiedlichen Konfessionen angehörten. Auch die Mitentscheidung über Krieg und Frieden sowie über Bündnisschlüsse gehörte zum Forderungskatalog mancher Stände. Schließlich wurden diese vielfach an der Gesetzgebung beteiligt.

In einigen Fällen beanspruchten die Stände ein Widerstandsrecht gegen den Landesherrn, wenn dieser ihrer Auffassung nach gegen die Landesinteressen oder das Landesrecht verstieß. Dieser Anspruch wurde durch einen zeitgenössischen Widerstandsdiskurs unterfüttert, wie ihn zum Beispiel die französischen calvinistischen Monarchomachen Théodore de Bèze und François Hotman im Zuge der Religionskriege des 16. Jahrhunderts entwickelt hatten. Den Anspruch auf ein Widerstandsrecht griffen die Stände der nördlichen Niederlande erfolgreich auf, als sie durch die Union von Utrecht 1579 und die Absetzung ihres Landesherrn, des spanischen Königs, 1581 ein neues, republikanisch verfasstes Gemeinwesen gründeten. Zu den wichtigsten katholischen Widerstandstheoretikern gehörte der spanische Jesuit Juan de Mariana. In seiner Schrift über das Königtum („De rege et regis institutione", 1599) vertrat er die radikale Position, wenn ein Herrscher die Grundgesetze des Königreichs verletze, sei auch der Tyrannenmord gerechtfertigt. Weitergeführt wurde der Widerstandsdiskurs nicht zuletzt durch den calvinistischen Staatstheoretiker Johannes Althusius. In seiner erstmals 1603

Widerstandsdiskurse

erschienenen „Politik" („Politica Methodice Digesta") stellte er den Fürsten als bloßen „Magistrat" (nicht: Souverän) dar, dem von den „Ephoren" (= Ständen) die Regierung entzogen werden könne. Als die böhmischen Stände am Beginn des Dreißigjährigen Krieges nach niederländischem Beispiel versuchten, die Widerstandslehren in die Praxis umzusetzen, scheiterten sie freilich nach anfänglichen Erfolgen.

Man sollte jedoch das konfrontative Element im Verhältnis zwischen Fürst und Ständen nicht einseitig überbetonen. Oft beteiligte der Landesherr selbst die Stände bewusst an weitreichenden Entscheidungen, um eine breite Akzeptanz der Maßnahmen zu gewährleisten. In jedem Fall bestand das Ideal, dass der Fürst und die Stände, die ja als seine „geborenen" Ratgeber galten, einträchtig zusammenwirken sollten.

Dynastien

Ein kaum zu überschätzender politischer Faktor im frühneuzeitlichen Europa waren die fürstlichen Dynastien. Die dominierende Staatsform war der dynastische Fürstenstaat, dessen Regent zugleich das Oberhaupt seiner Dynastie und Sachwalter ihrer Interessen war. Dabei hatte er immer auch die Zukunft, die „Posterität", im Blick zu haben, denn eine Dynastie war ein generationenübergreifender Familienverband, dessen lebende Mitglieder vom (sozialen, ökonomischen, kulturellen und symbolischen) Kapital zehrten, das die Vorfahren angesammelt hatten, und sich verpflichtet sahen, dieses Kapital ungeschmälert und womöglich vermehrt an die Nachkommen weiterzugeben. Die Angehörigen einer Dynastie bildeten üblicherweise eine Interessengemeinschaft, hatten aber keineswegs notwendigerweise identische Interessen. Beispielsweise konnte der älteste Sohn des Herrschers anstreben, alle Herrschaftsgebiete der Dynastie zu erben, während seine jüngeren Brüder eine Landesteilung favorisierten. Zwar hatte sich bis ins 17. Jahrhundert in vielen Ländern das Primogeniturprinzip durchgesetzt, wonach der älteste Sohn die alleinige Herrschaftsnachfolge antrat. In etlichen deutschen Fürstenhäusern war jedoch nach wie vor die Erbteilung üblich. So führte die Teilungspraxis der ernestinischen Linie der Wettiner zu einer fortwährenden Neugliederung ihrer thüringischen Besitzungen. Und als Herzog Ernst August von Hannover 1684 in der jüngeren Linie des Welfenhauses die Primogeniturerbfolge einführte, leisteten seine jüngeren Söhne erbitterten Widerstand. In manchen Fällen entstanden durch Erbteilungen langlebige eigenständige Linien einer Dynastie. Bisweilen pflegten diese Linien ein enges Verhältnis, wie die spanischen und die deutschen Habsburger, die während des Dreißigjährigen Krieges politisch und militärisch kooperierten und ihre Verbindung durch intradynastische Heiraten abstützten. Dagegen standen die Wittelsbacher der bayerischen und der kurpfälzischen Linie in einer erbitterten Konkurrenz, die im 17. Jahrhundert durch die erfolgreichen bayerischen Ambitionen auf die Kurwürde und die Oberpfalz noch einmal kräftig angeheizt wurde.

Im dynastischen Fürstenstaat besaßen meist auch Töchter ein – allerdings bloß subsidiäres – Erbfolgerecht, das nur dann griff, wenn sie keinen Bruder hatten. Nach diesem Prinzip erbte zum Beispiel 1632 Christina Wasa die schwedische Krone. Nur in einigen Ländern, wie in Frankreich, waren eine weibliche Erbfolge und sogar die Weitergabe von Erbrechten durch Frauen an ihre männlichen Nachkommen kategorisch ausgeschlossen. Und selbst dort konnten Königinwitwen die Regentschaft für ihre minderjährigen Söhne übernehmen, wie 1610 Maria de' Medici für Ludwig XIII. und 1643 Anna von Österreich für Ludwig XIV. Auch die Statthalterschaft in Nebenländern und entfernten Provinzen konnte weiblichen Verwandten übertragen werden.

Herrschaft von Frauen

Das Reich der spanischen Habsburger ist das beste Beispiel für eine zusammengesetzte Monarchie (*Composite Monarchy*). Sie war in den Jahrzehnten um 1500 durch dynastische Heiraten und Erbfolge entstanden und umfasste neben den Besitzungen auf der Iberischen Halbinsel die südlichen Niederlande mit der Freigrafschaft Burgund und umfangreiche Gebiete in Italien. Hinzu kam der wachsende Kolonialbesitz. Seit 1580 herrschten die spanischen Habsburger zudem über das Königreich Portugal mitsamt seinen Kolonien. Ihr Reich war also riesig, bildete aber alles andere als ein geschlossenes Territorium. Nicht einmal die Iberische Halbinsel war ein einheitliches Staatsgebiet. Die verschiedenen Landesteile wurden entsprechend ihren Privilegien und Landesrechten sowie mithilfe etablierter Herrschaftspraktiken regiert. Die spanische Zentrale war vor Ort durch einen Statthalter oder Vizekönig vertreten und konzentrierte sich im Übrigen auf die militärische Kontrolle und die Finanzhoheit. Zentralisierende Reformversuche des Conde-Duque Olivares in den 1630er Jahren führten zu Aufständen und 1640 zum vorübergehenden Verlust Kataloniens sowie zur dauerhaften Lösung Portugals aus dem Reichsverband.

Das Spanische Reich als zusammengesetzte Monarchie

Weitere zusammengesetzte Monarchien

Tatsächlich waren im 17. Jahrhundert die meisten Länder Europas Bestandteile zusammengesetzter Monarchien: Die Besitzungen der österreichischen Habsburger setzten sich aus den österreichischen Erblanden, Habsburgisch-Ungarn und den Ländern der böhmischen Krone zusammen. England mit dem untergeordneten Königreich Irland und dem Fürstentum Wales war seit 1603 mit Schottland in einer Personalunion verbunden. Das Königreich Polen und das Großfürstentum Litauen – um ein weiteres Beispiel zu nennen – befanden sich seit 1386 in einer Personalunion, die 1569 in eine Realunion umgewandelt wurde. Polen-Litauen erstreckte sich weit nach Osten und umfasste große Teile der heutigen Ukraine und Weißrusslands. Selbst die Herrschaftsgebiete mancher deutscher Fürsten waren zusammengesetzte Staaten, beispielsweise auch die der brandenburgischen Hohenzollern, die mit der Kurmark Brandenburg, den 1609/14 aus dem Erbe der Herzöge von Jülich-Kleve erworbenen Gebieten im Westen, dem bis 1657/60 von Polen lehnbaren Herzogtum Preußen (seit 1618) und den Erwerbungen infolge des Westfälischen Friedens (Hinterpommern, diverse säkularisierte Hochstifte) über ein sehr heterogenes und geographisch zersplittertes Territorienkonglomerat herrschten.

Das Heilige Römische Reich deutscher Nation

Eine ganz andere Form zusammengesetzter Staatlichkeit repräsentierte das Heilige Römische Reich deutscher Nation. Sein Oberhaupt war der Erwählte Römische Kaiser, der in der Regel in der Reichsstadt Frankfurt gewählt und gekrönt wurde. Kaiserkrönungen durch den Papst gab es seit 1530 nicht mehr. Anteil an der Reichsgewalt hatten aber auch die Reichsstände. Zugleich regierten diese – geistliche und weltliche Kurfürsten, geistliche und weltliche Fürsten, Prälaten, Grafen und Herren sowie Reichsstädte – aber auch ihre eigenen Herrschaftsgebiete. Dabei waren die Reichsstände freilich der obersten Reichsgewalt untergeordnet, die sich am vollkommensten im Reichstag, der Versammlung von Kaiser und Reichsständen, repräsentierte, an der sie also selbst Anteil hatten. Keinen Sitz im Reichstag hatten die Reichsritter und die italienischen Reichsvasallen.

Der Hof

Weil politische Herrschaft im 17. Jahrhundert in erster Linie monarchisch-dynastische Herrschaft war, kam dem Hof eine zentrale Rolle zu. Er war gleichzeitig der Wohnort des Herrschers und seiner Familie wie das Zentrum der Regierung. Dabei waren diese Sphären nicht scharf voneinander getrennt. Vielfach fungierten die Inhaber der vornehmsten Hofämter zugleich als Minister. Beispielsweise hatte über längere Zeit der kaiserliche Obristhofmeister zugleich den Vorsitz des Geheimen Rats inne. Die Ausbildung fester Residenzen ermöglichte eine erhebliche Erhöhung des Personalbestands und erleichterte die Einbindung des höheren Adels, für den der Hof ein wichtiger Markt für Ämter, Würden und Güter wurde. Außerdem erlaubte der Ausbau der Höfe eine immer opulentere Repräsentation der herrscherlichen Macht und die Aufführung eines raffinierten Zeremoniells, das den Herrscher überhöhte und zugleich die Rangfolgen am Hof dar- und herstellte. Bei der baulichen Erweiterung ihrer Höfe gingen die Herrscher unterschiedliche Wege. Während Ludwig XIV. mit dem Schloss Versailles völlig neue Maßstäbe monarchischer Residenzkultur setzte, behielten die österreichischen Habsburger die ein wenig altertümliche Wiener Hofburg als Hauptresidenz bei und begnügten sich damit, sie mehrmals um neue Gebäudeteile zu ergänzen. Dabei spielte ihr notorischer Geldmangel eine Rolle, aber auch ein stärker auf die Traditionen von Dynastie und Kaiseramt fokussierter Repräsentationsstil.

Sieht man von der polnisch-litauischen Adelsrepublik, der Republik der Vereinigten Niederlande mit ihrem ausgedehnten Kolonialbesitz und dem kurzlebigen englischen *Commonwealth* (1649–1660) einmal ab, handelte es sich bei den europäischen Republiken um Staatswesen von überschaubaren Dimensionen. Das entsprach der zeitgenössischen Politiktheorie, da man die komplexen und oftmals langwierigen Entscheidungsprozesse in Republiken für ungeeignet für die Regierung eines großen Reichs hielt. Eine übergeordnete Staatsräson frühneuzeitlicher Republiken war die Wahrung der Freiheit. Das schloss den Schutz der Freiheit nach außen, vor einem mächtigen Nachbarn, ebenso ein wie die Sicherung der Freiheit nach innen, gegen einen Einzelnen, der sich zum Herrscher über das Gemeinwesen aufwerfen wollte.

Republiken

In frühneuzeitlichen Republiken partizipierte allerdings mitnichten jeder Mensch in gleichem Maße an der Freiheit. Sie waren vielmehr üblicherweise oligarchisch verfasst. Das lässt sich besonders gut anhand der ältesten und vornehmsten von ihnen verdeutlichen: der venezianischen Markus-Republik. Hier war die politische Partizipation auf die männlichen Mitglieder der etwa 200 Familien des Patriziats beschränkt, während die übrige Bevölkerung Venedigs und des Festlandsbesitzes, der Terra ferma, einschließlich des dortigen Adels keinen Anteil an der Regierung der Republik hatte. Theoretisch lag die Souveränität dementsprechend im Großen

Venedig

Rat, in dem alle erwachsenen Patrizier Sitz und Stimme hatten. Als höchstes Regierungsorgan fungierte aber die zehnköpfige *Signoria*, der der Doge als Staatsoberhaupt präsidierte; im Übrigen war er aber vor allem auf repräsentative Funktionen beschränkt. Überhaupt war die venezianische Verfassung durch ein kompliziertes System von Checks and Balances darauf ausgerichtet, den unkontrollierten Machtgewinn Einzelner zu verhindern. Nicht zuletzt diesem Zweck diente auch der berüchtigte Rat der Zehn (*Consiglio dei Dieci*), der für die Staatssicherheit nach innen wie außen zuständig war und die venezianische Spionage, aber auch den einen oder anderen politischen Mord organisierte. Oligarchisch verfasst waren auch die Republiken Genua und Lucca.

Die Schweizer Eidgenossenschaft

Eine gewachsene, selbst für frühneuzeitliche Verhältnisse besonders komplexe Verfassung wies die Schweizer Eidgenossenschaft auf. Sie wurde zwar zeitgenössisch als *Confoederatio Helvetica* bezeichnet, doch handelte es sich bei ihr weder um einen Bundesstaat noch um einen einheitlichen Staatenbund, sondern um ein kompliziertes „Bundesgeflecht" (Hans Conrad Peyer). Die Schweizer Eidgenossenschaft ging zurück auf einen Landfriedensbund des 13. Jahrhunderts, der seit 1513 auf 13 Vollmitglieder (Orte) angewachsen war. Nur locker angebunden waren die Zugewandten Orte. Die Souveränität lag bei den Orten, die ihrerseits kleine oligarchische Republiken waren. Ihrer Herrschaft unterstanden auch die sogenannten Untertanenlande. Als gemeinsames Beschlussfassungsorgan diente die Tagsatzung, die regulär einmal im Jahr für drei Wochen im Kurort Baden zusammentrat. Andere gemeinsame Institutionen wie eine Staatsspitze, ein Höchstgericht oder eine gemeinsame Armee gab es nicht. Strukturelle Gegensätze zwischen den Städten und den agrarisch geprägten Länderorten sowie zwischen katholischen und evangelischen Orten stellten Belastungen dar. Mehrfach fanden kurze Kriege zwischen den konfessionellen Lagern statt. Im Ersten Villmergerkrieg konnten 1656 die katholischen Orte ihre Vormachtstellung bewahren. Im Zweiten Villmergerkrieg siegte 1712 die protestantische Seite und gewann auf Dauer die Oberhand.

Reichsstädte

Auch die deutschen Reichsstädte waren republikanisch verfasst. In etlichen dieser Städte entwickelte sich ein struktureller Gegensatz zwischen einer am Grundsatz der gemeindlichen Selbstverwaltung festhaltenden Bürgerschaft und einem Rat, der sich immer weniger als Organ dieser Selbstverwaltung verstand, sondern als

Obrigkeit die städtische Bevölkerung regierte. Diesen Tendenzen leistete die Herausbildung einer Ratsoligarchie Vorschub. Die Ratsherren kamen immer wieder aus denselben Familien, die zudem untereinander eng verwandt und verschwägert waren. In einigen Städten, zum Beispiel in Nürnberg, Augsburg und Frankfurt, existierte ein adelsgleiches Patriziat, das die Schlüsselstellen der politischen Macht besetzte oder strikt kontrollierte. Nicht selten brachen innerstädtische Verfassungskonflikte aus, die teils gewaltsam, immer häufiger aber vor den Reichsgerichten ausgetragen wurden. Besondere Aufmerksamkeit erregte der nach einem seiner Anführer benannte, 1612 ausgebrochene Frankfurter Fettmilchaufstand, der sich gegen die Ratsoligarchie richtete, jedoch auch eine starke antijüdische Komponente hatte und 1614 zur Vertreibung aller Frankfurter Juden führte. Der Aufstand endete nach der Intervention des Kaisers 1616 mit der Hinrichtung Fettmilchs und der übrigen Anführer, mit der Verhängung schwerer Strafen gegen zahlreiche andere Frankfurter, der Restauration der Ratsherrschaft und der Rückführung der Frankfurter Juden, die dem besonderen kaiserlichen Schutz unterstellt wurden.

2.3 Glaubenswelten zwischen Uniformität und Pluralismus

Infolge der Reformation hatten sich in der westlichen Christenheit drei theologische Hauptlager von übergeordneter Bedeutung herausgebildet. Da war zum einen die katholische, römische Kirche, die in Reaktion auf die Reformation und in Abgrenzung zu ihren Lehren auf dem Konzil von Trient (1545–1563) ihr theologisches Profil geschärft hatte. Sie hielt an der Transsubstantiationslehre fest, gemäß der in der Messe durch den Priester Brot und Wein in Leib und Blut Christi gewandelt wurden. Außerdem vertrat sie den Grundsatz der Werkgerechtigkeit. Danach konnten die Gläubigen durch gute Werke einen entscheidenden Beitrag zu ihrem eigenen Seelenheil leisten. Da zu diesen guten Werken neben der Armenfürsorge auch eine engagiert praktizierte Frömmigkeit zählte, erlebten Wallfahrten, Prozessionen und Heiligenverehrung einen deutlichen Aufschwung. Der tridentinisch erneuerte Katholizismus war dadurch gekennzeichnet, dass er nicht nur den Verstand, sondern alle Sinne der Gläubigen ansprach. Geschickt wurden zu diesem Zweck

Die katholische Kirche

die bildenden und darstellenden Künste wie auch die Musik eingesetzt.

Das Luthertum Unter den protestantischen Theologien dominierte in Deutschland und Nordeuropa die lutherische Lehre, wie sie im Augsburger Bekenntnis von 1530 und in der Konkordienformel von 1577 fixiert worden war. Die lutherische Abendmahlslehre ging, ohne eine Wandlung im Sinne der Transsubstantiationslehre anzunehmen, von einer Realpräsenz Christi in Brot und Wein aus. Anders als bei der katholischen Kommunion wurde beim lutherischen und allgemein beim protestantischen Abendmahl den Gläubigen nicht nur das Brot, sondern auch der Wein gereicht. Gemäß der lutherischen Rechtfertigungslehre konnten die Menschen nicht durch gute Werke, sondern nur durch die Gnade Gottes (*sola gratia*) und durch den Glauben (*sola fide*) gerettet werden. Ein weiterer Unterschied zum Katholizismus bestand darin, dass für die Definition der Glaubenslehre allein die Heilige Schrift (*sola scriptura*), nicht aber die kirchliche Tradition als relevant erachtet wurde. Gerettet wurde der Mensch nur durch Jesus Christus (*solus Christus*) und nicht etwa durch Vermittlung der Heiligen.

Der Calvinismus Die calvinistische oder reformierte Konfession als der zweite Hauptzweig der protestantischen Theologien war in West-, aber auch in Teilen Mitteleuropas besonders einflussreich. Sie spitzte die lutherische Lehre in einigen Punkten wesentlich zu. So war nach calvinistischer Auffassung das Abendmahl nur ein Gedächtnismahl, bei dem Christus durch Brot und Wein lediglich symbolisiert wurde. Gemäß der calvinistischen Lehre der doppelten Prädestination besaßen die Menschen keinerlei Möglichkeit, Einfluss auf ihr Seelenheil zu nehmen, sondern es war durch Gott von Anfang an vorherbestimmt, wer einst in die ewige Seligkeit eingehen würde und auf wen die ewige Verdammnis wartete. Charakteristisch für den Calvinismus war ferner ein Gottesdienst in ausgesprochen nüchternen Formen; in den Kirchen war jeder Bildschmuck verpönt. In reformierten Gemeinden herrschte vielfach eine besonders strenge Kirchenzucht. Das, was als Verstoß gegen ein gottgefälliges Leben galt, wie unmäßiger Alkoholgenuss, Glücksspiel oder Tanz an einem Sonntag, Unzucht etc., wurde streng geahndet, und die Delinquenten mussten ihre Sünden vor versammelter Gemeinde bekennen. Einige calvinistische Staatswesen wie die Republik Genf ließen ansatzweise theokratische Züge erkennen. Der den Reformierten von ihren katholischen und lutherischen Gegnern nachgesagte Hang zum Aufruhr gegen die von Gott eingesetzten Obrigkeiten war nicht im engeren Sinne theologisch begründet, sondern hatte viel damit zu tun, dass beispielsweise in den Niederlanden und in Frankreich die Reformierten in Opposition zur katholischen Krone standen.

Neben den drei Großkonfessionen gab es zahlreiche protestantische Gruppierungen, die sich in einigen Punkten noch weiter von der vorreformatorischen Lehre entfernt hatten, wie die Täufer, die die Kindertaufe ablehnten, weil ein Säugling nicht in der Lage sei, eine persönliche Glaubensentscheidung zu treffen, oder die Antitrinitarier, die das zentrale Dogma der Dreieinigkeit von Gott Vater, Sohn und Heiligem Geist ablehnten. Und selbstverständlich bestanden im Osten Europas die orthodoxen Kirchen fort, die schon im Mittelalter theologisch und in ihrer Kirchenstruktur eigene Wege gegangen waren. Es existierten nun also mehrere Kirchen und Glaubensgemeinschaften, die alle den Anspruch erhoben, im Besitz der alleinseligmachenden göttlichen Lehre zu sein. Anzuerkennen oder zumindest auszuhalten, dass es mehrere, miteinander konkurrierende Glaubenswahrheiten gab, stellte einen langwierigen und oftmals schmerzhaften Lernprozess dar, der um 1600 längst noch nicht abgeschlossen war. Und so übten die meisten Obrigkeiten einen mehr oder weniger starken Druck auf die Untertanen aus, sich dem jeweils herrschenden Bekenntnis anzuschließen.

Radikalprotestantische Gruppierungen

Auch wenn die einfachen Gläubigen die theologischen Differenzen zwischen den Konfessionen kaum bis ins Einzelne verstanden haben dürften, waren sie von den Folgen der Konfessionsbildung doch unmittelbar betroffen. Denn die Unterschiede zwischen den konfessionellen Gruppen beschränkten sich ja nicht auf das Kircheninnere, sondern wirkten weit in die Gesellschaft hinein. So hatte es erhebliche Auswirkungen auf die Stellung der Geistlichen, ob sie als zölibatär lebende Sakramentenspender oder primär als „Prädikanten" – Prediger also – auftraten. Während in katholischen Ländern die Klöster fortbestanden und vielfach eine neue Blüte erreichten, wurden sie in protestantischen Ländern aufgehoben oder umgewidmet, zum Beispiel in Bildungsinstitutionen oder in Damenstifte zur Versorgung unverheirateter adliger Frauen. Aber auch die Vorstellungen, wie Laien ein gutes, gottgefälliges Leben zu gestalten hatten, und die Lebensrhythmen, die in allen Konfessionen noch stark durch das Kirchenjahr vorgegeben waren, unterschieden sich, wenn etwa die Katholiken zahlreiche Feiertage begingen, die für die Protestanten einfache Werktage waren.

Folgen der Konfessionsbildung

Folgen der Gregorianischen Kalenderreform

Infolge der Gregorianischen Kalenderreform von 1582 lebten Katholiken und Protestanten sogar nach unterschiedlichen Zeitordnungen. Papst Gregor XIII. hatte mit der einmaligen Streichung von zehn Tagen im Oktober 1582 sowie der dauerhaften Reduzierung der Zahl der Schaltjahre die Defizite des überlangen Julianischen Kalenders beseitigt und insofern eine eindeutige Kalenderverbesserung erreicht. Doch während der Gregorianische Kalender in den katholischen Ländern zeitnah eingeführt wurde, wurde er von den Protestanten als papistisches Machwerk abgelehnt. Die protestantischen Länder nahmen die Kalenderanpassung erst ab 1700 vor, sodass während des ganzen 17. Jahrhundert eine zehntägige Kalenderdifferenz zwischen Katholiken und Protestanten bestand. Daher konnte es vorkommen, dass die einen schon Ostern gefeiert hatten, während die anderen sich noch in der Karwoche befanden.

Konfessionalisierung

So entstanden konfessionelle Grenzen zwischen katholischen, lutherischen und calvinistischen Ländern, aber auch in gemischtkonfessionellen Ländern konnten sich „Parallelgesellschaften" entwickeln. Wie weit dieser Prozess ging, für den Wolfgang Reinhard und Heinz Schilling den Begriff der Konfessionalisierung geprägt haben, wie weit er von den Obrigkeiten gesteuert werden konnte und wie weit die Gläubigen in der Lage waren, eigene Glaubenswege einzuschlagen, ist in der Forschung allerdings hochumstritten (vgl. II.4).

Tridentinische Reformen

Die Stabilisierung des Katholizismus war dadurch möglich geworden, dass das 1563 abgeschlossene Konzil von Trient mit päpstlicher Billigung nicht nur die theologische Abgrenzung zum Protestantismus vollzogen, sondern auch eine Reihe von Reformen angestoßen hatte. So sollten eine neugeordnete Priesterausbildung und regelmäßige bischöfliche Visitationen eine bessere Seelsorge sicherstellen. Missstände wie die Pfründenhäufung sollten abgestellt werden. Allerdings wurden die tridentinischen Beschlüsse nur schleppend und bruchstückhaft umgesetzt. Zudem verloren die Reformbemühungen in Rom selbst um die Jahrhundertwende an Schwung. Das Barockpapsttum eines Paul V. Borghese (1605–1621) und seiner Nachfolger setzte neue Akzente. Das Rom des Barock wurde – ähnlich wie in der Renaissance – zu einer Metropole der Künste, die auch auf Protestanten Anziehungskraft ausübte. Zudem sprachen erneuerte katholische Frömmigkeitspraktiken wie Wallfahrten, Prozessionen und Heiligenverehrung viele Menschen an. Als besonders wirksames Instrument der katholischen Erneuerung wirkte die „Gesellschaft Jesu", ein nach militärischen Prinzipien organisierter Priesterorden, der sich vor allem die Bildungs- und Erziehungsarbeit sowie die Mission auf die Fahnen geschrieben hatte. Dementsprechend avancierten die Jesuiten zu „Lieblingsfeinden" der protestantischen Geistlichkeit und Publizistik.

Der verbreitetste Ansatz der weltlichen Obrigkeiten, mit dem Problem der konkurrierenden Glaubenswahrheiten umzugehen, war der Versuch, zumindest in ihrem Herrschaftsbereich die Glaubenseinheit herzustellen. Weitgehend erfolgreich waren damit die Könige von Dänemark-Norwegen und von Schweden, die in ihren Ländern eine episkopal verfasste lutherische Staatskirche etablierten. *Skandinavien*

Die spanischen Könige setzten in ihren iberischen, italienischen und kolonialen sowie ihren südniederländischen Besitzungen die Alleinherrschaft des katholischen Bekenntnisses durch, freilich um den Preis des Verlusts der nördlichen, protestantisch dominierten Niederlande. Außerdem ließ König Philipp III. ab 1609 die Nachkommen der zwangschristianisierten Muslime, die *Moriskos*, aus Spanien ausweisen, da man diese „Neuchristen" nicht nur verdächtigte, im Geheimen nach wie vor dem Glauben ihrer Väter anzuhängen, sondern auch eine „fünfte Kolonne" des Osmanischen Reichs zu sein. Der Verdacht der Illoyalität richtete sich aber nicht nur gegen „ungläubige" Muslime, sondern auch gegen andersgläubige Christen. Die im Mittelalter sehr zahlreiche jüdische Bevölkerung der Iberischen Halbinsel hatte das Los der Vertreibung bereits am Ende des 15. Jahrhunderts ereilt. *Spanien*

Auch in Frankreich behauptete der Katholizismus letztlich seine Führungsstellung. Allerdings hatte der Calvinismus zahlreiche Anhänger gewonnen, nicht zuletzt in den städtischen Führungsschichten und im Adel. In den Religionskriegen der zweiten Hälfte des 16. Jahrhunderts war die Autorität der Krone sowohl seitens der Protestanten, der sog. Hugenotten, als auch durch die kompromisslos katholischen Kräfte herausgefordert worden. König Heinrich IV., der erste Bourbone auf dem französischen Thron, war zum Zeitpunkt seines Regierungsantritts 1589 selbst Protestant und fand eine politische Lösung: Er konvertierte zum Katholizismus und erkannte dessen Führungsstellung an, gewährte seinen früheren Glaubensgenossen aber 1598 im Edikt von Nantes eine begrenzte Duldung und politische Rechte, die sie vor katholischen Übergriffen schützen sollten. *Frankreich*

Die Britischen Inseln

In England optierte nach einigen Richtungswechseln unter den Vorgängerregierungen Elisabeth I. für eine Art Kompromiss. In der Supremats- und der Uniformitätsakte von 1559 schuf sie eine anglikanische Staatskirche, die in theologischer Hinsicht reformiert war, deren Liturgie aber großenteils die vorreformatorischen Formen bewahrte. Außerdem behielt sie die Episkopalstruktur bei. Die englische Kirche unterstand aber nicht mehr dem Papst, sondern der Königin bzw. dem König als *Supreme Governor*. Mit dieser Lösung hoffte Elisabeth nicht nur die Protestanten zufriedenzustellen, sondern auch den Anhängern der alten Kirche eine Brücke zu bauen. Allerdings bestanden in England dauerhaft Minoritäten von Protestanten, die weitergehende reformatorische Maßnahmen wünschten, wie auch von Katholiken. Nach verschiedenen Verschwörungen und dem gescheiterten Angriff der spanischen Armada 1588 gerieten Letztere immer stärker in den Verdacht der Illoyalität. Der *Gunpowder Plot* von 1605, bei dem der katholische Attentäter Guy Fawkes beabsichtigte, den neuen König Jakob I. mitsamt dem Parlament in die Luft zu sprengen, bekräftigte diese Einschätzung. In Irland blieb die Bevölkerung großenteils katholisch; erst durch die Einwanderung von protestantischen Schotten und Engländern, vor allem nach Ulster, begannen sich die Gewichte zu verschieben. In Schottland hatte sich eine presbyterianisch verfasste, von den Einzelgemeinden ausgehende, dezidiert calvinistische Kirche durchgesetzt. Die *Kirk* behielt ihre Eigenständigkeit und ihr spezifisches Profil, auch nachdem Schottland seit 1603 unter König Jakob VI./I. mit England in Personalunion vereint war.

Deutsches Reich

Im Deutschen Reich als ihrem Ursprungsland hatte die Reformation zu heftigen Verwerfungen geführt, die wesentlich dadurch charakterisiert waren, dass Kaiser Karl V. und seine Nachfolger im Kaiseramt am Katholizismus festhielten, zahlreiche Fürsten und Reichsstädte jedoch evangelisch wurden. 1555 einigte man sich auf

Der Augsburger Religionsfrieden

eine reichsrechtliche Einhegung des Glaubenskonflikts: Gemäß dem Augsburger Religionsfrieden waren der Katholizismus und das Augsburger Bekenntnis von 1530, die *Confessio Augustana*, reichsrechtlich zugelassen und ihre Anhänger in den Reichslandfrieden eingeschlossen. Die Entscheidung für das eine oder andere Bekenntnis, das Reformationsrecht (*Ius reformandi*), wurde den fürstlichen Landesherren übertragen. Untertanen, die diese Entscheidung nicht mittrugen, hatten die Möglichkeit der Auswanderung. Außerdem hielt der Religionsfrieden fest, dass die Evangelischen diejenigen

Kirchengüter, die sie bis 1552 übernommen hatten, behalten durften. Reichsstädte, in denen beide Bekenntnisse vertreten waren, sollten diesen bikonfessionellen Zustand bewahren. In einem für die Katholiken wichtigen Punkt blieb König Ferdinand I., der als Vertreter seines Bruders Karl V. den Frieden aushandelte, hart: Gemäß dem Geistlichen Vorbehalt (*Reservatum ecclesiasticum*) sollte das Reformationsrecht nicht für geistliche Fürsten gelten: Ein Fürstbischof oder Fürstabt, der evangelisch werden wollte, konnte diesen Schritt vollziehen, musste dann aber seine geistlichen Ämter niederlegen (und damit gleichzeitig auf seine weltlichen Herrschaftsrechte verzichten) und den Weg für die Wahl eines Nachfolgers freimachen. Die evangelischen Reichsstände betrachteten den Geistlichen Vorbehalt, dem sie nicht zugestimmt hatten, nicht als verbindlich. Das *Reservatum ecclesiasticum* war aber für den Kaiser und die katholischen Reichsstände von entscheidender Bedeutung, weil an den Stimmen der geistlichen Fürsten die Majorität im Kurfürsten- und im Fürstenrat des Reichstags hing. Vor allem war durch die geistlichen Kurfürsten von Mainz, Trier und Köln zugleich die altgläubige Mehrheit im Gremium der Kaiserwähler und somit die Wahl eines katholischen Reichsoberhaupts gesichert.

Die Geltung des Geistlichen Vorbehalts war eine der offenen Fragen, die seit den 1570er Jahren das Verhältnis zwischen katholischen und evangelischen Reichsständen zunehmend belasteten. Die zweite war die der Kirchengüter. Die Katholiken interpretierten den Religionsfrieden so, dass den Protestanten die bis 1552 erworbenen Kirchengüter verbleiben sollten, dass sie aber keine weiteren an sich bringen dürften. Die evangelische Seite sah das naheliegenderweise anders. Außerdem war umstritten, wer von den Protestanten in den Religionsfrieden eingeschlossen sein sollte: Nur die Anhänger des Augsburger Bekenntnisses, so wie es einst auf dem Reichstag von 1530 vorgelegt worden war? Das wären dann ausschließlich die Lutheraner. Oder auch diejenigen, die nur eine modifizierte, selbst für Calvinisten akzeptable Fassung des Bekenntnisses anerkannten? Dieses Problem gewann an Relevanz, als neben anderen Reichsständen der Kurfürst von der Pfalz und 1614 auch der von Brandenburg calvinistisch wurden.

Konfessionelle Konflikte gab es aber nicht nur auf Reichsebene, sondern auch in verschiedenen Territorien, namentlich in einigen geistlichen Fürstentümern, als die dortigen Fürstbischöfe darangingen, durch tridentinische Reformen zur Abstellung kirchlicher Miss-

Konflikte um den Religionsfrieden

Konfessionelle Gemengelagen im Reich

stände und durch gegenreformatorische Repressalien den teilweise schon jahrzehntelang bestehenden Protestantismus in ihren Territorien auszumerzen. Vergleichbare Spannungen bestanden in den Erblanden der Habsburger. Während in Innerösterreich Erzherzog Ferdinand große Erfolge bei der Rekatholisierung zu verzeichnen hatte, behaupteten sich die Protestanten in Ober- und Niederösterreich, in den Ländern der Böhmischen Krone und in Habsburgisch-Ungarn. Dort konnten sich im Windschatten der latenten osmanischen Bedrohung ebenso wie im osmanischen Vasallenfürstentum Siebenbürgen auch radikalprotestantische Gruppen halten.

Polen-Litauen   Auch in Polen-Litauen bestanden konfessionelle Gemengelagen. Dort hatten sich bis in die 1570er Jahre namhafte Minderheiten unterschiedlicher protestantischer Konfessionen etabliert. In der Konföderation von Warschau sicherten sich 1573 die Anhänger der unterschiedlichen Bekenntnisse gegenseitig Religionsfreiheit zu – ein im Zeitmaßstab völlig ungewöhnlicher Grad an konfessionellem Pluralismus. In der Folgezeit gelang es jedoch der katholischen Kirche auch dank der Förderung durch die Krone und die altgläubigen Magnaten ihre Position auszubauen. Im Osten des polnisch-litauischen Reiches dominierte die Orthodoxie. 1596 vollzog in der Union von Brest ein Großteil des orthodoxen Klerus – unter Beibehaltung des byzantinischen Ritus – die rechtliche Vereinigung mit der katholischen Kirche.

Die Schweizer Eidgenossenschaft und die Vereinigten Niederlande   Ähnlich wie im Reich die Reichsstände entschieden in der Schweizer Eidgenossenschaft die einzelnen Orte über ihre Konfession. Es etablierte sich eine katholisch-calvinistische Bikonfessionalität entlang der Kantonsgrenzen. Demgegenüber erlangte in den Vereinigten Niederlanden der Calvinismus die Position einer „Öffentlichkeitskirche". Er besaß nicht die exklusive Geltung einer Staatskirche, prägte aber das öffentliche Leben, und der Zugang zu politischen Ämtern blieb den Calvinisten vorbehalten. Gleichzeitig genossen andere evangelische Konfessionen, ja sogar die Katholiken eine teils verbriefte, teils stillschweigende Duldung. Öffentliche Gottesdienste waren ihnen verboten, aber es wurde hingenommen, dass sie sich in den sogenannten „Versteckten Kirchen" in Privathäusern versammelten.

Das Judentum   In etlichen Ländern des christlichen Europa sind seit der Antike oder dem frühen Mittelalter jüdische Gemeinden nachweisbar. Die Juden sahen sich allerdings seit dem 14. Jahrhundert einer verstärkten Ausgrenzung unterworfen und wurden vielerorts ganz ausgewiesen. Die Zeit der großen Vertreibungen war im 17. Jahrhundert jedoch vorbei. Es kam zwar noch zu einzelnen Ausweisungen, wie 1614/15 in den Reichsstädten Frankfurt und Worms und 1670/71 in der kaiserlichen Residenzstadt Wien. Aber nach Frankfurt und Worms wurden die Juden nach Intervention des Kaisers bald zurückgeführt. In Wien existierte nach 1671 zwar kein jüdisches Gemeindeleben mehr, doch Kaiser Leopold I. ließ zumindest die Ansiedlung einiger reicher jüdischer Hoffaktoren zu. Folgenreicher als solche lokal begrenzten Vertreibungen waren die Pogrome im Zuge des Chmelnyzkyj-Aufstands nach 1648, die zahlreiche Opfer forderten und zur Flucht vieler Überlebender aus Polen-Litauen nach Westen führten (siehe S. 145).

Infolge der Vertreibung aus den meisten Städten war jüdisches Leben in Mitteleuropa in weiten Teilen von einer Verländlichung geprägt. Diejenigen städtischen Gemeinden, die es noch gab, wie in Prag und Frankfurt, erlebten aber oft ein starkes Wachstum. Häufig waren die Juden gezwungen, in abgesonderten Stadtbezirken, Ghettos, zu leben. Die Frankfurter Judengasse bestand seit 1462. In Mainz wurde erst ab 1662 die Umsiedlung der Juden in zunächst eine, dann zwei Gassen erzwungen. Ob in der Stadt oder auf dem Land, die Juden erhielten ein Aufenthaltsrecht meist nur noch als Schutzjuden, denen obrigkeitliche Privilegien gegen finanzielle Gegenleistungen eine befristete Duldung zugestanden. „Judenordnungen" legten die Zahl der zugelassenen jüdischen Familien fest, reglementierten die Kontakte zur christlichen Bevölkerung und die wirtschaftlichen Aktivitäten. Infolge der erheblichen Restriktionen waren die meisten Juden als Geldverleiher, Vieh- und Getreidehändler, Hausierer und Pfandhändler tätig. In die religiös-kultischen Angelegenheiten und in die Selbstverwaltung der jüdischen Gemeinden mischten sich die christlichen Obrigkeiten dagegen üblicherweise nur dann ein, wenn es zu internen Konflikten kam. Als eine neue jüdische Führungsschicht im Deutschen Reich etablierten sich im 17. Jahrhundert die sogenannten Hoffaktoren, auf deren Dienste als Kreditgeber, Heeres- und Hoflieferanten die Fürsten mit ihrer noch schwach ausgebildeten Administration, ihren begrenzten Ressourcen und ihren häufig kurzfristigen Bedarfen an Geld und Gütern für Kriege und Hofhaltung angewiesen waren. Neben den zentraleuropäischen Juden, den Aschkenasim, blieben die aus Spanien und Portugal stammenden Sephardim eine Sondergruppe, auch wenn sie sich, zunächst meist als angebliche Katholiken, in

Jüdische Lebensverhältnisse

wichtigen mitteleuropäischen Handelsmetropolen wie Amsterdam und Hamburg ansiedelten. Zahlreiche sephardische Juden lebten im Osmanischen Reich, wo Saloniki ein Zentrum jüdischen Lebens war.

2.4 Wissenshorizonte und Medien

Das Erbe von Renaissance und Humanismus

Schon Renaissance und Humanismus hatten durch ihre Rückbesinnung auf die Antike nicht Vergangenes wiederbelebt, sondern neue Wege beschritten. Sie hatten die Forderung erhoben, sich aus überkommenen Bindungen zu lösen, und so neue Denkhorizonte eröffnet. Auch durch die Kontakte zu außereuropäischen Kulturen – so sehr man diese geringschätzen, ja sogar zerstören mochte – veränderten und erweiterten sich die europäischen Wissensbestände seit dem 16. Jahrhundert sprunghaft.

Das Schulwesen

Demgegenüber hielten Schulen und Universitäten trotz einiger wichtiger Reformen und Neuansätze alles in allem an den etablierten Strukturen, am hergebrachten Wissenskanon und an den dadurch bedingten Schranken fest. In den Elementarschulen wurden vornehmlich der Katechismus, Lesen, Schreiben, Rechnen und Realienkunde vermittelt – jedenfalls an die anwesenden Kinder, denn von einer Schulpflicht war man weit entfernt und von deren Durchsetzung noch weiter. Die Sprache der Gelehrsamkeit und die Unterrichtssprache an den Universitäten blieb das Lateinische, das üblicherweise an einer Latein- oder Trivialschule erlernt wurde, die das Trivium, also die drei sprachlichen Fächer Grammatik, Dialektik und Rhetorik, als Basis jeder höheren Bildung vermittelte. Während das Schulwesen in protestantischen Ländern in staatliche bzw. städtische Regie überging, blieben in katholischen Regionen viele Schulen in der Trägerschaft geistlicher Institutionen. Auch in evangelischen Gegenden behielt die Geistlichkeit einen großen Einfluss auf den Unterricht. Viele Lehrer waren studierte Theologen, die noch keine Anstellung als Pfarrer gefunden hatten, und das Schulwesen unterstand üblicherweise der Kirchenbehörde, dem Konsistorium.

Universitäten

Seit dem 13. Jahrhundert hatte sich in Europa eine vielfältige Universitätslandschaft entwickelt. In Deutschland waren Kurfürsten und Fürsten bestrebt, über eigene Universitäten in ihren Territorien zu verfügen. Noch im 17. Jahrhundert wurden einige solcher

Landesuniversitäten gegründet, zum Beispiel 1607 in Gießen durch den Landgrafen von Hessen-Darmstadt und 1614 in Paderborn durch den dortigen Fürstbischof. Damit ihre Abschlüsse europaweit anerkannt wurden, bedurfte eine Universität eines kaiserlichen oder eines päpstlichen Privilegs. Das stellte insbesondere für calvinistische Landesherren ein Problem dar, denen ein solches Privileg regelmäßig verweigert wurde. So wurde die 1584 durch den Grafen von Nassau-Siegen gegründete Hohe Schule in Herborn trotz erheblicher Ausstrahlung niemals eine Universität und erhielt niemals das Promotionsrecht. Infolge der Reformation kam es zu einer konfessionellen Spaltung auch der Universitätslandschaft, selbst wenn es sich hierbei um keine hermetisch geschlossene Grenze handelte.

Die Universitäten, die als Korporationen über umfassende Selbstverwaltungsrechte verfügten, waren immer noch in die klassischen vier Fakultäten gegliedert: Neben der Artistenfakultät, in der die sieben Freien Künste (*Artes liberales*) vermittelt wurden, bestanden die höheren Fakultäten der Theologie, der Jurisprudenz und der Medizin, von denen die Theologische Fakultät den vornehmsten Rang behauptete. Durch Humanismus und Reformation war einige Bewegung in die Universitätslandschaft gekommen. Seit dem späten 16. Jahrhundert erlebte die 1574 als braunschweigische Landesuniversität gegründete Academia Julia Carolina in Helmstedt einen beachtlichen Aufstieg. Auf katholischer Seite machten sich insbesondere die Jesuiten um eine Belebung der Universitäten verdient. Allerdings zeigten Universitätsreformen die Tendenz, nach einer gewissen Zeit der Wirksamkeit wieder zu versanden. Vor allem aber hielten die Universitäten grundsätzlich an dem Ziel fest, einen vorgegebenen Wissenskanon und die scholastische Argumentationsweise zu vermitteln, eine deduktiv vorgehende Beweisführung, bei der die Konfrontation von These und Gegenthese eine entscheidende Rolle spielte. Forschung zur Entdeckung neuen Wissens hatte in diesem Konzept keinen Platz. Der Einfluss strenggläubiger Theologen leistete im 17. Jahrhundert – auf katholischer wie evangelischer Seite – einer Erstarrung der Universitäten Vorschub. Eine europäische Ausstrahlung erlangten nur wenige, wie auf calvinistischer Seite das holländische Leiden oder auf katholischer Seite das päpstliche Collegium Romanum. Die venezianische Universität Padua bot auch jüdischen Männern die Möglichkeit, Medizin zu studieren. Frauen hatten keinen Zugang zu den Universitäten und konnten höhere Bildung nur auf anderen Wegen, etwa mithilfe von

Universitäre Strukturen und Lehre

Außeruniversitäre Forschung

Privatlehrern, erlangen. Angesichts der begrenzten Innovationsfähigkeit der Universitäten kam anderen Orten der Forschung und Wissensvermittlung erhebliche Bedeutung zu. Hierzu zählten neben Klöstern in erster Linie die Höfe und später die im Umkreis der Höfe gegründeten Akademien, denn die Förderung von Gelehrsamkeit und Bildung gehörte zum Repräsentationsprogramm fürstlicher Herrschaft.

Der Aufstieg der Naturwissenschaften

Auch der Aufstieg der Naturwissenschaften, eine Entwicklung, die auch als „Wissenschaftliche Revolution" bezeichnet worden ist, vollzog sich vielfach im Umkreis von Höfen. Denn es waren Fürsten, die über die meisten Ressourcen an Geld und prestigeträchtigen Posten verfügten. Ein wesentlicher Faktor beim Aufstieg der Naturwissenschaften war ihre Lösung aus der Bindung an die antiken und kirchlichen Autoritäten. Durch die Einführung der induktiven, experimentellen Methode gelangte man zu Erkenntnissen, die nicht Teil der überlieferten Wissensbestände waren, ja, womöglich im Widerspruch zu ihnen standen. Wie schwer es die neuen Anschauungen hatten durchzudringen, lehrt die Geschichte des heliozentrischen Weltbildes. Schon Nikolaus Kopernikus (1473–1543) hatte erkannt, dass im Gegensatz zum gültigen ptolemäischen, geozentrischen Weltbild nicht die Sonne sich um die Erde, sondern die Erde sich um die im Zentrum stehende Sonne dreht. Eine wirkliche „kopernikanische Wende" vollzog sich zu seinen Lebzeiten im allgemeinen Bewusstsein aber noch nicht. Bedeutende Astronomen, wie der kaiserliche Hofmathematiker Johannes Kepler (1571–1630), arbeiteten jedoch am heliozentrischen Konzept weiter.

Galileo Galilei

1603 wurde in Rom mit der Accademia dei Lincei (Akademie der Luchsartigen = Scharfsichtigen) eine private Vereinigung zur Erforschung der Naturwissenschaften ins Leben gerufen, auf die sich trotz mancher Brüche die heutige italienische Akademie der Wissenschaften zurückführt. Dies zeigt, dass das päpstliche Rom um 1600 eine Metropole nicht nur der Künste, sondern auch der Wissenschaften war. Am Beispiel Galileo Galileis (1564–1642), eines Mitglieds der Accademia, werden aber zugleich die besonders engen Grenzen deutlich, die den Wissenschaften in Rom gesetzt waren. Denn Galilei sah sich wegen seiner Publikationen, in denen er für das heliozentrische Weltbild eintrat, gravierenden Repressionen durch die römische Kurie ausgesetzt. Während andere ihre Erkenntnisse so verpackten, dass sie eine Konfrontation mit den kirchlichen Autoritäten vermieden, steuerte Galilei in seinem Streben, die Naturwissenschaften aus der Bevormundung durch die Theologie zu lösen, sehenden Auges auf den Konflikt zu. 1615/16 wurde ihm nach einem ersten Ketzerprozess auferlegt, seine im Widerspruch zum geozentrischen Weltbild stehenden Lehren künftig allenfalls noch als Hypothesen zu formulieren. Galilei, der sich als Hofmathematiker des Großherzogs der Toskana und Klient des regierenden Papstes Urban VIII. (1623–1644) womöglich zu sicher fühlte, verstieß gegen diese Auflage 1632 in seinem „Dialogo sopra i due massimi sistemi del mondo" („Dialog über die beiden hauptsächlichsten Weltsysteme"). Es folgten ein erneuter Ketzerprozess und 1633 die Verurteilung zu lebenslanger Haft, die Galilei in Form eines Arrests auf seinem toskanischen Landgut verbüßte. Strafverschärfend dürfte sich ausgewirkt haben, dass Galilei nicht nur „Wiederholungstäter" war, sondern auch als undankbarer Klient den regierenden Papst bloßgestellt hatte. Der „Dialogo" wurde auf den Index der verbotenen Bücher gesetzt (und erst 1835 daraus entfernt). Weniger bekannt als die astronomischen sind die mechanischen Forschungen Galileis, durch die er, wie auch René Descartes und andere Zeitgenossen, zur Etablierung eines mechanistischen Weltbilds beitrug, das die Welt als Maschine begriff.

Charakteristisch für das 17. Jahrhundert ist die Nähe bzw. Verflechtung der Naturwissenschaften mit Disziplinen, die in der Moderne dezidiert nicht als wissenschaftlich begriffen werden, namentlich der Astrologie. Nicht nur Wallenstein, zahlreiche bedeutende Persönlichkeiten glaubten an die Macht der Sterne. Ähnliches lässt sich von der Alchemie sagen, aus der sich einerseits die Chemie entwickelte, deren Vertreter sich andererseits aber auch mit so dubiosen – und natürlich niemals erfolgreichen – Experimenten wie der Golderzeugung aus minderen Metallen und in diesem Zusammenhang mit der Suche nach dem Stein der Weisen beschäftigten. In ähnlicher Weise können die Wunderkammern des 17. Jahrhunderts, in denen vermögende Sammler unterschiedlichste Artefakte – Mineralien, konservierte Tiere, Pflanzen oder deren Teile – horteten, einerseits als Vorläufer der naturhistorischen Museen betrachtet werden. Andererseits fanden sich dort aber auch zahlreiche Kuriositäten aus dem Reich der Mythen und Legenden. Ein gutes Beispiel dafür sind die beiden Artefakte, die 1564 zu unveräußerlichen Erbstücken des Hauses Österreich erklärt wurden – und die beide bis heute in der Schatzkammer der Wiener Hofburg zu bewundern sind. Das eine Objekt ist die Achatschale, die vermutlich

Astrologie und Alchemie

Wunderkammern

aus den spätantiken Konstantinopler Palastwerkstätten stammt, in der man aber den Heiligen Gral zu erkennen glaubte. Das andere ist das „Ainkhürn" – also Einhorn. Tatsächlich handelt es sich um einen gigantischen Narwalzahn, wie er auch in anderen Wunderkammern gezeigt wurde.

Schließlich sind die Wunderkammern ein Zeugnis für die durch die Entdeckungen und Kolonialisierungen seit dem 15. Jahrhundert gewaltig gewachsenen Wissensbestände. Auch Missionare trugen wesentlich zur Vermehrung des Wissens bei. Dies führte dazu, dass Rom zu einem wichtigen Knotenpunkt avancierte, an dem Wissen zusammenfloss, teilweise transformiert und von dem aus es weiterverteilt wurde. Auch das verweist darauf, dass eine Darstellung der römischen Kurie als Ort der Unterdrückung neuen Wissens einseitig bliebe.

Kavalierstouren

Auch um 1600 galt bereits: Reisen bildet! Die *Peregrinatio academica*, also das Reisen von Studenten in die Fremde, um dort einen Teil ihres Studiums zu absolvieren, war schon im Mittelalter bekannt und wurde auch in der Frühen Neuzeit praktiziert. Seit der Mitte des 16. Jahrhunderts etablierte sich aber mit der Kavalierstour oder Grand Tour eine spezifische Kultur des Lernens durch und auf Reisen. Besonders auf den britischen Inseln und in Deutschland wurde es üblich, junge adlige Männer auf eine solche Bildungsreise zu schicken. Je nach Status, bestehenden Kontakten, Konfession, verfügbaren Finanzmitteln der Familien etc. fielen diese Reisen unterschiedlich aus. Sie entwickelten sich aber zu einem wichtigen Element einer standesgemäßen adligen Ausbildung. Man reiste nach Frankreich, um die höfische Lebensart zu erleben, nach England oder Holland, um eine prosperierende Wirtschaftsmacht kennenzulernen, und nach Italien, das nach wie vor eine Führungsstellung in den Bildenden Künsten und der Musik bewahrte und wo sich bedeutende Überreste des Altertums sowie einige der heiligsten Orte der katholischen Christenheit befanden. Wenn ein Aufenthalt an Bildungsinstitutionen Teil der Reise war, handelte es sich oft nicht um Universitäten, sondern um sogenannte Adels- oder Ritterakademien, die ein auf ihre Klientel ausgerichtetes Lehrangebot bereitstellten. Unterrichtet wurden zum Beispiel Reiten, Fechten, Tanzen, lebende höfische Sprachen, Geschichte und etwas Jura, um die jungen Männer auf ihren Dienst am Hof, in Regierung, Verwaltung und Diplomatie oder im Militär vorzubereiten. Besuchten die Adligen eine Universität, dann meist nur kurz; ein Abschluss wurde in aller Regel nicht angestrebt. Eines der wichtigsten Ziele der Kavalierstouren war demgegenüber das Knüpfen von Kontakten, die die Karrierechancen der jungen Männer verbesserten und zugleich die Kommunikation zwischen verschiedenen Ländern und Höfen beförderten.

Der Austausch von Informationen zwischen verschiedenen Ländern wurde durch den Auf- und Ausbau der Post wesentlich befördert. Für das Deutsche Reich lässt sich diese Entwicklung wie folgt zusammenfassen: Die Taxis-Post hatte ihre Anfänge schon in den 1490er Jahren als habsburgische Post. Doch erst 1595 ernannte Kaiser Rudolph II. Leonhard I. von Taxis zum ersten Reichsgeneralpostmeister. Seit 1615 war dieses Amt ein erbliches Reichslehen der Taxis, die sich seit 1650 Thurn und Taxis nennen durften. Sie betrieben planmäßig den Ausbau und die Verdichtung der Postkurse, für die im 17. Jahrhundert Frankfurt zu einem bedeutenden Knotenpunkt aufstieg. Auch wenn sie aufgrund der konkurrierenden territorialstaatlichen Landesposten niemals ein wirkliches Monopol auf die Post im Reich erlangte, erwies sich die Reichspost als ein äußerst lukratives Geschäft – und ihre Kunden profitierten von den verbesserten Kommunikationsmöglichkeiten. Die Post baute eine ausgedehnte Infrastruktur auf, nicht zuletzt die zahlreichen Relaisstationen zum raschen Pferdewechsel. Diese Infrastruktur wurde nicht nur für den Brieftransport, sondern auch für Reisen genutzt. Im Lauf des 17. Jahrhunderts wurden die berittenen Boten durch Postkutschen ergänzt.

Die Post

Mit den durch die Post bereitgestellten Möglichkeiten für einen beschleunigten und intensivierten Informationsaustausch hängt die Entwicklung eines neuen, ausgesprochen zukunftsträchtigen Informationsmediums zusammen: der Zeitung. Sie ergänzte das Angebot, das nach wie vor Kleindrucke wie Flugblätter und Flugschriften einem lesefähigen und einigermaßen finanzkräftigen Publikum bereitstellten, um sich punktuell über ein bestimmtes Thema zu informieren, zu amüsieren oder in seiner Meinung bestätigen zu lassen. Schon seit den 1580er Jahren erschienen, zum Beispiel in Frankfurt in halbjährlichem Abstand, die sogenannten Messrelationen, die über alle wichtigen, meist politischen Ereignisse berichteten, die sich von einer Messe zur nächsten zugetragen hatten. Fürsten und reiche Kaufleute wie die Augsburger Fugger nutzten zudem die Möglichkeit, sich von Informanten in wichtigen europäischen Städten regelmäßig mit handschriftlichen Zeitungen (*Avvisi*) zu Politik,

Zeitungen

Kultur, Wirtschaft etc. versorgen zu lassen. Die gedruckten, zunächst in einigen deutschen Städten wie Straßburg, Augsburg und Frankfurt wöchentlich erscheinenden Zeitungen machten seit dem frühen 17. Jahrhundert derartige Informationen zeitnah einem weniger exklusiven Leserkreis zugänglich. Als Zeitungsmacher der ersten Stunde engagierten sich vielfach Postmeister, die in einer strategisch günstigen Position saßen, um durch den Aufbau eines verzweigten Korrespondentennetzes sowohl Nachrichten aus den verschiedensten Ländern zu sammeln als auch die Zeitungen zu distribuieren. Die etwa 1615 erstmals gedruckte „Frankfurter Postzeitung" bestand unter wechselnden Namen bis 1866. Bis zur Mitte des 17. Jahrhunderts fand das Modell Zeitung Verbreitung in ganz Europa: 1618 erschien in Amsterdam die erste niederländische Zeitung, die „Courante uyt Italien, Duytslandt, &c." Seit 1631 wurde in Paris die „Gazette de France" aufgelegt, seit 1665 die „London Gazette".

2.5 Europa in der Welt

Das spanisch-portugiesische Kolonialreich

Abgesehen von Süd- und Mittelamerika und von Sibirien, das Russland sich zu unterwerfen anschickte, waren die europäischen Mächte um 1600 noch weit von einer Beherrschung der Welt entfernt. Unter den europäischen Kolonialmächten hatte eindeutig Spanien-Portugal die Nase vorn. Ja, das Weltreich der spanischen Habsburger war das einzige Kolonialreich im eigentlichen Sinne, während andere Mächte, wie die Vereinigten Niederlande, England und Frankreich erst begannen, nennenswerten Kolonialbesitz zu erwerben. Der spanisch-portugiesische Herrschaftsbereich umfasste große Teile Süd- und Mittelamerikas sowie zahlreiche Stützpunkte in Afrika und Asien. Vor allem letztere, die mit Brasilien die portugiesische Komponente des Kolonialreichs bildeten, hatten unter den niederländischen Angriffen zu leiden, die nach und nach zu substanziellen Einbußen führten. Gefährdet waren auch die Edelmetalltransporte aus Amerika nach Spanien. Schon seit 1543 versuchte man durch ein Geleitsystem die Verluste zu minimieren. Ungefährdet war aber auch die alljährliche „Silberflotte" nicht. Immer wieder gingen Schiffe durch Stürme oder andere natürliche Ereignisse verloren. Spektakulärer aber war der Coup des niederländischen Freibeuters Piet Pieterszoon Heyn, der im Auftrag der Westindischen Handelskompanie 1628 bei Havanna die Silberflotte kaperte und reiche Beute machte.

In Süd- und Mittelamerika waren nach der Unterwerfung der einheimischen Bevölkerung Siedlungskolonien entstanden, die in erster Linie dem Abbau der Edelmetallvorkommen und der Plantagenwirtschaft dienten, wobei die Arbeitskraft der Indigenen rücksichtslos ausgebeutet wurde. Als aufgrund der grausamen Behandlung, aber auch der eingeschleppten europäischen Krankheiten, gegen die keine Resistenzen bestanden, die indigene Bevölkerung dramatisch zurückgegangen war, wurde der eintretende Mangel an Arbeitskräften durch afrikanische Sklaven ausgeglichen, die in wachsender Zahl nach Amerika verschleppt wurden. Die Kolonialgesellschaft folgte in ihrem hierarchischen Aufbau europäischen Grundsätzen, wich wegen der unterschiedlichen Bevölkerungs- und Wirtschaftsstrukturen jedoch signifikant von der traditionellen Ständegesellschaft ab. Zwiespältig war die Rolle der Kirche, die sich selbst an Unterdrückungsmaßnahmen beteiligte und für die Zwangsmissionierung von *Indios* und afrikanischen Sklaven verantwortlich war, deren Vertreter jedoch zum Teil für den Schutz der neuen Christen eintraten. Eine Besonderheit waren die seit dem frühen 17. Jahrhundert am Rande des spanischen Herrschaftsgebiets gegründeten Jesuitenreduktionen, die man als eine Art geistliche „Staaten" beschreiben kann, in denen die Indigenen in einer paternalistischen, von Jesuiten geführten Gesellschaft lebten, aber dem Zugriff der Kolonialverwaltung entzogen waren.

Siedlungskolonien in Süd- und Mittelamerika

Unter der Bezeichnung „Estado da India" besaß Portugal seit 1505 an den indischen Küsten eine Reihe von Stützpunktkolonien, mit deren Hilfe der Gewürzhandel zwischen Ostasien und Europa monopolisiert werden sollte. Dieses Monopol wurde allerdings ebenso wie das Monopol auf den Handel mit den amerikanischen Kolonien immer mehr durch Niederländer und Engländer erschüttert und ausgehöhlt.

Nachdem 1595 eine erste niederländische Flotte auf Java gelandet war, begannen die Niederländer mit der Errichtung eines Kolonialreichs in Südostasien, die von der 1602 gegründeten Vereinigten Ostindischen Kompanie (*Verenigde Oost-Indische Compagnie*, VOC) entschieden vorangetrieben wurde. Die Westindische Kompanie (WIC) gründete mit der Eroberung von Pernambuco (Recife) 1630 eine Zuckerkolonie im bis dahin portugiesischen Brasilien; sie hatte allerdings nur bis zur portugiesischen Rückeroberung 1654 Bestand.

Das niederländische Kolonialreich

Folgenreich war dagegen die jahrhundertelange Präsenz der Niederländer am Kap der Guten Hoffnung ab 1647.

Das englische Kolonialreich

England verfügte um 1600 noch nicht über nennenswerte Kolonien, auch wenn in der zweiten Hälfte des 16. Jahrhunderts die *Merchant Adventurers*, von denen Francis Drake der bekannteste ist, weltweit aktiv waren und Jagd auf spanische Schiffe machten. 1582 signalisierte die Gründung der *Levant* oder *Turkey Company* ein wachsendes englisches Interesse am Mittelmeer, das nach wie vor einer der lukrativsten Handelsräume war. 1599/1600 wurde die *East India Company* gegründet, die auf dem indischen Subkontinent vorläufig aber keine bedeutendere Rolle spielte als die Kompanien anderer Mächte. Nach ersten Ansätzen in den 1580er Jahren, die im Zusammenhang mit der vergeblichen Suche nach einer Nordwestpassage nach Asien standen, nahmen die sogenannten Neuenglandkolonien seit 1606 einen deutlichen Aufschwung, standen im 17. Jahrhundert aber noch in Konkurrenz zu schwedischen und niederländischen Siedlungen: New York wurde 1624 als Nieuw Amsterdam gegründet und erst 1664 von den Engländern erobert. Seit den 1620er Jahren setzten die Briten sich auch in der Karibik und damit im unmittelbaren spanischen Interessengebiet fest.

Das französische Kolonialreich

Auch die französischen Kolonien im heutigen Kanada gingen auf das erste Jahrzehnt des 17. Jahrhunderts zurück, selbst wenn die *Nouvelle France* schon ab 1534 für die französische Krone in Anspruch genommen wurde. 1608 erfolgte die Gründung Québecs. 1627 nahm die *Compagnie de la Nouvelle France* ihre Tätigkeit auf. Trotz dieser und weiterer, späterer Kompaniegründungen blieb für die französische Kolonialpolitik charakteristisch, dass, ähnlich wie in den spanischen und portugiesischen Besitzungen, die königliche Regierung sich die unmittelbare Kontrolle vorbehielt und weniger auf Kompanien als eigenständige, zumindest teilautonome, mit hoheitlichen Rechten ausgestattete Akteure setzte.

Die Situation in Südostasien

Wie bereits angedeutet, beschränkte sich die europäische Präsenz in Afrika und im südlichen Asien auf verstreute Handelsstützpunkte. Auf dem indischen Subkontinent stand das Mogulreich in seiner Blüte. Dies trug dazu bei, dass die portugiesischen, niederländischen, englischen, französischen und dänischen Besitzungen bloße Stützpunktkolonien blieben. Siedlungs- oder Herrschaftskolonien etablierten lediglich die Niederländer in Malaysia und auf etlichen Inseln sowie die Spanier auf den Philippinen.

In China waren dem europäischen Einfluss noch deutlichere *China*
Grenzen gesetzt. Zwar war Macao seit 1557 ein portugiesischer Handelsstützpunkt, der aber unter chinesischer Souveränität stand und für den Pacht und Abgaben an China zu zahlen waren. Mit den Handelsbeziehungen gingen die Missionsbemühungen namentlich der Jesuiten einher. Schon 1552 war Franz Xaver in China gelandet, doch erst unter Matteo Ricci (1552–1610) feierte die Mission große Erfolge, nicht zuletzt unter den einheimischen Eliten. Diese Erfolge wurden insbesondere deswegen möglich, weil die Jesuiten eine Inkulturationsstrategie verfolgten, die auf die Spezifika der chinesischen Gesellschaft und Kultur einging und beispielsweise die Ahnenverehrung in das Christentum chinesischer Prägung integrierte. Zwischen den Jesuiten und den chinesischen Gelehrten fand ein Wissensaustausch auf hohem Niveau unter anderem über mathematische, astronomische und geografische Gegenstände statt.

Noch größer waren die jesuitischen Missionserfolge in der *Japan*
zweiten Hälfte des 16. Jahrhunderts in Japan, das in der „Zeit der streitenden Reiche" in eine Reihe konkurrierender Territorialstaaten zerfallen war. Die Portugiesen, die 1571 den Handelsstützpunkt Nagasaki gegründet hatten, griffen in die Machtkämpfe ein und unterstützten die christlichen bzw. christenfreundlichen Potentaten. Am Ende setzte sich aber mit Tokugawa Ieyasu (1542–1616) ein ausgesprochener Gegner der Christen durch, die er blutig verfolgte, sodass das Christentum in Japan weitgehend ausgerottet wurde. Er einte Japan und begründete das bis 1868 dauernde Shogunat seiner Dynastie. Durch die Zulassung eines niederländischen Handelsstützpunktes auf Hirado wurden ab 1609 zugleich die Portugiesen aus dem Japanhandel verdrängt. Gerade das japanische Beispiel zeigt, dass die Europäer um 1600 noch keineswegs die Herren der Welt waren und dass ihr Einflussgewinn in einem Land kein unumkehrbarer Prozess war.

3 Der Dreißigjährige Krieg

3.1 Der Weg in den Krieg

Unter den zahlreichen militärischen Konflikten des 17. Jahrhunderts *Der „Teutsche Krieg"*
nimmt vor allem aus deutscher Perspektive der Dreißigjährige Krieg eine Sonderstellung ein, da seine wichtigsten Schauplätze in

Mitteleuropa lagen und er als der „Teutsche Krieg" bis zum Ersten Weltkrieg als die Urkatastrophe der neuzeitlichen deutschen Geschichte betrachtet wurde.

Der Jülich-Klevische Erbfolgestreit

Ähnlich wie beim Ersten Weltkrieg hatten sich in den Jahrzehnten vor dem Kriegsausbruch vielfältige Spannungen aufgebaut, die auf eine Entladung zu drängen schienen. Tatsächlich wurden schon in den ersten beiden Jahrzehnten des 17. Jahrhunderts etliche Kriege geführt, die aber zeitlich und geographisch begrenzt blieben. Unmittelbar bevorzustehen schien ein großer Krieg auf Reichsboden 1610, am Niederrhein. Nach dem Aussterben der Herzöge von Jülich-Kleve 1609 beanspruchten mehrere deutsche Fürsten deren Erbe, von denen der Kurfürst von Brandenburg und der Erbprinz von Pfalz-Neuburg sich gemeinsam in den Besitz der strittigen Territorien setzten. Der habsburgische Kaiser Rudolph II. wiederum wollte die Herzogtümer als erledigte Reichslehen bis zur Klärung der Nachfolgeansprüche durch den Reichshofrat unter Sequester nehmen. Aber auch einige europäische Mächte, allen voran Spanien und die Vereinigten Niederlande, hatten großes Interesse am Schicksal dieser strategisch wichtigen Gebiete. Schließlich intervenierte Heinrich IV. von Frankreich, der die Gelegenheit zur Eindämmung der spanischen Vormachtstellung in Europa nutzen wollte, indem er militärische Präsenz im unmittelbaren Vorfeld der habsburgischen Niederlande zeigte. Doch unmittelbar vor dem Aufbruch an den Niederrhein wurde der König von einem katholischen Fanatiker erdolcht. Die Kämpfe versandeten; Kurbrandenburg und Pfalz-Neuburg teilten 1614 im Vertrag von Xanten das Erbe der Herzöge von Jülich-Kleve untereinander auf. Dennoch blieb in dieser Region der Friede fragil. Spanien und die Vereinigten Niederlande hatten zwar 1609 einen zwölfjährigen Waffenstillstand geschlossen, nach dessen Auslaufen aber mit einem Wiederaufleben dieses Krieges zu rechnen war.

Spanisch-niederländischer Waffenstillstand

Der Konflikt um die niederrheinischen Territorien besaß auch eine konfessionelle Dimension. Die Herzöge von Jülich-Kleve waren zwar selbst bei der römischen Kirche geblieben, hatten aber keine katholische Konfessionalisierungspolitik betrieben, sodass sich in ihren Territorien dauerhaft große lutherische und calvinistische Bevölkerungsgruppen etablieren konnten. Die siegreichen Prätendenten auf das Erbe waren ursprünglich beide Lutheraner. Kurfürst Johann Sigismund von Brandenburg trat aber an Weihnachten 1613 zum Calvinismus über, und Wolfgang Wilhelm von Pfalz-Neuburg war anlässlich seiner Hochzeit mit einer bayerischen Prinzessin schon ein halbes Jahr vorher katholisch geworden; im Mai 1614 machte er seine Konversion öffentlich. Beide Glaubenswechsel erfolgten in einer Zeit wachsender konfessioneller Spannungen im Reich.

Wenn von einer Krise der Reichsverfassung im Vorfeld des Dreißigjährigen Krieges die Rede ist, sind damit weniger grundlegende Defizite der Normen und Institutionen gemeint als die mangelnde Fähigkeit bzw. Bereitschaft maßgeblicher Akteure, entsprechend der auf Kompromiss und Ausgleich basierenden Reichsverfassung zu agieren und eigene Interessen für ein funktionsfähiges Gemeinwesen Reich zurückzustellen. Viele Evangelische hatten im sog. Vierklösterstreit das Vertrauen in die Unparteilichkeit des Reichskammergerichts verloren, das die umstrittenen geistlichen Güter den katholischen Prozessparteien zugesprochen hatte. Die Arbeitsfähigkeit des Gerichts wurde zudem dadurch eingeschränkt, dass seine Visitation durch einen Konflikt um die Besetzung der zuständigen Kommission verhindert wurde. Der kaiserliche Reichshofrat als das zweite höchste Reichsgericht galt ohnehin als parteiisch zugunsten der Katholiken. Durch den Frieden von Zsitvatorok, der den sogenannten Langen Türkenkrieg mit dem Osmanischen Reich beendete, fiel 1606 der äußere Druck weg, der bis dahin eine Solidargemeinschaft von Kaiser und Reichsständen aller Konfessionen gefördert hatte. Dies zeigte sich auf dem Regensburger Reichstag von 1608, der von einer Gruppe evangelischer Reichsstände unter kurpfälzischer Führung gesprengt wurde und ohne Reichsabschied endete.

Krise der Reichsverfassung

Maßgeblich verantwortlich für diesen Eklat war die Donauwörther Affäre. In dieser im Schwäbischen Reichskreis liegenden Reichsstadt hatte sich neben der lutherischen Bevölkerungsmehrheit eine selbstbewusste katholische Minderheit halten können, die sich 1605 vor dem Reichshofrat das Recht erstritten hatte, Prozessionen abhalten zu dürfen. 1606 und 1607 kam es zu handgreiflichen Auseinandersetzungen zwischen Prozessionsteilnehmern und sich provoziert fühlenden Lutheranern. Kaiser Rudolph II. verhängte darauf über die Stadt die Reichsacht und übertrug deren Exekution nicht dem evangelischen Herzog von Württemberg, der als Obrist des Schwäbischen Reichskreises eigentlich zuständig gewesen wäre, sondern dem katholischen Herzog Maximilian von Bayern. Donauwörth wurde durch bayerische Truppen besetzt und sollte erst

Die Donauwörther Affäre

dann wieder geräumt werden, wenn die Reichsstadt die Kosten für diese Militäraktion erstattet habe. Da sie dazu nicht in der Lage war, blieb sie dauerhaft unter bayerischer Herrschaft – und wurde konsequent rekatholisiert.

Protestantische Union und Katholische Liga

Die Donauwörther Affäre wurde von vielen protestantischen Reichsständen als Verfassungsbruch durch den Kaiser, seinen Reichshofrat und die katholischen Reichsstände gewertet und führte nicht nur zur Sprengung des Reichstags, sondern auch zur Gründung konfessioneller Bündnisse. 1608 gründeten im ansbachischen Auhausen zunächst sechs calvinistische und lutherische Fürsten unter kurpfälzischer Führung ein Verteidigungsbündnis. Dieser Protestantischen Union, der sich weitere Fürsten und Städte anschlossen, stand seit 1609 die Katholische Liga unter bayerischer Leitung gegenüber. Zwar handelte es sich bei beiden Bündnissen erklärtermaßen um Defensivallianzen, aber das Konfrontationspotential war unübersehbar.

Der „Habsburgische Bruderzwist"

Die Spannungen im Reich wurden dadurch verschärft, dass der Kaiser als schlichtende, über den Parteien stehende Instanz weitgehend ausfiel. Viele Protestanten nahmen Rudolph II. spätestens nach Donauwörth diese Neutralität nicht mehr ab. Zudem zog sich der psychisch labile Kaiser immer mehr in seine Residenz auf dem Prager Hradschin zurück und vernachlässigte seine Regierungspflichten, nicht nur im Reich, sondern auch in seinen Erblanden, was seine Verwandten schließlich zum militärischen Eingreifen veranlasste. Infolge des „Habsburgischen Bruderzwists" musste Rudolph 1608 den Großteil seines Herrschaftsgebiets – Ober- und Niederösterreich, Ungarn und Mähren – an seinen Bruder Matthias abtreten. Ihm blieben nur noch Böhmen, Schlesien und die Lausitzen. Der innerdynastische Konflikt stärkte zugleich die Position der mehrheitlich evangelischen Landstände. In zwei sogenannten Majestätsbriefen machte Rudolph den Protestanten in Böhmen und Schlesien 1609 umfangreiche Zugeständnisse hinsichtlich Religionsausübung und Kirchenorganisation. Als 1611 der Konflikt zwischen den Brüdern erneut ausbrach, verlor Rudolph II. auch noch den Rest seiner Territorien an Matthias. Seine letzten Lebensmonate verbrachte er im Arrest auf dem Hradschin.

Kaiser Matthias

Nach seiner Kaiserwahl und -krönung 1612 bemühten sich Matthias und sein Erster Minister, der Wiener Bischof und – seit 1615 – Kardinal Melchior Khlesl, mittels einer „Kompositionspolitik" um einen Ausgleich zwischen den Konfessionsparteien im Reich und so um eine Stabilisierung der kaiserlichen Position. Da beide jedoch in früheren Jahren als Gegenreformatoren hervorgetreten waren, misstrauten viele evangelische Reichsstände ihren Absichten. Matthias' erster und einziger Reichstag endete 1613 weitgehend ergebnislos. Gegen den mit den Stimmen der katholischen Mehrheit und der kaisertreuen evangelischen Reichsstände zustande gekommenen Reichsabschied legten der Kurfürst von der Pfalz und seine Gefolgschaft Protest ein. Matthias' Position blieb aber auch innerhalb des Hauses Österreich schwach. Da er keine Kinder hatte, brachten sich schon bald die Aspiranten auf sein Erbe in Stellung. Nachdem 1617 in dem nach dem damaligen spanischen Gesandten in Wien benannten Oñate-Vertrag König Philipp III. von Spanien als das Oberhaupt der älteren Linie des Hauses Habsburg gegen die Aussicht auf die österreichischen Besitzungen im Elsass und einige italienische Reichslehen auf alle weitergehenden Ansprüche verzichtet hatte, konnte die Nachfolge Erzherzog Ferdinands von Innerösterreich als gesichert gelten. Ferdinand hatte sich als Herrscher über die Herzogtümer Steiermark, Kärnten, Krain und die angrenzenden Gebiete im Süden des habsburgischen Territorienkonglomerats einen Namen als strammer Gegenreformator gemacht. Dessen ungeachtet nahmen ihn die böhmischen Stände 1617 als künftigen böhmischen König an. Ferdinand wurde der neue starke Mann am Wiener Hof und dominierte schon zu Matthias' Lebzeiten die Politik in der 1618 eskalierenden böhmischen Krise.

Der Prager Fenstersturz markiert nicht den Ausgangspunkt, sondern eine Eskalationsstufe des innerböhmischen Konflikts. Vorausgegangen waren langwierige Auseinandersetzungen um die Rechte der Protestanten bzw. um die Interpretation des 1609 von Rudolph II. zugestandenen Majestätsbriefs. Konkret wurde um den Abriss bzw. die Schließung zweier evangelischer Kirchen in Klostergrab und Braunau gestritten. Dahinter stand die weit grundsätzlichere Frage, wie sich die konfessionellen und politischen Kräfteverhältnisse in Böhmen künftig gestalten würden: Würde die katholische Krone mittels einer „Salamitaktik" den Protestanten Kirche um Kirche entziehen, die autonome evangelische Kirchenorganisation beseitigen und die Mitspracherechte der Stände zurückdrängen? Oder würden die mehrheitlich evangelischen Stände die königlichen Prärogativen beschneiden und der Konsolidierung der katholischen Kirche in Böhmen Einhalt gebieten? Die Bereitschaft zur Eskalation war auf beiden Seiten vorhanden. Die Anführer der Stände

Der Prager Fenstersturz

um Heinrich Matthias von Thurn knüpften bewusst an den Ersten Prager Fenstersturz von 1419 an, als sie am 23. Mai 1618 die königlichen Statthalter Jaroslav von Martinitz und Wilhelm Slavata sowie den Sekretär Philipp Fabricius aus einem Fenster des Hradschin, der Prager Burg, warfen: So wie seinerzeit die Hussiten wollten nun sie den Kampf gegen die katholischen Obrigkeiten aufnehmen. Freilich hatte diese Symbolhandlung den „Schönheitsfehler", dass die Defenestrierten unprogrammgemäß den Sturz überlebten. Die katholische Propaganda interpretierte diesen Umstand als wunderbares Eingreifen der Gottesmutter Maria: Damit war nach ihrer Anschauung unmissverständlich erwiesen, auf wessen Seite die himmlischen Mächte standen.

3.2 Der Kriegsverlauf

Der Böhmisch-Pfälzische Krieg

Auf den Prager Fenstersturz wird üblicherweise der Beginn des Dreißigjährigen Krieges bzw. seiner ersten Phase, des Böhmisch-Pfälzischen Krieges (1618–1623), datiert. Zwar wurde auch nach dem Prager Fenstersturz weiterverhandelt, war das Tischtuch zwischen böhmischem König und Ständen noch nicht gänzlich zerschnitten. Gleichzeitig rüstete man jedoch zum Krieg, und auf beiden Seiten setzten sich die kompromisslosen Kräfte durch. Am Wiener Hof profilierte sich immer stärker König Ferdinand als die aufgehende Sonne. Er ließ den verhandlungsbereiten Kardinal Khlesl festnehmen, ohne dass der alternde Kaiser noch in der Lage war, seinen Getreuen zu schützen. Matthias starb im März 1619. Damit war Ferdinand König von Böhmen. Allerdings wollten ihn die dortigen Stände nicht mehr als ihren Herrscher anerkennen. Im Juni 1619 wurde die Situation für Ferdinand bedrohlich, als ein ständisch-böhmisches Heer auf Wien marschierte und er gleichzeitig von Vertretern der protestantischen niederösterreichischen Landstände unter Druck gesetzt wurde. Im August eröffnete zudem der Fürst von Siebenbürgen Gabriel Bethlen als Verbündeter der Böhmen den Angriff auf Habsburgisch-Ungarn. Es schien die Gefahr zu bestehen, dass Ferdinands Herrschaft auch in seinen anderen Territorien zur Disposition gestellt werden würde.

Die Confoederatio Bohemica

Am 31. Juli 1619 schlossen die Stände Böhmens sowie der anderen Länder der böhmischen Krone – Mähren, Schlesien, Ober- und Niederlausitz – eine Konföderationsakte (*Confoederatio Bohemica*), die die Grundlage für eine Umgestaltung der Verfassung der böhmischen Länder entsprechend den ständischen Vorstellungen darstellte. Es sollte eine Wahlmonarchie errichtet werden, in der die königlichen Prärogativen stark eingeschränkt waren und der Herrscher der Kontrolle der im Generallandtag der böhmischen Kronländer versammelten Ständevertreter unterlag. Es hieß in der Konföderationsakte zwar, dass Katholiken und Protestanten einander gleichgestellt sein sollten. Die katholischen Stände mussten jedoch einen besonderen Eid auf die Akte ablegen, wenn sie nicht ihre politischen Partizipationsrechte verlieren wollten. Das zeigt, dass man ihnen gegenüber misstrauisch war und dass die neue Konföderation protestantisch geprägt sein würde.

Beide Seiten suchten nach militärisch wie finanziell potenten Verbündeten. Ferdinand konnte dabei auf seine spanischen Verwandten zählen. Für diese war es mit Blick auf den zu erwartenden erneuten Krieg mit der Republik der Vereinigten Niederlande von großer Bedeutung, dass die Kommunikationswege von den norditalienischen Häfen über die Lombardei, die Alpen und das Rheintal in die Spanischen Niederlande – die sog. Spanische Straße – offengehalten wurden. Dafür wiederum war eine starke deutsche Linie des Hauses Habsburg, die sich im Besitz der Kaiserkrone behauptete, eine wichtige Voraussetzung. Die Unterstützung des spanischen Königs, des immer noch mächtigsten Monarchen Europas, der über die Ressourcen eines weltumspannenden Reichs gebot, wurde für die österreichischen Habsburger ein entscheidender Erfolgsfaktor während des Dreißigjährigen Krieges.

Die Suche nach Verbündeten

Die böhmische Konföderation hatte einem potentiellen Verbündeten vor allem eines zu bieten: die Königskrone. Der von vielen als böhmischer König favorisierte lutherische Kurfürst Johann Georg I. von Sachsen zeigte kein Interesse, da er an der traditionellen Loyalität seiner Familie, der albertinischen Wettiner, zum Kaiserhaus Habsburg festhielt und auch aus fürstlicher Solidarität heraus den ständischen Aufstand ablehnte. Andere Kandidaten waren der siebenbürgische Fürst Gabriel Bethlen und der katholische Herzog Karl Emanuel I. von Savoyen, der in seinem Streben nach der Königswürde die konfessionelle Solidarität mit den Habsburgern zurückstellte. Gewählt wurde nach der förmlichen Absetzung Ferdinands im August 1619 schließlich der junge, ehrgeizige Kurfürst Friedrich V. von der Pfalz. Für ihn sprach, dass er nicht nur der vornehmste evangelische Kurfürst und mit seinen oberpfälzischen

Die böhmische Königswahl Friedrichs V. von der Pfalz

Besitzungen ein unmittelbarer Nachbar Böhmens war. Als Schwiegersohn des englischen Königs Jakob I. und Oberhaupt der Protestantischen Union besaß er zudem weitreichende Verbindungen.

Die Kaiserwahl Ferdinands II.

Fast zeitgleich wurde am 28. August in Frankfurt König Ferdinand zum Römischen Kaiser gewählt, einstimmig, nachdem der pfälzische Vertreter sich dem Mehrheitsvotum angeschlossen hatte. Damit hatte sich die Lage entscheidend geändert, denn nun konnte Ferdinand die Prärogativen seines Kaiseramts für seine Politik gegen die böhmischen Aufständischen und den Pfälzer nutzen, der jetzt Gefahr lief, als untreuer kaiserlicher Lehnsmann wegen Felonie angeklagt zu werden. Zudem konnte sich Ferdinand auf der Rückreise nach Wien im Münchner Vertrag die Unterstützung des Oberhaupts der Katholischen Liga Maximilian I. von Bayern sichern. Nicht schriftlich fixiert wurde die reichsrechtlich wie -politisch heikle Zusage des neuen Kaisers, dem Herzog die pfälzische Kurwürde zu übertragen. Damit schickte sich Maximilian an, die alten Ansprüche der bayerischen Wittelsbacher auf die Kurwürde auf Kosten seiner Pfälzer Verwandten zu realisieren.

Friedrich V. und die Böhmen hofften dagegen vergeblich auf die englische Unterstützung, denn König Jakob I. lehnte es ab, mit Aufständischen gegen einen legitimen Monarchen gemeinsame Sache zu machen. Auch der zwar katholische, aber in einer machtpolitischen Konkurrenz zu den Habsburgern stehende König von Frankreich leistete keine Hilfe. Vielmehr vermittelte Frankreich in der Hoffnung, eine Ausweitung des Krieges verhindern zu können, 1620 den Neutralitätsvertrag von Ulm zwischen Union und Liga, womit Letztere freie Hand in Böhmen erhielt. Nennenswerte finanzielle Unterstützung leistete nur die auf eine Wiederaufnahme des Krieges mit Spanien zusteuernde Republik der Vereinigten Niederlande.

Die Schlacht am Weißen Berg

Der Krieg in Böhmen wurde durch den vollständigen Sieg des habsburgisch-ligistischen Heeres in der Schlacht am Weißen Berg am 8. November 1620 entschieden. Der nunmehr als „Winterkönig" verspottete Friedrich V. ging mit seiner Familie ins niederländische Exil. Auch viele Aufständische flohen. Anderen gelang das nicht: Im „Prager Blutgericht" wurden 1621 zwölf Todesurteile vollstreckt. Zahlreiche Familien waren von umfangreichen Konfiskationen betroffen. Ein Großteil der beschlagnahmten Güter wurde von habsburgtreuen katholischen Adligen erworben – einer der größten Profiteure war der nachmals berühmte Kleinadlige Albrecht von Wallenstein. Parallel zu diesem Elitenaustausch lief in Böhmen und Mähren, aber auch in Ober- und Niederösterreich die Gegenreformation an, die zur Rekatholisierung der vor 1620 zu großen Teilen evangelischen Bevölkerung führte. Die 1627 von Ferdinand erlassene „Verneuerte Böhmische Landesordnung" besiegelte den Umbau der böhmischen Verfassung: Fortan war Böhmen eine Erbmonarchie des Hauses Habsburg; die ständischen Rechte wurden radikal beschnitten. Immerhin verblieb dem Landtag das Steuerbewilligungsrecht.

Parallel zur Unterwerfung Böhmens begann die Eroberung der pfälzischen Erbländer Friedrichs V., über den Ferdinand im Februar 1621 die Reichacht verhängte. Im selben Jahr löste sich die Protestantische Union faktisch auf. Bis 1622 wurden die Oberpfalz und die rechtsrheinische Rheinpfalz von bayerischen, die linksrheinischen Gebiete von spanischen Truppen besetzt. *Ächtung Friedrichs V.*

Dass der Krieg mit dem Abschluss der Kämpfe in Böhmen und der Pfalz nicht beendet war, sondern sich nach Norddeutschland ausweitete, hing mit verschiedenen Faktoren zusammen. Ferdinand II. hatte zwar seine Widersacher besiegt, aber es war kein Sieg aus eigener Kraft gewesen. Dementsprechend musste er dafür sorgen, dass vor allem die Ambitionen Maximilians von Bayern auf die Kurwürde und Territorialerwerb erfüllt wurden. 1623 wurde Maximilian in Regensburg feierlich mit der Kurwürde belehnt. 1628 schließlich schloss Ferdinand II. auch seine Nachkommen in die Kurbelehnung ein – und erreichte so die Rückgabe des für die Kosten des böhmischen Krieges an Bayern verpfändeten Oberösterreich. Die Kehrseite der Medaille war, dass Friedrich V. von seinem niederländischen Exil aus seine Restitution betrieb und dass seine Ansprüche für jeden Gegner der Habsburger eine willkommene Legitimation für ein Eingreifen in den Konflikt darstellten. Zudem riefen die kaiserlichen Erfolge und die Art und Weise, wie diese genutzt wurden, inner- und außerhalb des Reichs neue Gegner auf den Plan. Da sie mit solchen Gegenmaßnahmen rechneten, rüsteten auch der Kaiser und die Liga nicht ab. *Ausweitung des Kriegs*

Außerdem war 1621 erwartungsgemäß der spanisch-niederländische Krieg wiederaufgeflammt. Dies stand im Einklang mit der Politik des neuen spanischen Königs Philipp IV. und seines Ersten Ministers, des Conde-Duque Olivares, der sich die Wiederaufrichtung der spanischen Größe auf die Fahnen geschrieben hatte. Das wiederum irritierte Ludwig XIII. von Frankreich, der unter dem *Spanien im Krieg*

Einfluss des Kardinals Richelieu zu einer zunächst verdeckten, dann immer offeneren antihabsburgischen Politik überging. 1624 intervenierte Frankreich im Veltlin, einer wichtigen Etappe der Spanischen Straße, und stellte zudem Dänemark Subsidien für seinen Krieg gegen den Kaiser zur Verfügung.

Der Dänisch-Niedersächsische Krieg

Christian IV. von Dänemark und Norwegen war beunruhigt darüber, dass ligistische Truppen bei der Verfolgung der protestantischen Söldnerführer Ernst von Mansfeld und Christian von Braunschweig-Wolfenbüttel, die nach der spanisch-ligistischen Eroberung der Kurpfalz in den Norden ausgewichen waren, in den dänischen Einfluss- und Interessenbereich vordrangen. 1625 ließ sich der König deshalb zum Obristen des Niedersächsischen Reichskreises wählen, dem er als Herzog von Holstein angehörte. Nach dem Willen der Kreisstände sollte er seine Truppen zwar nur zur Verteidigung des Kreisgebiets einsetzen, aber bald kam es zur Konfrontation mit den Ligistischen und Kaiserlichen. Es begann die zweite Phase des Dreißigjährigen Krieges, der Dänisch-Niedersächsische Krieg (1625–1629). Angesichts des drohenden Konflikts mit Dänemark hatte der durch den Erwerb böhmischer Exulantengüter und als Kriegsunternehmer reich gewordene Albrecht von Wallenstein dem Kaiser angeboten, eine Armee aufzustellen und die Kosten dafür vorzustrecken. Nach einigem Zögern nahm Ferdinand das Angebot an, belohnte Wallenstein mit dem Titel eines Herzogs von Friedland und verfügte damit erstmals über ein nennenswertes eigenes Heer, das ihn partiell aus der militärischen Abhängigkeit von Maximilian von Bayern und der Liga befreite. Mit den Siegen Wallensteins an der Dessauer Elbbrücke und des Ligageneralls Tilly bei Lutter am Barenberge war der Krieg gegen Dänemark bereits 1626 militärisch entschieden. 1627 rückten Wallensteins Truppen bis nach Jütland vor, und 1629 schied Christian IV. im Frieden von Lübeck aus dem Krieg aus. Gegen die Rückgabe der besetzten dänischen, schleswigschen und holsteinischen Gebiete verpflichtete er sich, sich künftig nicht mehr in die Angelegenheiten des Reichs einzumischen. Norddeutschland aber verblieb im Einflussbereich der kaiserlichen Truppen.

Das Restitutionsedikt

Ferdinand II. hatte eine bis dahin ungeahnte Machtstellung erreicht. Bereits einige Wochen vor dem Lübecker Frieden hatte er das Restitutionsedikt erlassen, mit dem er die zwischen Katholiken und Protestanten strittigen Punkte des Augsburger Religionsfriedens kraft kaiserlicher Autorität entsprechend den katholischen

Vorstellungen regelte: Die Evangelischen sollten alle Kirchengüter – Kirchen, Klöster, Liegenschaften, ganze geistliche Fürstentümer –, die sie seit 1552 übernommen bzw. säkularisiert hatten, den Katholiken zurückgeben. Der Geistliche Vorbehalt, gemäß dem ein geistlicher Fürst, der evangelisch wurde, seine Herrschaft aufzugeben und den Weg für eine Neuwahl freizumachen hatte, wurde ausdrücklich bestätigt. Damit drohten den Protestanten riesige materielle Verluste, die mancherorts geradezu existenzbedrohend gewesen wären. Zudem stellte Ferdinand klar, dass der Augsburger Religionsfrieden nur für die Anhänger des Augsburger Bekenntnisses gelte, so wie es 1530 auf dem Reichstag formuliert worden war. Im Klartext bedeutete dies, dass nur die Lutheraner, nicht aber die Calvinisten sich künftig des Schutzes des Reichslandfriedens sicher sein konnten. Das Restitutionsedikt beunruhigte die evangelischen Reichsstände zutiefst, auch solche, die wie Johann Georg von Sachsen bislang loyale Anhänger des Kaisers gewesen waren. Die Art, wie Ferdinand hier ein allgemeines, von Kaiser und Ständen gemeinsam auf einem Reichstag verabschiedetes Reichsgesetz verbindlich zu interpretieren beanspruchte, mochte aber auch katholische Fürsten irritieren.

Damit nicht genug: Schon 1628 hatte der Kaiser, um seine immensen Schulden abzutragen, Wallenstein Mecklenburg als Pfandbesitz übertragen, über dessen Herzöge er zuvor wegen ihres Bündnisses mit Dänemark die Reichsacht verhängt hatte. 1629 belehnte er Wallenstein offiziell mit dem Herzogtum. Damit stieg Wallenstein in die Reihe der vornehmsten Reichsfürsten auf. Seine nunmehrigen Standesgenossen, allen voran Maximilian von Bayern, waren freilich nicht bereit, den Aufsteiger als ebenbürtig anzuerkennen und misstrauten ihm zutiefst. Die Pläne zum Aufbau einer kaiserlichen Flotte und die Aussicht, dass mit den Habsburgern ein neuer Aspirant auf die Ostseeherrschaft, das *Dominium Maris Baltici*, erscheinen könnte, missfielen zudem den Ostseeanrainern. Dass der Kaiser mit den skizzierten Maßnahmen nach Auffassung vieler Zeitgenossen den Bogen gehörig überspannt hatte, trug maßgeblich zum großen Umschwung im Verlauf des Dreißigjährigen Krieges bei.

Wallenstein als Herzog von Mecklenburg

Tatsächlich ging die politische der militärischen Wende noch voraus. Der Regensburger Kurfürstentag von 1630 sollte nach dem Willen Ferdinands II. die Erfolge seiner Politik krönen. Er strebte die Wahl seines gleichnamigen ältesten Sohnes zum Römischen Kö-

Der Regensburger Kurfürstentag von 1630

nig und damit die Sicherung des Kaiseramtes für die nächste Generation des Hauses Habsburg an. Zugleich sollte in Regensburg der Mantuanische Erbfolgekrieg beendet werden, der 1628 nach dem Aussterben der Mantuaner Gonzaga im Mannesstamm ausgebrochen war. Der nächste Erbanwärter Karl von Nevers war als französischer *Prince étranger* in Madrid als Nachbar des spanischen Mailand unerwünscht, und man trachtete ihn durch einen anderen Prätendenten, den Herzog von Guastalla, auszubooten. Ferdinand, der selbst in zweiter Ehe mit einer Gonzaga verheiratet, zugleich aber Philipp IV. für dessen finanzielle und militärische Hilfe verpflichtet war, hatte auf spanisches Drängen 1629 Truppen über die Alpen geschickt, die 1630 Mantua eingenommen und die Stadt im „Sacco di Mantova" schwer geplündert hatten. Zwar kam es zu keiner direkten Konfrontation zwischen den kaiserlichen und französischen Truppen, die ihre Operationen vielmehr auf das westliche Oberitalien beschränkten, wo sie mit spanischen und savoyischen Kräften um die Kontrolle des Monferrato, des zweiten Herzogtums der Gonzaga, rangen. Die Kurfürsten drängten aber auf einen Friedensschluss mit Frankreich, das eine Gesandtschaft nach Regensburg geschickt hatte. Im Regensburger Friedensvertrag akzeptierte Ferdinand II. die Erbfolge Karls von Nevers unter Entschädigung der anderen Erbanwärter, wohingegen die französischen Delegierten zusagten, dass ihr König keine Bündnisse zum Schaden von Kaiser und Reich eingehen werde. Damit hatten sie allerdings ihre Instruktionen überschritten, und der Vertrag von Regensburg wurde von Frankreich nicht ratifiziert. Der Mantuanische Erbfolgekrieg wurde erst 1631 in den Verträgen von Cherasco beendet, die keine entsprechende Selbstverpflichtung Ludwigs XIII. enthielten und die wichtige Alpenfestung Pinerolo und damit ein Einfallstor nach Italien in französischen Händen beließen.

Um der Machtstellung Ferdinands II. Grenzen zu setzen, nötigten ihn die Kurfürsten 1630 nicht nur zum Frieden mit Frankreich, sondern auch zu einer Verkleinerung der mittlerweile auf etwa 100 000 Mann angewachsenen kaiserlichen Armee und zur Entlassung Wallensteins. Die verbliebenen kaiserlichen Truppen wurden dem Oberbefehl des Ligagenerals Tilly unterstellt. Somit büßte Ferdinand die in den Jahren zuvor gewonnene militärische Unabhängigkeit von der Liga weitgehend wieder ein. Trotz dieser kaiserlichen Zugeständnisse verweigerten die Kurfürsten die Römische Königswahl des Kaisersohns und zeigten Ferdinand II. so sehr deutlich die Grenzen seiner Machtposition im Reich auf.

Dem Scheitern der kaiserlichen Politik auf dem Kurfürstentag folgte die militärische Katastrophe: Mit dem Schwedischen Krieg (1630–1635) begann die dritte Phase des Dreißigjährigen Krieges. Noch während man in Regensburg verhandelte, landete der schwedische König Gustav II. Adolf im Juli 1630 mit ca. 13 000 Mann auf Usedom. Auch wenn ihn primär machtpolitische Gründe, das Streben nach dem *Dominium Maris Baltici*, zur Intervention in Norddeutschland bewogen, wurde er in der protestantischen Publizistik als „Löwe von Mitternacht" gefeiert, der zur Rettung des evangelischen Glaubens ins Reich gekommen sei. Anfang 1631 konnte sich Gustav Adolf im Subsidienvertrag von Bärwalde die finanzielle Unterstützung Frankreichs sichern. Nach ersten militärischen Erfolgen schlossen sich ihm die bis dahin zögernden evangelischen Reichsstände im Nordosten an, darunter die Kurfürsten von Sachsen und Brandenburg. Das wurde befördert durch die „Magdeburger Bluthochzeit", die Erstürmung und Zerstörung Magdeburgs durch Truppen Tillys im Mai 1631. Dieser Gewaltexzess beförderte die eschatologische Aufladung des Krieges in der protestantischen Propaganda noch einmal, ebenso wie der triumphale Sieg Gustav Adolfs über Tilly im September 1631 bei Breitenfeld. In der Folge besetzten schwedische Truppen die geistlichen Fürstentümer an Main und Mittelrhein und drangen bis nach Bayern vor, wo im Mai 1632 die Residenzstadt München eingenommen wurde. Schon Ende 1631 war Prag von sächsischen Truppen besetzt worden. Wieder wurden in großem Stil geistliche Güter umverteilt, nun zum Schaden der Katholiken. Neben deutschen Anhängern Gustav Adolfs wurden auch schwedische Militärs und Amtsträger bedacht. So wurde der schwedische Reichskanzler Axel Oxenstierna mit dem Erzstift Mainz, dem Territorium des Reichserzkanzlers, ausgestattet. Der König selbst nahm zeitweise Wohnung in der Wahl- und Krönungsstadt Frankfurt am Main.

Die Gründe für den schwedischen Erfolg waren vielfältig: Nach dem Sieg über den als gefährlicher eingestuften Dänenkönig hatte man in Wien die von Gustav Adolf ausgehende Gefahr unterschätzt. Zudem waren die kaiserlich-ligistischen Truppen durch den Abzug einiger Einheiten auf den italienischen Kriegsschauplatz und Versorgungsprobleme geschwächt. Auch die Wirkung der schwedi-

Der Schwedische Krieg

schen Propaganda und die psychologischen Wirkungen des Siegs von Breitenfeld sollten nicht unterschätzt werden.

Angesichts des schwedischen Siegeszugs setzte Ferdinand II. – mit Zustimmung Maximilians von Bayern – Wallenstein Anfang 1632 wieder als Oberbefehlshaber ein. Ihm gelang es, infolge der unentschiedenen Schlacht an der Alten Veste, bei Nürnberg, Gustav Adolf zum Abzug nach Norden zu zwingen. Die Schlacht bei Lützen im November 1632 endete zwar mit einem schwedischen Sieg. Der König aber war gefallen.

Schlachtentod Gustav Adolfs bei Lützen

Reichskanzler Oxenstierna suchte die schwedische Position im Reich zu konsolidieren. So sollte der 1633 geschlossene Heilbronner Bund unter schwedischer Kontrolle die Kräfte der Protestanten im Kurrheinischen, Schwäbischen, Fränkischen und Oberrheinischen Reichskreis bündeln. Die Kämpfe konzentrierten sich in diesem Jahr auf den fränkisch-oberpfälzischen Raum. Das Abwarten Wallensteins in Böhmen, der die schwedische Eroberung der Oberpfalz und der Reichsstadt Regensburg zuließ, und seine Kontakte zu namhaften Persönlichkeiten im gegnerischen Lager weckten das Misstrauen Ferdinands II. – ein Argwohn, der von Maximilian von Bayern geschürt wurde. Wallenstein wurde unter dem Vorwurf des Hochverrats geächtet, als General abgesetzt und im Februar 1634 von einigen seiner eigenen Offiziere in Eger ermordet.

Ermordung Wallensteins

Nach der Ermordung Wallensteins übernahm König Ferdinand, der älteste Sohn des Kaisers, den Oberbefehl. Gemeinsam mit seinem spanischen Verwandten, dem Kardinalinfanten Ferdinand, der mit frischen Truppen auf dem Weg zum niederländischen Kriegsschauplatz war, bereitete er den Schweden unter Bernhard von Weimar und Gustav Horn 1634 bei Nördlingen eine vernichtende Niederlage. Dies ermöglichte es Ferdinand II., Friedensgespräche mit Johann Georg von Sachsen zu beginnen, der ebenso wie zahlreiche andere evangelische Reichsstände nur zu gerne bereit war, das Bündnis mit Schweden zu verlassen und seinen Frieden mit dem Kaiser zu machen.

Die Schlacht bei Nördlingen

Der 1635 zwischen dem Kaiser und Kursachsen geschlossene Friede von Prag verfolgte das Ziel eines Ausgleichs zwischen dem Kaiser, den katholischen und den protestantischen Reichsständen, um sodann mit vereinten Kräften die fremden Truppen – also in erster Linie die Schweden – aus dem Reich zu vertreiben. Für dieses Ziel war Ferdinand II. zu einigen Zugeständnissen bereit: Das Restitutionsedikt wurde für 40 Jahre ausgesetzt, den Protestanten

Der Prager Friede

der Besitzstand der Kirchengüter entsprechend dem „Normaljahr" 1627 garantiert. Somit behielten die Katholiken die Gewinne der ersten Kriegsjahre; die ganz großen Besitzverschiebungen infolge des Restitutionsedikts wurden jedoch revidiert. Denjenigen Reichsständen, die gegen den Kaiser gekämpft hatten, wurde Amnestie gewährt; nur wenige – wie die Nachkommen des „Winterkönigs" – blieben davon ausgeschlossen. Alle anderen waren eingeladen, dem Frieden beizutreten. Kurfürst Johann Georg von Sachsen wurde die Zustimmung zum Frieden durch die Belehnung mit den beiden Lausitzen und die Übertragung des Erzstifts Magdeburg an seinen zweiten Sohn August schmackhaft gemacht. Für Ferdinand II. fiel positiv ins Gewicht, dass alle reichsständischen Sonderbündnisse – der Heilbronner Bund ebenso wie die Liga – aufgelöst wurden und die Reichsstände ihre Truppen in die dem kaiserlichen Oberbefehl unterstehende Reichsarmee einzubringen hatten. Auch deren Finanzierung wurde fürs erste durch den Prager Frieden gesichert: Jeder Reichsstand, der dem Vertrag beitrat, verpflichtete sich zur Zahlung seines Quantums entsprechend der Reichsmatrikel. Diese Stärkung der kaiserlichen Position hat einige Forscher dazu bewogen, von einem „Reichsabsolutismus" zu sprechen, den Ferdinand mit dem Prager Frieden zu etablieren versucht habe.

Dafür, dass der Prager Frieden letztlich scheiterte, waren verschiedene Faktoren verantwortlich, nicht zuletzt die unvollständige Amnestieregelung, die eine Reihe wichtiger Reichsstände vom Frieden ausschloss. Wesentlich aber war, dass, nach jahrelanger mehr oder weniger verdeckter Unterstützung der Gegner des Kaisers und nach der befristeten Konfrontation im Rahmen des Mantuanischen Erbfolgekriegs, Frankreich nun offen in den Krieg eintrat. Damit setzte sich die von Kardinal Richelieu favorisierte Linie der französischen Außenpolitik durch, die darauf abzielte, die habsburgische Umklammerung Frankreichs zu beenden und zugleich den Allerchristlichsten König auf den ihm gebührenden Platz als mächtigster Monarch der Christenheit zurückzuführen. Dabei strebte Richelieu aber keine großflächigen Eroberungen an, sondern setzte auf eine Protektions- sowie eine Passagen- und Pfortenpolitik. Das heißt, dass durch Schutzverträge Klienten im Reich und in Italien an die französische Krone gebunden werden sollten. Zugleich sollten geeignete Brückenköpfe im Bedarfsfall ein zügiges militärisches Eingreifen Frankreichs ermöglichen. Freilich hatte Richelieu zunächst die innenpolitischen Voraussetzungen für diese aktive antihabsbur-

Der Kriegseintritt Frankreichs

gische Außenpolitik schaffen müssen. Mit der Eroberung des letzten hugenottischen Sicherheitsplatzes La Rochelle war es ihm 1628 gelungen, den hugenottischen „Staat im Staat" zu beseitigen und ganz Frankreich der Kontrolle der Krone zu unterstellen. In einer dramatischen Konfrontation konnte er am „Tag der Getäuschten" (*Journée des Dupes*, 10./11. November 1630) seine ehemalige Förderin, die für ein Zusammengehen der katholischen Mächte eintretende Königinmutter Maria de' Medici, endgültig bei König Ludwig XIII. ausbooten und ins Exil zwingen.

Den Anlass für den französischen Kriegseintritt bot die Gefangennahme des Trierer Kurfürsten Philipp Christoph von Sötern durch spanische Truppen im März 1635. Sötern hatte sich 1632 der Protektion des französischen Königs unterstellt und ihm das Besatzungsrecht in der Festung Ehrenbreitstein eingeräumt. Die Inhaftierung seines Klienten nahm Ludwig XIII. von Frankreich zum Anlass, Philipp IV. von Spanien den Krieg zu erklären, nicht aber dem Kaiser – was nichts an dem faktischen Kriegszustand änderte: Die letzte, längste und wohl desaströseste Phase des Dreißigjährigen Krieges, der Schwedisch-Französische Krieg (1635–1648), hatte begonnen. Er war weniger geprägt von spektakulären Schlachten, sondern ist als ein Abnutzungskrieg zu charakterisieren, bei dem es den Parteien vornehmlich darum ging, die für die Erhaltung der Armeen erforderlichen Landstriche unter ihre Kontrolle zu bringen.

Der Schwedisch-Französische Krieg

Zunächst schien die Lage für die kaiserliche Seite günstig: Nahezu alle Reichsstände traten dem Prager Frieden bei. Die Aussöhnung im Reich wurde dadurch besiegelt, dass die Kurfürsten Ende 1636 in Regensburg den ältesten Kaisersohn und Sieger von Nördlingen zum Römischen König wählten. 1637 trat er nach dem Tod seines Vaters als Ferdinand III. die Nachfolge im Kaiseramt an. Unterdessen war es gelungen, die Schweden weit nach Norden zurückzudrängen, bevor die Kaiserlichen 1636 in der Schlacht bei Wittstock einen gravierenden Rückschlag erlitten. 1638 wurde in Hamburg ein schwedisch-französischer Subsidienvertrag unterzeichnet, der Schweden die für die Fortführung des Krieges so dringend benötigten französischen Hilfsgelder in Höhe von 400 000 Reichstalern pro Jahr sicherte. Gleichzeitig band er Schweden enger an die französische Politik, da er eine koordinierte Kriegführung vorsah und einen Separatfrieden untersagte. Eine weitreichende Umgestaltung des Reichs und seiner Verfassung zugunsten der Evangelischen, wie sie Anfang der 1630er Jahre zeitweise in Reichweite gewesen war, stand nicht mehr zur Debatte. Vielmehr konzentrieren sich die schwedischen Kriegsziele auf die Satisfaktion, also die Entschädigung für die Intervention in Mitteleuropa, und auf die Assekuration, die eine künftige Gefährdung Schwedens vom Reich aus ausschließen sollte. Eine finanzielle Satisfaktion sollte die schwedische Krone in die Lage versetzen, durch Zahlung des rückständigen Solds sowie eines Abdankungsgelds ihre riesige Söldnerarmee zu entlassen. Die territorialen Satisfaktions- und Assekurationsforderungen zielten auf den Gewinn geeigneter Gebiete ab, die die schwedische Ostseeherrschaft endgültig etablieren sollten.

Trotz einiger Rückschläge gewannen ab 1638 Frankreich und Schweden langsam, aber sicher die Oberhand über den Kaiser und seine Verbündeten. So konnte 1638 der von schwedischen in französische Dienste gewechselte General Bernhard von Sachsen-Weimar neben anderen Gebieten am Oberrhein die strategisch wichtige und als uneinnehmbar geltende Festung Breisach erobern. Im selben Jahr drang der schwedische General Johan Banér bis Böhmen vor.

Französische und schwedische Erfolge

Frankreich und Schweden konnten sich auf einige deutsche Alliierte stützen. Wichtiger als der exilierte Kurfürst der Pfalz, der über keine eigenen Machtmittel verfügte, war die reformierte Landgräfin-Regentin von Hessen-Kassel Amalie Elisabeth. Sie war als eine der wenigen nicht dem Prager Frieden beigetreten und machte sich Hoffnungen, an der Seite Schwedens und Frankreichs sowie gestützt auf beachtliche eigene Truppen gegen die lutherischen und kaisertreuen Darmstädter Verwandten die eigenen Ansprüche auf das Erbe der erloschenen Linie Hessen-Marburg durchsetzen zu können.

Für Ferdinand III. erwies es sich dagegen als fatal, dass Spanien, sein bis dato wichtigster und zuverlässigster Verbündeter, selbst unter Druck geriet und immer weniger in der Lage war, finanzielle und militärische Hilfe zu leisten. Die Bestrebungen des Conde-Duque Olivares, das Reich des Katholischen Königs wieder zu alter Größe zu führen, hatten Spanien in zahlreiche bewaffnete Konflikte unter anderem in den Niederlanden, Italien und Deutschland, aber auch in den Kolonien und auf den Weltmeeren verstrickt. Dabei konnten grandiose Erfolge gefeiert werden, wie 1625 die Einnahme Bredas durch General Ambrogio Spinola oder 1634 der Sieg bei Nördlingen, es mussten aber auch Niederlagen eingesteckt werden. Vor allem aber wurden die menschlichen und finanziellen Ressourcen des kastilischen Kernlands der Monarchie kontinuierlich über-

Die Krise Spaniens

beansprucht. Schon 1627 musste Philipp IV. den Staatsbankrott erklären. Olivares' Pläne, die Leistungsfähigkeit des Reichs dadurch zu erhöhen, dass die spanischen Nebenländer einen größeren finanziellen Beitrag leisten sollten, verbunden mit Einschränkungen der Sonderrechte in einigen Teilreichen, führten zu Oppositionsbewegungen, die das Spanische Reich an den Rand des Abgrunds brachten. 1637 ging Breda wieder verloren, 1640 brach ein Aufstand in der Grafschaft Katalonien aus. Im selben Jahr führte eine Adelsverschwörung zur Unabhängigkeitserklärung des seit 1580 von den spanischen Habsburgern regierten Portugal. Auch in anderen Provinzen brachen Aufstände aus (z. B. in Andalusien 1641, in Neapel 1647/48 und in Palermo 1647). Die inneren Unruhen führten zu einer weiteren Schmälerung der Einkünfte, und für ihre Bekämpfung waren zusätzliche Mittel nötig. Für den Niedergang der spanischen Militärmacht steht symbolisch die katastrophale Niederlage beim nordfranzösischen Rocroi 1643, bei der die Infanterieeinheit der *Tercios* den Nimbus der Unbesiegbarkeit verlor und irreparable Einbußen erlitt. Im selben Jahr entließ Philipp IV. Olivares als Ersten Minister und verwies ihn des Hofs. Dessen Nachfolger vermochten eine partielle Beruhigung der Situation, aber keine grundlegende Regeneration des Reichs zu bewirken.

Der Reichstag von 1640/41

Angesichts der nachlassenden Unterstützung Spaniens war Ferdinand III. für eine Fortsetzung des Krieges umso mehr auf die Unterstützung der Reichsstände angewiesen. Um sich diese zu sichern, schrieb er den ersten Reichstag seit 1613 aus. Dieser trat 1640 in Regensburg zusammen und beschloss in der Tat weitere Steuern für die Kriegführung. Zugleich aber übten die Reichsstände Druck auf den Kaiser aus, in Friedensverhandlungen mit Frankreich und Schweden einzutreten. Bereits 1641 wurde der sog. Hamburger Präliminarfrieden unterzeichnet, der jedoch, anders als ein „echter" Präliminarvertrag, noch keine vorläufigen Abreden zu den Bestimmungen des Definitivfriedens beinhaltete, sondern lediglich die Modalitäten für den künftigen Friedenskongress von Münster und Osnabrück formulierte.

Die letzten Kriegsjahre

Bis die Friedensverhandlungen aber wirklich begannen, gingen noch einige Jahre ins Land, in denen sich die militärische Lage für den Kaiser nach und nach weiter verschlechterte. Vorübergehende Erleichterung brachte der 1643 ausgebrochene schwedisch-dänische Krieg, doch nach dem Sieg Schwedens und dem Frieden von Brömsebro 1645 drangen erneut schwedische Truppen nach Böhmen vor und bereiteten den Kaiserlichen bei Jankau eine verheerende Niederlage. Auch langjährige Verbündete fielen nun vom Kaiser ab. Nachdem Johann Georg von Sachsen schon 1645 mit dem Waffenstillstand von Kötzschenbroda aus dem Krieg ausgeschieden war, schlossen 1647 die Kurfürsten von Bayern und Köln den Waffenstillstand von Ulm mit Frankreich, Schweden und Hessen-Kassel. Maximilian von Bayern kehrte zwar nach wenigen Monaten an die Seite Ferdinands III. zurück, doch die kaiserliche Niederlage konnte das nicht mehr abwenden. Im Sommer 1648, wenige Wochen vor dem Friedensschluss, nahmen schwedische Truppen die Prager Kleinseite ein.

Der Verlauf und die lange Dauer des Dreißigjährigen Krieges hängen auch mit Besonderheiten der Militärorganisation und Kriegführung im 17. Jahrhundert zusammen. Man war noch weit von einem staatlichen Machtmonopol entfernt, und auch diejenigen Heere, die im Regierungsauftrag kämpften, wurden nicht durch eine Militärbehörde rekrutiert, sondern üblicherweise durch einen Kriegsunternehmer. Dabei handelt es sich um eine Weiterentwicklung des Söldnerführers der Renaissance, des *Condottiere*. Wallenstein verkörperte diesen Typus in Reinkultur: Er war Investor, Heereslieferant, Organisator und Offizier in einer Person. Als Kriegsgewinnler und durch zwei Heiraten reich geworden, baute Wallenstein in seinen böhmischen Besitzungen eine Produktion von Lebensmitteln, Kleidung und sonstigen kriegswichtigen Gütern auf. Er verdiente sozusagen dreifach: Er finanzierte sein Heer aus Kontributionszahlungen, die er in den besetzten Gebieten, aber auch in den Territorien verbündeter Reichsstände erhob. Er ließ sich einen Teil der eingezogenen Gelder von seinen Untergebenen abtreten, stellte jedoch dem Kaiser die Gesamtkosten in Rechnung. Schließlich profitierte er als Kriegslieferant. Die rücksichtslose Eintreibung der immer weiter gesteigerten Kontributionen – nicht durch zivile Amtsträger, sondern durch Wallensteins eigene Leute – beförderte den Groll gegenüber dem Emporkömmling, dem man unterstellte, eine Militärdiktatur im Reich errichten zu wollen.

Nicht nur Wallenstein, auch etliche andere Heerführer des Dreißigjährigen Krieges erwiesen sich als höchst eigenwillige, durch ihre Auftraggeber nur schwer zu kontrollierende Akteure. Denn die Loyalität der Söldner galt nicht primär ihrem höchsten Dienstherrn, sondern ihrem Söldnerführer. Er war es, der ihren Unterhalt sicherte. Zwar sollten die Heere grundsätzlich durch Steuern finanziert

Militär und Kriegführung

Der Kriegsunternehmer Wallenstein

Söldnerheere

werden, doch oft kamen die vereinnahmten Gelder nicht oder nur unvollständig bei den Truppen an. Daher waren die Sicherung günstiger Quartiere und das Beutemachen umso wichtiger und attraktiver für die Söldner. Im Verlauf des Krieges mussten die Regimenter infolge von Quartier- und Nahrungsmangel über immer größere Flächen verteilt werden. Die Söldnerführer waren in der Regel bestrebt, ihr wertvolles „Menschenmaterial" zu schonen, indem sie es möglichst selten den Gefahren einer Schlacht aussetzten. Die Todesraten lagen dennoch bei ca. 30 % pro Jahr, wobei die meisten Söldner nicht den Schlachtentod starben, sondern an den Folgen von Mangelernährung und Krankheiten zugrunde gingen.

In den Heeren dominierte zahlenmäßig die Infanterie. Aber auch die leichte und schwere Kavallerie sowie Dragoner – Infanteristen, die ein Pferd mit sich führten und daher sehr beweglich waren – spielten eine Rolle. Infolge der sogenannten Oranischen Heeresreform in den Vereinigten Niederlanden, die vorbildhaft auch für die schwedischen Armeen wurde, setzten sich gegenüber der im spanischen Heer üblichen tiefgestaffelten Schlachtaufstellung flexible Schlachtordnungen durch. Während der Artillerie für Feldschlachten eine geringe Bedeutung beigemessen wurde, spielten Mineure und Artillerie bei Belagerungen eine entscheidende Rolle, um bastionäre Befestigungen von Städten zu überwinden.

Oranische Heeresreform

Auf den Schlachtfeldern des Dreißigjährigen Krieges kämpften und starben Männer aus ganz Europa. Sie kamen aus allen Bevölkerungsschichten. Besonders hoch war allerdings der Anteil der Nachgeborenen, Deklassierten und Abenteurer. Im Heer Gustav Adolfs fanden sich anfänglich zahlreiche dienstpflichtige schwedische Untertanen; schon bei Breitenfeld war ihr Anteil aber auf ca. 20 % gesunken. Auch Milizen (Landesaufgebote) kamen zum Einsatz, waren aber den Berufssöldnern strukturell unterlegen. Zu den Söldnerheeren gehörte stets ein umfangreicher Tross, der unter anderem Ehefrauen, Geliebte und Kinder der Söldner, Marketender- und Marketenderinnen sowie Gesundheitspersonal umfasste und zur „Beutegemeinschaft" des jeweiligen Regiments gehörte.

Zusammensetzung der Heere

3.3 Der Westfälische Frieden und die langwierige Liquidation eines Krieges

Dass der Friedensschluss so lange auf sich warten ließ, hatte verschiedene Gründe. Zum einen hegten alle Parteien die Hoffnung, durch die weiterlaufenden militärischen Operationen ihre Position verbessern und so günstigere Friedensbedingungen erzielen zu können. Zum anderen ist die Menge und Komplexität der zu beratenden Gegenstände zu bedenken, von denen einige, wie die Pfalzfrage, bis in die Anfangsjahre des Krieges zurückdatierten. Nicht zu unterschätzen sind schließlich die erheblichen logistischen und verfahrenstechnischen Hürden, die zu überwinden waren, damit der Friedenskongress seine Arbeit aufnehmen konnte. In den Kongressstädten mussten in Privathäusern und Klöstern angemessene Quartiere für die Gesandten bereitgestellt werden. Die Versorgung mit Lebensmitteln und anderen Bedarfsgütern war zu sichern, neue Postlinien wurden eingerichtet, um die Kommunikation zwischen dem Friedenskongress und den verschiedenen Höfen bzw. Hauptstädten zu ermöglichen. Schließlich galt es die innere Sicherheit in den beiden Kongressstädten Münster und Osnabrück, die für die Dauer der Verhandlungen neutralisiert wurden, zu gewährleisten.

Gründe für die Verzögerung des Friedensschlusses

Der westfälische Friedenskongress war der erste, größte und längste europäische Friedenskongress der Neuzeit. Von seinen Dimensionen und seinem Anspruch her, die strittigen Punkte in der Christenheit dauerhaft zu regeln, ist er allenfalls mit dem Konstanzer Konzil (1414–1418) zu vergleichen. Vielfach wurden die in Münster und Osnabrück erprobten Abläufe und Regelungen stilbildend für spätere Friedensverhandlungen. Von daher markiert der Kongress eine wichtige Etappe in der Entwicklung der europäischen Kongressdiplomatie.

Der westfälische Friedenskongress

Ungewöhnlich war, dass der Kongress parallel an zwei Orten, den gut 70 Kilometer voneinander entfernten westfälischen Bischofsstädten Münster und Osnabrück, stattfand. Dies hing damit zusammen, dass der Kaiser getrennte Friedensverhandlungen mit Frankreich und Schweden angestrebt hatte, mit dem Hintergedanken, die beiden Verbündeten so leichter gegeneinander ausspielen zu können. Genau das wollten diese aber begreiflicherweise verhindern. Die Lösung – ein Kongress in zwei Städten – stellte insofern einen Kompromiss dar. Zum Kongress zugelassen waren neben den drei Hauptkriegsparteien deren Verbündete, namentlich Spanien und die Vereinigten Niederlande. Einen Streitpunkt stellte die Frage nach der Vertretung des Reichs dar. Während Ferdinand III. den Anspruch erhob, bei den Friedensverhandlungen das Reich allein zu vertreten, versprachen sich Frankreich und Schweden Vorteile von der Teilnahme möglichst vieler Reichsstände. Da ihrer Einladung zahlreiche Fürsten und Städte Folge leisteten, blieb dem Kaiser am Ende nichts übrig, als das Unvermeidliche hinzunehmen und sich mit der Teilnahme der Reichsstände am Friedenskongress abzufinden. Letztlich ließen sich 16 europäische Mächte, 140 Reichsstände und 38 sonstige Herrschaftsträger auf dem Kongress vertreten.

Verfahrensfragen Die Zahl der Akteure und ihr sehr unterschiedlicher Status stellten große Herausforderungen an das Verfahren. Für die Friedensverhandlungen unter den Hauptgegnern setzte man auf das alte Institut der Friedensvermittler. In Münster wirkten der päpstliche Nuntius Fabio Chigi – der spätere Papst Alexander VII. – und der venezianische Gesandte Alvise Contarini als Vermittler zwischen Frankreich und den habsburgischen Mächten. Für die Osnabrücker Friedensverhandlungen zwischen dem Kaiser und Schweden war ursprünglich eine dänische Friedensvermittlung geplant gewesen, doch spätestens mit dem Ausbruch des schwedisch-dänischen Krieges 1643 hatte sich das erledigt. Die kaiserliche und die schwedische Delegation verhandelten daher direkt miteinander. In der Regel wurden die Verhandlungen schriftlich geführt, d. h. eine Seite legte der anderen ihre ausformulierten Vorschläge vor, auf die die andere – meist mit abweichenden Gegenvorschlägen – antwortete. Die Reichsstände berieten in reichstagsähnlichen Formen organisiert, mit separaten Kurien von Kurfürsten, Fürsten und Städten. Auch die Konfessionsparteien trafen sich getrennt, die Katholiken in Münster, die Protestanten in Osnabrück. Plenarkonferenzen gab es nicht. Der briefliche Austausch und die Reisetätigkeit zwischen den beiden Städten waren intensiv; gelegentlich traf man sich auch auf halber Strecke.

Die Gesandtschaften Der Friedenskongress war ein reiner Gesandtenkongress. Weder die Fürsten noch ihre leitenden Minister erschienen persönlich in Westfalen. Das hatte zur Folge, dass die Gesandten in allen wichtigen Fragen Rücksprache mit ihren Auftraggebern nehmen mussten, bevor sie Position beziehen konnten. Eine Ausnahme stellte der kaiserliche Erste Minister Maximilian von Trauttmansdorff dar, der von Ende 1645 bis Mitte 1647 vor Ort war. In dieser Zeit konnten entscheidende Verhandlungsfortschritte erzielt werden, nicht zuletzt eben, weil er über größere Handlungsspielräume verfügte als ein „normaler" Gesandter. Während kleine Fürsten und Städte oft nur einen einzigen Delegierten zum Friedenskongress schickten oder sich mit anderen die Kosten für einen gemeinsamen Beauftragten teilten, unterhielten die Hauptmächte beeindruckend große Gesandtschaften. Ihre eigentlichen Bevollmächtigten waren in aller Regel hochrangige Adlige, die insbesondere die angemessene Repräsentation ihres Herrschers sicherstellten, und gelehrte Juristen, denen die Klärung der kniffligen rechtlichen Fragen oblag. Auch Geistliche befanden sich unter den Gesandten, wie der Bischof von Osnabrück Franz Wilhelm von Wartenberg, der als Hauptgesandter (Prinzipalgesandter) seines Verwandten, des Kölner Kurfürsten Ferdinand von Bayern, fungierte. Er wurde auf dem Friedenskongress zum Anführer derjenigen katholischen Reichsstände, die sich – am Ende vergeblich – gegen substanzielle Zugeständnisse an die Protestanten sperrten.

Am größten war die französische Gesandtschaft, die über 600 Personen umfasste. Die Größe der Delegationen erklärt sich aus dem Repräsentationsbedürfnis der Monarchen, hinter dem keine leere Eitelkeit steckte, sondern das Streben, den ihnen gebührenden Platz in der Fürstenhierarchie einzunehmen. Da niemals zuvor die Vertreter so vieler Mächte zusammengetroffen waren, entstand erheblicher Klärungsbedarf über die Rangfolge der Mächte. Dass der Kaiser die vornehmste Stelle unter den weltlichen Fürsten der Christenheit einnahm, war prinzipiell unstrittig. Aber schon um den nächsten Platz konkurrierten die Könige von Frankreich und Spanien. Vergleichbare Rangstreitigkeiten gab es auf allen Ebenen, bis hinab zu den Reichsständen. Zugleich verfestigten sich in Münster und Osnabrück kategoriale Unterschiede zwischen den Königen und königsgleichen Republiken wie Venedig und den Vereinigten Niederlanden einerseits und den übrigen Mächten andererseits. Letztere wurden zwar, wie die deutschen Reichsstände, als Völkerrechtssubjekte akzeptiert. Da sie aber nicht die völlige Souveränität innehatten, genossen sie auf zwischenstaatlicher Ebene nicht dieselben Prärogativen wie die Monarchen. Freilich gab es Grenzfälle, wie die deutschen Kurfürsten, denen ein nahezu königsgleicher Rang zugebilligt wurde. Außerdem bot das komplexe Zeremoniell reichlich Gelegenheit, sich eine andere Macht durch partielle Zugeständnisse zu verpflichten, ohne die eigene Position in Frage zu stel-

Rang und Zeremoniell

len. Tendenziell agierten Papst und Kaiser, die hier am meisten zu verlieren hatten, in Zeremonialfragen konservativ bis restriktiv, während Frankreich flexibler auftrat. Konnte ein Gesandter den beanspruchten Rang und das geforderte Zeremoniell nicht erhalten, verzichtete er lieber auf eine Begegnung mit dem Konkurrenten, notfalls auch unter Vorschützen einer „diplomatischen Krankheit". Auch direkte Kontakte zwischen dem Nuntius und den Vertretern evangelischer Mächte wurden vermieden.

Gesandtschaftsinterne Spannungen

Spannungen gab es auch innerhalb der Gesandtschaften. So war der französische Gesandte Abel Servien ein Vertrauter des Kardinals Mazarin, der nach dem Tod Richelieus 1642 dessen Nachfolge als Erster Minister angetreten hatte und im Wesentlichen dessen außenpolitische Konzeptionen weiterverfolgte. Demgegenüber standen sein Kollege, der Comte d'Avaux, und der französische Prinzipalgesandte, der Duc de Longueville, im Lager der Gegner Mazarins. Ähnlich war es bei den Schweden: Während Johann Adler Salvius die Gunst Königin Christinas genoss, hatte Reichskanzler Axel Oxenstierna seinen Sohn Johann nach Osnabrück geschickt. Alle genannten Faktoren trugen zur langen Dauer der Friedensverhandlungen bei, die nach schleppenden Anfängen 1645 an Dynamik gewannen, aber erst am 24. Oktober 1648 mit der Unterzeichnung der Friedensverträge von Münster und Osnabrück (*Instrumentum Pacis Monasteriense* [IPM] und *Instrumentum Pacis Osnabrugense* [IPO]) abgeschlossen waren. Als der Kongress sich nach der Unterzeichnung der Friedensverträge auflöste, hatte er etwa 3,3 Mio. Reichstaler gekostet.

Der spanisch-niederländische Friede

Der erste Friedensvertrag, der in Westfalen geschlossen wurde, war allerdings bereits am 30. Januar 1648 der spanisch-niederländische Separatfrieden von Münster. Darin erkannte der Katholische König definitiv die Souveränität der Republik der Vereinigten Niederlande an. Es war ein Erfolg der spanischen Diplomatie, dass die erheblichen Vorbehalte in den niederländischen Eliten, die auch von Mitgliedern der Gesandtschaft in Münster geteilt, in der Publizistik artikuliert und von französischer Seite befeuert wurden, überwunden werden konnten. Dass man sich in der Republik letztlich für einen Kompromiss- und Separatfrieden mit dem alten Gegner und gegen eine mögliche Aufteilung der Spanischen Niederlande gemeinsam mit Frankreich entschied, hatte auch damit zu tun, dass sich die Perspektive auf dieses Gebiet verändert hatte: Statt als Vorposten des perhorreszierten spanischen „Erbfeinds" wurden sie immer mehr als wertvolle Barriere gegen die aufstrebende französische Monarchie wahrgenommen. Dies umso mehr, als durch die im Friedensvertrag festgelegte Sperrung der Schelde für nicht von den Vereinigten Niederlanden konzessionierte Schiffe die Handelsmetropole Antwerpen dauerhaft vom Seehandel abgeschnitten wurde. Außerdem erkannte Spanien die Eroberungen der Republik in den Niederlanden sowie in den spanischen und portugiesischen Kolonien an. Der Achtzigjährige Unabhängigkeitskrieg der nördlichen Niederlande war beendet.

Zu den Besonderheiten der „eigentlichen" Friedensverträge von Münster und Osnabrück – die übrigens beide am 24. Oktober 1648 in Münster unterzeichnet wurden und in weiten Textpassagen identisch sind – gehört, dass neben den Vereinbarungen zwischen Kaiser und Reich einerseits und den europäischen Mächten andererseits zahlreiche Interna des Reichs geregelt wurden. Damit wurde die Reichsverfassung zu einem Gegenstand des Völkerrechts, und Frankreich sowie Schweden avancierten zu Garantiemächten dieser Verfassung.

Die Westfälischen Friedensverträge

Große Passagen der Friedensverträge waren der Regelung der konfessionspolitischen Differenzen gewidmet und zielten darauf ab, die strittigen Punkte des Augsburger Religionsfriedens ein für allemal zu klären. Für den Besitzstand der Kirchengüter wurde der 1. Januar 1624 als Normaljahr festgelegt; für die Kurpfalz sollte dagegen der Vorkriegsstand von 1618 gelten. Die Calvinisten wurden ausdrücklich in den Religionsfrieden eingeschlossen. Ausgenommen von der Normaljahrregelung waren freilich die kaiserlichen Erblande, sodass Ferdinand III. dort freie Hand behielt, die Rekatholisierung zum Abschluss zu bringen. Auf Reichsebene sollte eine weitgehende Parität zwischen Katholiken und Protestanten hergestellt werden. Um auf dem Reichstag eine Überstimmung der Evangelischen durch die katholischen Mehrheiten im Kurfürsten- und im Fürstenrat zu verhindern, wurde festgelegt, dass bei konfessionellen Fragen künftig nicht nach Köpfen abgestimmt werden sollte. Stattdessen sollten die beiden Konfessionsparteien (das *Corpus Catholicorum* und das *Corpus Evangelicorum*) zu separaten Beratungen auseinandertreten (*Itio in partes*) und anschließend eine gütliche Einigung (*amicabilis Compositio*) anstreben. Eine katholische Prägung behielt das Reich allerdings durch die altgläubige Mehrheit im Kurkolleg, die sicherstellte, dass bis zum Ende des Reichs stets Katholiken zu Kaisern gewählt wurden. Geradezu minutiös wurde

Konfessionspolitische Bestimmungen

die konfessionelle Parität in einigen Reichsstädten, darunter Augsburg, geregelt. Deutlichen Kompromisscharakter tragen die Bestimmungen zum gemischtkonfessionellen Hochstift Osnabrück, für das festgelegt wurde, dass künftig ein katholischer Fürstbischof und ein Mitglied des lutherischen Welfenhauses in der Regierung alternieren sollten.

Reichsverfassungsfragen Für die Stellung der Reichsstände war Artikel VIII IPO grundlegend. Er bekräftigte ihre Landeshoheit (*Superioritas territorialis*), ihr Mitspracherecht in allen wichtigen Reichsangelegenheiten (*Ius suffragii*) sowie ihr Bewaffnungs- und Bündnisrecht (*Ius armorum* und *Ius foederis*). Das waren eigentlich keine Neuerungen, sondern entsprach dem Herkommen, das allerdings im Verlauf des Krieges, als jahrzehntelang kein Reichstag stattgefunden und der Prager Frieden das reichsständische Bündnisrecht aufgehoben hatte, nicht immer beachtet worden war. Substanzielle, auf eine Schwächung des habsburgischen Kaisertums abzielende Eingriffe in die Reichsverfassung, wie sie Schweden und Frankreich mit Unterstützung einiger protestantischer Reichsstände beabsichtigten, zum Beispiel das Verbot einer Römischen Königswahl zu Lebzeiten des regierenden Kaisers (*vivente Imperatore*), ließen sich nicht durchsetzen.

Einzelbestimmungen Zu den wichtigsten Einzelbestimmungen gehörte die Schaffung einer achten Kur, mit der die Nachkommen des Winterkönigs für die früher pfälzische zweite weltliche Kurwürde entschädigt wurden, denn diese blieb dauerhaft bayerisch. Außerdem erhielten sie die Rheinpfalz, nicht aber die Oberpfalz zurück, die bei Bayern verblieb. Territoriale Gewinne machten auch andere Reichsstände, wie Hessen-Kassel, das unter anderem die säkularisierte Reichabtei Hersfeld behauptete. Der brandenburgische Kurfürst Friedrich Wilhelm I. erhob aufgrund eines Erbvertrags Anspruch auf ganz Pommern, dessen Herrscherhaus 1637 ausgestorben war. Er erhielt aber nur Hinterpommern und als Entschädigung für Vorpommern, das Schweden sich gesichert hatte, die säkularisierten Hochstifte Halberstadt, Kammin und Minden sowie die Anwartschaft auf das Erzstift Magdeburg.

Die schwedische Satisfaktion Vorpommern fiel ebenso wie Wismar mit den vorgelagerten Inseln Walfisch und Poel und den säkularisierten geistlichen Fürstentümern Bremen und Verden als „Satisfaktion" an Schweden, das mit diesen Erwerbungen die Mündungen von Weser, Elbe und Oder kontrollierte und sich wichtige Zollrechte sicherte. Diese Gebiete gehörten weiterhin zum Reich, und infolgedessen wurde die Königin von Schweden zum Reichsstand, mit Sitz und Stimme im Fürstenrat des Reichstags. Ferner wurde Schweden die riesige Summe von 5 Mio. Reichstalern als Armeesatisfaktion zugesprochen, um so die Abdankung der schwedischen Truppen zu bezahlen.

Frankreich erhielt die lothringischen Reichsstädte und Hochstifte Metz, Toul und Verdun, die es bereits seit 1552 kontrollierte, die habsburgischen Besitzungen und Rechte im Elsass und das Besatzungsrecht in den rechtsrheinischen Festungen Breisach und Philippsburg. Im Unterschied zu den schwedischen schieden die französischen Erwerbungen aus dem Reich aus, denn es schien mit der Würde des Allerchristlichsten Königs nicht vereinbar zu sein, Vasall des Kaisers zu werden. Auch auf habsburgischer Seite legte man keinen Wert darauf, sich einen derart mächtigen Gegenspieler in den Reichstag zu holen. Konfliktstoff für die Zukunft barg die Tatsache, dass aufgrund des französischen Strebens, die Erwerbungen möglichst großzügig zu umschreiben, und des Bemühens der elsässischen Reichsstände, ihre Reichsunmittelbarkeit vertraglich abzusichern, der genaue Umfang der Abtretungen im Elsass im IPM unpräzise, ja geradezu widersprüchlich formuliert war.

Französische Erwerbungen

Ohne dass dies eigens thematisiert wurde, schied auch die Republik der Vereinigten Niederlande durch die Souveränitätsanerkennung durch Spanien de facto endgültig aus dem Reich aus. Außerdem schrieb der Westfälische Friede die völlige Exemtion und Freiheit der Schweizer Eidgenossenschaft vom Reich völkerrechtlich fest – auch sie erlangte damit faktisch die völlige Unabhängigkeit.

Souveränität der Vereinigten Niederlande und der Eidgenossenschaft

In ihren ersten Artikeln erhoben die westfälischen Verträge den Anspruch, einen christlichen, allgemeinen und ewigen Frieden zu stiften. Diesen Anspruch konnten sie nicht einlösen. Das größte Manko war das Scheitern der Friedensverhandlungen zwischen Spanien und Frankreich. Der spanisch-französische Krieg ging noch elf Jahre weiter und endete erst im Pyrenäenfrieden von 1659. Das beeinträchtigte auch das Reich, dessen Burgundischer Reichskreis – also die Spanischen Niederlande mit der Freigrafschaft Burgund – vom Frieden ausgeschlossen wurde. Nur widerwillig und unter großem Druck der Reichsstände hatte sich Ferdinand III. darauf eingelassen, die Nichtunterstützungsklausel des IPM zu akzeptieren, die ihm jegliche Hilfeleistung für seine spanischen Verwandten verbot. Im Übrigen war in Anbetracht der militärischen Lage der Frieden jedoch glimpflich für ihn ausgefallen. Er hatte bei geringen Verlus-

Bewertung des Westfälischen Friedens

ten den Kernbestand der habsburgischen Länder bewahrt, wobei in den Ländern der Böhmischen Krone, aber auch in Ober- und Niederösterreich die landesherrliche Position gegenüber der Vorkriegszeit wesentlich gestärkt war. Auch seine Kompetenzen als Reichsoberhaupt hatte er weitgehend behaupten können. Der Traum von einer kaiserlichen Machtposition im Reich wie 1629 oder 1635 war freilich ausgeträumt. Insgesamt bewährte sich die Friedensordnung für das Reich. Der Westfälische Friede wurde als Grundgesetz zu einem Fundament der Reichsverfassung, das sich bis in die finale Krise des Reichs um 1800 als tragfähig erwies.

Folgen für die europäischen Mächtebeziehungen

Auch für die europäischen Mächtebeziehungen besaß der Westfälische Frieden grundlegende Bedeutung. Er wurde zu einem Referenzpunkt, auf den sich künftige Friedensverträge regelmäßig beriefen. Dagegen erwiesen sich die territorialen Regelungen als fragil: Schon im Nordischen Krieg 1655–1660 wurde die schwedische Stellung in Norddeutschland massiv herausgefordert und konnte nur dank französischer Unterstützung behauptet werden. Im Großen Nordischen Krieg (1700–1721) brach sie dann völlig zusammen. Immerhin konnte Schweden Wismar und einen Teil Vorpommerns bis ins 19. Jahrhundert behaupten. Die Regelungen bezüglich des Elsass waren, wie gesagt, so formuliert, dass sie weiteren Konflikten Vorschub leisteten. In den 1670/80er Jahren klärte König Ludwig XIV. die Lage, indem er nahezu das gesamte Elsass annektierte. Angesichts des hohen Stellenwerts hierarchischer Elemente in den Beziehungen zwischen den europäischen Mächten ist die Anschauung, der Westfälische Friede habe ein europäisches System gleichberechtigter, souveräner Staaten etabliert, mit einem großen Fragezeichen zu versehen. Richtig ist dagegen, dass der westfälische Friedenskongress gewissermaßen zu einem Laboratorium der europäischen Diplomatie wurde. Viele der dort erprobten Modelle und Lösungen für Zeremonial- und Rangfragen, für Verhandlungs- und Vertragssprachen, Übersetzungen und Logistik wurden auf künftigen Friedenskongressen übernommen oder weiterentwickelt.

Der päpstliche Protest

Ein wichtiger Akteur versagte dem Westfälischen Frieden jedoch seine Zustimmung: Wie zuvor schon sein Nuntius legte Papst Innozenz X. wegen der Bestimmungen, die den Besitzstand und die Rechtsansprüche der katholischen Kirche beeinträchtigten, Protest ein. Allerdings war dieser Protest schon im Vorhinein unwirksam gemacht worden, denn eine Antiprotestklausel in den Vertragstexten erklärte jeglichen Widerspruch gegen den Frieden für ungültig.

Somit verpuffte der päpstliche Protest wirkungslos. Dass die römische Kurie dieses grundlegende Vertragswerk nicht anerkannte, schwächte ihre Stellung in den europäischen Mächtebeziehungen.

Mit der Unterzeichnung der Verträge am 24. Oktober 1648 war der Friede noch keineswegs hergestellt. Noch immer standen große Truppenverbände im Umfang von etwa 125 000–150 000 Mann im Reich, deren Abdankung durch die Aufbringung der erforderlichen Gelder gesichert werden musste. Eine weitere Herausforderung stellten die zahlreichen vertragsgemäß durchzuführenden Restitutionen dar. Die Friedensbestimmungen hinsichtlich des Normaljahrs waren an sich zwar eindeutig, aber es war nicht immer zu klären, wer denn nun genau am 1. Januar 1624 welche Rechte innegehabt hatte. Und gerade bei einer nicht ganz eindeutigen Rechtslage zeigten die aktuellen Besitzer oft keine Neigung, das, was sie in Händen hatten, aufzugeben. Mit derartigen Fragen beschäftigte sich der Nürnberger Exekutionstag (1649/50), dem die Umsetzung des westfälischen Friedenswerks übertragen worden war. Angesichts der zu regelnden Fragen nahmen an dieser Versammlung neben Diplomaten auch zahlreiche Militärs teil, mit dem schwedischen Generalissimus Karl Gustav von Pfalz-Zweibrücken, dem späteren König Karl X. Gustav, an der Spitze. Im Juni 1650 konnte der Exekutionshauptrezess unterzeichnet werden, der die Abdankung der Truppen und die Umlage der Kosten auf die Reichsstände regelte. Auf dieser Basis konnte die Demobilisierung nun voranschreiten. Erst jetzt, also nach dem Ende der militärischen Besatzung, fanden an vielen Orten Friedensfeste statt. Das Augsburger Hohe Friedensfest, das die Protestanten der Stadt erstmals im Jahr 1650 begingen, wird bis heute alljährlich am 8. August gefeiert. Die unmittelbare Nachkriegszeit konnte mit dem Regensburger Reichstag von 1653/54 als abgeschlossen gelten, der einige der in Westfalen zurückgestellten Fragen (*Negotia remissa*) behandelte, Regelungen bezüglich der im Krieg aufgelaufenen Schulden traf, vor allem aber trotz mancher Konflikte die wiedergefundene Handlungsfähigkeit von Kaiser und Ständen symbolisierte und in seinen Reichsabschied das Westfälische Friedenswerk aufnahm, das damit auch förmlich ein Bestandteil des Reichsrechts wurde.

Der Nürnberger Exekutionstag

4 Konflikte und Konsolidierungen

Dieses Kapitel verfolgt das Ziel, anhand ausgewählter Beispiele unterschiedliche Wege und Formen von Herrschaftskonsolidierungen darzustellen, die nach zum Teil gravierenden inneren Konflikten erfolgten. Auf diese Weise soll zum einen gezeigt werden, wie vielfältig sich Herrschaft und Staatlichkeit im Europa des 17. Jahrhunderts gestalteten. Zum anderen soll – besonders ausführlich anhand des französischen Beispiels – verdeutlicht werden, was „Absolutismus" in der Frühen Neuzeit bedeuten konnte und was nicht. Für eine vertiefte Auseinandersetzung mit der „Absolutismus"-Problematik wie insgesamt mit den Dimensionen politischer Herrschaft in der Frühen Neuzeit sei auf Kapitel II.2 verwiesen.

4.1 Auf dem Weg zur absoluten Monarchie: Frankreich von Heinrich IV. zu Ludwig XIV.

Das Modell Frankreich

Frankreich gilt traditionell als Modell für staatliche Konsolidierung im 17. Jahrhundert und für die Etablierung eines königlichen Absolutismus. In der Tat erlebte die französische Monarchie durch mehrere Krisen hindurch eine Stabilisierung und Herrschaftsverdichtung, die von etlichen Fürsten als vorbildhaft angesehen wurden und die dazu beitrugen, dass Frankreich um 1700 mit Abstand die führende Macht Europas war.

Die Regierung Heinrichs IV.

Hundert Jahre vorher hatte das noch ganz anders ausgesehen. Erst 1598 waren die jahrzehntelangen Religionskriege, die Frankreich zeitweise an den Rand des Abgrunds gebracht hatten, mit dem Toleranzedikt von Nantes zum Ende gekommen. Darin gestand der 1593 endgültig zum Katholizismus konvertierte erste Bourbonenkönig Heinrich IV. seinen früheren protestantischen Glaubensgenossen zwar nicht die volle Gleichberechtigung mit den Katholiken zu. Er gewährte ihnen jedoch Gewissensfreiheit, eine eigenständige Kirchenorganisation und die Möglichkeit, an vielen Orten Gottesdienst zu feiern, außerdem die Zulassung zu allen öffentlichen Ämtern. Mit der Einräumung von 51 Sicherheitsplätzen, in denen sie eigene Garnisonen unterhalten durften, erhielten sie zudem eine begrenzte politische Autonomie. Der im selben Jahr geschlossene Friede von Vervins mit Spanien verschaffte dem Königreich auch nach außen die nötige Ruhe, um die Konsolidierung im Innern voranzutreiben. Ebenfalls 1598 wurde Maximilien de Béthune, Duc de Sully, zum Finanzminister (*Surintendant des Finances*) berufen. Er sanierte die bei seinem Amtsantritt mit Verbindlichkeiten von ca. 300 Mio. Livres belasteten Staatsfinanzen durch radikale Entschuldungsmaßnahmen, die einem Staatsbankrott gleichkamen. Durch Schritte wie die Reorganisation des Steuersystems, bei der die direkte Steuer (*Taille*) gesenkt, indirekte Steuern dagegen angehoben wurden, aber auch durch die Ausweitung des Ämterkaufs, gelang es Sully ab 1602 regelmäßig Haushaltsüberschüsse zu erzielen. Die häufigere Entsendung von Kommissaren in die Provinzen bezweckte eine stärkere Kontrolle der dortigen Amtsträger.

Nach der Ermordung Heinrichs IV. 1610 wurden die Erfolge der Krone partiell infrage gestellt. Der Thronfolger Ludwig XIII. war ein neunjähriges Kind, für das seine Mutter Maria de' Medici die Regentschaft übernahm. Sie ließ sich dies durch das Pariser *Parlement* bestätigen, das höchste Gericht des Landes, das durch die Einregistrierung königlicher Edikte, die erst dadurch Verbindlichkeit erlangten, an der Gesetzgebung beteiligt war. Dennoch wurde ihre Autorität von unterschiedlichen Seiten angefochten. Marias zentrales Ziel war, die Position der Krone durch eine Politik der inneren und äußeren Stabilisierung zu wahren. Dabei setzte sie partiell den Kurs Heinrichs IV. fort. So bestätigte sie trotz ihrer zutiefst katholischen Überzeugung 1611 das Edikt von Nantes, um sich die Hugenotten zu verpflichten. Auf heftige Kritik stieß hingegen ihr außenpolitischer Kurswechsel, da sie statt auf Konfrontation auf einen Ausgleich mit Spanien abzielte. Dieser gipfelte in einer 1612 vereinbarten und 1615 vollzogenen habsburgisch-bourbonischen Doppelhochzeit: Ludwig XIII. heiratete die spanische Infantin Anna und der spanische Kronprinz Philipp Ludwigs Schwester Elisabeth.

Während der Regentschaft kam es mehrfach zu Opposition oder gar offener Rebellion seitens der Prinzen von Geblüt und anderer Exponenten des Hochadels, die sich zu Interessenvertretern der Nation gegenüber der angeblich verfehlten Politik der Regentin aufwarfen, in erster Linie aber bestrebt waren, unter Heinrich IV. erlittene Positionsverluste wettzumachen. Die Königin wich dem Konflikt aus, kam ihren Gegnern weit entgegen und suchte sie mit materiellen Zuwendungen ruhigzustellen. 1614 berief sie anlässlich der Volljährigkeitserklärung des Königs die französischen Generalstände, die damals zum letzten Mal vor 1789 zusammentraten. Die

Die Regentschaft Marias de' Medici

ständischen Reformforderungen – beispielsweise nach Abschaffung der Ämterkäuflichkeit – nahm die Regierung zur Kenntnis, ließ sie aber nach Auflösung der Stände im Frühjahr 1615 ins Leere laufen. Wirklich problematisch wurde die Regentschaftsregierung erst in ihrer letzten Phase, da Maria wenig Neigung zeigte, die Zügel der Regierung ihrem nun offiziell regierungsfähigen Sohn zu übergeben. 1617 unternahm Ludwig einen Befreiungsschlag, als er den ihm verhassten Vertrauten seiner Mutter Concino Concini ermorden und dessen Frau Leonora wegen Hexerei zum Tode verurteilen ließ.

Die Regierung Ludwigs XIII.

In seinen ersten Regierungsjahren verließ sich Ludwig XIII. weitgehend auf seinen Favoriten, den Herzog von Luynes († 1621). Er sah sich mit erheblichen Herausforderungen konfrontiert. 1619 und 1620 musste er in zwei Feldzügen seine opponierende Mutter in die Schranken weisen. Schon vorher führte ein Edikt von 1617, in dem er die Zulassung der katholischen Messe und die Rückgabe des Kirchenguts an die Katholiken im Béarn und in Navarra verfügt hatte, zum Konflikt mit den Hugenotten. Der König bewegte sich de jure durchaus auf dem Boden des Edikts von Nantes. Diese Maßnahme in einem protestantischen Kerngebiet weckte aber die Befürchtung, das sei nur der Auftakt zu weitergehenden Maßnahmen. Gegen das ausdrückliche königliche Verbot trat 1621 in La Rochelle eine Generalversammlung der Calvinisten zusammen, die unter anderem die militärische Mobilmachung beschloss. In der folgenden Auseinandersetzung behielten die königlichen Truppen die Oberhand. Im Frieden von Montpellier wurde 1622 zwar das Edikt von Nantes grundsätzlich bestätigt; die Hugenotten verloren aber einen Großteil ihrer Sicherheitsplätze.

Kardinal Richelieu

Einen Einschnitt in der Regierung Ludwigs XIII. markiert die Berufung von Armand-Jean du Plessis, Kardinal de Richelieu, in den Königlichen Rat (1624). Schon seine zeitgenössischen Gegner zeichneten ein Bild, nach dem der grenzenlos machthungrige, skrupellose und grausame Mann ganz Frankreich und den König selbst unterjocht habe. Derartige Anschauungen haben auch in der Geschichtswissenschaft Widerhall gefunden. Mittlerweile haben sich jedoch differenziertere Anschauungen durchgesetzt, die ein „Duumvirat" (Klaus Malettke) des Königs und seines Ersten Ministers beschreiben. Die herausgehobene Stellung Richelieus, der ursprünglich ein Protegé, später aber ein Gegner Marias de' Medici war, entwickelte sich nur allmählich, und konnte erst nach der *Journée des*

Dupes 1630 und der endgültigen Entfernung der Königinmutter vom Hof als gesichert gelten. Schon vorher aber prägte die Handschrift des Kardinals die französische Regierung in zunehmendem Maße. Ebenso wie in der antihabsburgischen Außenpolitik folgte er in der auf die Stärkung der Krone abzielenden Innenpolitik denselben Grundsätzen wie der König. Der Friede von Montpellier hatte den Konflikt mit den Hugenotten nicht beendet. Zeitweise verknüpfte er sich mit einem Krieg gegen England, das 1627 den von einem königlichen Heer belagerten hugenottischen Sicherheitsplatz La Rochelle mit Hilfstruppen unterstützte. Nach dem Fall La Rochelles (1628) erließ Ludwig XIII. im Folgejahr das Edikt von Alès, das den Calvinisten entsprechend den Bedingungen des Edikts von Nantes das Recht zur Gottesdienstfeier bestätigte, ihnen aber die letzten Sicherheitsplätze entzog und so ihrer politischen Autonomie ein Ende setzte. Den immer wieder aufflammenden Adelsaufständen begegneten Ludwig und Richelieu mit Entschiedenheit und teils großer Härte. Die inneren Konflikte, die Subsidienzahlungen an Verbündete, dann aber vor allem der Eintritt Frankreichs in den Dreißigjährigen Krieg führten zu einem wachsenden Staatsdefizit. Um dieses Problem zu lindern, strebte Richelieu unter anderem nach einer effektiveren Kontrolle der Provinzen. Er griff auf das schon unter Heinrich IV. erprobte Mittel der königlichen Kommissare zurück, die nun aber nicht mehr nur befristet als Kontrolleure entsandt wurden, sondern als Intendanten den aus dem regionalen Adel stammenden *Officiers* dauerhaft die Finanzverwaltung aus den Händen nahmen. In einigen Provinzen verloren die Provinzialstände das Recht auf Steuerbewilligung, in anderen wurden sie gar nicht mehr einberufen. Bisweilen musste die Regierung jedoch zurückrudern. In manchen Gegenden fanden erneute Aufstände statt, nunmehr mit dezidierter Spitze gegen die Steuerbelastung und die Zentralisierungsbestrebungen der Krone. Am gefährlichsten war die Erhebung der *Nu-Pieds* (Barfüßer) in der Normandie 1639. Auch sie konnte aber niedergeworfen werden.

Der Fall La Rochelles

1642/43 starben innerhalb weniger Monate Richelieu und Ludwig XIII. Ähnlich wie 1610 war der Thronfolger ein kleines Kind, der 1638 geborene Ludwig XIV., für den seine Mutter Anna von Österreich die Regentschaft übernahm. Die Situation war insofern besonders delikat, als sie die Schwester Philipps IV. von Spanien war, gegen den Frankreich im Krieg stand. Hoffnungen oder Befürchtungen auf einen Kurswechsel in der Außenpolitik erfüllten sich jedoch

Die Regentin Anna von Österreich und Kardinal Mazarin

nicht. Wenige Tage nach dem Tod ihres Mannes ließ Anna durch das Pariser *Parlement* das königliche Testament kassieren, das eine Kontrolle ihrer Regierung durch einen starken Regentschaftsrat vorgesehen hatte. Indem sie sich auf Kardinal Jules Mazarin als Ersten Minister stützte, erfüllte sie dagegen den Willen ihres Gemahls, der Mazarin unter anderem dadurch ausgezeichnet hatte, dass er ihn zum Paten des Thronfolgers bestimmt hatte. Gegen die Politik und die Person des gebürtigen Italieners – eigentlich Giulio Mazzarini –, der 1640 aus päpstlichen in französische Dienste gewechselt war, formierte sich in der Folge eine wachsende Opposition, die unter dem Namen Fronde in die Geschichte eingegangen ist und bis hin zum Bürgerkrieg eskalierte.

Die *Fronde*

Eigentlich gab es nicht „die" *Fronde*, sondern es verbanden sich verschiedene Gruppen, die einige politische und gesellschaftliche Entwicklungen der vergangenen Jahrzehnte zu revidieren wünschten, dabei jedoch teilweise widersprüchliche Ziele verfolgten. 1648 kamen die Spannungen zwischen der Regierung und dem Pariser *Parlement* zum Ausbruch, das den Anspruch erhob, die eigentlichen monarchischen Herrschaftstraditionen Frankreichs zu vertreten, und sich gegen einige „tyrannische" Maßnahmen der Ära Richelieu wandte. Die übrigen Pariser Obergerichte (*Cours souveraines*) und mehrere Provinz*parlements* schlossen sich an. Sie verweigerten die Registrierung unpopulärer Abgaben. Die Regierung reagierte mit einer Mischung aus Entgegenkommen und Härte. So nahm sie die Forderungen der *Cours souveraines* an, ließ aber einige Mitglieder des *Parlements* verhaften, was einen Volksaufstand in Paris provozierte. Einen Aufstand der Unterschichten, die *Ormonde*, gab es auch in Bordeaux. 1649 brach zusätzlich die Fronde des Hochadels unter Führung der im Krieg gegen Spanien bewährten Feldherren Condé und Turenne aus. Die Fronde war von einer massiven Flugschriftenkampagne begleitet. Die sogenannten „Mazarinades" zielten nicht nur auf die Person des Kardinals, der im Zuge der Fronde zweimal gezwungen war, Frankreich zu verlassen, sondern teilweise auch auf die Regentin, der eine sexuelle Beziehung zu Mazarin unterstellt wurde. Es gelang Anna von Österreich aber, durch geschicktes Lavieren, wechselnde Bündnisse und entschlossenes Handeln im entscheidenden Augenblick bis 1653 die Frondeure, die keine gemeinsamen positiven Ziele verfolgten, zu spalten, zu neutralisieren bzw. zu unterwerfen. Die Salbung und Krönung Ludwigs XIV., der 1652 die Volljährigkeit erreicht hatte, in Reims symbolisierte 1654 eindrucksvoll das Ende der inneren Konflikte und die wiedergewonnene Stärke der Krone. Die während der *Fronde* erzwungenen Zugeständnisse wurden schrittweise zurückgenommen. Bis zu seinem Tod 1661 behielt Mazarin die Stellung eines Ersten Ministers, während sich Königin Anna allmählich aus der Regierung zurückzog.

Das Jahr 1661 markiert in der langen Regierung Ludwigs XIV. eine Zäsur. Denn damals begann die sogenannte persönliche Herrschaft des Königs. Das heißt nicht, dass er bis dahin keinen Anteil an der Herrschaft gehabt oder gar von Mutter und Kardinal systematisch von dieser ferngehalten worden wäre. Vielmehr war er sorgfältig auf die Regierungsverantwortung vorbereitet und nach und nach in die Arbeit des Staatsrats einbezogen worden. Zu Lebzeiten Mazarins hatte er aber seinem Paten die Direktiven der französischen Politik überlassen. Das änderte sich nun radikal. Ludwig XIV. ernannte keinen Ersten Minister mehr und strukturierte die Regierung gründlich um. In den obersten Staatsrat (*Conseil d'en haut*), der insbesondere für die Außenpolitik zuständig war, berief der König nurmehr die wichtigsten Funktionsträger, aber keine Prinzen von Geblüt oder sonstigen Hochadligen mehr, die qua Geburt die Zulassung zum königlichen Rat beanspruchten. Konsequenterweise schloss Ludwig auch Anna von Österreich aus, unabhängig vom guten Verhältnis zwischen Mutter und Sohn. Untergeordneten Räten wurden Spezialaufgaben zugewiesen, wie die Finanzen (*Conseil des Finances*), Provinzangelegenheiten (*Conseil des Dépêches*) oder der Handel (*Conseil de Commerce*). Ludwig XIV. war ein fleißiger König, der etliche Stunden des Tages dem Aktenstudium und den Konferenzen mit seinen Ministern widmete. Wichtige Sitzungen des *Conseil d'en haut* pflegte er selbst zu leiten. Die meisten seiner Minister (*Secrétaires d'État*) hatten schon unter Mazarin gedient. Sie entstammten fast alle dem Amtsadel (*Noblesse de Robe*) und nicht dem alten Schwert- oder Geblütsadel. Unter ihnen nahm Jean-Baptiste Colbert, der seit 1665 Generalkontrolleur der Finanzen war, eine führende Position ein. Gerade am Beispiel Colberts wird deutlich, dass auch unter Ludwig XIV. Verwandtschaft und Patronage eine wichtige Rolle spielten. 1679 wurde Colberts Bruder Charles Colbert de Croissy Außenminister; sein Sohn folgte ihm 1696 in diesem Amt nach. Ähnlich wichtig war die Familie Le Tellier-Louvois. Michel Le Tellier war als Kriegsminister für die Reorganisation des französischen Militärwesens zuständig und vererbte sein Amt an

Die persönliche Herrschaft Ludwigs XIV.

seinen Sohn François Michel Le Tellier, Marquis de Louvois. Ludwig XIV. ließ aber keinen Zweifel daran, dass letztlich er die Quelle aller Ämter und Gnaden war. Vielleicht ist das dem König zugeschriebene Dictum „L'État c'est moi" – „Der Staat bin ich" am zutreffendsten in diesem Sinn zu begreifen: Entsprechend der Theorie des Gottesgnadentums und der darauf basierenden königlichen Souveränität ging alle Gewalt vom König aus.

Reformen

Das erste Jahrzehnt der persönlichen Regierung Ludwigs XIV. war die Ära der großen Reformen. Neben der Reorganisation der Regierungsgremien unter Ausschluss des Hochadels zielten diese insbesondere auf die Kontrolle und Zurückdrängung der intermediären Gewalten ab. Mit großer Wahrscheinlichkeit waren dafür die verstörenden Erfahrungen Ludwigs zur Zeit der Fronde mitverantwortlich. Zugleich knüpfte er an entsprechende Bestrebungen seiner Vorgänger an, die er allerdings deutlich konsequenter verfolgte. 1665 degradierte er die *Parlements* von *Cours souveraines* zu *Cours supérieures*, mithin von „souveränen" zu „höheren Gerichten". 1673 hob er ihr Remonstrationsrecht auf, also ihre Kompetenz, Widerspruch gegen königliche Gesetze einzulegen. Auf der Provinzebene führte er dauerhaft und flächendeckend das Intendantensystem ein. Die Intendanten wurden vom König direkt ernannt und konnten jederzeit abberufen werden. Die alten Ämter, wie das des hochadligen Gouverneurs, verloren wichtige Aufgaben, sie blieben aber bestehen. Eine durchgreifende Vereinheitlichung der Provinzverwaltung nahm Ludwig nicht vor. Beispielsweise bestanden zwischen den einzelnen Provinzen nach wie vor erhebliche Unterschiede im Gerichts- und Steuerwesen. Auch die Intendanten hatten mit den regionalen Gegebenheiten, nicht zuletzt den etablierten Patronagestrukturen, zu rechnen. Und auf die meisten Bauern dürfte der nahe Grundherr immer noch einen größeren Einfluss ausgeübt haben als der ferne König.

Die Wirtschafts- und Finanzpolitik Colberts

Durchaus erfolgreich waren die Wirtschafts- und Finanzreformen Colberts, die von späteren, liberalen Wirtschaftstheoretikern mit dem abwertend gemeinten Etikett „merkantilistisch" versehen wurden. Dabei verfolgte Colbert keine theoriegeleitete Politik, sondern das vom König vorgegebene Ziel, die Staatseinnahmen zu steigern. An eine grundlegende Steuerreform wagte man sich wegen des Widerstands der Privilegierten – insbesondere Adel und Klerus – nicht heran, durch eine Reihe von Einzelmaßnahmen vermochte Colbert aber den Steuerertrag zu steigern und für einige

Jahre beachtliche Haushaltsüberschüsse zu erzielen. Parallel wurden – zeitweise – die Staatsausgaben gesenkt. Durch ein vielfältiges Maßnahmenpaket, das eine Verbesserung der Infrastruktur ebenso einschloss wie die Einrichtung von Schutzzöllen, die Aneignung ausländischer Produktionsmethoden und die Reglementierung der gewerblichen Produktion, suchte Colbert den Export, insbesondere von Luxuswaren, zu fördern und erzielte hier einige Erfolge. Besonders im Kolonialhandel blieben diese aber hinter den Erwartungen zurück. Seit den 1670er Jahren wuchs das Haushaltsdefizit vor allem infolge der langjährigen Kriege erneut und mit wachsendem Tempo. Bis zum Tod des Sonnenkönigs erreichte die Staatsverschuldung die gigantische Höhe von 3,5 Milliarden Livres.

Auch in seiner Kirchenpolitik knüpfte Ludwig XIV. an die Maßnahmen seiner Vorgänger an. Stets ein gläubiger Katholik, scheute er jedoch, wenn es um die Kontrolle der französischen Kirche ging, nicht den Konflikt mit dem Papst, der während des Pontifikats Innozenz' XI. (1676–1689) einen Höhepunkt erreichte. Dabei ging es zunächst vor allem um die Einziehung der Einkünfte nicht besetzter Bistümer zugunsten der Krone (sog. Regalienstreit). Die durch eine französische Bischofsversammlung 1681/82 beschlossenen und sogleich in einem königlichen Edikt publizierten Vier Gallikanischen Artikel hoben den Konflikt auf eine grundsätzliche Ebene: Demnach waren die Könige dem Papst in weltlichen Dingen nicht unterworfen. Dieser aber unterstand dem Ökumenischen Konzil und war nur dann unfehlbar, wenn die gesamte Kirche seine Lehre billigte. Außerdem wurden die sog. Gallikanischen Freiheiten, eine weitgehende Autonomie der französischen innerhalb der katholischen Kirche, nachdrücklich bestätigt. Seit den 1690er Jahren verfolgte Ludwig XIV. dann eine zunehmend papstfreundliche Politik. Schon in den 1660er und erneut seit den 1680er Jahren ging der König entschieden gegen die elitäre katholische Frömmigkeitsbewegung der Jansenisten vor und kooperierte hier mit der römischen Kurie. Die Bekämpfung der Jansenisten gipfelte 1709 in der Schließung und Zerstörung des Zisterzienserinnenklosters Port-Royal, des wichtigsten jansenistischen Zentrums in Frankreich. Das Streben, die Glaubenseinheit seines Reichs herzustellen, prägte auch die Hugenottenpolitik Ludwigs. Er erhöhte den Konversionsdruck auf die Calvinisten und widerrief 1685 im Edikt von Fontainebleau das Toleranzedikt von Nantes. Der reformierte Gottesdienst wurde verboten, und die calvinistischen Geistlichen wurden ausgewiesen. An-

Kirchenpolitik

ders als angestrebt bewirkte das Revokationsedikt aber nicht die massenhafte Konversion der Hugenotten, sondern trieb viele von ihnen in die – verbotene – Emigration oder in einen Kryptocalvinismus. Letztlich erreichte Ludwig mit der Verfolgung der Hugenotten ebenso wenig wie mit der Bekämpfung des Jansenismus das angestrebte Ziel der Glaubenseinheit des Königreichs.

Der Versailler Hof Kaum ein anderes Element seiner Regierung ist so eng mit der Person Ludwigs XIV. verknüpft wie der Hof von Versailles. Schon vor dem Beginn seiner persönlichen Regierung hatte sich Ludwig als ein Meister der monarchischen Herrschaftsrepräsentation erwiesen. 1653 war er beim höfischen Ballett als Sonnengott Apoll aufgetreten, und die Sonne wurde gleichsam sein Markenzeichen. Der *Roi-Soleil* nutzte ein vielfältiges Repertoire der Selbstinszenierung, für die er dann mit dem Schloss von Versailles die perfekte Bühne schuf. 1661 begann der Umbau des vorhandenen Jagdschlosses, der etwa 77 Mio. Livres verschlang und 1682, als Hof und Regierung ihren ständigen Sitz in Versailles nahmen, noch nicht abgeschlossen war. Das Schloss diente Ludwig nicht nur zur Repräsentation seiner königlichen Größe gegenüber seinen Untertanen und dem Ausland, sondern auch als Instrument zur Kontrolle des hohen Adels. Die Anwesenheit am Hof war eine Voraussetzung für die Erlangung von Ämtern und Pensionen, und die Position, die eine Person in der höfischen Hierarchie einnahm, war in hohem Maße von der Gunst des Königs abhängig. Allerdings sollte man die domestizierende Wirkung des Hoflebens über eine gewisse Affektkontrolle hinaus nicht überschätzen. Politische Opposition war damit keineswegs ausgeschlossen, und sie wurde am Ende der Regierung auch in der Nähe des Königs artikuliert. Der Geblütsadel hatte zwar seinen Einfluss auf die Regierung verloren, behauptete aber die militärischen Spitzenstellungen und verfügte nach wie vor über riesige materielle Ressourcen.

Brüche und Widersprüche Ein kursorischer Überblick über das 72jährige Königtum Ludwigs XIV. steht in der Gefahr, ein allzu glattes Bild zu zeichnen und über Entwicklungen, Brüche, Widersprüche und Ungleichzeitigkeiten hinwegzugehen. Beispielsweise war, als der Hof nach Versailles zog, die Zeit der glänzendsten Feste schon vorbei. Unter dem Einfluss seiner zweiten, morganatischen, also unstandesgemäßen, Gemahlin, Madame de Maintenon, änderte der alternde Herrscher seinen Lebensstil und auch seine Politik. Außerdem sollte man sich davor hüten, den Inszenierungen der königlichen Macht auf den Leim zu gehen und die erlassenen Normen mit den Lebenswirklichkeiten zu verwechseln. Schließlich gab es keine Einbahnstraße in Richtung auf eine immer weitergehende Steigerung der königlichen Macht. Schon am Ende der Regierung schränkte die riesige Staatsverschuldung die königliche Handlungsfähigkeit ein, die aufgeklärte Herrscherkritik wurde als ernstzunehmender Faktor erahnbar, und nach dem Tod Ludwigs XIV. 1715 wurden manche seiner Maßnahmen revidiert.

4.2 Verfassungsmäßiger Absolutismus? Die skandinavischen Reiche

Um nicht einseitig das französische Beispiel als den Königsweg zur Etablierung eines monarchischen Absolutismus darzustellen, soll nun ein – kürzerer – Blick auf die Entwicklungen in den beiden skandinavischen Reichen geworfen werden, in denen unter ganz anderen Bedingungen und in anderen Formen etwa zeitgleich ebenfalls eine bemerkenswerte Steigerung der königlichen Macht erfolgte.

Für Dänemark-Norwegen kann man von der Bewältigung einer Staatskrise durch die Konstituierung einer absoluten Monarchie sprechen. Diese zeittypische zusammengesetzte Monarchie umfasste neben den beiden Königreichen Dänemark und Norwegen den königlichen Anteil der Herzogtümer Schleswig und Holstein, Island und Grönland sowie einige karibische, westafrikanische und indische Stützpunkte. Das Kernland des Reiches war aber Dänemark, dessen König dank des Sundzolls zwar über eine sehr einträgliche Einkommensquelle verfügte, im Übrigen aber abhängig von den Ständen war, namentlich von dem sehr selbstbewussten Hochadel. Dieser besaß in seinen ausgedehnten, ertragreichen Gütern eine solide wirtschaftliche Basis, erfreute sich einer weitgehenden Steuerfreiheit und hatte das Monopol auf die Sitze im Reichsrat (*Riksrådet*), einem Gremium, das sich von einem Beratungsorgan des Königs zu einer Kontrollinstanz entwickelt hatte. Während eines Interregnums übernahm der Reichsrat, der ab 1648 23 Personen umfasste, die Regierungsgeschäfte und beriet über die Wahlkapitulation (*Håndfæstning*) für den neuen Herrscher. Denn obwohl sich faktisch eine Erbfolge im Haus Oldenburg etabliert hatte, verfügte der Reichsrat de jure über das Recht der Königswahl.

Dänemark-Norwegen

Regierungsantritt Friedrichs III.

Christian IV. hatte vor seinem Tod (1648) die Nachfolge seines einzigen überlebenden Sohnes Friedrich (III.) nicht mehr in die Wege leiten können. Diese Situation nutzte der Reichsrat, um dem neuen Herrscher eine besonders restriktive Wahlkapitulation aufzuerlegen, die die königlichen Prärogativen massiv einschränkte. Von Anfang an war Friedrich bestrebt, seine Freiräume zu erweitern und den adligen Einfluss zurückzudrängen.

Die Staatskrise

Das Doppelkönigreich hatte seit dem Eingreifen Christians IV. in den Dreißigjährigen Krieg 1625 Niederlage um Niederlage erlitten und dabei seine einstige Führungsstellung im Ostseeraum an Schweden verloren. Zur Katastrophe führte der Nordische Krieg 1655–1660: 1658, als ein schwedisches Heer auf Seeland erschien und Kopenhagen bedrohte, musste Friedrich III. in den verlustreichen Frieden von Roskilde einwilligen. Im Frieden von Kopenhagen erhielt Friedrich III. 1660 zwar einen Teil der 1658 abgetretenen Gebiete, nicht aber die urdänischen Länder östlich des Öresunds zurück.

Der Reichstag von 1660

In dieser kritischen Situation berief der König einen Reichstag nach Kopenhagen ein, ein Schritt, den dänische Monarchen insbesondere dann unternahmen, wenn grundlegende Entscheidungen anstanden, die nicht nur von König und Adel, sondern auch von den anderen höheren Ständen – Geistlichkeit und Stadtbürgertum – mitgetragen werden sollten. Diesmal ging es vor allem um die Konsolidierung der Staatsfinanzen nach den verlustreichen Kriegen. Auf dem Reichstag von 1660 kam es zu heftigen Auseinandersetzungen über die Verteilung der Lasten, wobei der Adel hartnäckig auf seinen Steuerprivilegien beharrte. Darauf schlossen der König und das Bürgertum, das bei einer Realisierung der adligen Vorstellungen mit erheblichen Mehrbelastungen hätte rechnen müssen, ein Zweckbündnis, um ihre eigenen Konzepte durchzusetzen und die Vorherrschaft der Magnaten zu brechen. Die Stadt Kopenhagen wurde in den Belagerungszustand versetzt und so Druck auf die anwesenden Adelsvertreter ausgeübt, die schließlich nachgaben und ebenso wie die Geistlichkeit den Reichstagsbeschlüssen zustimmten. Diese beendeten nicht nur die adlige Steuerfreiheit, sondern führten auch die Erbmonarchie ein, erklärten den König für souverän und widerriefen die Wahlkapitulation von 1648. Da sich die Position Friedrichs III. im Vergleich zu seinem Herrschaftsantritt 1648 fundamental gewandelt hatte, wurde ihm erneut gehuldigt. Der neue

Treueid stellte ein eindeutiges Bekenntnis zu den Beschlüssen von 1660 dar.

Fünf Jahre später wurden die neuen politischen Verhältnisse in die Form eines Gesetzes gegossen, das die Beschlüsse von 1660 systematisierte und die Position des Königs weiter stärkte. Das 1665 erlassene „Königsgesetz" (*Lex Regia*, dänisch *Kongelov*) wurde im Wesentlichen von dem Kabinettssekretär Peder Schumacher (ab 1673 Graf von Griffenfeld) ausgearbeitet. Es verpflichtete den Herrscher zum lutherischen Glauben, sprach ihm aber im Übrigen umfassende Kompetenzen zu: Er war der oberste Richter, selbst aber keinen menschlichen Gesetzen unterworfen, besaß die volle Gesetzgebungsgewalt und konnte die Ämter so besetzen, wie er es für richtig hielt. Mit anderen Worten: In seinen Händen lag die volle legislative, exekutive und judikative Gewalt. Insofern führte das Königsgesetz, das bis 1849 in Kraft blieb, in der Tat eine absolute Monarchie ein bzw. vollendete die dahingehenden Beschlüsse von 1660.

Die *Lex Regia*

Legitimiert durch die Reichstagsbeschlüsse von 1660 und die *Lex Regia*, gelang es Friedrich III., der sich vor allem auf nichtadlige Mitarbeiter, darunter einige Deutsche, stützte, seine Position auch faktisch auszubauen. In Schauprozessen ging er gerichtlich gegen exponierte Vertreter des Hochadels vor, denen vorgeworfen wurde, mit dem schwedischen Feind konspiriert zu haben. Der Reichsrat wurde durch einen Geheimen Rat ersetzt, den der König mit Personen seines Vertrauens besetzte. Die Einführung der Ämterverfassung verbesserte die Kontrolle der Provinzen, da die Amtmänner nicht der Kontrolle des lokalen Adels, sondern der Krone unterworfen waren. Es wurde eine neue Landsteuer eingeführt, die auch von den adligen Gütern erhoben wurde. Der Hochadel hatte also erhebliche Einbußen zu verzeichnen; er konnte aber seine ökonomische Basis und seine gesellschaftliche Führungsstellung im Wesentlichen behaupten. Der dänische König war zwar per Gesetz „legibus solutus", aber keineswegs von der Notwendigkeit befreit, den sozialen und ökonomischen Verhältnissen Rechnung zu tragen.

Ausbau der königlichen Macht

Auch in Schweden gab es starke Stände, einen vom Hochadel besetzten ständigen Reichsrat und einen Reichstag, in dem Adel, Klerus, Stadtbürger und Freibauern vertreten waren. Zudem mussten die schwedischen Könige mit einer lebendigen Tradition des ständischen Widerstands rechnen. Im 16. Jahrhundert waren drei Monarchen abgesetzt worden, zuletzt 1599 Sigismund Wasa. Unter Sigismunds Onkel und Nachfolger Karl IX., der die Krone der Wahl

Die schwedische Monarchie

durch den Reichstag verdankte (1600), und dessen Sohn Gustav II. Adolf stabilisierte sich die Position der Monarchie, wobei beide Könige mit dem hohen Adel kooperierten und Schlüsselpositionen mit dessen Exponenten besetzten. Besonders einflussreich war der langjährige Reichskanzler Axel Oxenstierna, dessen Position auch dadurch gestärkt wurde, dass Gustav Adolf selbst sich oft auf Feldzügen befand und Oxenstierna in dieser Zeit de facto als sein Stellvertreter fungierte. Nach dem Schlachtentod Gustavs Adolfs nutzten der Reichsrat und nicht zuletzt Oxenstierna die lange Phase der Minderjährigkeit Königin Christinas (1632–1644) zum Ausbau der hochadligen Positionen durch Erwerb zahlreicher Krondomänen und zur Begrenzung der königlichen Machtbefugnisse. Anders als bei anderen vormundschaftlichen Regierungen wurde die Königinmutter, Maria Eleonora von Brandenburg, weitgehend kaltgestellt. Der in diesem Zusammenhang bisweilen verwendete Begriff Ratskonstitutionalismus wird dieser Konstellation nicht wirklich gerecht.

Die Politik Karls XI. Auch Königin Christina, die 1654 abdankte und kurz darauf zum Katholizismus konvertierte, und ihr Nachfolger Karl X. Gustav aus dem Haus Pfalz-Zweibrücken hatten nur begrenzte Erfolge bei der Zurückdrängung der Machtstellung der Magnaten zu verzeichnen. Nach dem frühen Tod Karl Gustavs (1660) folgte erneut eine zwölfjährige Regentschaftsregierung. Karl XI. begann jedoch bald nach seiner Mündigkeitserklärung (1672) gegen die Magnaten vorzugehen. Den entscheidenden Durchbruch erzielte er aber erst acht Jahre später. Ähnlich wie Friedrich III. in Dänemark nutzte er die Krisensituation nach einem verlorenen, wenn auch 1679 im Frieden von Saint-Germain glimpflich ausgegangenen Krieg, um auf dem Reichstag von 1680 in Kooperation mit den anderen Ständen den Hochadel zu entmachten. Der Reichstag bestätigte das monarchische Gottesgnadentum, hob den Reichsrat auf und sprach dem König die volle gesetzgebende, ausführende und richterliche Gewalt zu. Zwei Jahre später verpflichtete sich der Reichstag, allen Maßnahmen der Krone ohne Widerrede zuzustimmen. Damit gab er den Anspruch auf eine aktive Herrschaftsbeteiligung auf. Durch die sogenannte Souveränitätserklärung bekräftigte der Reichstag von 1693, dass der König den Landesgesetzen nicht unterworfen sei. Parallel baute die Krone ihre Stellung durch die sogenannten Reduktionen, die Wiedereinziehung entfremdeter Krondomänen, aus und führte durch das „Einteilungswerk" eine Heeresreform durch. Allerdings erwies sich die Einführung der absoluten Monarchie in Schweden nicht als unumkehrbar. Nach dem Desaster des Großen Nordischen Krieges und dem Tod Karls XII. (1718) setzte der Reichstag eine Begrenzung der königlichen Prärogativen durch, die einem Verfassungsumsturz gleichkam. Es begann die sogenannte Freiheitszeit (1720–1772).

4.3 Kaiser, Reich und Stände nach dem Westfälischen Frieden

Basis und Ausgangspunkt für die Ordnung des Heiligen Römischen Reichs in den letzten eineinhalb Jahrhunderten seines Bestehens war ein neues Reichsgrundgesetz: der Westfälische Frieden von 1648. Er schrieb die Rechte der Reichsstände als einzelne und als im Reichstag versammelte Korporation fest und minimierte durch die Klärung der wichtigsten konfessionspolitischen Streitpunkte sowie die Herstellung einer weitgehenden Parität auf Reichsebene das Konfliktpotential zwischen den konfessionellen Lagern. Allerdings waren nicht alle Verfassungsfragen in Westfalen geregelt worden. Und vor allem war offen, ob und wie Kaiser und Reichsstände die Verfassungsnormen des Westfälischen Friedens mit Leben füllen würden.

Der Westfälische Frieden als Reichsgrundgesetz

Das Heilige Römische Reich deutscher Nation besaß keine geschriebene Verfassung aus einem Guss. Es gab eine Reihe normativer Texte von übergeordneter Bedeutung, denen der Rang von Grundgesetzen (*Leges fundamentales*) zugesprochen wurde. Dazu zählten die Goldene Bulle von 1356, die die Wahl des Römischen Königs bzw. Kaisers durch die sieben Kurfürsten regelte, der Ewige Landfrieden von 1495, der ein bedingungsloses Fehdeverbot verfügte, und der Augsburger Religionsfrieden von 1555. Mit diesen schriftlichen Normen ist jedoch die Verfassungsrealität, die Verfasstheit, des Reichs nur unvollkommen zu erfassen. Sie hing maßgeblich davon ab, wie diese Normen ausgelegt und gelebt wurden, wie Kaiser und Reichsstände miteinander interagierten und welche Rolle die Reichsinstitutionen spielten: der Reichstag als das höchste Beratungs- und Beschlussorgan des Reichs, die beiden Höchstgerichte, der kaiserliche Reichshofrat und das stärker ständischen Einflüssen offenstehende, in Speyer residierende Reichskammergericht, sowie die zehn Reichskreise, die als Selbstverwaltungskörperschaften der Reichsstände einer Region fungierten. Wie sehr die

Die Reichsverfassung

Reichsverfassung, um funktionsfähig zu sein, davon abhängig war, mit Leben erfüllt zu werden, hatte sich während der langen Regierung Kaiser Rudolphs II. (1576–1612) gezeigt. Als er sich immer stärker aus der Reichspolitik zurückgezogen hatte, war das Reich in eine tiefe Krise geraten, die schließlich in den Dreißigjährigen Krieg mündete.

Der Reichstag von 1653/54

Der Regensburger Reichstag von 1653/54 zeigte, wie eine Stabilisierung der kaiserlichen Position aussehen konnte. Ferdinand III. stellte sich einerseits demonstrativ auf den Boden der Westfälischen Friedensordnung und zeigte andererseits, dass er gewillt war, seine Rolle entsprechend den ihm verbliebenen Möglichkeiten selbstbewusst auszufüllen: Noch vor der Reichstagseröffnung ließ er in Augsburg seinen ältesten Sohn Ferdinand (IV.) zum Römischen König und Nachfolger im Kaiseramt wählen. Damit suchte er nicht nur das habsburgische Kaisertum für die nächste Generation zu sichern, sondern zugleich die von einigen evangelischen Fürsten abgelehnte Königswahl *vivente Imperatore* grundsätzlich zu bestätigen. Während die neue Reichskammergerichtsordnung vom Reichstag beschlossen wurde, erließ der Kaiser 1654 aus eigener Machtvollkommenheit eine Ordnung für den Reichshofrat und zeigte damit, dass er die Verfügung über dieses zweite Höchstgericht des Reichs exklusiv für sich beanspruchte. Er konnte sich im Reichstag auf eine breite Mehrheit aus Kurfürsten, katholischen Ständen und einer Reihe evangelischer Fürsten stützen und ein Auseinanderfallen der Reichsstände in die konfessionellen Lager verhindern. Hilfreich war dabei zweifellos, dass der Kaiser mit seiner Familie selbst in Regensburg anwesend war und persönliche Beziehungen zu Fürsten und anderen Reichseliten knüpfte. Zudem nutzte er die Möglichkeiten der barocken Herrschaftsrepräsentation, um die Reichsöffentlichkeit zu beeindrucken und von seiner kaiserlichen Hoheit zu überzeugen.

Das Wiederaufleben der Sicherheitsfrage

Mitte der 1650er Jahre zeigte sich aber, wie fragil das Einvernehmen zwischen Kaiser und Ständen war. Es war in erster Linie die Sicherheitsfrage bzw. die Sorge um die Erhaltung des eben erst wiederhergestellten Friedens, die zum Konflikt führte. Ferdinand III. war dazu übergegangen, gegen das ausdrückliche Verbot des Westfälischen Friedens seine spanischen Verwandten in ihrem immer noch andauernden Krieg gegen Frankreich, der auch die westlichen Reichsteile in Mitleidenschaft zog, zu unterstützen. Zudem steuerte er in dem 1655 ausgebrochenen Nordischen Krieg immer deutlicher auf einen Konflikt mit Schweden zu, sodass sich die Konfrontationslinien des Dreißigjährigen Krieges zu erneuern drohten. In dieser Situation wurde die Sicherheitsfrage gegen den ausdrücklichen kaiserlichen Wunsch auf die Tagesordnung des Frankfurter Reichsdeputationstags gesetzt, eines ständischen Beratungsgremiums, das eigentlich die noch ausstehenden Restitutionsfragen regeln sollte. Insbesondere der Mainzer Kurfürst Johann Philipp von Schönborn, der als Reichserzkanzler großen Einfluss auf den Geschäftsgang bei Reichsversammlungen besaß und mit dem der Kaiser auf dem Reichstag noch bestens zusammengearbeitet hatte, stellte sich nun gegen ihn. Das war für Ferdinand III. umso unangenehmer, als er auf seine Kooperation dringend angewiesen war, um eine erneute Römische Königswahl durchzuführen, nachdem Ferdinand IV. 1654 überraschend verstorben war.

Im Frühjahr 1657 starb auch Ferdinand III., noch bevor er die Wahl seines zweiten Sohnes Leopold auf den Weg bringen konnte. Es begann eines der längsten Interregna im frühneuzeitlichen Reich überhaupt. Am Ende wurde im Juli 1658 Leopold I. – auch mangels durchsetzbarer Alternativen – zwar gewählt. Die ihm auferlegte Wahlkapitulation untersagte aber erneut und unmissverständlich die Unterstützung für Spanien. Zugleich sorgte der erste Rheinbund (auch: Rheinische Allianz), ein überkonfessionelles reichsständisches Bündnis, dem auch Schweden für seine Reichsbesitzungen und Frankreich beitraten, dafür, dass der neue Kaiser diese Verpflichtung einhielt. Johann Philipp von Schönborn, der Spiritus rector von Wahlkapitulation und Rheinbund, sah seine Politik weniger als Fundamentalopposition zum Kaiser, sondern als ein Bemühen, jenen auf den rechten Weg der Reichsverfassung und des Westfälischen Friedens zu führen. Es kam aber bald zu neuen Spannungen zwischen Mainz und Wien, die sich unter anderem um die Forderung Leopolds I. drehten, die Reichsdeputation aus Frankfurt in eine näher bei der kaiserlichen Residenzstadt Wien gelegene Reichsstadt zu verlegen. Der sogenannte Translationsstreit zog sich fast fünf Jahre hin und endete mit der Einberufung des Reichstags, der 1663 in Regensburg eröffnet wurde.

Die Einberufung des Reichstags war keineswegs die vom Kaiser favorisierte Lösung gewesen, aber angesichts einer drohenden Konfrontation mit dem Osmanischen Reich sah er sich auf die militärische und finanzielle Hilfe der Reichsstände angewiesen. Diese wurde ihm gewährt; sogar ein Rheinbundkontingent unter Beteiligung

Interregnum, Kaiserwahl und erster Rheinbund

Reichstagseröffnung 1663

französischer Truppen zog nach Ungarn. Auch um diese suspekten Helfer wieder loszuwerden, schloss Leopold I. trotz günstigen Kriegsverlaufs 1664 einen Frieden mit dem Sultan, der ihm einige territoriale Verluste auferlegte. Auch das ist ein Zeichen für die damalige Schwäche des habsburgischen Kaisertums. Diese äußerte sich zudem in der Weise, dass in den 1660er Jahren Ludwig XIV. von Frankreich Aufgaben übernahm, die eigentlich dem Reichsoberhaupt zugekommen wären, wenn er etwa zwischen dem Kurfürsten von der Pfalz und dessen Gegnern im sog. Wildfangstreit vermittelte, bei dem es um das Zugriffsrecht auf potentielle Untertanen ging.

Konsolidierung der Stellung Kaiser Leopolds I.

Dass Leopold I. nach diesen schwierigen Anfängen während seiner langen, bis 1705 dauernden Regierung, das Kaisertum zu stabilisieren und zu neuem Einfluss zu führen vermochte, hatte eine Reihe von Gründen: Es gelang ihm immer glaubhafter zu vermitteln, dass er sein Kaiseramt entsprechend den Maßgaben des Westfälischen Friedens ausfülle. Das Vertrauen der Reichsstände in den Habsburger wuchs, während sich Ludwig XIV. seit den späten 1660er Jahren durch seine aggressive Außenpolitik diskreditierte. Er verzichtete 1668 auf eine Verlängerung des Rheinbunds und setzte stattdessen auf Einzelbündnisse mit einflussreichen Reichsfürsten. Während er mit seinem Werben für eine „Dritte Partei" – also für eine Neutralität im habsburgisch-französischen Konflikt, die aber seinen eigenen Interessen nutzen sollte – zunächst recht erfolgreich war, folgten ihm am Ende 1701 nur noch die wittelsbachischen Kurfürsten von Bayern und Köln in den Spanischen Erbfolgekrieg. Sie büßten dies mit der Reichsacht und dem (zeitweiligen) Verlust ihrer Herrschaft – dies wäre am Beginn der Regierung Leopolds noch kaum denkbar gewesen. Neben der französischen führte die osmanische Bedrohung Kaiser und Stände näher zusammen, sodass Leopold I. nach der abgewehrten Belagerung Wiens 1683 auch dank reichsständischer Hilfe den sog. Großen Türkenkrieg (1683–1699) zu einem siegreichen Ende führen konnte. Eine wichtige Rolle spielte dabei die geschickte Nutzung der Medien, durch die Leopold (der ein völlig unmilitärischer Charakter war und 1683 mit dem Hof nach Passau floh) sich als Türkensieger und Beschützer der Christenheit feiern, seine Gegner aber herabsetzen ließ.

Der Immerwährende Reichstag

Zu einem wichtigen Forum der Vermittlung und Durchsetzung der kaiserlichen Politik entwickelte sich der Immerwährende Reichstag. Dies war nicht von Anfang an absehbar gewesen. Der im

Januar 1663 eröffnete Reichstag hatte einen eher schleppenden Anfang genommen. Der Kaiser ließ sich wie einst Rudolph II. durch einen Prinzipalkommissar vertreten. Erst gegen Jahresende kamen Leopold I. und einige Fürsten persönlich nach Regensburg, reisten aber bald wieder ab, nachdem die für den Kaiserhof so wichtige Frage der Türkenhilfe erledigt war. Der Reichstag wurde dennoch nicht aufgelöst, sondern blieb als Gesandtenkongress versammelt, um über die seit dem Westfälischen Frieden noch offenen Verfassungsfragen, wie die Römische Königswahl *vivente Imperatore* oder eine beständige kaiserliche Wahlkapitulation, zu beraten. Der Reichstag befasste sich aber auch mit anderen Themen, nicht zuletzt mit Fragen der äußeren Sicherheit, und entwickelte sich allmählich zu einem als nützlich empfundenen, ständig verfügbaren Beratungs- und Entscheidungsgremium. Letztlich lag die Perpetuierung des Reichstags in der Konsequenz des Westfälischen Friedens, der ja den Reichsständen ein Beratungs- und Entscheidungsrecht in allen wichtigen Reichsangelegenheiten zugesprochen hatte. Daher kam die Etablierung des Immerwährenden Reichstags Kaiser und Ständen im Grunde entgegen, sodass gelegentliche Überlegungen, ihn doch aufzulösen, nicht umgesetzt wurden.

Auch sonst eignete sich Leopold I. ein großes Geschick darin an, mit den Möglichkeiten seines Kaiseramts Reichspolitik zu machen. Er knüpfte dynastische Beziehungen zu wichtigen Familien im Reich und verpflichtete sich als kaiserlicher Patron durch die Verleihung von Ämtern, Privilegien und Lehen zahlreiche Klienten. Er ging durchaus einmal bis an die Grenzen dessen, was durch die Reichsverfassung noch abgedeckt war, wenn er 1674 den profranzösischen kurkölnischen Minister Wilhelm Egon von Fürstenberg verhaften ließ oder 1692 zugunsten des Hauses Hannover eine neue, neunte Kurwürde kreierte, um sich die militärische Unterstützung der Welfen zu sichern. Insbesondere diese, aber auch andere Maßnahmen führten zu Widerspruch im Reich, aber Leopold vermied es, den Bogen zu überspannen. Wie weit die Konsolidierung des habsburgischen Kaisertums ging, wird besonders daran fassbar, dass es dem Habsburger 1690 glückte, seinen erst zwölfjährigen Sohn Joseph zum Römischen König wählen zu lassen, der ihm dann 1705 auf dem Kaiserthron nachfolgte. Alles in allem hatte sich unter der Regierung Leopolds I. das Reich als Friedens- und Rechtsordnung in einem Maße konsolidiert, wie es in den Jahren vor dem Dreißigjährigen Krieg kaum denkbar gewesen wäre.

Mittel der kaiserlichen Reichspolitik

Ausbau der habsburgischen Position in Ungarn

Leopold I. konnte nach der Eroberung eines Großteils des osmanischen Ungarn seine landesherrliche Position auch in diesem Königreich ausbauen, nachdem sein Großvater und sein Vater bereits in den österreichischen Erblanden und den Ländern der böhmischen Krone die ständischen Rechte nachhaltig beschnitten und, abgesehen von Schlesien, zugleich überall den Protestantismus nahezu ausgerottet hatten. In Ungarn mit seinen selbstbewussten Magnaten und seinen starken nichtkatholischen Bevölkerungsteilen war jedoch Vorsicht geboten, vor allem solange Opponenten der Krone an den Fürsten von Siebenbürgen als osmanischen Vasallen oder dem Sultan selbst mächtigen Rückhalt finden konnten. 1670/71 wurde eine Magnatenverschwörung aufgedeckt und von Leopold hart bestraft. Durch die habsburgischen Eroberungen der 1680er Jahre wurde die königliche Position in Ungarn auch nach innen gestärkt. Der Pressburger Reichstag von 1687 erkannte das habsburgische Erbkönigtum an und verzichtete zugleich auf sein Widerstandsrecht. Dass im Umgang mit den Ungarn gleichwohl immer noch Fingerspitzengefühl geboten war, zeigte sich, als 1703 der sogenannte Kuruzzenaufstand ausbrach. Er richtete sich gegen das „Einrichtungswerk", also gegen die mit gegenreformatorischen Maßnahmen verbundene Reorganisation der neugewonnenen habsburgischen Besitzungen, und konnte erst 1711 beendet werden.

Eine monarchische Union von Ständestaaten

Trotz aller Erfolge der österreichischen Habsburger im 17. Jahrhundert bei der Stärkung ihrer landesherrlichen Position und trotz der zunehmenden Konzentration der wichtigsten Regierungsinstitutionen am Wiener Hof blieb ihre Herrschaft in den verschiedenen Gebieten doch an landesspezifische Normen geknüpft. Die Rechte der Stände waren zwar beschnitten, aber – nicht einmal in Böhmen – keineswegs völlig beiseite gefegt worden. Auch am Ende des 17. Jahrhunderts blieben die habsburgischen Besitzungen eine monarchische Union von Ständestaaten (Otto Brunner).

Die Landesherrschaft der deutschen Reichsstände

Noch deutlicher als die Habsburger in ihren Erblanden waren die deutschen Reichsstände bei der Ausübung ihrer Landesherrschaft Einschränkungen unterworfen. Auch sie waren ihrem Verständnis nach Herrscher von Gottes Gnaden, aber mit dem Kaiser hatten sie einen Oberherrn, dem sie zur Treue verpflichtet waren. Sie waren an die Normen des Reichsrechts gebunden, das ihnen beispielsweise Bündnisse nur gestattete, insoweit sie sich nicht gegen Kaiser und Reich richteten. Allerdings vermochte diese Verpflichtung einen machtbewussten Fürsten im Zweifelsfall nicht von einer kaiserfeindlichen Allianz abzuhalten. Neben dem Reichsrecht hatten die Fürsten zudem spezifische Landesnormen zu beachten, über deren Einhaltung nicht selten Landstände, in geistlichen Fürstentümern auch die Domkapitel wachten. Es wäre freilich verfehlt anzunehmen, „die" deutschen Fürsten des 17. Jahrhunderts hätten danach gestrebt, absolute, von allen menschlichen Gesetzen gelöste Herrscher zu werden. Vielmehr war für die große Mehrzahl der kleinen und kleinsten Fürsten, ebenso wie für die Grafen, die Reichsritter und die Reichsstädte das Reich mit seinen Normen eine Existenzvoraussetzung, dem sie ihre Herrschaft bzw. ihren Bestand ganz wesentlich verdankten. Dies betonte beispielsweise der im Dienst Herzog Ernsts I., des Frommen, von Sachsen-Gotha stehende und aus der Perspektive eines kleinen deutschen Fürstenstaats schreibende Veit Ludwig von Seckendorff in seinem 1656 veröffentlichten und bis 1754 noch etliche Male wiederaufgelegten „Teutschen Fürsten-Staat", der eine Art allgemeine Handlungsanweisung für die Regierung eines (weltlichen und protestantischen) deutschen Fürstentums kleiner bis mittlerer Größe darstellte.

Freilich gab es deutsche Fürsten, die nach einem Ausbau ihrer Herrschaftsgewalt strebten und sich dabei kaum durch die Rücksichten auf Kaiser und Reich hemmen ließen. Zu ihnen gehört sicherlich Friedrich Wilhelm I. von Brandenburg, der sogenannte „Große Kurfürst" (1640–1688). Auch er und seine unmittelbaren Nachfahren ließen in Politischen Testamenten und anderen Dokumenten zu ihrem Herrscherethos erkennen, dass sie sich prinzipiell an die Reichsverfassung gebunden fühlten. Durch eine imaginäre Trennung zwischen dem Kaiseramt, dem man sich unterordnete, und dem Haus Österreich, gegen das man Politik machte oder gar Krieg führte, ließen sich aber etwaige Spannungen zwischen dieser Norm und der Realität gut aushalten.

Friedrich Wilhelm von Brandenburg

Friedrich Wilhelm fühlte sich durch den Westfälischen Frieden ungerecht behandelt, weil er nicht ganz Pommern, sondern nur den weniger attraktiven hinterpommerschen Landesteil und als Entschädigung für Vorpommern einige säkularisierte geistliche Fürstentümer erhalten hatte. Er bemühte sich zum einen darum, diesen Verlust wettzumachen. Zum anderen strebte er nach einem inneren Ausbau seiner Herrschaft. Dabei hatte er zu bedenken, dass er als calvinistischer Fürst eine mehrheitlich lutherische Bevölkerung, mit regional unterschiedlich großen katholischen und calvinistischen Minderheiten, regierte. Eine gewisse konfessionelle Duld-

Konfessionspolitik

samkeit gehörte also zur Staatsräson der brandenburgischen Kurfürsten. Eine Steigerung des calvinistischen Bevölkerungsanteils war freilich hochwillkommen. Bereitwillig öffnete Friedrich Wilhelm daher sein Land für die Hugenotten, die nach 1685 Frankreich verließen.

Landstände

Obwohl er teilweise mit großer Entschiedenheit, im Herzogtum Preußen mit Brutalität, vorging, konnte Friedrich Wilhelm in seinen langen Auseinandersetzungen mit den Landständen seiner verschiedenen Territorien nur Teilerfolge erzielen. Immerhin ermöglichten ihm die bewilligten Steuern die Aufstellung eines Stehenden Heeres, mit dessen Hilfe der Kurfürst bestrebt war, Brandenburg als europäische Macht zu etablieren. In den Nordischen Krieg 1655–1660 wurde er zunächst als Verbündeter Schwedens hineingezogen,

Souveränität des Herzogtums Preußen

wechselte aber später die Seiten und erreichte, dass die Souveränität des bis dahin von Polen lehensabhängigen Herzogtums Preußen nach und nach von seinen wechselnden Verbündeten anerkannt und schließlich im Frieden von Oliva 1660 bestätigt wurde. Dies war sein größter außenpolitischer Erfolg. Eine selbst im zeitgenössischen Vergleich sehr flexible Bündnispolitik – man sprach vom „brandenburgischen Wechselfieber" – und beachtliche militärische Erfolge reichten nicht aus, um von den europäischen Monarchen als gleichrangig anerkannt zu werden. Da half es wenig, dass diese Siege durch die brandenburgische Propaganda aufgebauscht wurden. Auch die Bedeutung des unter dem persönlichen Oberbefehl Friedrich Wilhelms erfochtenen Sieges von Fehrbellin 1675, dem er wesentlich das Epitheton „Großer Kurfürst" verdankte, lag mehr auf einer symbolischen Ebene. Einen entscheidenden Fortschritt bei der angestrebten Statusverbesserung erzielte erst Friedrich Wilhelms Sohn und Nachfolger Friedrich III., als er sich unter Ausnutzung günstiger politischer Konjunkturen 1701 – als Friedrich I. – in

Preußisches Königtum

Königsberg zum König in Preußen krönte. Auch das koloniale Experiment des Kurfürsten, der 1682 die Brandenburgische Afrikanische Handelskompanie ins Leben rief, die 1683 in Guinea die Kolonie Groß Friedrichsburg errichtete, war wenig zukunftsträchtig; sein Enkel König Friedrich Wilhelm I. verkaufte die afrikanischen Besitzungen an die Niederländer. So fällt das Fazit der Regierung des von der preußisch-kleindeutschen Historiographie glorifizierten „Großen Kurfürsten" gemischt aus. Zweifellos war er einer der dynamischsten Herrscher seiner Zeit. Er leistete einen beachtlichen Beitrag zur Überwindung der Kriegsfolgen in seinen Ländern und konnte seine Position nach innen beachtlich stärken. In einen modernen, zentralistischen Machtstaat formte er seine zusammengesetzte Monarchie aber nicht um; das lag auch außerhalb seiner Vorstellungskraft.

Größer als die Zahl der deutschen Fürsten, denen ein zumindest begrenzter Ausbau ihrer herrscherlichen Prärogativen gelang, war die Zahl derjenigen, die sich in ihrer Herrschaftsrepräsentation vom Versailler, vom Wiener oder von einem der anderen führenden Höfe beeinflussen ließen und sich als absolute Herrscher inszenierten. Oftmals konnten sie aber kaum mehr als eine Fassade fürstlicher Macht errichten: So war der Herzog von Württemberg, der ab 1704 in Ludwigsburg eines der größten Schlösser Europas errichten ließ, durch die Verfassung seines Territoriums in seiner Regierungsgewalt einer starken landständischen Kontrolle unterworfen. Einige deutsche Fürsten finanzierten ihre hohen Repräsentationskosten mit Subsidien Frankreichs oder der Seemächte, die eigentlich für den Aufbau eines Stehenden Heers verwendet werden sollten.

Herrschaftsrepräsentation deutscher Fürsten

Die Zahl der „armierten" Reichsstände, die über ein Stehendes Heer verfügten, und zu einer eigenständigen Außenpolitik in der Lage waren, blieb begrenzt. Manche Fürstentümer tauchten auch nur vorübergehend als Akteure auf der Bühne der europäischen Mächtepolitik auf, wie das Fürstbistum Münster unter dem als „Bomben-Bernd" berüchtigten Bischof Christoph Bernhard von Galen (1650–1678). In den Jahren um 1700 streckten aber alle weltlichen Kurfürsten sowie der Landgraf von Hessen-Kassel mehr oder weniger erfolgreich ihre Hände nach Königskronen aus und begannen immer mehr als europäische Mächte denn als Reichsstände zu agieren. Zugleich befähigten die wachsenden habsburgischen Besitzungen den Kaiser zu einer Großmachtpolitik unabhängig vom Reich, was dazu führte, dass am Wiener Hof die Reichsbelange gegenüber den Interessen des Hauses Habsburg und der Großmacht Österreich allmählich in den Hintergrund traten. Diese Entwicklungen brachten neue Spannungen ins Reich, die sich ab der Mitte des 18. Jahrhunderts in den preußisch-österreichischen Kriegen entluden.

Armierte Reichsstände

4.4 König und Parlament: Die britischen Inseln von Jakob I./VI. bis zur Union

Jakob I./VI. Als die englische Königin Elisabeth I. im Jahr 1603 nach langer Regierung starb, hatte sie keine Sukzessionsregelung getroffen. Als ihr nächster Verwandter trat jedoch ohne größere Probleme Jakob VI. von Schottland, der Sohn ihrer früheren Rivalin Maria Stuart, als Jakob I. von England die Nachfolge an. Die Kronen von Schottland und England, die jahrhundertelang in einer asymmetrischen Rivalität gestanden hatten, waren fortan unter den Stuarts in Personalunion vereint. Jakob I. regierte sein heterogenes Reich von London aus. Er war ein überzeugter Vertreter der monarchischen Prärogative, musste sich aber damit arrangieren, dass er wie in Schottland auch in England nicht unumschränkt herrschen konnte. Insbesondere das Steuerbewilligungsrecht war ein Hebel, mit dem das Parlament Einfluss auf die königliche Politik zu nehmen vermochte.

Distanz zwischen Hof und politischer Nation Bereits unter Jakob I. entwickelte sich eine Distanz zwischen dem Hof und der englischen politischen Nation, die vornehmlich durch die *Gentry* gebildet wurde, jene sich aus Niederadel und reichen Stadtbürgern zusammensetzende Elite, die die Repräsentanten von Grafschaften und privilegierten Städten in der zweiten Parlamentskammer, dem *House of Commons*, stellte. Die Stuartkönige nutzten kaum ihr Patronagepotential, um durch die gezielte Förderung von Klienten ihre Herrschaft im Land zu verwurzeln. Zudem erregte ihr glänzender Hof Missfallen. Kritisiert wurden die Hofskandale und das Favoritenwesen Jakobs I. Unter diesen Favoriten war George Villiers, Herzog von Buckingham, der bekannteste. Er konnte seine Position sogar unter Jakobs Sohn Karl I. behaupten, der 1625 die Nachfolge seines Vaters antrat. 1628 fiel Buckingham aber einem Mordanschlag zum Opfer.

Konfessionelle Spannungen Außerdem bestanden konfessionelle Spannungen zwischen Hof und politischer Nation. Seit der Zeit Elisabeths I. gehörte es zum Kernbestand des englischen Selbstverständnisses, dass England eine „protestant nation" sei. Jakob I. und Karl I. waren zwar überzeugte Protestanten, ihre Gemahlinnen Anna von Dänemark und Henriette Maria von Frankreich waren aber katholisch, und auch sonst fanden sich etliche Katholiken am Hof. Die zeitweiligen Bündnisse mit den katholischen Vormächten Spanien und Frankreich waren höchst unpopulär in einem Land, in dem „Papismus" (*Popery*) ein Vorwurf war, der weit über konfessionellen Dissens hinausging und in dem seit der spanischen Armada (1588) und dem *Gunpowder Plot* (1605) der Verdacht des Verrats, des völligen „Unenglischseins" und der Absicht, ein kontinentales, unfreies – eben „papistisches" – Herrschaftssystem einführen zu wollen, mitschwang. Der Papismusvorwurf wurde mit Vorliebe von Puritanern erhoben, überzeugten Calvinisten, aus deren Perspektive die Reformation in England auf halbem Weg stehengeblieben war. Sie forderten nicht nur die „Säuberung" des Gottesdiensts von „papistischen" Relikten, sondern wollten auch die englische Bischofskirche mit dem König als „Supreme Governor of the Church of England" an der Spitze durch eine presbyterianische, auf dem Gemeindeprinzip basierende Kirchenordnung, ersetzen und eine nach ihren Vorstellungen wahre christliche Gesellschaft schaffen, in welcher die Sünde keinen Raum hatte und dementsprechend Spiel, Tanz und Alkoholgenuss verboten oder streng reglementiert werden sollten. Die Berührungspunkte zwischen dem Hof und diesen Gruppen waren denkbar gering.

Schon unter Jakob I. verschärften sich in den 1620er Jahren die Spannungen zwischen König und Parlament. Als gefährliche Waffe erwies sich das parlamentarische Amtsenthebungsverfahren, das *Impeachment*. Ein *Impeachment* gegen Buckingham konnte Karl I. 1626 nur durch Vertagung des Parlaments verhindern. 1628 verabschiedete das Unterhaus als Reaktion auf eine vom König erhobene Zwangsanleihe, die ihn unabhängig von der parlamentarischen Steuerbewilligung machen sollte, die *Petition of Right*: Unter Berufung auf die *Magna Charta* von 1215 verlangten die *Commons* die Wiederherstellung der Rechte und Freiheiten der Untertanen (*Habeas Corpus*) und forderten, dass keinerlei Abgaben ohne Zustimmung des Parlaments erhoben werden dürften. Um sich der Kritik und den Ansprüchen der *Commons* zu entziehen, löste Karl I. das Parlament auf und regierte in den folgenden Jahren ohne dieses. Wieder führte er neue Abgaben ein bzw. belebte alte, längst außer Gebrauch gekommene königliche Rechte, wie das Schiffsgeld, das 1588 angesichts des Herannahens der spanischen Armada erhoben worden war, nun aber ohne einen solchen Anlass von den Schiffseignern gefordert wurde. Da es insbesondere die Kaufleute traf, war es ausgesprochen unbeliebt in der *Gentry*.

Konflikt zwischen Krone und Parlament

Die schwelende Krise kam in Schottland zum Ausbruch, als Karl I. 1637 daranging, die bis dahin presbyterianisch verfasste *Kirk* in eine Bischofskirche umzuwandeln und den Gottesdienst nach an-

Der Erste Bischofskrieg

glikanischem Vorbild umzugestalten. Um den Widerstand gegen diese Maßnahmen zu brechen, zog Karl I. 1639 mit einer Streitmacht nach Norden (Erster Bischofskrieg), wich jedoch einer Konfrontation mit dem gegnerischen Heer zunächst aus, weil er ein Entgegenkommen des schottischen Parlaments erwartete. Als diese Hoffnung sich zerschlug, berief er im April 1640 zum ersten Mal seit elf Jahren ein englisches Parlament, das ihm die Mittel zum Krieg gegen die Schotten bereitstellen sollte. Da das Parlament aber die Steuerbewilligung an die Bedingung knüpfte, die während der „elfjährigen königlichen Tyrannei" aufgelaufenen Gravamina abzustellen, löste der König es schon nach wenigen Wochen wieder auf – weswegen dieses Parlament auch als das „Kurze Parlament" bezeichnet wird.

Der Zweite Bischofskrieg

Karl stellte trotz der finanziellen Engpässe ein Heer auf, das aber im Zweiten Bischofskrieg eine verheerende Niederlage gegen die Schotten erlitt, die ihrerseits nach Nordengland vorstießen. Er musste Frieden schließen und sich verpflichten, die schottischen Kriegskosten zu erstatten; erst dann sollten die besetzten nordenglischen Grafschaften geräumt werden. Damit hatte der König sich in eine Lage manövriert, aus der er sich ohne die Verfügung über ordentliche Steuereinnahmen nicht mehr befreien konnte. Notgedrungen berief er erneut das Parlament ein.

Das „Lange Parlament"

Diese im November 1640 eröffnete Versammlung ist, da sie erst 1660 durch ein neues Parlament ersetzt wurde, als das „Lange Parlament" bekannt. Sie stellte Karl in der Tat die benötigten Gelder zur Verfügung, nutzte die Gelegenheit aber zu einer Generalabrechnung mit dem König und zwang ihn zu großen Zugeständnissen. Die monarchischen Prärogativen wurden massiv eingeschränkt, und der König musste sich verpflichten, von nun an mindestens alle drei Jahre ein Parlament zu berufen (*Triennial Act*). So sollte künftig ein parlamentsloses Regieren des Königs verhindert werden. Zudem musste Karl erleben, dass einigen seiner wichtigsten Mitarbeiter, dem langjährigen irischen Statthalter Thomas Wentworth, Earl of Strafford, und dem Erzbischof von Canterbury William Laud, der Hochverratsprozess gemacht wurde. Beide wurden hingerichtet (1641 bzw. 1645). Ende 1641 bewirkte die vom Unterhaus mit einer knappen Mehrheit angenommene *Grand Remonstrance* (Große Beschwerdeschrift), die in 203 Punkten alle Gravamina gegen den König zusammenfasste, als Druckschrift verbreitet wurde und auf eine weitere Mobilisierung der Öffentlichkeit gegen

Karl abzielte, eine weitere Zuspitzung. Nach einem gescheiterten Versuch, seine radikalsten Gegner im Parlament persönlich zu verhaften, zog sich der König aus London zurück. Beide Seiten begannen zu rüsten, und 1642 brach der Erste Bürgerkrieg aus.

Dank der schottischen Unterstützung gewann das Parlamentsheer ab 1644 die Oberhand. Unter dem Oberbefehl Oliver Cromwells errang diese *New Model Army* 1645 bei Naseby den entscheidenden Sieg. Karl I., der sich den Schotten ergeben hatte, wurde in Schloss Hampton Court unter Arrest gestellt. In der Folge wurde über einen Kompromiss mit dem König verhandelt. Dabei trat die *New Model Army* immer mehr als eigenständige politische Kraft in Erscheinung, mit spezifischen Zielen, die sich von denen des Parlaments unterschieden. 1647 floh der König auf die Isle of Wight, und im folgenden Jahr brach der Zweite Bürgerkrieg aus, in den die Schotten diesmal auf der Seite Karls eingriffen. Wieder siegte aber die *New Model Army*. Während eine Parlamentsmehrheit immer noch auf einen Ausgleich mit dem König setzte, war Oliver Cromwell zu der Überzeugung gelangt, dass eine Lösung nur ohne Karl zu erreichen sei, und betrieb in Kooperation mit radikalen Parlamentsabgeordneten seine Hinrichtung. Durch den *Pride's Purge* – benannt nach dem Offizier, der diese Maßnahme durchführte – ließ er im Dezember 1648 das Parlament von unerwünschten Personen „reinigen". Das verbliebene Rumpfparlament war geneigt, sich den Wünschen Cromwells zu beugen, und richtete einen Sondergerichtshof ein, vor dem Karl I. wegen seiner Übergriffe gegen die englischen Freiheitsrechte und des Missbrauchs seines königlichen Amts durch Errichtung einer Tyrannenherrschaft unter Hochverratsanklage gestellt wurde. Im Januar 1649 wurde er zum Tode verurteilt und hingerichtet. Im Mai 1649 wurde der *Commonwealth and Free State* of England proklamiert: England war zum ersten und einzigen Mal in seiner Geschichte eine Republik. Freilich handelte es sich um eine Republik von Gnaden der *New Model Army* und ihres Oberbefehlshabers Oliver Cromwell.

Cromwell war allerdings 1649/50 zunächst mit der Unterwerfung Irlands und Schottlands beschäftigt. Im Windschatten des innerbritischen Konflikts war 1641 in Irland ein Aufstand ausgebrochen, der sich gegen die Folgen der englisch-schottischen Kolonisierung seit Jahrhundertbeginn und insbesondere gegen die Konfiskationen von Land zugunsten der Eingewanderten, gegen den gewachsenen Steuerdruck und gegen die befürchteten antikatholi-

Die Bürgerkriege

Hinrichtung Karls I.

Aufstand Irlands

schen Maßnahmen des Langen Parlaments richtete. Zahlreiche angloschottische Siedler wurden ermordet – wobei die britische protestantische Propaganda die Opferzahlen maßlos übertrieb und die irischen Täter in ihren Darstellungen geradezu entmenschlichte. Der Feldzug Oliver Cromwells von 1649/50 wurde als Vergeltungs- und Religionskrieg geführt und ging mit gezielten Terrormaßnahmen einher. Die Massaker von Drogheda und Wexford wurden zu negativ besetzten Erinnerungsorten der irischen Katholiken. Der blutigen Unterwerfung ganz Irlands folgte 1652 das Siedlungsgesetz des englischen Parlaments: Alle Katholiken wurden unter Kollektivverdacht gestellt und enteignet, sofern sie nicht ihre Unschuld beweisen konnten. Die katholischen Grundbesitzer wurden aus den Grafschaften Ulster, Leinster und Munster ausgewiesen; ggf. konnten sie im entlegenen Connaught eine Entschädigung erhalten. Etwa 44 000 Menschen mussten nach Connaught umsiedeln. Die Besitzlosen blieben im Land, um für die neuen, protestantischen Besitzer zu arbeiten.

Oliver Cromwell als Lord Protector

In England behauptete zunächst das Rumpfparlament seine Stellung als zentrales Verfassungsorgan, während die Exekutivgewalt in den Händen eines vierzigköpfigen Staatsrats lag. Das Parlament ging mit einer intensiven Gesetzgebung daran, die politischen, gesellschaftlichen, wirtschaftlichen und nicht zuletzt die religiösen Verhältnisse umzugestalten. Allerdings waren die Maßnahmen des Parlaments Cromwell nicht entschieden genug, sodass er 1653 das Rumpfparlament auflöste und als *Lord Protector* die Regierung übernahm.

Thomas Hobbes: „Leviathan"

Nach den Erfahrungen des Bürgerkrieges war der Wunsch nach einem starken Herrscher verbreitet, ein Konzept, das Thomas Hobbes in seinem 1651 erschienen „Leviathan" ausarbeitete. Als erster politischer Denker trennte er gedanklich einen vorstaatlichen Naturzustand, der vom Krieg aller gegen alle („bellum omnium contra omnes") gekennzeichnet sei, von dem durch einen Herrschaftsvertrag begründeten staatlichen Leben. In der Unterwerfung unter einen handlungsfähigen Staat sah er im Vergleich mit der Anarchie das kleinere Übel, und er trat dementsprechend für einen starken Herrscher ein, dessen Machtvollkommenheit nur durch göttliches und natürliches Recht eingeschränkt, der aber nicht dem von Menschen gesetzten Recht unterworfen sein sollte. Nur mit großen Einschränkungen kann Hobbes als Theoretiker eines monarchischen Absolutismus begriffen werden. Das Gottesgnadentum spielte bei ihm keine Rolle; vielmehr sah er sich dem Vorwurf des Atheismus ausgesetzt. Zudem legte er sich nicht darauf fest, wer der von ihm geforderte starke Herrscher sein sollte. Das dürfte dazu beigetragen haben, dass sich Hobbes trotz mancher Anfeindungen gut mit dem Cromwellschen System arrangieren konnte.

Cromwell setzte ein neues Parlament ein, das als „Parlament der Heiligen" die „puritanische Revolution" weiter vorantrieb, wie sie insbesondere den Wünschen der *New Model Army* entsprach, in der die protestantischen Nonkonformisten besonders stark vertreten waren. Es wurde Religionsfreiheit gewährt, von der jedoch die Katholiken und Anhänger der englischen Hochkirche ausgenommen waren. In der Tat könnte man das Protektorat als eine Militärdiktatur mit theokratischen Zügen charakterisieren. Aufgrund der starken Oppositionskräfte und der sich erneuernden Spannungen zwischen Exekutive und Parlament beruhigten sich die politischen Verhältnisse nicht dauerhaft. Als der starke Mann Oliver Cromwell 1658 starb, dauerte es nur zwei Jahre bis zur Rückkehr der Stuarts, die wesentlich von dem 1659 wiedereingesetzten Rumpfparlament in die Wege geleitet wurde.

Die „puritanische Revolution"

Die Restauration knüpfte ostentativ an die Verhältnisse vor 1649 an. Das letzte vor dem Bürgerkrieg gewählte (und damit allseits als legitim akzeptable) Parlament, das Lange Parlament, wurde wiedereingesetzt. Der 1661 in Westminster in den traditionellen Formen gekrönte Karl II. datierte seine Regierungszeit nicht ab 1660, dem Jahr seines faktischen Herrschaftsantritts, sondern ab 1649, dem Todesjahr seines Vaters, und verdeutlichte so, dass er die ganze Zeit der legitime König gewesen sei. Zugleich zeigte er die Bereitschaft, sich auf die verbreitet als ideal empfundene Regierungsform des „King in Parliament" einzulassen. Insgesamt setzte man mehr auf Versöhnung und Ausgleich als auf Rache an den „Königsmördern". Dennoch erneuerten sich bald die Konflikte zwischen König/Hof und Parlament, die schon die Regierungen der ersten Stuart-Könige gekennzeichnet hatten. Karl II. hatte lang im französischen Exil gelebt und dort Vorstellungen von den königlichen Prärogativen und einer königlichen Hofhaltung aufgenommen, die mit den englischen Verhältnissen nur schwer vereinbar waren. Bis 1679 bestand jedoch das prinzipiell königstreue „Kavaliersparlament", mit dem eine Einigung trotz aller Spannungen immer wieder möglich war.

Die Restauration

Konfessionelle Spannungen

Besonderes Konfliktpotential barg erneut die konfessionelle Frage. Infolge der Restauration war die anglikanische Hochkirche mit ihrer Episkopalverfassung wiedererrichtet worden. Etwa ein Drittel der Bevölkerung gehörte aber als *Dissenters* nonkonformistischen, radikalprotestantischen Gruppierungen an, die die Restauration als Triumph des Antichrist erlebten. Eine zahlenmäßig verschwindend kleine Minderheit stellten dagegen die Katholiken dar, die aber mehr denn je zum Gegenstand der realen oder auch propagandistisch aufgebauschten Furcht wurden: Wieder gab es eine beachtliche Präsenz von Katholiken am Hof, mit der Königin Katharina von Braganza an der Spitze, und der König selbst war nicht ohne Grund katholischer Neigungen verdächtig – 1670 hatte er gegenüber Ludwig XIV. von Frankreich im Geheimvertrag von Dover seine Konversion in Aussicht gestellt. Als Karl II. 1672 eine Indulgenzerklärung erließ, die allen christlichen Glaubensgemeinschaften freie Religionsausübung gewährte, reagierte das Parlament 1673 mit der sogenannten *Test Act*: Alle zivilen und militärischen Amtsträger wurden zu einem Eid auf den König als Oberhaupt der Staatskirche und zur Absage an die katholische Abendmahlslehre verpflichtet. Dadurch sollte einer katholischen Machtübernahme vorgebeugt werden.

Die *Test Act*

Die *Exclusion Crisis*

Eine neue Qualität erreichten die Spannungen ab 1678 im Zuge der sogenannten *Exclusion Crisis*. Da Karl II. keine legitimen Nachkommen hatte, war gemäß dynastischem Erbfolgerecht sein Bruder Jakob der rechtmäßige Nachfolger. Dieser aber war zum Katholizismus übergetreten. Die Frage, ob und unter welchen Voraussetzungen ein „Papist" den englischen Thron besteigen könne, spaltete die politische Nation. Nach der Aufdeckung einer angeblichen katholischen Verschwörung wurde die Katholikenfurcht zur Hysterie. Es kam zu 35 Justizmorden; die Königin selbst war zeitweilig in Gefahr.

Whigs* und *Tories

Im Zuge der Krise formierten sich in Parlament und Öffentlichkeit die „Parteien" der *Whigs* und der *Tories*. Die *Whigs* traten als Verfechter der protestantischen Freiheiten auf und hatten Sympathien für die *Dissenters*. Sie gingen von einem naturrechtlich begründeten Gesellschaftsvertrag als Basis der staatlichen Ordnung aus und befürworteten auf dieser Grundlage den Ausschluss Jakobs von der Thronfolge. Aus Sicht der *Tories* bildete demgegenüber das göttliche Recht der Könige das Fundament des Staates. Als Verfechter des Legitimitätsprinzips traten sie daher für die Sukzession Jakobs ein.

Letztlich konnte Karl II. gegen alle Widerstände die Nachfolge seines Bruders durchsetzen. Seit 1681 regierte er ohne Parlament und übte durch sein Stehendes Heer Druck auf die Opposition aus, gegen deren Anführer er mit großer Härte vorging. Die Aufdeckung einer Verschwörung gegen das Leben des Königs und seines Bruders bewirkte einen Umschwung in der öffentlichen Meinung und trug dazu bei, dass Jakob nach dem Tod Karls 1685 ungefährdet die Herrschaft antreten konnte.

Zu Beginn seiner Regierung konnte Jakob II. auf eine komfortable *Tory*-Mehrheit im Parlament bauen. Deren Unterstützung ließ aber nach, als der Ausbau des Stehenden Heeres und mehrfache Ämterbesetzungen mit Katholiken die „Papisten"-Furcht erneut anheizten. Dazu trug eine Indulgenzerklärung von 1687 bei, mit der Jakob die *Test Act* befristet außer Kraft setzte. Auf diese Weise nutzte er nicht nur seinen katholischen Glaubensgenossen, sondern warb auch um die *Dissenters*, die das Gesetz von 1673 ebenso von allen Ämtern ausgeschlossen hatte. Im Frühjahr 1688 erließ er eine neue Toleranzerklärung und verlangte von den anglikanischen Bischöfen, sie in allen Kirchen von der Kanzel verlesen zu lassen. Dass die meisten Bischöfe diesem Befehl nicht nachkamen, machte den Bruch zwischen König und Staatskirche offensichtlich. Nicht nur die *Whigs*, sogar wichtige *Tories* waren nun zum Widerstand gegen den König bereit, den man verdächtigte, zusammen mit der Herrschaft des „Papismus" auch ein Regierungssystem à la française einführen zu wollen.

Die Regierung Jakobs II.

Zum Ausbruch kam der Konflikt im Juni 1688 durch die Geburt eines katholischen Thronfolgers. Bis dahin hatten die Protestanten die Hoffnung gehegt, dass die Regierung Jakobs II. lediglich ein Intermezzo sein werde, nach dem eine seiner evangelischen Töchter aus erster Ehe bzw. deren Nachkommen das protestantische Königtum fortsetzen würden. Da nun aber eine dauerhaft katholische Monarchie drohte, forderten im Juni 1688 sieben führende *Peers* Wilhelm III. von Oranien, den Mann von Jakobs älterer Tochter Maria, schriftlich zur Intervention auf. Wilhelm, der seit 1672 Statthalter der meisten niederländischen Provinzen war, hatte sich zu diesem Zeitpunkt bereits einen Namen als Gegenspieler Ludwigs XIV. und Vorkämpfer der protestantischen Sache gemacht. Da sich im Sommer 1688 ein neuer Krieg anbahnte, bestand in den Niederlanden ein großes Interesse, England zumindest neutral zu halten und zu verhindern, dass das Land wie 1672 an der Seite Frankreichs in den Krieg eintrat.

Die Glorious Revolution

Als Wilhelm III. im November 1688 in Torbay landete, traf er auf wenig Widerstand. Jakob II. gab seine Sache womöglich vorschnell verloren und begab sich auf die Flucht nach Frankreich, wobei er das große Staatssiegel in die Themse warf. Im Nachhinein wurde er durch ein neugewähltes Parlament, das sogenannte Konventionsparlament, abgesetzt. Ebenfalls qua Parlamentsbeschluss wurden Wilhelm III. und seine Gemahlin gemeinsam förmlich in das Königtum eingesetzt und dann auch in einer einzigartigen Doppelkrönung gemeinsam gekrönt. 1689 fixierte die *Bill of Rights* die Bedingungen ihrer Herrschaft, die erkennbar von den Erfahrungen der letzten Jahrzehnte geprägt waren: Gesetze durften künftig nur noch mit parlamentarischer Zustimmung aufgehoben werden. Auch die Einführung aller Arten von Steuern und Abgaben war an die Billigung des Parlaments gebunden. Die parlamentarischen Freiheiten wurden bestätigt. Ausdrücklich verboten wurde dagegen die Aufstellung eines Stehenden Heeres. Katholiken wurden kategorisch von der Thronfolge ausgeschlossen. Die ebenfalls 1689 verabschiedete *Toleration Act* gestand den protestantischen *Dissenters* eine begrenzte Toleranz zu. Die Strafen für das Fernbleiben vom anglikanischen Gottesdienst wurden ihnen erlassen, und ihre Gemeinden wurden als Vereinigungen auf privatrechtlicher Basis anerkannt. Für Katholiken galten diese Erleichterungen – natürlich – nicht.

Die Toleration Act

Eine „moderated Monarchy"

Das englische Regierungssystem nach 1689 entsprach geradezu idealtypisch den whiggistischen Vorstellungen einer „moderated Monarchy", wie sie John Locke 1690 in seinen „Two Treatises of Government" darlegte: Es bestanden Ansätze zu einer Gewaltenteilung, wobei die höchste, souveräne Gewalt bei der Legislative, dem Parlament, lag. Das Königtum war dezidiert protestantisch und basierte auf einem förmlichen Herrschaftsvertrag, der zugleich die Freiheits- und Eigentumsrechte der Engländer verbürgte. Nach diesem Verständnis wurde 1689 ein guter, ausgewogener Verfassungszustand wiederhergestellt. Daher wurden die Ereignisse von 1688/89 – ganz anders als der Bürgerkrieg und die Gründung des *Commonwealth* – als *Glorious Revolution* gefeiert. Man sollte sich allerdings davor hüten, das politische System des späten 17. und des 18. Jahrhunderts allzu sehr in die Nähe einer modernen Parlamentarischen Monarchie zu rücken: Die *Whigs* und die *Tories* waren keine Parteien im modernen Sinne, sondern bestenfalls lose Formationen, die einige Grundeinstellungen teilten, aber im Übrigen sehr heterogene Gruppen bildeten. Im Zweifelsfall waren bestehende Klientelverhältnisse für die Unterhausabgeordneten wichtiger als abstrakte politische Theorien. Und über die meisten Patronageressourcen verfügte immer noch der König. Daher blieb auch in England der Hof das bedeutendste politische Zentrum, insbesondere, aber nicht nur, für alle außenpolitischen Belange.

Ein wichtiges Nachspiel ereignete sich 1689/90 in Irland: Für die katholischen Iren hatten die Regierungen Karls II. und zumal Jakobs II. deutliche Erleichterungen gebracht. Als Jakob 1689 mit einem von Frankreich ausgerüsteten Heer auf der Insel landete, traf er daher nur im überwiegend protestantischen Ulster auf größeren Widerstand. Am 1./11. Juli 1690 erlitt er aber am Fluss Boyne eine entscheidende Niederlage gegen Wilhelm von Oranien – der Gedenktag dieser Schlacht wird bis heute vom Oranierorden gefeiert, was noch in jüngster Zeit zu Konflikten zwischen Protestanten und Katholiken in Nordirland geführt hat. Während der Friede von Limerick, den Wilhelm von Oranien 1691 den Katholiken zugestand, glimpflich ausfiel, sahen sich diese in den Folgejahren harten Strafgesetzen (*Penal Laws*) unterworfen, die nicht nur die Weitergabe des katholischen Glaubens zu unterbinden versuchten und die Katholiken von allen Ämtern ausschlossen, sondern sie auch vermögens- und erbrechtlich gegenüber den Protestanten benachteiligten.

Die Unterwerfung Irlands

Ihre Vollendung fand die neue Ordnung zu Beginn des 18. Jahrhunderts. Der *Act of Settlement* von 1701 sicherte angesichts des absehbaren Aussterbens der evangelischen Linie der Stuarts die protestantische Sukzession, indem er die Kurfürstin Sophie von Hannover, eine Enkelin Jakobs I., und ihre Nachkommen in die Erbfolge berief. Schon während der Regierung Königin Annas, die 1702 nach dem Tod Marias II. und Wilhelms III. auf dem Thron nachgefolgt war, regelte der *Act of Union* von 1707 die staatsrechtliche Vereinigung der beiden Königreiche England und Schottland zum Königreich Großbritannien, auch um einem Auseinanderfallen der bis dato bestehenden Personalunion durch unterschiedliche Sukzessionsregelungen vorzubeugen. 1714 trat in der Tat Kurfürst Georg Ludwig von Hannover, der Sohn Sophies, als Georg I. die Regierung in London an. Jakobitische Aufstände, die die katholischen Nach-

Der Act of Settlement

kommen Jakobs II. auf den Thron bringen wollten, führten weder damals noch später zum Erfolg.

4.5 Das „Goldene Zeitalter" der Vereinigten Niederlande

Die Union von Utrecht

Die Vereinigten Niederlande waren eine Staatsgründung des 16. Jahrhunderts. Als eigentlichen Gründungsakt kann man die 1579 durch die Stände der meisten niederländischen Provinzen geschlossene Union von Utrecht betrachten. Erst zwei Jahre später wurde der bisherige Landesherr Philipp II. von Spanien förmlich abgesetzt. Im zwölfjährigen Waffenstillstand erkannte Spanien 1609 faktisch die Unabhängigkeit der Vereinigten Provinzen an. Völkerrechtlich definitiv bekräftigt wurde dies 1648 im Frieden von Münster, der zugleich den Achtzigjährigen Krieg beendete. Von anderer Seite war die Republik freilich schon vorher als souveräner Staat behandelt worden.

Die Vereinigten Niederlande als Bund souveräner Provinzen

Strenggenommen war die Republik der Vereinigten Niederlande allerdings gar kein Staat, sondern ein Staatenbund der sieben souveränen nordniederländischen Provinzen Holland, Seeland, Utrecht, Geldern, Overijssel, Groningen und (West-)Friesland. Die Provinzen wurden je nach ihren unterschiedlichen gesellschaftlichen Strukturen von einer adeligen und/oder bürgerlichen Elite regiert, die in den jeweiligen Provinzialständen repräsentiert war; in einigen Provinzialständen gab es auch Bauernvertreter. Insgesamt dominierte aber das bürgerliche Element. Das gilt insbesondere für Holland, das aufgrund seiner Wirtschaftskraft unter den Provinzen eine überragende Stellung einnahm. Innerhalb Hollands spielte die Stadt Amsterdam eine Schlüsselrolle, die seit dem späten 16. Jahrhundert zu einem führenden Handels- und Finanzzentrum Europas aufstieg.

Die Generalstaaten

Das wichtigste Verfassungsorgan der Vereinigten Niederlande waren die Generalstaaten (= Generalstände), in denen jede Provinz über eine Stimme verfügte. Seit 1583 war Den Haag ihr Sitz. Während die Generalstaaten in der burgundisch-spanischen Zeit und während der ersten Jahre des Unabhängigkeitskrieges nur periodisch einberufen worden waren, tagten sie seit 1594 permanent. In ihren Kompetenzbereich fielen diejenigen Gegenstände, die von den einzelnen Provinzen allein nicht sinnvoll zu regeln waren. Dazu gehörte namentlich die Entscheidung über Krieg und Frieden, aber auch die Aufsicht über die Handelskompanien und die Festsetzung der Zölle. Der Staatsrat (*Raad van State*) fungierte als Verwaltungsorgan der Generalstaaten und war insbesondere für Finanzen und Kriegführung zuständig. Eine Zentralfigur in der Regierung der Vereinigten Niederlande war der Ratspensionär der Provinz Holland, der die holländische Delegation in den Generalstaaten leitete. Er gehörte nicht dem Amsterdamer Patriziat, den sogenannten Regenten, an, sondern nahm die Position eines bediensteten Staatssekretärs ein, der insbesondere die Außenpolitik der gesamten Republik leitete.

Der holländische Ratspensionär

Nach der Unabhängigkeitserklärung von Spanien hatten die Vereinigten Niederlande lange nach einem Fürsten gesucht, der an die Stelle des Katholischen Königs treten könnte. Diese Suche war jedoch nicht erfolgreich gewesen, und so hatte man sich damit arrangiert, ohne ein monarchisches Oberhaupt auszukommen. Ein monarchisches Element war der niederländischen Verfassung mit den Statthaltern aber erhalten geblieben. De iure waren sie Staatsbeamte der Provinzen, die insbesondere militärische Aufgaben hatten, aber auch die Aufsicht über die Justiz führten. Sie unterstanden somit den Provinzialständen, wobei einige Provinzen (z. B. Holland, Seeland und Utrecht) sich einen Statthalter teilten. Das Haus Nassau(-Oranien), das sich im Unabhängigkeitskrieg gegen Spanien hochverdient um die Niederlande gemacht hatte, errang faktisch einen Monopolanspruch auf das Statthalteramt. Damit näherte sich die Stellung der oranischen Statthalter der eines Königs in einer ständischen Monarchie. Sie waren qua Geburt fürstlichen Rangs, unterhielten einen entsprechenden Hof und pflegten das Konnubium mit den vornehmsten evangelischen Dynastien Europas. Aber auch innerhalb der Niederlande reichte ihr informeller Einfluss weit über ihre förmlichen Amtsbefugnisse hinaus. Die Einbindung und Kontrolle dieser selbstbewussten „Staatsbeamten" bzw. das Austarieren der Machtverteilung zwischen den Oraniern und den holländischen Führungsschichten, namentlich der Amsterdamer Regentenoligarchie, war eine der größten Herausforderungen für das politische System der Niederlande.

Die Statthalter

Während des Achtzigjährigen Krieges konnte Moritz von Oranien, der Urheber der sogenannten Oranischen Heeresreform, seit den 1590er Jahren die Spanier aus den nördlichen Niederlanden vertreiben und so die Voraussetzungen für den zwölfjährigen Waffenstillstand von 1609 schaffen. In dieser Zeit kamen innere Span-

Moritz von Oranien

nungen in der Republik, die bis dahin durch den äußeren Druck im Hintergrund geblieben waren, zum Ausbruch. Die wichtigsten Antagonisten waren Moritz von Oranien und der holländische Ratspensionär Johan van Oldenbarnevelt, der nicht nur den Waffenstillstand mit Spanien ausgehandelt, sondern durch den Zusammenschluss der bis dahin konkurrierenden Handelskompanien einen wesentlichen Beitrag zum Aufstieg der Niederlande als Kolonialmacht geleistet hatte. Der Statthalter und Oldenbarnevelt hatten lange gedeihlich zusammengearbeitet, gerieten aber seit dem Waffenstillstand mit Spanien, den Moritz als nachteilig kritisierte, auf verschiedenen Feldern in einen Gegensatz. Zum Ausbruch kam der Konflikt im Zusammenhang mit einem Richtungsstreit unter den calvinistischen Theologen. Dabei unterstützte Oldenbarnevelt die gemäßigte Linie, wie sie von Jacobus Arminius vertreten wurde, während sich der Statthalter auf die Seite derjenigen schlug, die unter Führung von Franciscus Gomarus an der calvinistischen Prädestinationslehre in ihrer ganzen Härte festhielten. Der Streit erreichte aber auch eine verfassungspolitische Dimension, als auf Oldenbarnevelts Betreiben die holländischen Stände den Städten ein Selbstbewaffnungsrecht zusprachen und damit die militärischen Kompetenzen des Statthalters beschnitten. Moritz setzte sich durch und ließ Oldenbarnevelt 1618 in Den Haag verhaften. Er wurde wegen Hochverrats angeklagt, verurteilt und 1619 hingerichtet, kurz nachdem die Synode von Dordrecht die orthodoxe calvinistische Lehre festgelegt und die Arminianer (Remonstranten) als Häretiker verurteilt hatte.

Nach dem Wiederaufflammen des Krieges gegen Spanien übernahm Moritz 1621 erneut den Oberbefehl. Nach seinem Tod folgte ihm 1625 sein Bruder Friedrich Heinrich als Statthalter nach. Er erzielte bedeutende militärische Erfolge und eroberte als „Städtebezwinger" unter anderem Breda und Maastricht. Diese Gebiete wurden nach dem Frieden von Münster 1648, der die Souveränität der Vereinigten Niederlande endgültig bestätigte, der Republik angegliedert, allerdings nicht als gleichberechtigte Provinz, sondern als von den Generalstaaten verwaltetes Gebiet (Generalitätslande).

Ähnlich wie nach 1609 brachen im Gefolge des Friedens von Münster innere Konflikte und Machtkämpfe aus, die sich bereits während der Friedensverhandlungen vorbereitet hatten. Schon der 1647 verstorbene Friedrich Heinrich, noch entschiedener aber sein Sohn und Nachfolger Wilhelm II. arbeitete gegen den Separatfrieden mit Spanien, der insbesondere von den Amsterdamer Regenten angestrebt wurde. Wie ein souveräner Fürst betrieb der Oranier eine eigenständige Außenpolitik unabhängig von den oder sogar gegen die Generalstaaten. Er führte Geheimverhandlungen mit Frankreich und betrieb die Wiedereinsetzung seines Schwagers Karl II. von England. Ein Staatsstreich Wilhelms II. schien unmittelbar bevorzustehen. Bevor jedoch der Konflikt weiter eskalieren konnte, starb der Statthalter 1650 an den Pocken.

Angesichts der Erfahrungen mit den beiden letzten Oraniern und zumal ein Statthalter nach dem Ende des Krieges gegen Spanien entbehrlich schien, verzichteten die holländischen Stände darauf, das Statthalteramt wiederzubesetzen, und verabschiedeten 1654 ein Gesetz, das das Haus Nassau-Oranien für immer von der Statthalterschaft und vom Oberbefehl über die Landstreitkräfte ausschloss. Diese – erste – statthalterlose Zeit, die bis 1672 dauerte, wird auch als Epoche der „wahren Freiheit" (*Ware Vrijheid*) bezeichnet; diese Terminologie deutet an, wie sehr die oranischen Statthalter nach Ansicht ihrer Gegner die republikanischen Freiheiten gefährdeten. In den östlichen Provinzen Groningen und Friesland amtierten dagegen weiterhin Statthalter aus der Linie Nassau-Diez.

Die erste statthalterlose Zeit

Im dritten Viertel des 17. Jahrhunderts erlebte die Republik der Vereinigten Niederlande den Höhepunkt ihres sogenannten „Goldenen Zeitalters". Es ist bemerkenswert, dass ihr einzigartiger Aufstieg während eines – mit Unterbrechungen – Achtzigjährigen Krieges stattgefunden hatte. Die Niederländer – und unter ihnen in erster Linie die Holländer – waren zur führende Handelsnation Europas geworden, und Amsterdam war in dieser Zeit das wichtigste Finanzzentrum des Kontinents. In den Provinzen blühte eine hochentwickelte, auf exportfähige Produkte spezialisierte Landwirtschaft. Der Reichtum der Niederlande beförderte eine Blüte der Künste und Wissenschaften. Ein ganz außergewöhnliches Niveau erlangte die holländische Malerei, nicht nur in Bezug auf die Qualität der damals entstandenen Gemälde, sondern auch hinsichtlich ihrer schieren Zahl, die auf mehrere Millionen geschätzt wird. Diese Gemälde, die im großen Stil exportiert wurden, waren eine lukrative Handelsware. Im Zusammenhang mit einem anderen Luxusgut offenbarten sich allerdings die Gefahren eines auf Spekulationen beruhenden Booms, als nach einer jahrzehntelangen „Tulpenmanie" Anfang 1637 der Markt für Blumenzwiebeln kollabierte. Die

Das „Goldene Zeitalter"

vergleichsweise große religiöse Toleranz und die großzügig gehandhabte Zensur ermöglichten auch eine Blüte des Buchdrucks und der Wissenschaften. Sogar der aus einer jüdisch-sephardischen Familie stammende Baruch de Spinoza (1632–1677) konnte in den Niederlanden seine religionskritischen Schriften veröffentlichen.

Das niederländische Kolonialreich

Der lange völlig unstrittige Begriff des „Goldenen Zeitalters" wird mittlerweile kritisch gesehen, da er die Schattenseiten der niederländischen Geschichte des 17. Jahrhunderts ausblendet. Denn der Reichtum der Niederlande verdankte sich nicht zuletzt ihrem expandierenden Kolonialreich. Die Republik als solche entfaltete keine überseeischen Handels- und Eroberungsaktivitäten, sondern diese wurden von den Handelskompanien getragen. Hier erwies es sich als entscheidender Vorteil, dass an die Stelle der unterschiedlichen, zueinander in Konkurrenz stehenden Kompanien 1602 die Vereinigte Ostindische Kompanie (VOC) und 1621 die Westindische Kompanie (WIC) traten, staatlich konzessionierte Aktiengesellschaften mit Hoheitsrechten: Sie besaßen die Kompetenz, völkerrechtliche Verträge zu schließen, Festungen zu errichten und Streitkräfte zu unterhalten, und sie erhielten das Monopol auf Handel und Schifffahrt in ihrem Zuständigkeitsbereich. 1619 begann die VOC mit der Gründung Batavias (Jakartas) die Kolonialisierung Indonesiens; es gelangen große Einbrüche in das portugiesische Stützpunktsystem in Afrika (u. a. Kapkolonie) und Asien. Ein äußerst profitables Hauptgeschäftsfeld der WIC war der Sklavenhandel. Zudem erreichte sie ab 1630 durch die Eroberung von großen Teilen Brasiliens eine beherrschende Stellung im weltweiten Zuckerhandel. Allerdings gingen diese Gebiete 1654 wieder an Portugal verloren.

Kriege mit England

Das verweist darauf, dass die niederländische Vormachtstellung nicht ungefährdet war. Infolge der englischen Navigationsakte von 1651, einem Handelsgesetz, das unter anderem festlegte, dass Güter nach England nur auf englischen Schiffen oder auf Schiffen aus dem Ursprungsland der Güter eingeführt werden durften, und sich damit primär gegen den holländischen Zwischenhandel richtete, brach 1652 der erste englisch-niederländische Seekrieg aus. Die Engländer erwiesen sich als überlegen, sodass die Niederlande 1654 im Frieden von Westminster die Navigationsakte hinnehmen mussten. Im zweiten englisch-niederländischen Krieg (1664–1667) erreichten die Niederlande nach wechselvollen Kämpfen im Frieden von Breda einen Achtungserfolg, der den holländischen Händlern zumindest den Zwischenhandel nach England mit Waren, die auf dem Rhein transportiert worden waren, zugestand.

Während der statthalterlosen Zeit lag die Regierung in der Hand des Ratspensionärs Johan de Witt, der eine Politik entsprechend den Wünschen der Amsterdamer Regenten verfolgte und im Interesse eines ungestörten Handels außenpolitische Konflikte zu vermeiden suchte. Unter seiner Führung engagierte sich die Republik nur dann militärisch, wenn die holländischen Handelsinteressen dies erforderten, wie in den Kriegen gegen England, oder als er im Zuge des Nordischen Krieges 1658 eine Flotte in die Ostsee entsandte, die ein unumschränktes schwedisches *Dominium Maris Baltici* und vor allem die Kontrolle des Öresunds durch Schweden verhindern sollte. 1668 zwang er in einer Tripelallianz mit England und Schweden Ludwig XIV. zum Frieden von Aachen, um eine französische Eroberung der Spanischen Niederlande zu verhindern, die vielmehr als sicherheitsstiftende Barriere zwischen der Republik und Frankreich erhalten bleiben sollten.

Der Ratspensionär Johan de Witt

Die Sorge vor Frankreich war nicht unbegründet: Im Holländischen Krieg sah sich die Republik einer existenziellen Bedrohung von Seiten Frankreichs und seiner Verbündeten England, Kurköln und Münster ausgesetzt. Die französischen Truppen stießen 1672 bis nach Utrecht vor. Angesichts dieser äußersten Gefahr wurden große Teile des Landes unter Wasser gesetzt, um den Vormarsch der Franzosen in das holländische Kerngebiet zu verhindern. In dieser Situation ereignete sich ein erneuter Verfassungsumsturz: Der Ruf nach einem starken Mann und erfolgreichen militärischen Anführer wurde laut, und die holländischen Stände setzten gegen den Willen de Witts, dem man das Debakel anlastete, Wilhelm III. von Oranien, den posthum geborenen Sohn Wilhelms II., zum Statthalter und Oberbefehlshaber über die niederländischen Streitkräfte ein. Die statthalterlose Zeit war beendet. Johan de Witt trat zurück und wurde kurz darauf von einem wütenden Mob ermordet. Wilhelm III. erfüllte die in ihn gesetzten Erwartungen, da es ihm gelang, die Franzosen aus dem Land zu drängen. Der Friede mit England wurde 1674 im Vertrag von Westminster wiederhergestellt, der die Niederlande zur Zahlung von 2 Mio. Gulden verpflichtete und im Übrigen den Status quo ante wiederherstellte. Es folgte ein Handelsvertrag, der unter anderem einige offene Fragen des Ostindienhandels regelte. Mit dem Nimwegener Frieden konnten die Vereinigten Niederlande den Krieg 1678 ohne weitere Verluste beenden.

Wilhelm III. von Oranien

Über den Friedensschluss hinaus wurde Wilhelm III. als maßgeblicher Verteidiger der protestantischen Interessen in Europa wahrgenommen und auch deswegen 1688 zum Sturz seines Schwiegervaters Jakob II. nach England gerufen. Seit der *Glorious Revolution* hatte er das Statthalteramt, die englische und die schottische Krone in Personalunion inne. Mit den Nachfolgern de Witts im Amt des Ratspensionärs, Gaspar Fagel und Anthonie Heinsius, arbeitete er gut zusammen.

Die zweite statthalterlose Zeit

Mit dem Tod Wilhelms III. von Oranien, der keine Nachkommen hinterließ, begann die zweite statthalterlose Zeit (1702–1747). Sein entfernter Verwandter und Erbe Johann Wilhelm Friso von Nassau-Diez wurde lediglich Statthalter von Friesland und Groningen. Nach dem Ende des Spanischen Erbfolgekrieges, der ihnen die ersehnte Barriere in den nun Österreichischen Niederlanden gebracht hatte, zogen sich die Vereinigten Niederlande aus der europäischen Allianzpolitik zurück und stiegen allmählich zu einer Macht zweiten Ranges ab. Auch manche Bereiche der Wirtschaft stagnierten. Die Führungsrolle im europäischen Handel war jedenfalls an die Briten übergegangen.

Anders als in England lag im Fall der Vereinigten Niederlande die eigentliche Krisenzeit im 16. Jahrhundert, während die Republik in der ersten Hälfte des 17. Jahrhunderts ungeachtet des andauernden Achtzigjährigen Krieges einen geradezu kometenhaften Aufstieg nahm. Krisen gab es freilich auch hier. Allerdings führten sie nicht zu einer nachhaltigen Weiterentwicklung der niederländischen Verfassung in die eine oder andere Richtung. Vielmehr haben die Konflikte zwischen Regenten bzw. Ratspensionär einerseits und nassau-oranischem Statthalter andererseits eher zyklischen Charakter. Das Verhältnis zwischen diesen beiden Kraftzentren der Republik blieb fragil und musste immer wieder neu austariert werden. Die Spannungen zwischen den Anhängern der Statthalter und den strengen Republikanern sollten im 18. Jahrhundert ein zentrales Thema der niederländischen Geschichte bleiben.

5 Diplomatie und Kriege im Zeitalter Ludwigs XIV.

5.1 Außenbeziehungen im 17. Jahrhundert

Dieses Kapitel behandelt den Themenbereich, der üblicherweise unter der Überschrift „internationale Beziehungen" steht. Wenn man von internationalen Beziehungen im 17. Jahrhundert spricht, bedarf das jedoch der Erläuterung bzw. Einschränkung. Denn Nationalstaaten wie die des 19. und 20. Jahrhunderts, für die und anhand derer die gängigen Vorstellungen und Konzepte internationaler Beziehungen entwickelt wurden, gab es damals noch nicht. Die wichtigsten Akteure waren keine Regierungen, die, ob demokratisch legitimiert oder nicht, beanspruchten, im Auftrag und Interesse des Volks als des Souveräns zu handeln, sondern Fürsten, die nach eigenem Verständnis selbst Souveräne von Gottes Gnaden – und Repräsentanten einer Dynastie – waren. Auch die Regierungen der europäischen Republiken agierten in aller Regel aus einem obrigkeitlichen Selbstverständnis heraus, auch wenn sie sich stärker den Bürgern (*Cives*) verpflichtet sahen – und das war mitnichten die Gesamtheit der Bevölkerung. In jedem Fall hatten sie sich in den zwischenstaatlichen Beziehungen den Spielregeln der führenden, monarchischen Mächte anzupassen. Diese Grundvoraussetzungen hatten beachtliche Folgen für die Formen und die Inhalte von Diplomatie und Außenpolitik (vgl. II.5).

    Vorstellungen, dass sich mit dem Westfälischen Frieden ein System prinzipiell gleichberechtigter souveräner Staaten herausgebildet habe, sind grob vereinfachend. Richtig ist, dass im Verlauf des 17. Jahrhunderts die Grenzen zwischen denen, die als Akteure der Außenpolitik akzeptiert waren, und denen, bei denen dies nicht der Fall war, allmählich deutlicher gezogen wurden. Fürsten und Regierungen besaßen nicht das Monopol auf die Außenpolitik. Die Zeit, in denen die Landstände als Korporation, einzelne Adlige oder auch Mitglieder des Herrscherhauses eine eigene, der des Landesherrn zuwiderlaufende Außenpolitik verfolgen und dabei auf Akzeptanz durch andere maßgebliche Akteure rechnen konnten, neigte sich zwar dem Ende zu. Sie war aber noch nicht beendet. Ein anderer Typus nichtstaatlicher Akteure gewann im 17. Jahrhundert sogar erheblich an Bedeutung: die mit Hoheitsrechten, unter anderem der Kompetenz, völkerrechtliche Verträge abzuschließen, ausgestatte-

„Internationale Beziehungen" im 17. Jahrhundert

Akteure der Außenpolitik

ten Handelskompanien. Zudem besaß die europäische Fürstengesellschaft, die „Société des Princes" (Lucien Bély), ausgeprägt hierarchische Strukturen. Auch die Souveränitätsrechte waren abgestuft. Über die volle Souveränität verfügten nur die Könige sowie die als königsgleich anerkannten Republiken. Andere, insbesondere wenn sie, wie die meisten italienischen Fürsten Vasallen von Papst oder Kaiser waren oder wie die Herzöge von Preußen bis 1660 in einer Lehnsabhängigkeit zum polnischen König standen, wurden von den Monarchen nicht als gleichberechtigt akzeptiert und behandelt. Den deutschen Reichsständen wurde zwar durch den Westfälischen Frieden das Bündnisrecht und damit die Qualität von Völkerrechtssubjekten bestätigt, sie waren aber in ihren Handlungen durch den Treuevorbehalt gegenüber Kaiser und Reich eingeschränkt, und der Westfälische Frieden sprach ihnen eben nicht die höchste Gewalt (*dominium directum*), sondern nur die Landeshoheit (*ius territoriale*) zu.

<small>Institutionelle Voraussetzungen</small>
Im 17. Jahrhundert war nicht nur der Kreis derjenigen, denen die Berechtigung zu einer eigenen Außenpolitik zuerkannt wurde, noch nicht abgeschlossen, sondern auch deren institutionelle Voraussetzungen befanden sich in der Entwicklung. An manchen Höfen entstanden Kompetenzkonflikte über die Zuständigkeit für die Gesandtschaftskorrespondenz, wie etwa am Kaiserhof zwischen Reichskanzlei und Österreichischer Hofkanzlei. In Frankreich gab es schon seit Mitte des 16. Jahrhunderts einen Staatssekretär für äußere Angelegenheiten. In England waren seit 1660 zwei Staatssekretäre für die Außenbeziehungen verantwortlich, deren Zuständigkeiten nach geographischen Gesichtspunkten geregelt waren (*Northern* und *Southern Department*). Ein Monopol auf die Außenbeziehungen besaßen diese Institutionen aber nicht.

<small>Diplomatie</small>
Da für alle Akteure der Mangel an Ressourcen ein reglementierender Faktor der Außenbeziehungen war, erfolgte der Ausbau des Gesandtenwesens nicht systematisch, sondern bedarfsorientiert. Führend waren hier lange die römische Kurie mit ihren Nuntien in allen wichtigen katholischen Ländern und die Republik Venedig. Im Zuge der Verdichtung der Mächtebeziehungen und eines erhöhten Bedarfs an regelmäßigem Informationsaustausch zogen im 17. Jahrhundert andere Höfe und Regierungen nach. Die Entwicklung hin zu einer flächendeckenden Vertretung (Ubiquität) durch ständige Gesandte (Permanenz) stand aber erst am Anfang. Auch die Formalisierung des Gesandtschaftswesens war noch nicht weit fortge-

schritten. Immerhin bildeten sich völkerrechtliche Spielregeln zum Schutz der Gesandten und, gefördert nicht zuletzt durch den westfälischen Friedenskongress, mehr oder weniger deutlich voneinander unterschiedene diplomatische Rangstufen heraus. Der wichtigste kategoriale Unterschied bestand zwischen den Gesandten ersten Rangs, den Botschaftern oder Ambassadeuren, und allen übrigen diplomatischen Vertretern. Das Recht, Botschafter zu entsenden und zu empfangen, wurde nur Königen und Königsgleichen (wie den Republiken der Vereinigten Niederlande und Venedig) zugestanden. Da die Botschafter ihren Souverän im vollen Wortsinne repräsentierten, kamen für diesen Posten nur hochrangige Adlige in Betracht. Andere Mächte mussten sich auf Gesandte zweiten Rangs beschränken. Diese waren meist ebenfalls Adlige oder im Staatsdienst erfahrene Juristen. Wenn sie über längere Zeit an ihrem Dienstort blieben, bezeichnete man sie als Residenten. War ein Gesandtschaftsposten vakant, sprang nicht selten ein Sekretär als Geschäftsträger ein. Am unteren Ende der Skala standen die Agenten, die oft nicht einmal als diplomatische Vertreter akkreditiert waren. Bei ihnen handelte es sich häufig um Einheimische, die nicht selten mehrere Auftraggeber vertraten und nicht nur für Staatsgeschäfte im engeren Sinne zuständig waren, sondern die unterschiedlichsten Angelegenheiten wie den Ankauf von Luxusgütern erledigten und als Informationsbeschaffer dienten.

_{Diplomatische Rangstufen}

Problematisch für die Gesandten war es, dass ihnen zwar üblicherweise ein Gehalt zugesagt, dieses aber oft nicht in voller Höhe ausgezahlt wurde – und selbst dann deckte es die tatsächlichen Kosten kaum ab. Die Attraktivität von Gesandtschaftsposten lag also weniger auf der materiellen Ebene, sondern vielfach in der Hoffnung auf eine karrierefördernde Wirkung bzw. in dem durch sie zu akkumulierenden sozialen Kapital. Das machte die Gesandten anfällig für Loyalitätskonflikte. Sie waren zwar ihrem Auftraggeber, üblicherweise einem Fürsten, zur Treue verpflichtet, aber nicht selten zugleich Klienten eines seiner Minister, von dem sie sich weitere Förderung erhofften. Außerdem gehörte es in der Gesellschaft des 17. Jahrhunderts zum Erwartungshorizont, bei der Ausübung eines Amts auch die eigenen Familienmitglieder zu fördern, wobei im Einzelfall schwer zu bestimmen war, wo eine akzeptable Fürsorge endete und die strafbare Korruption begann. Problematisch für die Auftraggeber waren auch Alleingänge der schlecht zu kontrollierenden Gesandten. Im Extremfall konnte es passieren, dass ein Gesand-

Loyalitätskonflikte

ter die Beziehungen zum gastgebenden Hof so weit intensivierte, dass er am Ende den Dienstherrn wechselte.

Informelle Beziehungen

Neben der sich formalisierenden, durch offizielle Gesandte getragenen Diplomatie spielten im 17. Jahrhundert auch informelle Beziehungen zwischen den Höfen eine wichtige Rolle, die ganz oder teilweise an den Regierungsinstitutionen vorbeiliefen. Das lag in der Logik des politischen Systems: Da die Souveräne einzelne Menschen waren, waren auch die Außenbeziehungen bis zu einem gewissen Grade „zwischenmenschliche Beziehungen". Im dynastischen Fürstenstaat lag die höchste Entscheidungsgewalt zwar beim Fürsten, aber die Angehörigen der Dynastie, Männer wie Frauen, waren am Schicksal des „Familienunternehmens" Staat interessiert, und galten als Hochadlige prinzipiell als zu Regierungsaktivitäten befähigt und berechtigt. Gerade Fürstinnen, die durch ihre Heirat neben ihrer Herkunftsfamilie nun auch der Familie ihres Ehemannes angehörten, waren als Bindeglieder zwischen den Dynastien geradezu als Trägerinnen oder Vermittlerinnen der zwischenhöfischen Kommunikationen prädestiniert. Freilich konnten sie in Loyalitätskonflikte geraten bzw. in eine Situation, in der sie die eine oder die andere oder im schlimmsten Fall beide Seiten gegen sich aufbrachten. Es waren aber auch zahlreiche Menschen diplomatisch aktiv, die weder der eigentlichen Regierungssphäre noch der Herrscherfamilie angehörten, sondern in unterschiedlichen Funktionen am Hof tätig waren, wie Geistliche, Maler oder Sängerinnen, und in diesen Funktionen in die Nähe des Herrschers und seiner Familie kamen. Diese Aktivitäten konnten neben konkreten Verhandlungen mit dem Fürsten oder seinen Ministern unterschwellige Beeinflussungsversuche, aber auch Spionage umfassen.

Beziehungsnetze

Auch unterhalb der fürstlich-dynastischen Ebene besaßen in der Frühen Neuzeit persönliche Verflechtungen in den zwischenstaatlichen bzw. zwischenhöfischen Beziehungen einen sehr hohen Stellenwert. Diese Netzwerke wurden durch Verwandtschaft, politische Freundschaften und Patronagebeziehungen konstituiert. Patronagebeziehungen spielten auch auf der zwischenstaatlichen Ebene eine wichtige Rolle: Die führenden Monarchen hatten mindermächtige Potentaten zu Klienten und verfügten häufig über Parteigänger in anderen Ländern. So konnten der Kaiser und die Könige von Frankreich und Spanien üblicherweise auf Klienten im Kardinalskollegium und somit auf Unterstützer an der römischen Kurie zählen.

Die vielfältigen Spielarten und Möglichkeiten informeller Diplomatie wurden im 17. Jahrhundert flächendeckend eingesetzt. Ernsthaft infrage gestellt – allerdings keineswegs aufgegeben – wurden sie erst im 18. Jahrhundert, als die Aufklärung grundsätzliche Kritik an dem Konzept monarchischer Souveränität und an patrimonialen Herrschaftspraktiken zu üben begann und die sich ausbildenden Außenministerien für sich und die von ihnen kontrollierten diplomatischen Apparate ein Monopol auf die Außenbeziehungen beanspruchten.

Niemals mehr besaßen Rang und Zeremoniell in der europäischen Geschichte einen höheren Stellenwert als in der zweiten Hälfte des 17. Jahrhunderts und bis ins 18. Jahrhundert hinein, und niemals gab es so zahlreiche Präzedenz- und Zeremonialkonflikte wie in dieser Zeit. Um 1700 entwickelte sich sogar eine eigene Zeremonialwissenschaft, um die Verästelungen des Hof-, des diplomatischen und des Kanzleizeremoniells überblicken und systematisieren zu können. In der ständischen Gesellschaft war Rang ein hohes Gut. Die Aufführung eines rangzuweisenden Zeremoniells hatte performatives Potential und stellte dementsprechend ein politisches Verfahren dar (Barbara Stollberg-Rilinger): Wenn einer Person in einer feierlichen (solennen) öffentlichen Aufführung ein bestimmter Rang zugewiesen wurde, hatte sie ihn auch über den Moment hinaus inne. Das war nicht zuletzt für die Rangverhältnisse zwischen den Fürsten von großer Bedeutung. Fürstenbegegnungen gab es zwar nicht sehr oft, aber durch das intensivierte Gesandtschaftswesen entstanden neue Gelegenheiten und Zwänge, die Rangordnungen festzulegen. Bei Zeremonialkonflikten oder Rangstreitigkeiten, die nicht entsprechend den eigenen Vorstellungen zu entscheiden waren und in denen man vorläufig nachgeben musste, konnte man mittels einer Protestation den Konflikt bis zu einer erhofften günstigeren Konstellation sozusagen rechtlich auf Eis legen. Da trotz solcher Rechtsverwahrungen einmal getroffene Entscheidungen bzw. etablierte Praktiken die Tendenz entwickelten, als Präzedenzfälle herangezogen zu werden und sich zu perpetuieren, war es im Zweifelsfall freilich geschickter, einer Begegnung mit dem Konkurrenten auszuweichen und die Angelegenheit auf diese Weise völlig offenzuhalten.

Rang und Zeremoniell

Immer noch standen Papst und Kaiser an der Spitze der europäischen Mächtehierarchie. Das Zeremoniell und die Rangverhältnisse an ihren Höfen besaßen lange eine Vorbildfunktion, bis sich

Mächtehierarchien

in der zweiten Hälfte des 17. Jahrhunderts das Versailles Ludwigs XIV. als neuer Leithof in den Vordergrund verdrängte. Papst und Kaiser genossen nur noch einen Ehrenvorrang als primi inter pares entsprechend der Tendenz zur prinzipiellen Gleichberechtigung der Souveräne unter gleichzeitiger Betonung des grundsätzlichen Rangunterschieds zu den übrigen, nichtsouveränen Potentaten. Denjenigen Fürsten und Republiken, die diese Abstufung nicht hinnehmen wollten, blieb letztlich nur das Mittel, selbst in den königlichen Rang aufzusteigen. Dabei ging es nicht primär um persönliche Eitelkeiten, sondern um die nach dem eigenen Verständnis rechte Ordnung. Zudem gab der königliche Rang seinem Träger neben zeremoniellen Vorrechten zugleich ein nicht immer klar zu bestimmendes, aber beispielsweise bei Friedenskongressen und Vertragsschlüssen zum Tragen kommendes Mehr an Rechten und Möglichkeiten im Vergleich zu den geringeren Mächten. Daher besaß das Streben nach Rangerhöhung durchaus seine eigene Rationalität.

Rangerhöhungen   Das Streben nach Rangerhöhung war nichts prinzipiell Neues. Immer schon waren Ritter zu Grafen, Grafen zu Fürsten und Fürsten zu Herzögen erhoben worden. Im Heiligen Römischen Reich gehörte die Rangerhöhung zu den Reservatrechten des Kaisers, war aber in zunehmendem Maße von der Akzeptanz der Reichsstände abhängig. Die Kaiser des späten 17. und des 18. Jahrhunderts nahmen zwar etliche Rangerhöhungen in den Fürstenstand vor. „Echte" Reichsfürsten waren die Betroffenen aber erst dann, wenn sie entsprechend dem Reichsabschied von 1654 einen fürstenmäßigen reichsunmittelbaren Besitz vorweisen konnten und ihre Mitfürsten ihrer Aufnahme in den Reichsfürstenrat zustimmten. Der Faktor der Anerkennung durch die Standesgenossen war für diejenigen, die den königlichen Rang anstrebten, noch wichtiger. Denn da der königliche Rang ja dadurch definiert war, dass sein Inhaber die volle Souveränität innehatte, also niemand außer Gott über ihm stand, konnten sich die Aspiranten ihre königliche Würde nicht einfach durch eine höhere irdische Autorität verleihen lassen, sondern waren auf die Anerkennung durch die königliche „Peer-Group" angewiesen. Das konnte auf vertraglichem Wege geschehen. Sicherer war der Austausch von Botschaftern, deren Entsendung und Empfang ja den Souveränen vorbehalten war. Hier zeigt sich das performative Potential des Zeremoniells besonders deutlich: Wenn ein Herrscher Botschafter an andere Höfe entsandte und diese dort als solche empfangen wurden, und wenn andere Könige Botschafter an seinen Hof entsandten – dann war er selbst König!

Einigen deutschen und italienischen Herrschern aus der zweiten Reihe gelang es in den Jahren um 1700 in den Königsrang aufzusteigen: dem Kurfürsten von Sachsen durch die Wahl zum König von Polen 1697; dem Kurfürsten von Brandenburg, indem er sich 1701 in seinem souveränen Herzogtum Preußen zum König krönte; dem Herzog von Savoyen durch den Erwerb des Königreichs Sizilien bzw. Sardinien 1713/20; dem Kurfürsten von Hannover durch die Thronfolge in Großbritannien 1714. Andere Ambitionen scheiterten dagegen, wie diejenige der bayerischen Wittelsbacher, die 1698 kurz vor dem Erwerb der spanischen Krone zu stehen schienen, durch den vorzeitigen Tod des voraussichtlichen Erben, des Kurprinzen Joseph Ferdinand (1699) aber leer ausgingen.

Neue Könige

Dies unterstreicht erneut das wesentliche Spezifikum der Frühen Neuzeit, dass es sich bei den Beziehungen zwischen Regierenden nicht im eigentlichen Sinne um internationale, oft auch nicht um Staaten-, sondern in erster Linie um dynastische Beziehungen handelte. Das hatte nicht nur, wie bereits gezeigt, Auswirkungen auf den Kreis derjenigen, die sich hier engagierten, sondern auch auf die Gegenstände, die prägenden Faktoren und die Folgen dieser Beziehungen.

Ein Kernthema der Außenbeziehungen war daher die dynastische Politik. Ein Fürst musste eine standesgemäße, also ebenfalls hochadlige Frau heiraten, um nachfolgeberechtigte Kinder zeugen zu können. Zudem sollte diese Frau die erforderlichen Qualitäten mitbringen, um als Teil des Herrschaftspaars an der Regierung partizipieren zu können; zu diesen Voraussetzungen wurde neben einer entsprechenden Erziehung üblicherweise auch die „richtige" Konfession gezählt. Darüber hinaus konnten weitere Motive handlungsleitend für die Brautwahl sein, wie etwa die Erheiratung von Erbansprüchen. Freilich waren fürstliche Heiraten nicht am Reißbrett zu planen, sondern von verschiedenen Faktoren abhängig, nicht zuletzt von den verfügbaren Ehekandidatinnen bzw. -kandidaten und der Konkurrenz um die attraktivsten Partien.

Dynastische Politik

Wenn eine Ehe zustande gekommen war, wurde sie keinesfalls immer den – tatsächlichen oder auch nur deklarierten – Erwartungen gerecht. Besonders eklatant war das bei den habsburgisch-bourbonischen Hochzeiten, die eben keine dauernde Aussöhnung zwischen den beiden führenden katholischen Dynastien zur Folge hatten. Vielmehr lag in der 1660 geschlossenen Ehe zwischen Ludwig XIV. und der Infantin Maria Theresia eine Wurzel des Devolutionskrieges und des Spanischen Erbfolgekrieges. Damit ist ein Strukturproblem des dynastischen Fürstenstaates angesprochen, in dem alle Wechselfälle im Leben des Fürsten oder seiner Familienangehörigen unmittelbare Auswirkungen auf den Staat haben konnten: Es war schlicht nicht vorhersehbar, ob Kinder aus einer Ehe hervorgehen bzw. welches Geschlecht sie haben würden und wer zu welchem Zeitpunkt sterben würde. Dynastische Krisen hatten daher häufig Staatskrisen und nicht selten auch Krisen in den Mächtebeziehungen zur Folge. Grundsätzlich waren die europäischen Dynastien auf die männliche, patrilineare Erbfolge ausgerichtet. Oft gab es aber eine subsidiäre weibliche Erbfolge, die beim Aussterben der männlichen Linie eintrat. Daher war auch die Verheiratung von Töchtern sorgfältig zu planen, um keine unwillkommenen Erbansprüche zu generieren. Verträge und Verzichtserklärungen stellten keine hinreichenden Versicherungen dagegen dar, wie die zahlreichen Erbfolgekriege – zum Beispiel der Mantuanische, der Pfälzische oder der Spanische – zeigen. Wenn hausrechtliche und staatsrechtliche Bestimmungen im Widerspruch zum (positiven) Völkerrecht standen, setzte sich in der Regel Letzteres – oder schlicht das Recht des Stärkeren – durch. Die Dynastien waren also nur begrenzt in der Lage, ihre Angelegenheiten gemäß den eigenen Wünschen zu regeln.

Damit ist ein weiteres Charakteristikum der Mächtebeziehungen im 17. Jahrhundert genannt, das als eine Formationsphase des Völkerrechts gilt. Infolge der komplexer werdenden und auch außereuropäische Völker einschließenden Außenbeziehungen bildete sich seit dem 16. Jahrhundert das Recht zwischen den Völkern als besonderer Rechtsbereich heraus, für den die spanischen Spätscholastiker Francisco de Vitoria, Francisco Suárez und Fernando Vasquez wichtige Grundlagen schufen. Den ersten Versuch einer Gesamtdarstellung lieferte der auch als „Vater des Völkerrechts" bezeichnete Niederländer Hugo Grotius in seinem 1625 erschienenen Werk „De iure belli ac pacis". Er schilderte das Völkerrecht als Derivat des Naturrechts und somit als ein den Mächten vorgegebenes Recht, das sich deren Rechtsetzung entzog. Elementare Grundsätze, wie der Respekt vor fremdem Eigentum und die Vertragstreue, sollten für alle, auch nichtchristliche Völker, gelten. Allerdings blieben solche Normen, eben weil das Naturrecht als nicht von Menschen gemachtes, sondern ihnen vorgegebenes Recht gedacht wurde, unkonkret und waren im Einzelfall nicht unumstritten. Daher wurde in der Praxis das sich aus Gewohnheits- und Vertragsrecht speisende „gewillkürte" oder praktische Völkerrecht immer wichtiger – und umfangreicher. Das Völkerrecht wurde also aus der Praxis der Staatenbeziehungen hergeleitet, nahm aber gleichzeitig massiven Einfluss auf deren Gestaltung und Entwicklung, beispielsweise wenn es die Immunität von Diplomaten forderte und den Neutralitätsstatus in Kriegszeiten beschrieb.

Die Mächtebeziehungen hatten gerade im so kriegerischen 17. Jahrhundert auch eine militärische Dimension. In der zweiten Jahrhunderthälfte vollzogen sich in Militär und Kriegführung grundlegende Veränderungen. An die Stelle von Söldnerheeren, die mehr von den jeweiligen Söldnerführern als von ihren fürstlichen Dienstherren kontrolliert wurden, traten sogenannte Stehende Heere. Diese wurden – daher ihr Name – auch in Friedenszeiten nicht völlig abgerüstet und konnten von den Herrschern auch gegen innere Gegner eingesetzt werden. Allerdings überforderte die dauerhafte Unterhaltung der Truppen die finanzielle Leistungsfähigkeit der meisten kleineren Mächte, die sich ein solches Herrschaftsinstrument nicht leisten konnten oder wollten. Die Heeresstärken der großen Mächte waren aber beachtlich. Frankreich hielt um 1700 etwa 200 000 Mann unter Waffen. Die einfachen Soldaten – Untertanen oder Landfremde – wurden von professionellen Werbern rekrutiert, wobei ein sofort ausgezahltes Handgeld als Lockmittel eingesetzt wurde. Die Truppen wurden zunehmend einheitlich, mit Uniformen, gekleidet und einem verstärkten Drill unterworfen. Die Offiziersposten blieben in der Regel dem Adel vorbehalten.

Stehende Heere

Die geschilderten Prozesse, die man als eine „Verstaatlichung" des Militärwesens begreifen kann, wirkten sich auch auf die Kriegführung aus. Die Herrscher sahen es ungern, wenn ihre kostbaren Truppen unkalkulierbaren Risiken ausgesetzt wurden. Dementsprechend suchten die Feldherren in der Regel große Schlachten zu vermeiden und konzentrierten sich oft auf die Belagerung der immer aufwändiger ausgebauten Festungen. Im Vergleich mit der Zeit des Dreißigjährigen Krieges wurden auch die Zivilbevölkerung und ihre Güter geschont. Früher hatten sich die Truppen im Rahmen des Requisitionssystems selbst alles beschafft, was sie brauchten. Nun wurden sie aus staatlich angelegten Magazinen versorgt. Dennoch blieben Kriege eine erhebliche Belastung für die Bevölkerung.

Veränderungen in der Kriegführung

Freund und Feind erhoben Kontributionen zur Unterhaltung der Truppen, denen zudem Quartiere gestellt werden mussten. Nicht immer waren Plünderungen durch außer Kontrolle geratene Soldaten zu verhindern. Bisweilen wurden sie auch durch Fürsten oder Befehlshaber angeordnet, um einen Gegner zur Aufgabe zu zwingen. In einzelnen Fällen kann man sogar von einer Taktik der Verbrannten Erde sprechen.

5.2 „Mars christianissimus"? Die Kriege Ludwigs XIV. bis zum Frieden von Rijswijk

Der Pyrenäenfriede

Die beiden ersten wichtigen Friedensverträge der Regierungszeit Ludwigs XIV., der Friede von Münster (1648) und der Pyrenäenfriede mit Spanien (1659), wurden noch unter der Ägide des Kardinals Mazarin geschlossen, der den Grundsätzen seines Vorgängers Richelieu folgte, wenn er auf großflächige Eroberungen verzichtete. Angesichts der militärischen Lage am Ende des spanisch-französischen Krieges konnte die Beschränkung der französischen Forderungen auf das nördlich der Pyrenäen gelegene Roussillon und einige Grenzgebiete der Spanischen Niederlande als maßvoll gelten. Zugleich bestand Mazarin aber auf der Heirat der älteren Tochter Philipps IV. mit dem französischen König. Am Madrider Hof bestanden erhebliche Bedenken gegen diese Ehe. Denn die Infantin Maria Theresia hatte zwar noch eine Halbschwester und einen Halbbruder, aber angesichts der schwächlichen Gesundheit des Prinzen war nicht auszuschließen, dass die spanische Linie des Hauses Habsburg im Mannesstamm aussterben und die subsidiäre weibliche Erbfolge zum Zug kommen würde. Um für diesen Fall französische bzw. bourbonische Ansprüche auszuschließen, wurde Maria Theresia bei ihrer Heirat ein rigoroser Erbverzicht auferlegt. Was dieser im Ernstfall wert war, musste sich allerdings erst noch erweisen. Schon die Tatsache, dass die vereinbarte gewaltige Mitgift der Infantin nicht zur Auszahlung kam, bot einen Ansatzpunkt, um den Erbverzicht Maria Theresias anzufechten.

Der Devolutionskrieg

Dieser Fall trat bereits 1665 ein, als Philipp IV. starb und Karl II., der minderjährige Halbbruder Maria Theresias, die Nachfolge antrat. Denn Ludwig XIV. forderte für seine Frau die Spanischen Niederlande als Erbteil. Diesen Anspruch begründete er auf ziemlich anfechtbare Weise mit dem in Teilen der Niederlande geltenden Devolutionsrecht. Entsprechend dieser privatrechtlichen Norm besaßen im Erbfall Kinder beiderlei Geschlechts aus erster Ehe den Vorrang vor den Kindern aus zweiter Ehe – und die französische Königin war das einzige überlebende Kind Philipps IV. aus seiner ersten Ehe mit Elisabeth von Bourbon.

Der 1667 eröffnete Feldzug, an dem Ludwig XIV. persönlich teilnahm, führte zu raschen Erfolgen, die in der Eroberung von Lille gipfelten. Um den französischen Vormarsch einzudämmen, formierte sich eine Tripelallianz aus der Republik der Vereinigten Niederlande, England und Schweden, die den Sonnenkönig zwangen, sich 1668 im Frieden von Aachen mit moderaten Erwerbungen in den Spanischen Niederlanden zu begnügen. Nicht in den Krieg eingegriffen hatte Kaiser Leopold I. Er war seit kurzem mit der jüngeren spanischen Infantin Margarethe Theresia verheiratet und ohnehin überzeugt, die besseren Ansprüche auf das spanische Erbe zu besitzen. Angesichts seiner machtpolitisch schwachen Position fand er sich jedoch zu einem Geheimvertrag mit Frankreich über die Aufteilung des spanischen Erbes bereit, der ihm zwar den größeren Teil beließ, aber durch den er die französischen Ansprüche im Prinzip anerkannte.

Der Friede von Aachen

Ludwig XIV. war über den Aachener Frieden zutiefst verärgert, zumal es sich bei den Mitgliedern der Tripelallianz um bisherige Verbündete Frankreichs handelte. Sein besonderer Groll richtete sich gegen die Vereinigten Niederlande, die er als treibende Kraft dieses Bündnisses erkannte. Er empfand es als vermessen, dass diese Republik ihm, dem führenden Monarchen Europas, entgegenzutreten wagte. Daneben spielten auch wirtschafts- und handelspolitische Motive eine Rolle bei dem Krieg, den der Sonnenkönig nun vorzubereiten begann. Er schloss mit Karl II. von England 1670 den Geheimvertrag von Dover, dazu Bündnisse mit dem Kurfürsten von Köln und dem Fürstbischof von Münster. Der 1672 eröffnete Feldzug verlief zunächst sehr erfolgreich. Als jedoch zum Schutz Hollands das Land unter Wasser gesetzt wurde und Wilhelm III. von Oranien an die Spitze der niederländischen Truppen trat, stockte der französische Vormarsch. Vor allem aber schlossen sich die Vereinigten Niederlande mit Spanien und dem Kaiser 1673 zu einer Allianz zusammen. Während England 1674 aus dem Krieg ausschied, erklärte im selben Jahr der Regensburger Reichstag den Reichskrieg gegen Frankreich. Zugleich wurde im Nordosten ein neuer Kriegsschauplatz eröffnet, auf dem sich das mit Frankreich verbündete Schwe-

Der Holländische Krieg

den einerseits, Brandenburg und Dänemark andererseits entgegentraten. In der Schlacht von Fehrbellin schlug Friedrich Wilhelm von Brandenburg 1675 ein schwedisches Heer; in der Folge wurde Schwedisch-Vorpommern militärisch besetzt. Auf dem westlichen Kriegsschauplatz wurden die französischen Truppen zwar zum Rückzug aus den niederländischen Kerngebieten gezwungen. Davon abgesehen erzielten die Verbündeten aber keine durchschlagenden Erfolge.

Der Friede von Nimwegen

Den größten Sieg feierte am Ende die französische Diplomatie, der es auf dem Nimwegener Friedenskongress gelang, vorteilhafte Separatfriedensverträge mit den Gegnern zu schließen (1678/79). Während die Vereinigten Niederlande zuerst und ohne Einbußen aus dem Krieg ausschieden, verlor Spanien die Franche-Comté und musste einer für Frankreich vorteilhaften Neufestlegung der spanisch-niederländisch-französischen Grenze zustimmen. Das Reich verlor das von Frankreich eroberte Freiburg, behielt aber Philippsburg. Kurbrandenburg musste sich 1679 im Frieden von Saint-Germain mit marginalen Grenzkorrekturen in Pommern begnügen.

Die Reunionen

Als verlustreicher für das Reich erwiesen sich die nun beginnenden Reunionen: Auf der Basis zweifelhafter Rechtstitel sprachen französische Sondergerichtshöfe ihrem König die Souveränität über zahlreiche Reichsterritorien links des Rheins zu. Die Urteile wurden rasch von französischen Truppen umgesetzt. Auf diese Weise wurde bis 1681 das ganze Elsass mit Straßburg französisch, doch die Ansprüche gingen noch viel weiter. 1684 erkannte das Reich, dessen Kaiser seit 1683 in einen Krieg mit dem Osmanischen Reich verwickelt war, im Regensburger Stillstand die Reunionen für 20 Jahre an.

Die Außenpolitik Ludwigs XIV.

Vieles spricht dafür, dass eine immer weitere Expansion, die Errichtung einer Universalmonarchie und die Unterjochung aller anderen europäischen Fürsten und Mächte, die die gegnerische Propaganda Ludwig XIV. unterstellte, nicht in der Absicht des Sonnenkönigs lagen. Vielmehr zielten etliche seiner Maßnahmen der zweiten Regierungshälfte eher darauf ab, das Erreichte zu bewahren, beispielsweise durch die Errichtung eines Festungsgürtels durch den hervorragenden Festungsbaumeister Vauban, um das Vordringen feindlicher Truppen ins Innere Frankreichs zu verhindern. Auch war Ludwig XIV. stets bestrebt, seine Expansionspolitik durch entsprechende Rechtstitel zu legitimieren. Ob er diese Ansprüche selbst immer für stichhaltig hielt, lässt sich kaum nachprüfen. Zweifellos war der Sonnenkönig jedoch zutiefst von der besonderen Würde des Allerchristlichsten Königs überzeugt und nach Kräften bemüht, Frankreich eine Stellung in Europa zu verschaffen, die diesem Rang entsprach. Und er verlangte von den anderen, geringeren Mächten den Respekt, den sie ihm seiner Auffassung nach schuldeten. Besonders rücksichtslos ging er 1684 gegen die Republik Genua vor, die nicht im Krieg mit Frankreich stand, aber an ihrem traditionellen Bündnis mit Spanien festhielt. Durch ein Bombardement Genuas zwang eine französische Flotte die Republik zur Unterwerfung, und im folgenden Jahr musste der genuesische Doge persönlich an der Spitze einer Senatsdelegation in Versailles Abbitte für das „Fehlverhalten" der Republik leisten. Dieses Ereignis wurde dann in einem großformatigen Deckenfresko in Versailles für die Nachwelt, und insbesondere für die französischen sowie ausländischen Besucher des Schlosses, festgehalten. Mit derartigen Maßnahmen der Selbstinszenierung brachte Ludwig XIV. seine eigenen Ansprüche zur Geltung, lieferte aber zugleich der gegen ihn gerichteten Propaganda neue Nahrung.

1685 starb die simmernsche Linie der Pfälzer Kurfürsten im Mannesstamm aus, deren Nachfolge die Linie Pfalz-Neuburg antrat. Ludwig XIV. beanspruchte aber einen beachtlichen Anteil des Erbes als Allodialgut für seine Schwägerin Elisabeth Charlotte, Herzogin von Orléans – besser bekannt als Liselotte von der Pfalz –, die Schwester des verstorbenen Kurfürsten. Angesichts der erneuten Bedrohung durch Frankreich formierte sich 1686 die Augsburger Allianz, ein Defensivbündnis des Kaisers, Spaniens, Schwedens und einiger Reichsstände, das nun Ludwig XIV. seinerseits als Provokation und Bedrohung wahrnahm. Zum Anlass für den Kriegsausbruch wurde aber 1688 eine Doppelwahl im Kurfürstentum Köln. Letztlich unterlag Wilhelm Egon von Fürstenberg, der langjährige Sachwalter der französischen Interessen in diesem Erzstift, auch dank des Votums Papst Innozenz' XI. dem vom Kaiser unterstützten bayerischen Prinzen Joseph Clemens. Daraufhin marschierten französische Truppen ins Reich ein, besetzten die Festungsstadt Mainz und drangen bis weit nach Schwaben vor. Im selben Jahr verschlechterte sich für den Sonnenkönig die Lage im Norden, als im Zuge der Glorreichen Revolution sein Verbündeter Jakob II. durch seinen entschiedenen Gegner Wilhelm III. von Oranien vom englischen Thron verdrängt wurde. 1689 schlossen die Augsburger Verbündeten sich mit England und den Vereinigten Niederlanden in

Der Neunjährige Krieg

Wien zur Großen Allianz zusammen. Auch der Reichstag erklärte Ludwig XIV. erneut den Krieg. Dieser Krieg ist im deutschen Sprachraum als Pfälzischer Erbfolgekrieg bekannt, während man in Frankreich vom Krieg der Augsburger Liga (*Guerre de la Ligue d'Augsbourg*) spricht. Dies zeigt die unterschiedlichen Perspektiven auf den Krieg und seine Ursachen. Im angelsächsischen Raum dominiert dagegen die neutrale Bezeichnung Neunjähriger Krieg (*Nine Years War*).

Als sich Frankreich im Winter 1688/89 in die Defensive gedrängt sah, wurden die ins Reich vorgerückten Truppen zurückgezogen. In dieser Situation betrieben Ludwig XIV. und sein Kriegsminister Louvois eine Politik der verbrannten Erde, der zahlreiche Städte im deutschen Südwesten, zum Beispiel Heidelberg und Speyer, zum Opfer fielen. Der Aufschrei in der deutschen Öffentlichkeit war groß.

Die publizistische Dimension des Konflikts

Denn die Auseinandersetzung mit dem ludovizianischen Frankreich hatte längst auch eine publizistische Seite. Schon 1667 hatte vor allem am Wiener Hof die Veröffentlichung von Antoine Aubérys „Des justes prétentions du Roy sur l'Empire" Empörung erweckt, in der er die angeblichen Ansprüche Ludwigs auf das Kaisertum darlegte. Der kaiserliche Diplomat Franz Paul von Lisola hatte im selben Jahr mit dem „Bouclier d'estat et de justice" gekontert, in dem er dem französischen König das Streben nach der Universalmonarchie unterstellte. In den 1680er Jahren erreichte die antifranzösische Publizistik aber eine nie gekannte Schärfe. Eine Persönlichkeit wie Gottfried Wilhelm Leibniz porträtierte den Sonnenkönig schon 1674 in einer anonym veröffentlichten Flugschrift nicht als „Rex christianissimus", als Allerchristlichsten König, sondern als „Mars christianissimus", als allerchristlichsten Kriegsgott. Andere Autoren waren weniger zimperlich und sprachen Ludwig XIV. die allerübelsten Eigenschaften zu: Ruhm- und Prunksucht, Herrschsucht und Grausamkeit, Wollust und Unglaube. Manche gingen so weit, ihn als den Sultan des Westens zu karikieren – und so das guteingeführte Türkenfeindbild auf den französischen König zu übertragen – oder ihn als Antichrist zu dämonisieren. Die Wirkung der antifranzösischen Publizistik ist im Einzelnen schwer einzuschätzen, doch ist jedenfalls davon auszugehen, dass die propagandistische Beschwörung des Feindbilds Frankreich die Einigung des Reichs hinter seinem Kaiser befördert hat.

Der Neunjährige Krieg wurde auf unterschiedlichen Schauplätzen geführt: am Rhein, wo die Verbündeten 1689 Mainz zurückeroberten, in Katalonien, wo 1697 Barcelona von französischen Truppen eingenommen wurde, in den Spanischen Niederlanden, wo Frankreich nur kleinere Erfolge erzielen konnte, und in Italien, wo Herzog Viktor Amadeus II. von Savoyen sich durch den Beitritt zur Großen Allianz aus der bisherigen Abhängigkeit von Frankreich lösen konnte. Gekämpft wurde auch in Nordamerika, der Karibik und Indien sowie auf den Weltmeeren, sodass der Krieg ansatzweise globale Dimensionen annahm.

Schauplätze des Neunjährigen Krieges

Aufgrund der allgemeinen Erschöpfung wurde 1697 im holländischen Rijswijk Frieden geschlossen. Wieder gelang es der französischen Diplomatie bis zu einem gewissen Grade, die Verbündeten auseinanderzudividieren. Zuerst schloss Frankreich Frieden mit den Seemächten, also England und den Vereinigten Niederlanden, kurz darauf mit Spanien und schließlich mit Kaiser und Reich. Ludwig XIV. musste alle Eroberungen in den Niederlanden und Katalonien, das seit 1670 besetzte Lothringen, die rechtsrheinischen Brückenköpfe Freiburg und Breisach sowie alle Reunionen außerhalb des Elsass aufgeben. Zudem stimmte er der Errichtung einer Barriere für die Vereinigten Niederlande, d. h. der Stationierung republikanischer Truppen in einigen spanisch-niederländischen Festungen, zu und erkannte Wilhelm von Oranien als König von England und Schottland an. Die Erbansprüche Liselottes von der Pfalz sollten finanziell abgegolten werden. In den Kolonien verblieb es im Wesentlichen beim Status quo. Zu erheblichen konfessionellen Verwerfungen im Reich führte die sog. Rijswijker Klausel, infolge derer in den zurückgegebenen pfälzischen Gebieten die Katholiken den gegenwärtigen Besitzstand behalten sollten, der für sie wesentlich günstiger war als die Verhältnisse vor der französischen Besetzung.

Der Friede von Rijswijk

Der Friede von Rijswijk war der erste Verlustfriede Ludwigs XIV., jedenfalls wenn man den Zenit seiner Machtstellung in den 1680er Jahren zum Vergleichsmaßstab erhebt. Insofern markiert er eine Zäsur in der Außenpolitik des Sonnenkönigs. Zugleich könnte man ihm einen bloßen Waffenstillstandscharakter zusprechen. Denn den Zeitgenossen war bewusst, dass ein noch größer dimensionierter Konflikt um das spanische Erbe drohte.

5.3 Der Spanische Erbfolgekrieg

Vorgeschichte   Der Spanische Erbfolgekrieg war ein Konflikt, der im Grunde seit der Mitte des 17. Jahrhunderts im Raum stand. Damals wurde das Aussterben der spanischen Habsburger noch dadurch abgewendet, dass aus der Ehe Philipps IV. mit seiner Nichte Maria Anna mehrere Prinzen hervorgingen, von denen immerhin einer ihn überlebte: Der 1660 geborene Karl II. folgte seinem Vater 1665 auf dem Thron. Der infolge der über mehrere Generationen betriebenen habsburgisch-habsburgischen Heiraten körperlich schwer beeinträchtigte König erlangte nur eine eingeschränkte Regierungsfähigkeit. Er war zweimal verheiratet, in erster Ehe mit Marie Louise von Orléans, einer Nichte Ludwigs XIV., in zweiter Ehe mit Maria Anna von Pfalz-Neuburg, einer Schwägerin Kaiser Leopolds I. Beide Ehen blieben kinderlos, und an den europäischen Höfen begann man sich frühzeitig auf das Aussterben der spanischen Habsburger im Mannesstamm und dessen Konsequenzen einzustellen. Ein Vorspiel waren der Devolutionskrieg und der geheime kaiserlich-französische Teilungsvertrag von 1668.

Die Erbanwärter   Die Bemühungen um eine friedliche Regelung der spanischen Erbfolgefrage erreichten nach dem Frieden von Rijswijk ihren Höhepunkt. Die zur Disposition stehende Erbmasse war selbst nach den territorialen Einbußen der vergangenen Jahrzehnte und der 1668 anerkannten Unabhängigkeit Portugals gewaltig. Sie umfasste neben Spanien und seinen Kolonien in Süd- und Mittelamerika sowie auf den Philippinen die Spanischen Niederlande, zudem mit dem Herzogtum Mailand und dem Königreich Neapel sowie einigen Küstenstützpunkten in Ligurien und der Toskana große Teile der italienischen Halbinsel, dazu die Inselkönigreiche Sizilien und Sardinien. Die aussichtsreichsten Erbanwärter waren: 1. Ludwig XIV. bzw. der Dauphin Ludwig, der einzige Sohn des Sonnenkönigs aus der Ehe mit Maria Theresia von Spanien. 2. Kaiser Leopold I. als das Oberhaupt der österreichischen Linie des Hauses Habsburg sowie seine Söhne, die allerdings nicht seiner Verbindung mit Margarethe Theresia von Spanien entstammten, sondern seiner dritten Ehe mit Eleonora Magdalena von Pfalz-Neuburg. 3. Der bayerische Kurprinz Joseph Ferdinand, das einzige Kind des Kurfürsten Maximilian II. Emanuel von Bayern und seiner ersten Frau Maria Antonia von Österreich, der einzigen überlebenden Tochter der Infantin Margarethe Theresia und Kaiser Leopolds I. 4. Als Außenseiter Herzog Viktor Amadeus II. von Savoyen, dessen Urgroßmutter Katharina Michaela eine spanische Infantin gewesen war.

Um einen Krieg zwischen Frankreich und Österreich um das spanische Erbe zu vermeiden und zugleich um zu verhindern, dass eine dieser Großmächte die gesamte Erbmasse an sich bringen und so zu einer Universalmonarchie aufsteigen würde, verfolgten insbesondere die Seemächte das Ziel einer Aufteilung des spanischen Erbes. Sie schlossen im Oktober 1698 mit Ludwig XIV. den sogenannten Ersten Teilungsvertrag. Dieser sah den bayerischen Kurprinzen als Haupterben vor; an ihn sollten Spanien mit den Kolonien, die Spanischen Niederlande und Sardinien fallen. Der Dauphin sollte die Königreiche Neapel und Sizilien sowie die Stützpunkte an der toskanischen Küste erhalten, der jüngere Sohn des Kaisers, Erzherzog Karl, in Mailand eine habsburgische Nebenlinie begründen. Leopold I. trat dem Vertrag nicht bei, da er auf seinem Anspruch als Universalerbe beharrte und mit Recht davon ausging, dass man auch in Madrid an der Unteilbarkeit des Reichs festhalten würde. In der Tat setzte Karl II. in Reaktion auf den Teilungsvertrag nun den bayerischen Kurprinzen zum Universalerben ein.

Der Erste Teilungsvertrag

Kurz darauf waren diese Überlegungen Makulatur, als nämlich der kleine Joseph Ferdinand plötzlich starb. Neue Verhandlungen zwischen Frankreich und den Seemächten führten zum Zweiten Teilungsvertrag, den im Juni 1699 Frankreich und England unterzeichneten und dem im März 1700 die Vereinigten Niederlande beitraten. Der neue Haupterbe sollte Erzherzog Karl sein. Er sollte mit denselben Gebieten ausgestattet werden wie ursprünglich der bayerische Kurprinz. Der Anteil des Dauphins sollte um Lothringen erweitert, das Herzogshaus von Lothringen nach Mailand transferiert werden. Trotz der vorgesehenen Begünstigung seines Lieblingssohns trat Leopold I. auch diesem Vertrag nicht bei. Er lehnte ihn nicht zuletzt deswegen ab, weil er den Erwerb Mailands für essentiell hielt. Stattdessen verstärkte er seine Bemühungen, Karl II. zur Einsetzung des Erzherzogs zum Universalerben zu veranlassen. In Madrid setzte sich aber diejenige Hofpartei durch, die eher einem bourbonischen, von Frankreich unterstützten Erben die Erhaltung des Gesamtreiches zutraute. Sie veranlasste den todkranken König zur Unterzeichnung eines Testaments zugunsten des zweitältesten Enkels Ludwigs XIV. Philipp von Anjou. Am 1. November 1700 starb Karl II. Als Ludwig XIV. die Nachricht erhielt, entschied er sich rasch gegen den Teilungsvertrag und für die Annahme des Testa-

Der Zweite Teilungsvertrag

Das Testament Karls II.

ments, zumal dieses nach Philipp von Anjou und seinem jüngeren Bruder Erzherzog Karl als Ersatzerben vorsah: Dass statt des eigenen Enkels der Kaisersohn den spanischen Thron besteigen würde, galt es unbedingt zu verhindern.

Der Weg in den Krieg

Philipp V. trat die Regierung in Madrid zunächst unbeeinträchtigt an. Allein Leopold I. war entschlossen, das Testament nicht anzuerkennen, und schickte im Frühjahr 1701 Truppen nach Italien. Unterdessen hatte eine Reihe von Maßnahmen, die auf eine weitgehende Unterordnung Spaniens unter die französischen Interessen oder gar die Steuerung beider Reiche von Versailles aus hinzudeuten schienen und die die Interessen der Seemächte massiv beeinträchtigten, auch die Regierungen in London und Den Haag aufs höchste beunruhigt: So ließ Ludwig XIV. die Thronfolgerechte Philipps von Anjou in Frankreich bestätigen und schürte so die Furcht, dass eines Tages eine französisch-spanische Universalmonarchie entstehen könnte. Überdies entsandte er französische Truppen in die Spanischen Niederlande, die die dort stationierten Garnisonen der Republik gefangen setzten. Außerdem erkannte er nach dem Tod Jakobs II. im französischen Exil dessen gleichnamigen Sohn („The Old Pretender") als legitimen König von England und Schottland an. Zudem erließ Philipp V. Beschränkungen gegen den englischen und niederländischen Handel und begünstigte stattdessen die französische Guineakompanie, der er den *Asiento de Negros*, das lukrative Monopol auf den Sklavenhandel von Afrika in die spanischen Kolonien, verlieh. Daraufhin schlossen im September 1701 die Seemächte und der Kaiser in Den Haag eine neue Große Allianz, der bis 1703 Preußen, einige Reichsstände, Portugal und Savoyen beitraten – die beiden Letztgenannten waren zunächst mit den Bourbonenkronen verbündet, wechselten aber die Seiten. Die Bündnispartner erhoben den Anspruch, die Freiheit und das Gleichgewicht Europas gegen die drohende bourbonische Universalmonarchie zu verteidigen, und wollten eine dauerhafte Sicherung gegen eine Vereinigung der Kronen Frankreich und Spanien erreichen. Sie traten an, um die spanischen Nebenlande in Europa für Erzherzog Karl zu gewinnen. Die Seemächte sollten etwaige Eroberungen in den spanischen Kolonien behalten, ihre Handelsprivilegien im Spanischen Reich sollten gewahrt bleiben. Die Republik der Vereinigten Niederlande sollte eine Barriere in den Spanischen Niederlanden erhalten und die protestantische Thronfolge in England gesichert werden. 1702 erklärte auch das Reich Frankreich den Krieg.

Die Haager Große Allianz

Der Spanische Erbfolgekrieg wird bisweilen als erster Weltkrieg bezeichnet. In der Tat nahmen die Kämpfe noch mehr als im Neunjährigen Krieg globale Dimensionen an. Die Zahlen der eingesetzten Truppen erreichten neue Höchstmarken. 1703 betrug die Sollstärke der französischen Truppen 400 000 Mann. Nach und nach gewannen die Verbündeten der Großen Allianz auf den meisten Kriegsschauplätzen die Oberhand. 1704 beendete die Schlacht bei Höchstädt (Blenheim), in der ein englisch-kaiserliches Heer unter dem Oberbefehl des Herzogs von Marlborough und des Prinzen Eugen von Savoyen die französisch-bayerischen Truppen vernichtend schlug, den Krieg im Reich. Auch in Italien war mit dem Sieg des Prinzen Eugen und seines Vetters Herzog Viktor Amadeus II. von Savoyen bei Turin 1706 der Krieg zugunsten der Alliierten entschieden. Im selben Jahr besetzten sie nach dem Sieg Marlboroughs bei Ramillies auch den Großteil der Spanischen Niederlande. Ihre Position dort wurde bestätigt durch die Schlachten bei Oudenaarde (1708) und Malplaquet (1709). Auch in den Kolonien und auf den Weltmeeren erzielten die Alliierten einige Erfolge. Auf der Iberischen Halbinsel konnten sie sich aber nicht durchsetzen. Zwar wurde der jüngere Kaisersohn 1703 in Wien als „Karl III." zum spanischen König proklamiert und gelangte auf englischen Schiffen nach Portugal. Nach der Eroberung Barcelonas nahm er dort 1705 Residenz, war jedoch dauerhaft von der Unterstützung englischer Kräfte abhängig, die bereits 1704 Gibraltar und 1708 Menorca einnahmen. 1706 und 1710 konnte vorübergehend sogar Madrid besetzt werden. Doch nach erneuten bourbonischen Siegen zeichnete sich ab, dass die Alliierten nicht in der Lage waren, Philipp V. aus Spanien zu vertreiben.

Angesichts der verheerenden Niederlagen und der finanziellen Erschöpfung Frankreichs war Ludwig XIV. 1709 zu einem Verlustfrieden bereit. Bei den in Den Haag stattfindenden Verhandlungen machte Frankreich den Alliierten erhebliche Zugeständnisse. Der Sonnenkönig akzeptierte sogar die Absetzung seines Enkels als König von Spanien. Die Verhandlungen scheiterten aber an den überzogenen Forderungen der Gegenseite. Sie verlangte unter anderem, wenn Philipp V. sich weigere, Spanien aufzugeben, solle Frankreich an seiner Vertreibung mitwirken – das aber war nach Auffassung Ludwigs mit seiner königlichen Ehre unvereinbar.

In den folgenden Jahren wendete sich das Blatt erneut: Bei den englischen Parlamentswahlen siegten 1710 die friedensbereiten *To-*

Dimensionen des Krieges

Gescheiterte Friedensverhandlungen

Das Jahr 1711 als Wendepunkt

ries. 1711 starb zudem der ältere Bruder „Karls III.", Kaiser Joseph I., der 1705 Leopold I. auf dem Thron nachgefolgt war. Da Joseph keine Söhne hatte, erbte sein Bruder die Lande der österreichischen Habsburger und wurde als Karl VI. zum Römischen Kaiser gewählt. Damit schwanden seine Chancen auf die spanische Krone. Denn die Verbündeten der Habsburger waren nicht angetreten, um statt der bourbonischen eine habsburgische Universalmonarchie zu erschaffen.

Der Friede von Utrecht

Noch 1711 wurden die französisch-britischen Friedenspräliminarien unterzeichnet. Sie nahmen wesentliche Inhalte der 1713 geschlossenen Friedensverträge von Utrecht vorweg. Philipp V. behielt Spanien mit den Kolonien, musste aber auf seine Erbfolgeansprüche in Frankreich verzichten. Karl VI. erhielt den Großteil der spanischen Nebenlande in Europa: die Niederlande, Mailand, Neapel und Sardinien. Viktor Amadeus II. gewann neben Teilen des Herzogtums Mailand Sizilien mit der Königskrone. Den Vereinigten Niederlanden wurde die ersehnte Barriere in den nunmehr Österreichischen Niederlanden zugestanden. Am meisten aber profitierte Großbritannien. Es konnte nicht nur seine Vorstellungen eines europäischen Gleichgewichts und die Anerkennung der protestantischen Erbfolge durchsetzen, sondern auch wichtige territoriale Gewinne verbuchen: Mit Gibraltar und Menorca verbesserte es seine Position im Mittelmeer entscheidend. In Nordamerika verzichtete Frankreich zu seinen Gunsten auf Akadien, Neufundland und die Hudsonbay-Länder. Mit umfangreichen Handelsprivilegien, darunter dem *Asiento de Negros*, stärkte Großbritannien zugleich seine Stellung als die führende Handelsmacht.

Die Friedensverträge von Rastatt und Baden

Karl VI., der sich von den Seemächten hintergangen fühlte, und das Reich hatten in Utrecht nicht Frieden geschlossen, sondern führten den Krieg gegen Frankreich allein weiter. Die Kampagne von 1713 offenbarte aber die Aussichtslosigkeit dieses Unterfangens, sodass der österreichisch-französische Vertrag von Rastatt und der Reichsfrieden von Baden 1714 die Utrechter Regelungen weitestgehend bestätigten.

5.4 Türkenkriege des 17. Jahrhunderts

„Türkenkriege"

Unter den frühneuzeitlichen Kriegen nahmen die sogenannten Türkenkriege eine Sonderstellung ein – bzw. sie wurde ihnen zugeschrieben. Mit dem Sammelbegriff „Türkenkriege" wurden zeitgenössisch und werden in der Forschungsliteratur die Kriege mit dem Osmanischen Reich belegt. Dass das sich über drei Kontinente erstreckende Osmanische Reich ein Vielvölkerreich war und dass sich in seine politischen Führungsschichten durch Konversion zum Islam längst zahlreiche Angehörige anderer Völker integriert hatten, spielte hier keine Rolle.

„Der" Türke wurde im 17. Jahrhundert als „Erbfeind des christlichen Namens" dargestellt, dessen Bekämpfung ein gottgefälliges Werk sein musste. Im Zuge einer allmählichen Säkularisierung hob man später stärker den Charakter der Türkenkriege als Verteidigungskriege hervor. In jedem Fall galten sie als „gerechte" Kriege. Eine ideologische Aufladung des Konflikts gab es auch auf osmanischer Seite. Die Sultane betrachteten die Christen als „Ungläubige", denen sie sich überlegen fühlten und gegen die der Heilige Krieg nicht nur statthaft, sondern nach islamischem Recht sogar geboten war, sofern sie sich nicht gutwillig unterwarfen. Die Osmanen führten aber auch zahlreiche Kriege gegen das persische Reich der Safawiden. Nachdem sie im Frieden von Konstantinopel 1590 ihre Herrschaft zeitweise bis nach Täbris ausgedehnt hatten, mussten sie ab 1603 gegen Schah Abbas I. gravierende militärische Rückschläge hinnehmen.

Ideologische Aufladung des Konflikts

Auch in Europa war die dynamische Expansion des Osmanischen Reiches im 16. Jahrhundert weitgehend zum Abschluss gekommen. Schon der sogenannte Lange Türkenkrieg (1593–1606) hatte im Frieden von Zsitvatorok mit einem Patt geendet. Erstmals hatte der Sultan einem österreichischen Habsburger den kaiserlichen Rang zuerkannt, statt ihn als „König von Wien" abzuqualifizieren. Außerdem verzichtete er gegen eine Einmalzahlung von 200 000 Gulden auf den bislang jährlich zu entrichtenden Tribut. Während des Dreißigjährigen Krieges herrschte – zum Glück für die österreichischen Habsburger – Ruhe an der osmanischen Front, auch weil das osmanische Militär zwischen 1623 und 1639 durch einen erneuten Krieg gegen die Safawiden in Anspruch genommen war. Nur der Fürst von Siebenbürgen, ein Vasall des Sultans, griff mehrfach auf eigene Rechnung in den Dreißigjährigen Krieg ein. Außerdem gab es immer wieder kleinere Reibereien an den Grenzen. Schon im 16. Jahrhundert hatten die Habsburger mit der Einrichtung einer Militärgrenze begonnen. Festungen und Verteidigungseinrichtungen wurden in die herrscherliche Verfügungsge-

Der Lange Türkenkrieg

Die Militärgrenze

walt überführt, ausgebaut bzw. neuerrichtet und mit ständigen Garnisonen versehen. Für die exponierten Grenzgebiete, die unter die direkte Verwaltung des Hofkriegsrats gestellt wurden, warb man durch die Erteilung großzügiger Privilegien Neusiedler an, die als eine Art Wehrbauern und Milizen eine zusätzliche Mannschaft bereitstellen sollten. Entstehende Grenzkonflikte sollten gemäß den kaiserlich-osmanischen Friedensverträgen durch gemischte Grenzkommissionen geregelt werden. Solche lokalen Auseinandersetzungen besaßen aber bei ungeschicktem Konfliktmanagement oder wenn eine der involvierten Mächte eine gezielte Eskalationsstrategie verfolgte, das Potential, zu einem großdimensionierten Konflikt auszuarten.

Konsolidierung des Osmanischen Reichs unter den Köprülü

Eine neue expansive Phase begann für das Osmanische Reich um die Mitte des 17. Jahrhunderts, mit den Großwesiren der aus Albanien stammenden Familie Köprülü. Ihnen gelang es, eine Zeit der inneren Instabilität zu beenden. Freilich waren sie darauf angewiesen, ihre Position an der Spitze der Regierung durch kontinuierliche Erfolge zu legitimieren. Insbesondere bei substanziellen militärischen Fehlschlägen mussten sie, wie viele ihrer Vorgänger aus der ersten Jahrhunderthälfte, mit Absetzung, Enteignung oder Schlimmerem rechnen. Ende der 1650er Jahre spitzte sich erneut die Lage in Ungarn zu. Das durch den Sultan nicht autorisierte Eingreifen des siebenbürgischen Fürsten Georg II. Rákóczi in den Nordischen Krieg provozierte eine von der Hohen Pforte initiierte Strafaktion der Krimtataren und führte 1657 zur Absetzung des Fürsten. 1658 und 1660 eroberten osmanische Heere Teile Siebenbürgens, dessen künftige Fürsten zudem unter strengere Kontrolle gestellt wurden. In die folgenden Wirren wurde auch Kaiser Leopold I. als Herr über das Königliche Ungarn hineingezogen. 1663 eröffnete ein Heer unter persönlicher Leitung des Großwesirs Ahmed Köprülü den Angriff auf die habsburgischen Territorien, der jedoch nach Anfangserfolgen 1664 mit der Niederlage gegen den kaiserlichen Feldherrn Montecuccoli bei St. Gotthard an der Raab endete. Da Kaiser Leopold I. möglichst rasch Frieden mit dem Osmanischen Reich schließen und so die ungeliebten französischen Hilfstruppen wieder aus Ungarn entfernen wollte, ließ er sich im Vertrag von Eisenburg (Vasvár) auf einen Frieden ein, der für die Osmanen vergleichsweise günstig ausfiel. Sie behielten die bisherigen Eroberungen, verzichteten aber erstmals auf Tributzahlungen. Wie üblich, war der Frieden auf 20 Jahre befristet.

Der Türkenkrieg von 1663/64

In den folgenden Jahren führte das Osmanische Reich an anderen Fronten Krieg. 1669 gelang es Ahmed Köprülü, mit der Übergabe der Festung Kandia (heute Iraklion) nach langer, verlustreicher Belagerung den seit 1645 gegen Venedig geführten Krieg um Kreta siegreich zu beenden. 1672 griff das Osmanische Reich gemeinsam mit seinen Vasallen, den Krimtataren, in die Konflikte zwischen der Krone Polen und den südukrainischen Kosaken ein. Die osmanischen Truppen eroberten Podolien und Teile der Ukraine, die sie trotz des polnischen Sieges von Chocim (1673) im Vertrag von Zurawano 1676 großenteils behaupteten.

Statt, wie vom Kaiser gewünscht, den Frieden von Eisenburg 1684 zu erneuern, nahm der neue Großwesir Kara Mustafa, ein Schwager Ahmed Köprülüs, interne Spannungen in Habsburgisch-Ungarn zum Anlass für eine großangelegte Offensive gegen Österreich. Er selbst übernahm 1683 den Oberbefehl über das gewaltige, etwa 200 000 Mann umfassende osmanische Heer. Das Ziel der Offensive war die kaiserliche Haupt- und Residenzstadt Wien. Nach knapp zweimonatiger Belagerung brachte aber eine Entsatzarmee, die im Wesentlichen aus Truppen aus dem Reich und Polen-Litauen bestand und von Herzog Karl von Lothringen und dem polnischen König Johanns III. Sobieski befehligt wurde, in der Schlacht am Kahlenberg den Osmanen eine vernichtende Niederlage bei.

Die Belagerung Wiens

Unter starkem Engagement Papst Innozenz' XI. schlossen sich der Kaiser, Polen und Venedig 1684 zu einer „Heiligen Liga" gegen das Osmanische Reich zusammen. Nachdem Polen und Moskowien ihre Differenzen in einem „Ewigen Frieden" beigelegt hatten, trat auch der Zar dem Bündnis bei und eröffnete den Kampf gegen das Krimkhanat.

Die Heilige Liga

Der sogenannte Große Türkenkrieg verlief für die Habsburger in den folgenden Jahren sehr erfolgreich. Große Teile des osmanischen Ungarn und Siebenbürgens konnten erobert werden. 1688 eröffnete der Fall Belgrads den Weg nach Serbien, und in der Wiener Hofburg begann man schon von der Einnahme der Kaiserstadt Konstantinopel zu träumen. Dann jedoch nötigte der Ausbruch des Neunjährigen Kriegs den Kaiser zu einem Zweifrontenkrieg gegen Frankreich und das Osmanische Reich, und es traten militärische Rückschläge ein. Erst 1697, als im Westen der Friede von Rijswijk geschlossen wurde, errang der neue kaiserliche Oberbefehlshaber Prinz Eugen von Savoyen bei Zenta einen entscheidenden Sieg. Häufig wird bei den Berichten über die Schlacht von Zenta die zah-

Der Große Türkenkrieg

lenmäßige Überlegenheit der Osmanen betont. Während Prinz Eugen nur über gut 50 000 Mann verfügte, sei das osmanische Heer fast doppelt so groß gewesen. Oft unterscheiden solche Zahlenangaben aber nicht zwischen Soldaten und Nichtkombattanten. Realistischer dürften Schätzungen auf etwa 75 000 Mann sein. Vor diesem Hintergrund sind Narrative, die die Schlacht bei Zenta und andere vergleichbare Schlachten als Siege kleiner, disziplinierter europäischer Truppenverbände über asiatische Massenheere feiern, mit Vorsicht zu genießen. Nicht zweifelhaft ist, dass Prinz Eugen einen entscheidenden Sieg errang, als er die osmanische Armee beim Übergang über die Theiß attackierte. Die Zahl der Gefallenen auf osmanischer Seite wird auf 25 000 geschätzt. Unter den Toten war auch der Großwesir Elmas Mehmed Pascha. Außerdem machten die Kaiserlichen reiche Beute. Besonders symbolträchtig war, dass ihnen das Reichssiegel Sultan Mustafas II. in die Hände fiel. Gerade durch die hohe Zahl der Todesopfer wurde die Schlacht bei Zenta zum Entscheidungssieg, der den Sultan 1699 zum Frieden zwang.

Der Friede von Karlowitz

Der durch die Seemächte vermittelte Friede von Karlowitz 1699 markiert einen Wendepunkt in den Beziehungen zwischen dem Osmanischen Reich und den christlichen Staaten Europas. Es war der erste multilaterale Frieden, den das Osmanische Reich schloss. Der Sultan musste zugunsten des Kaisers mit Ausnahme des Banats Temeswar auf ganz Ungarn und Siebenbürgen verzichten, an Polen die Eroberungen seit 1672 zurückgeben und der Republik Venedig die Peloponnes überlassen. Moskowien behielt mit dem 1696 eroberten Asow einen Zugang zum Schwarzen Meer, das bis dahin ein osmanisches Binnenmeer gewesen war. Wie die früheren Friedensverträge des Sultans mit christlichen Herrschern war auch dieser befristet, und zwar auf 25 Jahre.

Das Ende der „Türkengefahr"

Durch den Frieden von Karlowitz schrumpfte gewissermaßen der „Erbfeind des christlichen Namens" auf Normalmaß zusammen. Von nun an war die „Türkengefahr" in Mitteleuropa keine reale Bedrohung mehr und auch immer weniger der Bevölkerung als eine solche propagandistisch zu vermitteln. Schon seit den 1680er Jahren hatte die publizistische Begleitung des Türkenkriegs ihren Tonfall zusehends geändert: Immer weniger wurden die schrecklichen Gefahren beschworen, die drohten, wenn „der Türke" käme; stattdessen wurde dieser lächerlich gemacht, „ridikülisiert" (Martin Wrede). Der Sultan behielt allerdings aufgrund der Glaubensdifferenz und der unterschiedlichen politisch-gesellschaftlichen Systeme eine

Sonderstellung unter den Herrschern in Europa. Auch in den diplomatischen Beziehungen gab es Unterschiede. Charakteristisch für die kaiserlich-osmanischen Beziehungen blieb der anlassbezogene Austausch von Großgesandtschaften, deren Teilnehmerzahl immer mehr zunahm. Hatte die osmanische Großgesandtschaft an den Kaiser 1562 noch 53 Personen umfasst, waren es 1664 schon 300 und 1740 gar 922 Menschen. Während die Hohe Pforte bis zum ausgehenden 18. Jahrhundert auf ständige Gesandtschaften in den Hauptstädten des christlichen Europa verzichtete, nahm die Zahl der Vertretungen christlicher Mächte in Konstantinopel mit dem wachsenden Interesse am Handelsraum Mittelmeer ständig zu. Viele unterhielten zusätzlich Konsulate in wichtigen Handelsstädten der Levante.

<small>Diplomatische Beziehungen</small>

Das Osmanische Reich wurde trotz aller fortbestehenden Unterschiede nach und nach ein Teil des europäischen Mächtesystems. Keinesfalls war es um 1700 bereits ein (kurz vor dem Zusammenbruch stehender) „Kranker Mann am Bosporus". Vielmehr war man an der Hohen Pforte bestrebt, verlorenes Terrain gutzumachen. 1715 wurde ohne große Probleme die Peloponnes zurückerobert. Als Kaiser Karl VI. 1716 als Verbündeter Venedigs in den Krieg eintrat, waren die Voraussetzungen völlig andere als 1683. Von Anfang an wurde am Wiener Hof die Eroberung Restungarns und weiterer Gebiete ins Auge gefasst. In der Tat: Im selben Jahr schlug Prinz Eugen von Savoyen ein osmanisches Heer vernichtend bei Peterwardein. 1717 eroberte er die wichtige Festung Belgrad. Nach diesen Niederlagen willigte der Sultan 1718 in den Frieden von Passarowitz und umfangreiche Gebietsabtretungen an den Kaiser ein, der nun Temeswar, Nordserbien und die kleine Walachei gewann. Der Türkenkrieg von 1736–1739 sollte dann aber zeigen, dass die Osmanen immer noch zu siegen verstanden, sodass Österreich aufgrund mehrerer Niederlagen und einer ungeschickten Diplomatie 1739 im Frieden von Belgrad bis auf das Banat alle Gewinne von 1718 wieder herausgeben musste.

<small>Der Türkenkrieg 1716–1718</small>

5.5 Nordische Kriege

Als Nordische Kriege bezeichnet man eine Abfolge militärischer Auseinandersetzungen im Ostseeraum. Trotz mancher Verbindungen und trotz des sporadischen Eingreifens mittel- und westeuro-

<small>Der Kampf um die Ostseeherrschaft</small>

päischer Mächte entfalteten sich die Nordischen Kriege, bei denen es im Wesentlichen um das *Dominium Maris Baltici*, die Vorherrschaft über den wichtigen Wirtschaftsraum der Ostsee, ging, weitgehend unabhängig von den westeuropäischen Kriegen der Epoche. Nachdem im 16. Jahrhundert die Hanse und der Deutsche Orden als machtpolitische Akteure ausgefallen waren, verblieben als Anwärter auf die Ostseeherrschaft Dänemark-Norwegen, Polen-Litauen, Schweden und Russland. Die Nase vorn hatten um 1600 Dänemark-Norwegen, das nicht nur den Öresund, sondern in der zentralen Ostsee auch die Inseln Gotland und Ösel kontrollierte, und Polen-Litauen, das mit Livland und der Lehnshoheit über Kurland und Preußen den Löwenanteil des ehemaligen Deutschordensstaats gewonnen hatte. Im Zuge mehrerer wechselvoller Konflikte etablierte sich bis zur Mitte des 17. Jahrhunderts dann aber eine schwedische Ostseeherrschaft. 1617 gewann König Gustav II. Adolf im Vertrag von Stolbovo Ingermanland und schnitt damit Moskowien von der Ostsee ab. Durch den Frieden von Altmark mit Polen fiel 1629 der größte Teil Livlands mit Riga an Schweden. Der Friede von Brömsebro brachte 1645 die Inseln Ösel und Gotland sowie Teile Norwegens ein. Mit den im Westfälischen Frieden 1648 gewonnenen norddeutschen Gebieten konnte Schweden seine Vormachtstellung weiter festigen.

Den Höhepunkt und zugleich eine erste ernsthafte Herausforderung des schwedischen *Dominium Maris Baltici* brachte der Nordische Krieg 1655–1660, der in einigen Zählungen als Zweiter Nordischer Krieg geführt wird. Diesmal eröffnete Schweden den Angriff auf Polen. Zwischen diesen beiden Reichen bestand seit der Absetzung des katholischen Sigismund Wasa als König von Schweden 1599 und der Übernahme der Regierung durch seinen lutherischen Onkel Karl IX. eine innerdynastische Rivalität. Auch wenn die in Polen herrschenden katholischen Wasa keine reale Aussicht mehr auf die schwedische Krone hatten, gaben sie ihren Thronanspruch nicht auf, sondern erneuerten ihn nach der Abdankung Königin Christinas 1654. Dies nahm ihr Cousin und Nachfolger Karl X. Gustav, der eben kein Wasa war, sondern dem Haus Pfalz-Zweibrücken entstammte, zum Anlass für den Angriff auf Polen, nachdem die schwedisch-polnischen Ausgleichsverhandlungen von Lübeck gescheitert waren.

Dass der polnische König Johann II. Kasimir, der letzte männliche Wasa, sich nicht zum Verzicht auf die schwedischen Thronansprüche bereitfand, erwies sich in der Situation, in der Polen-Litauen sich 1654 befand, als ein schwerer politischer Fehler. Zu Beginn des Jahrhunderts hatte das Reich noch eine außenpolitisch sehr dynamische Phase erlebt, als es die inneren Unruhen, die in Moskowien 1598 nach dem Aussterben der Rurikiden-Dynastie ausgebrochen waren, zu einem Eingreifen im östlichen Nachbarreich genutzt hatte. Zeitweise schienen gute Chancen zu bestehen, die beiden Reiche in Personalunion unter dem polnischen Prinzen Ladislaus zu vereinen, der 1610 kurzzeitig als Zar installiert werden konnte. Doch wachsende, auch konfessionell motivierte Opposition gegen die polnische Herrschaft führte 1613 zur Verdrängung Ladislaus' durch Michael I., den ersten Zaren des Hauses Romanow. Der polnisch-russische Konflikt wurde 1618 durch den Vertrag von Deulino beendet, in dem Moskowien große Gebiete, unter anderem Smolensk, an Polen-Litauen abtrat. Ein erster Versuch der Rückeroberung im Smolensker Krieg 1632–1634 endete mit einer russischen Niederlage und dem „Ewigen Frieden" von Polanów, der die 1618 nur vorläufig zugestandenen russischen Abtretungen bekräftigte.

Polen-Litauens Machtstellung in der ersten Hälfte des 17. Jahrhunderts

Um die Mitte der 1650er Jahre durchlebte Polen-Litauen jedoch eine der gravierendsten Krisen seiner Geschichte. Sie begann 1648 mit einem Aufstand der Saporoger Kosaken, die am Unterlauf des Dnipro unter einem eigenen Hetman in weitgehender Autonomie lebten. Der Aufstand wird nach dem Hetman Bohdan Chmelnyzkyj benannt, der als enteigneter Adliger persönliche Ressentiments gegen das polnisch-litauische Reich und seine Eliten hegte und der den entscheidenden Anstoß zur Erhebung gab. Er fand breite Resonanz bei der meist orthodoxen Landbevölkerung in den östlichen Landesteilen Polen-Litauens, die sich in zunehmendem Maß durch den katholischen polnischen Adel bedrängt sah. Der extrem blutige Aufstand, in dessen Verlauf es auch zu Pogromen gegen die jüdische Bevölkerung kam, erhielt rasch eine außenpolitische Dimension. Schon 1648 richtete Chmelnyzkyj einen Hilfsappell an den russischen Zaren, den er erneuerte, als er nach den Erfolgen der ersten Jahre ernsthafte Niederlagen gegen das polnische Heer hinnehmen musste. Anfang 1654 unterstellten sich die Kosaken der Oberhoheit des Zaren Alexei, der daraufhin den Krieg gegen Polen-Litauen eröffnete.

Der Chmelnyzkyj-Aufstand

Als Karl X. Gustav von Schweden seinerseits Johann Kasimir von Polen den Krieg erklärte, traf er also auf einen bereits stark geschwächten Gegner, dessen Verteidigung rasch völlig zusammen-

Der Angriff Schwedens

brach. Ende 1655 war fast das gesamte Reich von schwedischen bzw. russischen Truppen besetzt und der König ins habsburgische Schlesien geflohen. Anfang 1656 zwang der Schwedenkönig im Vertrag von Königsberg Kurfürst Friedrich Wilhelm von Brandenburg an seiner Seite in den Krieg einzutreten und statt der polnischen die schwedische Lehnshoheit über sein Herzogtum Preußen anzuerkennen. Im Juli 1656 siegten die Verbündeten in der mehrtägigen Schlacht von Warschau über die polnischen Truppen. Zum Symbol und Impulsgeber für den polnischen Widerstand, der sich nun zu formieren begann und der nicht nur auf der Propagandaebene starke konfessionelle und protonationale Motive erkennen lässt, wurde die erfolgreiche Verteidigung des Klosters Jan Gora bei Czenstochau und des dort aufbewahrten Gnadenbilds der Schwarzen Madonna. Ähnlich wie 1620 den Sieg am Weißen Berg schrieb man nun die Errettung Polens dem Schutz der Gottesmutter zu.

Ausweitung des Kriegs

1656 griff, zunächst noch zögernd, Österreich in den Konflikt ein. Es vermittelte einen polnisch-russischen Waffenstillstand und schloss, nachdem Schweden ein Vermittlungsangebot abgelehnt hatte, ein Bündnis mit Polen. Im September 1657 vollzog Kurbrandenburg im Vertrag von Wehlau einen Frontwechsel und erhielt dafür von Polen die Souveränität über das Herzogtum Preußen zugestanden. Im selben Jahr eröffnete auch Friedrich III. von Dänemark den Angriff auf Schweden. Karl X. Gustav wandte sich gegen diesen neuen Gegner und zwang ihn 1658 zum Frieden von Roskilde, in dem Dänemark-Norwegen die Insel Bornholm, das altdänische Schonen und das Stift Trondheim abtreten musste. Mit diesem Frieden erreichte Schweden seine größte Ausdehnung.

Die Kämpfe gingen aber weiter. Die Schweden wurden weitgehend aus Polen vertrieben. Stattdessen wurde der Krieg durch österreichische und brandenburgische Truppen 1659 ins schwedische Vorpommern getragen. Auch englische und niederländische Flottenverbände griffen ein, um die Kontrolle Schwedens über den Öresund zu verhindern. Nach der verlorenen Schlacht bei Nyborg auf Fünen 1659 geriet Schweden selbst an den Rand der Niederlage. Anfang 1660 starb überraschend Karl X. Gustav, für dessen minderjährigen Nachfolger Karl XI. ein Regentschaftsrat eingesetzt wurde.

Der Friede von Oliva

Auch dank der Vermittlung Frankreichs, das seinen alten Verbündeten zu stützen suchte, konnte 1660 der Friede von Oliva geschlossen werden, der den territorialen Status quo ante zwischen Polen und Schweden wiederherstellte. Johann Kasimir verzichtete auf seine schwedischen Thronansprüche. Die Souveränität des Herzogtums Preußen wurde bestätigt. Im selben Jahr gab der Friede von Kopenhagen Bornholm und Trondheim an Dänemark-Norwegen zurück, bestätigte aber im Übrigen den Vertrag von Roskilde. Polen und Russland schlossen erst 1667 den Vertrag von Andrussowo, der große Teile Weißrusslands und die östliche Ukraine mit Kiew dem Zaren überließ und 1686 durch einen „Ewigen Frieden" bestätigt wurde.

Die Endphase des Nordischen Krieges von 1655–1660 hatte erahnen lassen, dass Schweden eine Großmacht auf tönernen Füßen oder jedenfalls mit begrenzten Ressourcen war, die einem koordinierten Angriff ihrer Nachbarn kaum standzuhalten vermochte. Vergleichbare Herausforderungen blieben dem Königreich in den kommenden Jahrzehnten erspart. Das Eingreifen auf Seiten Frankreichs in den Holländischen Krieg führte zwar zu einigen peinlichen Niederlagen gegen Kurbrandenburg, endete im Frieden von Saint-Germain 1679 jedoch glimpflich mit minimalen Grenzkorrekturen in Pommern.

Die fragile schwedische Ostseeherrschaft

Die Vorgeschichte des Großen Nordischen Krieges, der zugleich den Höhe- wie den Endpunkt der Nordischen Kriege markiert, begann 1697, als nach dem Tod Karls XI. sein fünfzehnjähriger Sohn Karl XII. die Nachfolge antrat. 1698 schlossen sich die Nachbarn Schwedens in der irrigen Annahme, mit dem unerfahrenen König leichtes Spiel zu haben, in einem Bündnis zusammen, um gemeinsam ihre Ambitionen auf Kosten Schwedens zu verfolgen. Das schwedisch-dänische Verhältnis war in dieser Zeit vor allem durch die schwedische Unterstützung für die Herzöge von Schleswig-Holstein-Gottorf belastet, jene Nebenlinie des Hauses Oldenburg, die etwa die Hälfte der beiden Herzogtümer beherrschte und deren Verhältnis zum dänischen Königshaus mehr durch Rivalität als durch verwandtschaftliche Nähe geprägt war. 1697 wurde der sächsische Kurfürst Friedrich August I. nach seiner Konversion zum Katholizismus unter dem Namen August II. („der Starke") zum König von Polen gewählt. Er strebte danach, die früheren polnischen Verluste an Schweden zu revidieren. In Moskau brannte der junge Zar Peter I., der 1694 die Regierung angetreten und 1697 seine erste Reise nach Westeuropa unternommen hatte, darauf, seinem Reich den im frühen 17. Jahrhundert verlorenen Zugang zur Ostsee wiederzubeschaffen.

Die Vorgeschichte des Großen Nordischen Krieges

König Karl XII. von Schweden als Feldherr

Womit die Verbündeten nicht gerechnet hatten, war die Entschlossenheit des jungen Schwedenkönigs, der sich als begnadeter Feldherrnkönig (*Roi-Connétable*) erwies. Als im Februar 1700 Polen den Angriff auf Riga eröffnete, wandte er sich zunächst gegen Dänemark und nötigte durch die Belagerung Kopenhagens Friedrich IV. in kürzester Zeit zum Frieden von Travendal. Im November 1700 schlug er die Russen bei Narva, verzichtete aber darauf, diesen Sieg auszunutzen, sodass dieser Gegner den Krieg fortsetzte. Stattdessen griff Karl XII. Polen an, eroberte Warschau und veranlasste die Wahl des polnischen Adligen Stanislav Leszczynski zum Gegenkönig (1704). Unter Vermittlung des Kaisers, der bestrebt war, ein Übergreifen des Krieges nach Norddeutschland und eine Verbindung des Spanischen Erbfolgekrieges und des Nordischen Krieges zu verhindern, schloss August der Starke mit Karl XII. 1706 unter Verzicht auf die polnische Königswürde den Frieden von Altranstädt. Damit schied auch Polen aus der Reihe der Gegner des Schwedenkönigs aus.

Die Schlacht bei Poltawa

Zar Peter aber setzte den Krieg fort und erneuerte seine Angriffe auf das schwedische Baltikum. Karl XII. dagegen trug den Krieg weit nach Süden, als er 1709 bis in die Ukraine vordrang. Durch die Niederlage bei Poltawa, bei der etwa ein Drittel der schwedischen Truppen fiel und der Rest in russische Gefangenschaft geriet, verlor der König den Nimbus der Unbesiegbarkeit. Er konnte sich aber ins Osmanische Reich retten und wies alle Friedensangebote zurück. Im selben Jahr schlossen sich die Verbündeten von 1698 erneut zusammen, und August der Starke kehrte auf den polnischen Königsthron zurück.

Die letzten Kriegsjahre

Auf Betreiben Karls XII. trat nun das Osmanische Reich in den Krieg ein und brachte Russland 1711 eine schwere Niederlage bei. Angesichts der Einkesselung des russischen Heeres am Fluss Pruth musste Peter I. Frieden mit dem Sultan schließen und ihm den 1696/99 gewonnenen Schwarzmeerhafen Asow wieder abtreten. Seine Position im Baltikum behauptete Russland aber. Dort hatte der Zar schon 1703 an der Newamündung seine künftige Hauptstadt Sankt Petersburg gegründet. Ab 1713 wurde auch Finnland von russischen Truppen besetzt. Bereits 1711 hatten Preußen, Dänemark und Kurhannover mit der Eroberung der schwedischen Besitzungen in Norddeutschland begonnen. 1714 kehrte Karl XII. in einem fünfzehntägigen Gewaltritt aus dem Osmanischen Reich nach Pommern zurück, konnte jedoch den Fall Stralsunds nicht abwenden. 1718 fand er bei der Belagerung der norwegischen Stadt Frederikshald den Tod.

Als 1719 russische Truppen im schwedischen Kernland landeten, war der Friede für die Nachfolger Karls, seine Schwester Ulrika Eleonore und deren Mann Friedrich von Hessen-Kassel, unausweichlich geworden. Angesichts des wachsenden russischen Übergewichts war aber die antischwedische Koalition ab 1716 zerbrochen. Dies ermöglichte Schweden vergleichsweise günstige Separatfriedensschlüsse. 1719 bestätigte ein schwedisch-polnischer Geheimvertrag den Frieden von Oliva, während der Präliminarfriede von Stockholm die Abtretung Bremens und Verdens an Hannover festlegte. 1720 erreichte Preußen im Frieden von Stockholm den Gewinn Vorpommerns bis zur Peene, und im selben Jahr erhielt Dänemark im Frieden von Frederiksborg den 1713 erlangten Besitz ganz Schleswigs bestätigt. Außerdem musste Schweden auf die 1658 erlangte Befreiung vom Sundzoll verzichten. Schließlich trat Schweden 1721 im Frieden von Nystad Russland seine baltischen Provinzen ab, erhielt aber Finnland zurück. Dessen ungeachtet war die schwedische Großmachtzeit ein für allemal vorbei. Die Vorherrschaft im Ostseeraum hatte Russland gewonnen, das seinen Einfluss bis weit nach Mitteleuropa ausgedehnt hatte. Auch deswegen markiert der Große Nordische Krieg eine wichtige Zäsur in der Geschichte des Ostseeraums.

Friedensschlüsse

Vorherrschaft Russlands im Ostseeraum

6 Europa um 1700

6.1 Gesellschaft und Wirtschaft zwischen Beharrung und Aufbrüchen

Die europäischen Gesellschaften waren auch um 1700 ständische Gesellschaften, die denselben Grundsätzen gehorchten wie um 1600. Vertikale soziale Mobilität war möglich, führte aber nach wie vor nicht zu einer prinzipiellen Infragestellung der ständischen Ordnung. Dies geschah unter dem Einfluss der Aufklärung erst im 18. Jahrhundert.

Nach der demographischen Krise, die in der ersten Jahrhunderthälfte viele Länder getroffen hatte, wuchs die europäische Bevölkerung um 1700 verbreitet wieder. Selbst im Deutschen Reich, das infolge des Dreißigjährigen Krieges einen besonders dramati-

Demographische Entwicklungen

schen Bevölkerungsrückgang erlebt hatte, hatte die Bevölkerung in etwa wieder den Vorkriegsstand erreicht. Und das, obwohl immer noch strukturelle Begrenzungen des Bevölkerungswachstums eine wirkliche Bevölkerungsexplosion unmöglich machten. Vor allem führte – und das bis zum Ende des 18. Jahrhunderts – die Agrarkrise alten Typs etwa alle 10 bis 20 Jahre zu befristeten demographischen Krisen selbst in den Ländern, die wie Frankreich insgesamt ein deutliches Bevölkerungswachstum aufzuweisen hatten: Da es unter den hergebrachten landwirtschaftlichen Produktionsbedingungen nicht möglich war, eine oder gar mehrere Missernten aufzufangen, setzten diese immer noch den Kreislauf von Unterernährung, Anfälligkeit für Krankheiten und Erhöhung der Mortalität bei gleichzeitigem Rückgang der Heiraten und Geburten in Gang. Allerdings konnten diese kurzfristigen Einbrüche nach Stabilisierung der Versorgungssituation meist kurzfristig wieder ausgeglichen werden. Keine Rolle für die demographische Entwicklung sollte künftig die Pest spielen, die 1720–22 in Südfrankreich ihren letzten westeuropäischen Ausbruch erlebte. Andere Seuchen wie die Blattern (Pocken) blieben jedoch bedrohlich und verschonten auch nicht die regierenden Häuser: 1711 starben sowohl Kaiser Joseph I. als auch der französische Thronfolger Ludwig an dieser Krankheit.

Um 1700 hatte Frankreich mit 20 Mio. Menschen seinen Status als bevölkerungsreichstes Land Europas behauptet. Deutschland und Italien hatten die demographischen Einbrüche des Jahrhunderts ausgeglichen und wieder, wie um 1600, 15 bzw. gut 13 Mio. Einwohner. Demgegenüber hatte die Iberische Halbinsel einen Nettoverlust von gut 1 Mio. Menschen zu verzeichnen und lag nun bei einer Bevölkerung von 10 Mio. Die Bevölkerung der Britischen Inseln war dagegen trotz der Verluste infolge des Bürgerkrieges und des Irischen Aufstands von knapp 7 auf gut 9 Mio. Menschen gestiegen.

Konfessionsmigrationen

In den Jahrzehnten um 1700 waren Migrationsbewegungen für mehrere Länder ein bedeutender Faktor der demographischen Entwicklung. Mit der Flucht der Hugenotten und der Waldenser erlebten Konfessionsmigrationen am Ende des 17. Jahrhunderts noch einmal einen Höhepunkt. Vor den Verfolgungen Ludwigs XIV. flohen im Zuge des sogenannten *Grand Refuge* etwa 180 000 Reformierte aus Frankreich und fanden unter anderem in den Vereinigten Niederlanden, auf den Britischen Inseln, in der Schweizer Eidgenossenschaft, in verschiedenen Territorien des Reichs (z. B. Kurbrandenburg und Hessen-Kassel) und in den Kolonien Aufnahme. Um dieselbe Zeit flüchteten auch einige Tausend Waldenser aus den piemontesischen Alpentälern, von denen sich manche in deutschen Territorien (z. B. Württemberg) niederließen, andere aber 1689 im Zuge der *Glorieuse Rentrée* in ihre Heimat zurückkehrten.

Eine Wanderungsbewegung, die im 17. Jahrhundert an Dynamik gewann, war die in die Kolonien. Die Einwanderer kamen in steigendem Maße nicht mehr nur aus den europäischen Besitzungen der Kolonialmächte, sondern auch aus Drittländern. Im letzten Jahrhundertviertel begann die pfälzische Auswanderung nach Amerika, die neben konfessionellen nicht zuletzt wirtschaftliche Gründe hatte – die Pfalz gehörte zu jenen Regionen, die auch nach dem Westfälischen Frieden wiederholt unter schweren Kriegsverwüstungen zu leiden hatten. Die erste große Auswanderungswelle 1708/09 wurde durch einen Jahrhundertwinter veranlasst, der die Lage dramatisch verschärfte. Die jüngere Migrationsforschung hat aber nicht mehr nur den Zwang zur Auswanderung im Blick (Elendsparadigma), sondern richtet die Aufmerksamkeit verstärkt auf die Handlungsoptionen der Migranten (Chancenparadigma). Dass die Pfälzer und andere sich für das ferne Migrationsziel Amerika entschieden, hatte in der Tat viel mit den Hoffnungen auf ein besseres Leben in der „Neuen Welt" zu tun.

Auswanderung in die Kolonien

Aus ähnlichen Gründen wanderten Menschen in die von der osmanischen Herrschaft „befreiten" Gebiete in Ungarn aus. Überhaupt führten die Türkenkriege zu beachtlichen Bevölkerungsverschiebungen. Die muslimische Bevölkerung flüchtete vor der habsburgischen Besitzergreifung, und als die kaiserlichen Truppen Ende der 1680er Jahre wieder aus Serbien zurückweichen mussten, folgte ihnen ein Teil der orthodoxen Bevölkerung.

Nach wie vor war aber die Nahwanderung in die Städte die am weitesten verbreitete Form der Migration. Immer noch waren die Niederlande mit weitem Abstand die am stärksten urbanisierte Region Europas. Dort stieg der Anteil der städtischen an der Gesamtbevölkerung bis 1700 auf etwa ein Drittel. In der alten Städtelandschaft Italien lag sie hingegen lediglich bei etwa 14 %, im Deutschen Reich unter 5 %, in Polen-Litauen unter 1 %. Dass der Anteil der städtischen Bevölkerung in England und Wales im Verlauf des Jahrhunderts von knapp 6 auf über 11 % wuchs, war in erster Linie auf das außerordentliche Wachstum Londons zurückzuführen, dessen

Städtische Demographie

Einwohnerzahl sich im 17. Jahrhundert auf 575 000 nahezu verdreifachte.

Andere Städte, insbesondere in Spanien, Italien und Mitteleuropa, hatten im 17. Jahrhundert einen Nettoverlust an Einwohnern zu verzeichnen. So war die Bevölkerungszahl Sevillas um etwa 25 % auf unter 100 000 gefallen. Auch Augsburg konnte die Verluste des Dreißigjährigen Krieges nicht ausgleichen und zählte mit etwa 21 000 nur noch halb so viele Einwohner wie am Beginn des Jahrhunderts. Zu den wenigen „Gewinnern" unter den deutschen Reichsstädten gehörte Hamburg, das seine Bevölkerung im 17. Jahrhundert auf 80 000 Einwohner nahezu verdoppelte. Die größte Stadt im Reich war aber die kaiserliche Residenzstadt Wien, deren Entwicklung nach den Zerstörungen im Zuge der Belagerung von 1683 einen raschen Aufschwung nahm und in der um 1700 etwa 114 000 Menschen lebten. Damit lag Wien im Trend der deutschen Haupt- und Residenzstädte, von denen sich Dresden und Berlin (40 000 bzw. 30 000 Einwohner um 1700) besonders dynamisch entwickelten.

Manufakturen

Bewegung kam gegen Ende des 17. Jahrhunderts auch in den gewerblichen Bereich. Neben die fortbestehende zunfthandwerkliche Produktion, bei der in kleinen Betrieben ein Werkstück von Anfang bis zum Ende von einem Meister oder Gesellen gefertigt wurde, trat in zunehmendem Maße das Manufakturwesen. Manufakturen hatte es schon im Spätmittelalter gegeben. Nun aber errangen sie einen ganz neuen Stellenwert. Bei dieser Produktionsform beschäftigte ein Unternehmer zahlreiche Arbeitskräfte, die an einem Ort tätig waren. Sie wandten vielfach die traditionellen Handwerkstechniken an. Allerdings waren die Manufakturen oft dank obrigkeitlicher Privilegien aus den ständischen und zunfthandwerklichen Reglementierungen und Bindungen herausgenommen. Genau deswegen wurden sie vielfach von den Zünften energisch bekämpft. Um solchen Auseinandersetzungen zu entgehen, errichteten viele Unternehmer ihre Manufakturen außerhalb der Städte. Innerhalb der Manufakturen waren die Abläufe arbeitsteilig organisiert, d. h. dass ein Arbeiter sich auf einen bestimmten Arbeitsschritt spezialisierte. Dadurch wurde die Produktion wesentlich beschleunigt. Eine wichtige Rolle spielten die Manufakturen vor allem im Textil- und im Montangewerbe, im Schiffbau, bei der Salzgewinnung, bei der Zuckerherstellung sowie nicht zuletzt im Luxusgewerbe, etwa bei der Fertigung von Gobelins und Fayencen. Alles in allem bedeutete das Aufkommen der Manufakturen einen Schritt weg von einer qualitäts- hin zu einer quantitätsorientierten Produktionsweise. Insofern weisen sie auf das im 18. Jahrhundert beginnende Zeitalter der Industrialisierung voraus.

Vergleichbare qualitative Veränderungen lassen sich auch für das Verkehrs- und Transportwesen beobachten. Zwar war man in weiten Teilen Europas immer noch auf unbefestigte Straßen angewiesen, die bei ungünstiger Witterung nahezu unpassierbar wurden. Brücken waren Mangelware, und ein Flussübergang mittels einer Fähre oder einer Furt konnte bei hohem Wasserstand zu einem lebensgefährlichen Unternehmen werden. Ähnliches galt für die Überschreitung von Gebirgen, wo es oft nur Maultierpfade gab. Die Anlage neuer, gepflasterter – und mautpflichtiger – Straßen begann aber das Reisen und den Transport zu beschleunigen und komfortabler zu machen. *Verkehr und Transport*

Um weite Strecken zu überwinden, aber auch für den Transport schwerer oder voluminöser Lasten, empfahl sich nach wie vor der Wasserweg. Auch hier war das Reisen weder kostengünstig noch ungefährlich – Untiefen, Strudel und Stromschwellen waren wesentlich häufiger als in den heute vielfach begradigten und ausgebaggerten Flüssen. Stromaufwärts musste das Schiff von Menschen oder Tieren geschleppt – getreidelt – werden. Doch in der Binnenschifffahrt waren in der zweiten Hälfte des 17. Jahrhunderts durch den Kanalbau vor allem in Westeuropa substanzielle Verbesserungen im Gang. So wurde zwischen 1666 und 1694 der „Canal Royal" – heute Canal du Midi – gebaut, der Toulouse mit dem Mittelmeer verbindet. Auch die Hochseeschifffahrt entwickelte eine beachtliche Leistungsfähigkeit. Insbesondere die Holländer erwarben sich hier Verdienste, etwa durch die Entwicklung des Schiffstyps der Fleute, die immerhin über eine Tragfähigkeit von bis zu 600 t verfügte. Auch diese Reise- bzw. Transportform barg Risiken, nicht zuletzt durch die Unbilden der Witterung. Auf einigen Meeren, zum Beispiel im Mittelmeer und der Karibik, stellte auch die Piraterie eine nicht zu unterschätzende Bedrohung dar. Dazu kamen im Kriegsfall noch von gegnerischen Mächten konzessionierte Kaperfahrer, die beispielsweise während des Spanischen Erbfolgekrieges gute Geschäfte machten. *Schifffahrt*

Deutlich hatten sich im 17. Jahrhundert die Handelsströme verschoben. Alte Handelsräume wie die Ostsee oder das Mittelmeer waren zwar keineswegs irrelevant geworden. Andere, nicht zuletzt *Handel* die atlantischen Handelsrouten hatten aber klar an Bedeutung gewonnen. Als führende Handelsnationen hatten sich England und die Vereinigten Niederlande durchgesetzt. Letztere hatten allerdings, ohne dass das zunächst klar zu erkennen war, ihren Zenit bereits überschritten. Infolge des Spanischen Erbfolgekrieges und des Friedens von Utrecht 1713 wurde die Position des britischen Handels noch einmal gestärkt.

Der deutsche Handel hatte dagegen durch den Dreißigjährigen Krieg erhebliche Einbußen erlitten, von denen er sich erst allmählich erholte. Andere Verlierer waren Venedig, das allerdings den zurückgehenden Levantehandel partiell durch einen Handel mit Erzeugnissen der Terra ferma zu kompensieren vermochte, sowie Spanien und Portugal, denen die Kontrolle über den Handel mit den eigenen Kolonien weitgehend entglitten war.

Bankwesen Einen nachhaltigen Ausbau hatte im 17. Jahrhundert das Bankwesen erlebt. Privatbanken und die Staatsbanken der italienischen Stadtrepubliken wie die genuesische Casa di San Giorgio hatten schon lange den überregionalen Geldtransfer in großem Stil ermöglicht. Durch die 1609 gegründete Amsterdamsche Wisselbank stieg nun aber Amsterdam rasch zum führenden europäischen Finanzzentrum auf. Gegen Ende des Jahrhunderts, im Gefolge der Gründung der Bank of England 1694, verlor es diese Position an London. In mehreren Städten entstanden, teilweise schon im 16. Jahrhundert und häufig im Zusammenhang mit bereits existierenden Messen, Börsen mit einem ständigen Wechselhandel, beispielsweise in Frankfurt. Frankfurt und Hamburg stiegen zu den wichtigsten deutschen Finanzplätzen auf.

Papiergeld Eine andere Neuentwicklung des 17. Jahrhunderts, die Verwendung von Papiergeld statt von Münzen, konnte sich jedoch nicht in der Breite durchsetzen. Dies umso weniger, als derartige Experimente, wie 1657 in Schweden, 1694 in England und 1695 in Dänemark-Norwegen, oftmals genau dann durchgeführt wurden, wenn dem Staat das Edelmetall für die Münzprägung fehlte. Die Deckung der Banknoten war daher nicht gegeben, und sie waren viel weniger kaufkräftig, als es ihrem Nennwert entsprochen hätte. Daher stand die Bevölkerung ihnen mit erheblichem Misstrauen gegenüber und griff lieber auf das bewährte Münzgeld zurück. Sie erlebte die Einführung des Papiergelds nicht viel anders als die altbekannten obrigkeitlichen Münzmanipulationen durch eine Reduktion des Feingehalts, wie sie im Deutschen Reich besonders exzessiv in den

1620er Jahren, in der sogenannten Kipper- und Wipperzeit, praktiziert worden war. Aber bis weit ins 18. Jahrhundert hinein waren Reduktionen des Feingehalts der Münzen gang und gäbe, was besonders im Deutschen Reich mit seinen zahlreichen Münzstätten zu erheblichen Verwerfungen führte. Es gab zwar nahezu unausgesetzte Versuche, dieses Problem in den Griff zu bekommen. Nachhaltige Lösungen wurden aber bis zum Ende des Alten Reichs nicht gefunden.

6.2 Staatsmacht und Mächtegleichgewicht

Während des 17. Jahrhunderts wuchs, wie zu zeigen war, der Anspruch des frühneuzeitlichen Staats auf die Normierung des Lebens der Untertanen, und er konnte vielfach in früher weitgehend autonome bzw. „staatsfreie" Räume vordringen. Die Forschung hat sich bemüht, diesen Prozess theoretisch zu erfassen und einzuordnen. Norbert Elias hat ihn als Zivilisierung beschrieben. Michel Foucault und Gerhard Oestreich haben das Moment der Disziplinierung hervorgehoben. Auch die von Max Weber auf dem Weg zur Moderne beobachtete fortschreitende Rationalisierung lässt sich im 17. Jahrhundert beobachten. Freilich bestanden um 1700 noch zahlreiche Phänomene fort, die aus der Perspektive der Moderne als reichlich irrational anmuten, nicht zuletzt der nach wie vor immense Stellenwert des symbolischen Kapitals im Vergleich zum ökonomischen (Pierre Bourdieu). Insofern lässt das 17. Jahrhundert sowohl Aspekte einer beginnenden Modernisierung wie eines Verharrens in vormodernen Strukturen erkennen. Insgesamt lässt sich aber in vielen europäischen Ländern im 17. Jahrhundert der Prozess einer Entfesselung und Konzentration der Staatsmacht verfolgen, die allerdings bei weitem nicht das Niveau erreichte wie in der Moderne.

Expnasion des frühneuzeitlichen Staates

Für die einzelnen europäischen Länder fällt die Bilanz des 17. Jahrhunderts sehr unterschiedlich aus. Zu den „Verlierern" nicht nur auf politischer Ebene zählte zweifelsohne Spanien, das in demographischer wie ökonomischer Hinsicht erhebliche Nettoverluste zu verzeichnen hatte und das sämtliche europäischen Besitzungen außerhalb der Iberischen Halbinsel einbüßte. Von der europäischen Führungsmacht war es partiell zu einem Objekt der Politik anderer Mächte geworden. Freilich setzte auch hier die Krise Reformkräfte frei, die schon während des Erbfolgekrieges zu wirken

Spanien als „Verlierer" des 17. Jahrhunderts

begannen. Sehr bald nach 1713/14 schickte sich Spanien an, die Bestimmungen der Friedensschlüsse infrage zu stellen und auf die politische Bühne Italiens zurückzukehren.

Aufstieg der österreichischen Habsburger

Hier hatten die österreichischen Habsburger das Erbe ihrer spanischen Verwandten als Hegemonialmacht angetreten, wobei sie sich auch auf die alten kaiserlichen Lehnsrechte stützten. Auch sonst gehörten sie zu den „Aufsteigern" des 17. Jahrhunderts. Statt von innerdynastischen Zwistigkeiten und Konflikten mit den Ständen seiner Besitzungen gelähmt zu werden, herrschte Karl VI. über ein scheinbar konsolidiertes Reich – tatsächlich erreichte damals das Habsburgerreich seine größte Ausdehnung. Allerdings sollte auch dieses Reich ab 1740 eine existentielle Krise erleben, die einmal mehr durch das Fehlen eines männlichen Erben ausgelöst wurde.

Frankreich als Leitnation

Das Erbe des Spanischen Reichs als Vormacht Europas hatte allerdings schon seit der Jahrhundertmitte Frankreich angetreten, und das in einem sehr umfassenden, nicht nur machtpolitischen Sinn. Auch auf der Ebene der Hofkultur und bald der Aufklärung avancierte es zu einer Leitnation, um nur noch zwei Aspekte zu benennen.

Gleichgewicht der Mächte als Ordnungsprinzip

Dass Frankreich die neue europäische Führungsmacht war, bedeutete freilich nicht, dass ihm die anderen Mächte untergeordnet gewesen wären. Während um 1600 noch Vorstellungen einer hierarchisch aufgebauten *Christianitas* oder gar einer Universalmonarchie eine wichtige Rolle gespielt hatten – und sei es als Bedrohung, gegen die die eigene Freiheit zu verteidigen sei –, setzte sich um 1700 ganz klar das europäische Gleichgewicht als Norm durch. Die Figur des tyrannischen Universalmonarchen hatte in der Propaganda gegen Ludwig XIV. noch eine erhebliche Bedeutung. Während des Neunjährigen Krieges und des Spanischen Erbfolgekrieges, als eine Große Allianz einem im Wesentlichen allein dastehenden Frankreich bzw. den beiden bourbonischen Kronen Frankreich und Spanien entgegentrat, erlebte die Gefahr einer monopolaren Staatenordnung einen letzten Höhe- und zugleich Endpunkt, als sich zeigte, dass Frankreich trotz seines Ressourcenreichtums, mit dem es jede andere Macht übertraf, an seine Grenzen stieß. Schon die Teilungsverträge über das spanische Erbe verfolgten 1698–1700 das Ziel, ein Gleichgewicht der beiden kontinentalen Hauptmächte zu institutionalisieren und die Gewinne dieser Mächte so zu regeln, wie es den Interessen der Seemächte entsprach. In den Utrechter

Verträgen schließlich wurde das europäische Gleichgewicht ausdrücklich als Leitkategorie der europäischen Mächteordnung festgeschrieben. Dabei handelte es sich künftig nicht mehr um eine Macht, die gegen alle anderen stand, sondern um das Gleichgewicht von Mächtegruppen.

Eine wirkliche Gleichheit der Mächte gab es freilich nicht. Die führenden Mächte, in deren Kreis es im frühen 18. Jahrhundert noch Fluktuationen gab, beanspruchten vielmehr eine übergeordnete Regelungskompetenz, der sich die anderen zu unterwerfen hatten. Dies geschah im Namen einer Konfliktvermeidung durch Interessenausgleich bzw. einer Unterwerfung unter das übergeordnete Interesse. Diese später als Konvenienz bezeichnete Praxis spielte schon bei den für das spanische Erbe abgeschlossenen Teilungsverträgen eine Rolle, wurde im 18. Jahrhundert aber immer wichtiger und letztlich zu einer Existenzbedrohung für mindermächtige Dynastien und Staaten, wie die Teilungen Polens ab 1772 besonders nachdrücklich zeigen sollten.

Ungleichheit der Mächte und Konvenienz

6.3 Zwischen „Rekonfessionalisierung" und „Toleration"

Eine im Ergebnis nachhaltige, wenn auch schleichende Veränderung ihres Stellenwerts erlebten im Verlauf des 17. Jahrhunderts Religion und Kirche. Wird die erste Hälfte des 17. Jahrhunderts üblicherweise noch dem Konfessionellen Zeitalter als einer Epoche zugerechnet, in der die Herausbildung der christlichen Konfessionen erfolgte und die konfessionellen Gegensätze eine erstrangige Bedeutung in allen menschlichen Lebensbereichen besaßen, nimmt man für die folgenden Jahrzehnte auf verschiedenen Ebenen einen rückläufigen Einfluss von Religion und Kirche an. Freilich war dies ein komplexer, von vielen Gleichzeitigkeiten geprägter Prozess (vgl. II.4). Man kann diese Entwicklung mit Niklas Luhmann als einen Teilaspekt des umfassenden Wandels von einer stratifikatorisch, also hierarchisch gegliederten Gesellschaft, in der die Religion und die von ihr gesetzten Normen eine übergeordnete Rolle in allen Lebensbereichen spielten, hin zu einer segmentär differenzierten Gesellschaft betrachten, in der Wirtschaft, Politik, Religion etc. als autonome Funktionssysteme ihren je eigenen Normen und Gesetzmäßigkeiten folgten.

Stellenwert von Religion und Kirche

Konfessionskulturen   Einige Länder – wie Österreich, Böhmen und Frankreich – waren nach Flucht oder Konversion eines Großteils der evangelischen Bevölkerung um 1700 konfessionell deutlich geschlossener als um 1600. Nicht nur hier schritt die Entwicklung distinkter Konfessionskulturen auch nach 1648 weiter voran. Freilich waren die Konfessionskirchen keine monolithischen Blöcke. Während sich auf katholischer Seite der Jansenismus trotz der Verurteilung durch die römische Kurie und der Verfolgung durch die französische Krone behauptete, war es auf protestantischer Seite insbesondere der Pietismus, der sich vor allem in seinen radikaleren Ausprägungen einer Einordnung in die lutherischen Konfessionskirchen entzog. Dabei hatte Philipp Jakob Spener mit seinen „Pia Desideria" (1675) auf eine Erneuerung der gesamten evangelischen Kirche abgezielt. Aufgrund von Streitigkeiten mit streng lutherischen Theologen musste er aber 1691 sein Oberhofpredigeramt am kursächsischen Hof aufgeben und sich nach Berlin zurückziehen. Ähnliche Ablehnung erfur auch August Hermann Francke, der 1698 in Halle die nach ihm benannten Franckeschen Stiftungen gründete, die mit Schulen, Waisernhäusern und Bibelanstalt das Konzept eines tätigen Christentums umsetzten.

Rückläufige Bedeutung für die Außenpolitik   Eine deutlich geringere Rolle als hundert Jahre zuvor spielten konfessionelle Motive für die Außenpolitik der europäischen Mächte. Konfessionsverwandtschaft war immer noch ein tendenziell vertrauensstiftender Faktor, der Kooperationen, Bündnisse und insbesondere dynastische Ehen begünstigte. Die antifranzösischen Großen Allianzen von 1689 und 1701 waren aber konfessionell bunt gemischt. In der protestantischen Publizistik war allerdings das Argument der Abwehr einer „papistischen" Gefahr durchaus präsent.

Hugenotten- und Waldenserverfolgungen   Die Perzeption einer europaweiten katholischen Bedrohung wurde durch verschiedene Faktoren gefördert. Da war zum einen die Verfolgung der französischen Hugenotten und der piemontesischen Waldenser. Die Geflüchteten erlebten vielfach eine großherzige Unterstützung. Allein in Frankfurt am Main, das zu einer „Drehscheibe des Refuge" (Michelle Magdelaine) wurde, fanden auf der Durchreise 46 000 Hugenotten Unterstützung und damit mehr als doppelt so viele Menschen, wie damals in der Reichsstadt lebten. Aber auch auf den britischen Inseln wurden landesweite Kollekten für die Verfolgten gehalten.

Fürstenkonversionen   Die Bedrohungsperzeption wurde dadurch verstärkt, dass in einigen protestantischen Ländern katholische Herrscher zur Regierung gelangten, was bei den evangelischen Untertanen die Befürchtung weckte, einer verspäteten Gegenreformation ausgesetzt zu werden. Ein solches Gefährdungsszenario führte nicht nur 1688 zur *Glorious Revolution* in England, sondern entwickelte sich auch in einigen Territorien des Reichs: Die Kurfürsten aus der katholischen Linie Pfalz-Neuburg, die 1685 die Nachfolge in der Kurpfalz angetreten hatte, begünstigten ihre Glaubensgenossen und profitierten dabei von der Rijswijker Klausel, für deren Aufnahme in den Rijswijker Frieden Ludwig XIV. 1697 gesorgt hatte. Nach der Konversion Augusts des Starken wurde seit 1697 mit Sachsen auch das Ursprungsland der Reformation von einem Katholiken regiert. Hier, wie auch in einigen anderen Territorien, sorgten allerdings die Landstände dafür, dass der Herrscher nicht viel mehr als einen katholischen Hofgottesdienst etablieren konnte. Nichtsdestoweniger bewirkten die Bedrohungsperzeptionen eine konfessionelle Aufladung der Reichspolitik, die unter anderem dazu führte, dass nunmehr das *Corpus Evangelicorum* als Zusammenschluss der protestantischen Reichsstände zu einem bedeutenden Akteur am Reichstag und im Reich wurde. Man hat in diesem Zusammenhang von einer Rekonfessionalisierung der Reichspolitik gesprochen.

Bemerkenswerterweise gab es etwa zeitgleich zu dieser Verhärtung der konfessionellen Fronten verschiedene Anläufe zu einer Wiedervereinigung der christlichen Konfessionen. In den 1680er und 1690er Jahren engagierte sich im Auftrag Kaiser Leopolds I. der Bischof von Wiener Neustadt Cristobál de Rojas y Spinola für eine Reunion der Lutheraner mit der katholischen Kirche. Er hatte aber ebenso wenig Erfolg wie in den 1690er Jahren der französische Bischof und Prinzenerzieher Jacques Bénigne de Bossuet. Zu den evangelischen Gesprächspartnern beider gehörte kein geringerer als der in welfischen Diensten stehende Gottfried Wilhelm Leibniz. Dieser wiederum verhandelte mit dem kurbrandenburgischen Hofprediger Daniel Ernst Jablonski über eine lutherisch-calvinistische Union. Gemeinsam ist allen diesen Projekten, dass sie nicht zum Erfolg führten.

(Re-)Unionsversuche

In einer Reihe von gemischtkonfessionellen Ländern hatte sich aber im Lauf der Zeit ein pragmatischer Umgang mit Andersgläubigen etabliert, der Polemik und Konflikte keineswegs ausschloss, aber alles in allem ein gedeihliches Zusammenleben ermöglichte. Da man allerdings kaum von gegenseitiger Wertschätzung sprechen kann, erscheint der moderne Toleranzbegriff wenig angemessen,

„Toleration"

um diese Form des konfessionellen Mit- oder besser Nebeneinanders zu bezeichnen. Passender ist der Terminus „Toleration" (Benjamin Kaplan), der den Akzent auf eine (möglicherweise widerwillige) Duldung legt. Konfessionelle Toleranz im modernen Sinne lässt sich um 1700 nur vereinzelt fassen, zum Beispiel im Verhältnis der verschiedenen protestantischen Denominationen auf den Britischen Inseln. Verbreiteter wurde sie erst unter dem Einfluss der Aufklärung im 18. Jahrhundert.

6.4 Vorboten der Aufklärung

Als das Jahrhundert der Aufklärung gilt mit gutem Grund das 18. Jahrhundert. Ihre Anfänge nahm diese europaweite, vielgestaltige und alle Bereiche des menschlichen Lebens tangierende Bewegung aber schon im 17. Jahrhundert.

René Descartes

Eine wichtige Voraussetzung für die Öffnung der geistigen Welten schuf schon 1637 René Descartes in seinem „Discours de la Méthode". Indem er den Zweifel systematisch in die wissenschaftliche Methodik integrierte, stellte er die Annahme unveränderlicher Wissensbestände infrage und legte die Basis für den neuzeitlichen Rationalismus. Mit seiner berühmten Äußerung „Cogito, ergo sum" – „Ich denke, also bin ich" – brachte er seine Überzeugung zum Ausdruck, dass das konstruierende Denken dem Individuum und der Materie überlegen sei. Mit anderen Worten: Statt von feststehenden Wahrheiten auszugehen, wurde prinzipiell alles denk- und hinterfragbar.

Die Querelles des Anciens et des Modernes

Als eigentlicher Beginn der Aufklärung gilt aber die 1687 ausgebrochene *Querelle des Anciens et des Modernes*, bei der es darum ging, ob die klassische Antike das unverrückbare Maß aller Dinge sei oder ob die Gegenwart über diese hinausgelangen könne bzw. schon gelangt sei. Dahinter verbarg sich ein neuer Glaube an die Entwicklungsfähigkeit des Einzelnen wie der Menschheit als ganzer, wie er kennzeichnend für die Aufklärung insgesamt werden sollte. Schon Descartes' „Discours de la Méthode" hatte ja auf eine Erweiterung der Wissenshorizonte abgezielt. Descartes' Forderung, bei der Erkenntnisgewinnung dem Zweifel einen gebührenden Platz einzuräumen, trug Pierre Bayle in seinem 1697 erschienenen „Dictionnaire historique et critique" in hohem Maße Rechnung, wenn er in diesem Werk eben kein gesichertes Wissen zusammentrug, sondern zu den einzelnen Lemmata unterschiedliche, bisweilen konträre Positionen aufführte. Dieser an etablierten Anschauungen zweifelnde, kritische Zug wurde der Aufklärung eigen. Gleichzeitig fand der die Naturwissenschaften prägende Empirismus Eingang in die Philosophie: Im Gegensatz zu Rationalisten wie Descartes oder Leibniz, die die Prinzipien der Vernunft gleichsam als Filter der Erkenntnis betrachteten, um sinnliche Wahrnehmungen kritisch zu hinterfragen, vertraten Empiristen wie Thomas Hobbes oder John Locke die Anschauung, dass Vernunft ausschließlich durch Sinneswahrnehmung zu erlangen sei.

Schließlich entwickelten sich bereits im 17. Jahrhundert die medialen Voraussetzungen für den Erfolg der Aufklärung. Seit den 1660er Jahren etablierte sich ein differenziertes Angebot an wissenschaftlichen Zeitschriften. Im Jahr 1665 erschienen in Paris bzw. London die ersten Nummern des „Journal des Sçavans" und der „Philosophical Transactions". Auf deutscher Seite lassen sich ihnen die ab 1682 in Leipzig gedruckten „Acta Eruditorum" an die Seite stellen.

<small>Mediale Voraussetzungen</small>

Dank der unterschiedlichen Druckmedien sowie deren Verbreitung durch die Post entstand allmählich ein prinzipiell allgemeinzugänglicher Informationsmarkt – jedenfalls für diejenigen, die über Lesefähigkeiten und das nötige Geld zum Erwerb dieser Medien verfügten. Zugleich mit den Möglichkeiten, sich zu informieren, wuchsen die Gelegenheiten zu kommunizieren und sich zu artikulieren. Es entstand eine räsonierende Öffentlichkeit derjenigen, die in den bestehenden politischen Systemen nicht an der Herrschaft beteiligt waren. In den meisten europäischen Ländern versuchten die Regierenden zwar durch Zensurmaßnahmen allzu unangenehme Äußerungen zu unterdrücken und gleichzeitig durch geeignete Veröffentlichungen die Meinung des „Publikums" zu beeinflussen. Derartigen Bemühungen waren jedoch Grenzen gesetzt. So bot das Deutsche Reich mit seiner Vielzahl unterschiedlicher Obrigkeiten Autoren und Verlegern ideale Möglichkeiten, sich der Verfolgung bzw. Zensur zu entziehen. Doch auch eine vergleichsweise „starke" Monarchie wie die französische konnte nicht verhindern, dass oppositionelle Autoren ihre Werke im Ausland, beispielsweise in Amsterdam, drucken und anschließend ins Land schmuggeln ließen. In England ging man zu vergleichsweise großzügigen Zensurpraktiken über; 1695 wurde sogar die Vorzensur aufgehoben.

Die *République des Lettres*

Ein intensivierter Austausch fand aber nicht nur auf nationaler Ebene statt. Vielmehr erlebte die *République des Lettres* der europäischen Bildungseliten gleichsam einen Verdichtungsschub. Zu ihrer Umgangssprache wurde mehr und mehr das Französische, selbst wenn Gebildete nach wie vor selbstverständlich Latein und Italienisch beherrschten. Der Austausch zwischen ihnen vollzog sich unter anderem in den Akademien der Wissenschaften als Orten außeruniversitärer Forschung, für die die 1635 gegründete Académie Française und die englische Royal Society von 1660 Vorbildfunktionen gewannen. Intensiv korrespondierten die Gelehrten in Briefen; der Austausch erfolgte zudem über die wissenschaftlichen Journale.

Die Universität Halle

Sogar in das lang erstarrte Universitätswesen kam Bewegung, beispielsweise an der 1694 gegründeten Universität Halle, wo als erster Prorektor der Jurist und Philosoph Christian Thomasius und ab 1706 der Philosoph Christian Wolff wirkten. Sie vollzogen die Abkehr vom scholastischen Gelehrsamkeitsideal hin zu einer Bildung des Individuums, wie sie den Vorstellungen der sich verbreitenden Aufklärung entsprach.

Leibniz als Universalgelehrter

Die immer weiter anwachsenden und komplexer werdenden Wissensbestände waren von Einzelnen kaum noch zu überblicken. Die Zeit der Universalgelehrten ging zu Ende, nicht ohne noch einmal eine so bedeutende Persönlichkeit wie Gottfried Wilhelm Leibniz (1646–1716) hervorgebracht zu haben, der – um nur einige seiner Arbeitsgebiete zu nennen – gleichermaßen als Philosoph, Mathematiker, Jurist und Historiker brillierte.

Entwicklung der Geschichtsschreibung

In der Historiographie wurden – zumindest teilweise – neue Anforderungen hinsichtlich Quellenfundierung der Darstellung und Quellenkritik gestellt. Hier machten sich nicht zuletzt die nach dem Hagiographen Jean Bolland benannten Bollandisten verdient, die sich mit der Erstellung historisch-kritischer und daher von protestantischer Seite unangreifbarer Ausgaben der Heiligenviten in den „Acta Sanctorum" beschäftigten, ein Mammutprojekt, dessen erster Band 1643 erschien. Es markiert einen wichtigen Schritt in der Entwicklung der vorwissenschaftlichen Geschichtsschreibung zur Geschichtswissenschaft. Gleichzeitig bestand freilich eine traditionelle, auf das Herrscherlob ausgerichtete und äußerst frei mit den Quellen umgehende Hofhistoriographie fort.

6.5 Globalisierungen

Im Verlauf des 17. Jahrhunderts bauten die europäischen Mächte ihre Stellung in der Welt aus, wobei sich unter ihnen die Gewichte deutlich verschoben. Wenn man von Russland absieht, dessen sibirische Herrschaftsgebiete sich seit 1639 bis zum Pazifik erstreckten, blieb das spanische mit weitem Abstand das größte Kolonialreich. Ja, die spanischen Besitzungen in Amerika wurden auf Kosten der indigenen Bevölkerung weiter ausgebaut. Spätestens mit dem Frieden von Utrecht hatte 1713 aber Großbritannien die Stellung als führende globale Handelsmacht übernommen. Das bedeutet nicht, dass der Kampf mit Frankreich um die Vorherrschaft in Nordamerika schon entschieden gewesen wäre oder dass der niederländische Handel unbedeutend geworden wäre. Auch Portugal hatte einen Teil seines Kolonialreichs, insbesondere Brasilien, behaupten können.

Positionsveränderungen

Nach wie vor konzentrierten sich die europäischen Siedlungs- und Herrschaftskolonien auf den amerikanischen Doppelkontinent. Namentlich in Asien wurden den Europäern durch starke einheimische Mächte Grenzen gesetzt. In Indien erlebte das Mogulreich unter Aurangzeb (1658–1707) eine letzte Blüte. Japan verfolgte seit 1639 eine Politik der rigorosen Abschließung gegenüber europäischen Einflüssen. Die niederländische Ostindienkompanie durfte ihren Handelsstützpunkt zwar behalten, musste ihn 1641 aber auf das leicht zu kontrollierende künstliche Inselchen Deshima vor Nagasaki verlegen. Außerdem wurde der Handel von japanischer Seite strikt reglementiert.

Grenzen des europäischen Einflusses: Japan

Auch in China war der europäische Einfluss rückläufig. Den Übergang der Herrschaft von den Ming auf die Dynastie der Qing oder Mandschu 1644 hatte die jesuitische Chinamission überstanden. Am Ende des 17. Jahrhunderts entstand aber zwischen den Jesuiten und konkurrierenden Missionaren ein Konflikt über die Zulässigkeit der jesuitischen Inkulturationsstrategie. Als die römische Kurie die Position der Jesuitengegner übernahm, Konfuzianismus und Christentum für unvereinbar erklärte und den chinesischen Christen die Ahnenverehrung untersagte, brach die Chinamission rasch zusammen. Kaiser Kangxi (1661–1722), der ursprünglich eine große Offenheit gegenüber den Jesuiten gezeigt hatte, ging zu einer Politik der Christenverfolgung über und wies die Missionare aus. Der Handel mit Europa, wo man unter anderem das chinesische

China

Porzellan als Luxusartikel begehrte, wurde fortgeführt, unterlag aber der verstärkten Kontrolle der kaiserlichen Regierung. 1689/1722 wurden die Beziehungen Chinas zu Russland vertraglich geklärt: Russland musste die Amurprovinz aufgeben und durfte nur alle drei Jahre eine Handelskarawane ins nördliche China bzw. die Mandschurei schicken.

Nordamerika

Nicht nur in Asien wurden den Europäern Grenzen gesetzt. Auch die nordamerikanischen Indigenen waren keinesfalls nur hilflose Opfer, sondern Akteure. Insbesondere die Franzosen, deren Zahl die der britischen Siedler bei weitem unterschritt, waren auf die Kooperation mit den Stämmen angewiesen. Wichtige Verbündete der Briten bis weit ins 18. Jahrhundert waren die Irokesen (*Five Nations*).

Sklavenhandel

Allzu oft waren die Beziehungen Europas bzw. der Europäer zu den anderen Kontinenten durch die Ausübung von Gewalt geprägt, die sich gegen die indigene Bevölkerung richtete und von mehr oder weniger brutaler Unterwerfung bis hin zum Genozid reichen konnte. Opfer von Gewalt waren nicht zuletzt die von der afrikanischen „Sklavenküste" in die amerikanischen Kolonien verschleppten Menschen, von denen viele schon unterwegs oder später infolge der harten Arbeit und schlechten Behandlung starben. Der Sklavenhandel für die spanischen Kolonien in Amerika war als ein Monopol der spanischen Krone organisiert. Dieser sogenannte *Asiento de Negros* war lange an Portugiesen verpachtet gewesen, bevor er 1713 durch den Frieden von Utrecht Großbritannien zugesprochen wurde. Doch auch Franzosen, Niederländer, Italiener, Schweden und Deutsche waren zeitweise am Sklavenhandel beteiligt. Die Europäer kooperierten mit Arabern und Afrikanern, von denen sie die Sklaven zur Verschiffung über den Atlantik übernahmen. Bis ins 18. Jahrhundert prosperierte der Sklavenhandel und erwies sich als lukratives Geschäft. Die europäische Präsenz in Afrika beschränkte sich im Übrigen nach wie vor auf Stützpunkte an den Küsten, sieht man von der niederländischen Kapkolonie einmal ab.

Europäisches Wissen über die außereuropäische Welt

Im Lauf des 17. Jahrhunderts nahmen die in Europa verfügbaren Informationen über andere Kontinente und die dort lebenden Menschen, Tiere und Pflanzen gewaltig zu, über die zahlreiche Reiseberichte und sonstige Abhandlungen veröffentlicht wurden. Die europäischen Autoren fühlten sich grundsätzlich den außereuropäischen „Heiden" überlegen. Doch auch wenn viele Berichte über die amerikanischen, afrikanischen und asiatischen Länder und ihre

Bewohner in erster Linie ein oberflächliches Interesse an fremden Kuriositäten erkennen lassen, vermittelten sie dem europäischen Publikum doch einige Informationen. Vielfach standen die Autoren den außereuropäischen Kulturen einigermaßen hilflos gegenüber und versuchten sie mit europäischen Begriffen und Konzepten zu erfassen, was regelmäßig zu Verzeichnungen führte. Neben vielen abwertenden Aussagen finden sich jedoch einige differenzierte Darstellungen. Namentlich den Hochkulturen Asiens begegnete man mit zumindest partieller Wertschätzung bis hin zur Bewunderung. Andere Autoren nutzten Reisebeschreibungen, um ihrem europäischen Publikum einen Spiegel vorzuhalten, wenn etwa die Genügsamkeit eines außereuropäischen Volks dem Luxus an europäischen Höfen gegenübergestellt wurde. Nicht zu vergessen ist, dass es außer den schriftlichen oder mündlichen Berichten auch andere Medien gab, die Informationen über die außereuropäischen Weltgegenden nach Europa brachten, nicht zuletzt die (lebenden oder toten) Tiere und Pflanzen sowie die Produkte dieser Länder.

Allmählich entwickelte sich eine arbeitsteilige globale Wirtschaft. Zwar ist die traditionelle Sichtweise eines transatlantischen „Dreieckshandels" allzu schematisch. Es gab aber durchaus spezifische Handelsströme, wie insbesondere den Sklavenhandel von Afrika nach Amerika und den Export von Zucker, Rum und Tabak aus der Karibik nach England, und es etablierte sich ein „atlantisches System" mit verstärkten wirtschaftlichen Abhängigkeiten. Vor allem die niederländischen und britischen Handelskompanien waren nicht nur bedeutende wirtschaftliche, sondern auch politische Akteure. Das trug dazu bei, dass Fragen des (Welt-)Handels einen wachsenden Stellenwert für Krieg und Frieden sowie in internationalen Verträgen gewannen, wie sich besonders gut am Frieden von Utrecht nachvollziehen lässt. 1720 führte ein Spekulationsfieber um die 1711 gegründete Südseekompanie zum ersten Börsencrash in England, dem sogenannten *South Sea Bubble*. Ökonomische Globalisierungstendenzen

Im Verlauf des 17. Jahrhunderts machte die im 15. Jahrhundert begonnene Europäisierung der Welt somit Fortschritte, wenn große Gebiete und Bevölkerungen unter die Herrschaft europäischer Mächte gerieten und aus einem zivilisatorischen Überlegenheitsgefühl heraus ein Transfer europäischer Kultur in großem Stil namentlich nach Amerika stattfand. In der sich globalisierenden Weltwirtschaft nahm Europa eine zentrale Stellung ein. Große Teile der Welt blieben aber außerhalb des europäischen Einflussbereichs. Die Europäisierung der Welt und ihre Grenzen

Rückwirkungen auf Europa

Zugleich sollte man die Rückwirkungen auf Europa nicht aus dem Blick verlieren, die sich keineswegs auf den wirtschaftlichen Bereich und auf den Austausch von Nutztieren und -pflanzen beschränkten. Neue Wissensbestände und Kenntnisse veränderten das Weltbild und das Selbstbild der Europäer. Die Kontakte zu außereuropäischen Völkern leisteten der Ausbildung des Völkerrechts Vorschub. In welchem Maße sie nicht nur gebende, sondern auch empfangende waren, konnten oder wollten die meisten europäischen Zeitgenossen aber nicht wahrnehmen, ebenso wenig wie die an den Bevölkerungen anderer Kontinente begangene Gewalt.

II Grundprobleme und Tendenzen der Forschung

1 Abschied vom „Absolutismus": Politische Herrschaft im 17. Jahrhundert

Eine der eingängigsten und langlebigsten Meistererzählungen zur frühneuzeitlichen europäischen Geschichte ist das Paradigma des Absolutismus. Die Vorstellung von einem allmächtigen Monarchen, der seine Untertanen in einem strikten Top-Down-Prinzip regiert, hat etwas bestrickend Eindeutiges. Dieses Bild des Absolutismus wurde und wird immer noch in Schulbüchern, populärwissenschaftlichen Darstellungen und Schlossführungen verbreitet, obwohl es seit geraumer Zeit von der geschichtswissenschaftlichen Frühneuzeitforschung kritisch hinterfragt, relativiert oder gar dekonstruiert worden ist.

Das Absolutismusparadigma

Richtig ist, dass schon frühneuzeitliche Zeitgenossen einen Ausbau monarchischer Macht wahrnahmen. Einige begrüßten die Stärkung der Position des Herrschers als Unterpfand für Ruhe und Sicherheit. Andere übten scharfe Kritik, indem sie eine solche Herrschaft als „Despotismus" geißelten. Das eigentliche Absolutismusparadigma geht hingegen auf das 19. Jahrhundert zurück, auf eine Zeit, in der im Zuge eines sogenannten Neoabsolutismus liberale und demokratische Errungenschaften der Revolutionen von 1830 und 1848 zur Disposition gestellt wurden. Deren Anhänger, die sich Repressionen durch konservativ-monarchische Regime ausgesetzt sahen, entwickelten das Absolutismusparadigma als Feindbild, da sie in den frühneuzeitlichen Monarchien den Ursprung der Fehlentwicklungen verorteten, unter denen sie nun zu leiden hatten [3.1.2: BLÄNKNER]. Damals entstand auch das klassische Periodisierungsschema für den europäischen Absolutismus, das wesentlich durch den Nationalökonomen und Historiker Wilhelm Roscher geprägt wurde. Er unterschied zwischen einem „konfessionellen Absolutismus", für den beispielhaft Philipp II. von Spanien oder Kaiser Ferdinand II. standen, einem „höfischen Absolutismus", dessen hervorgendster Repräsentant Ludwig XIV. von Frankreich war, und einem „aufgeklärten Absolutismus", wie er von Friedrich II. von Preußen und Kaiser Joseph II. verkörpert wurde. Der „höfische Absolutis-

Forschungsgeschichte

mus" galt als die voll ausgeprägte, reinste Spielart des Absolutismus und wurde daher auch als „Hochabsolutismus" bezeichnet.

Traditionelle Absolutismusvorstellungen

Das absolutistische Herrschaftssystem gemäß der traditionellen Anschauung lässt sich, ein wenig vereinfacht, wie folgt beschreiben: Alle Macht ging vom Monarchen – dem Souverän – aus, der aufgrund der Theorie des Gottesgnadentums unangreifbar und losgelöst von den Gesetzen („legibus solutus") regierte. Der Monarch lebte entrückt in immer prächtigeren Schlössern und regierte aus seinem Kabinett heraus. Dank der Konzentration der Machtmittel in seinen Händen und der Unterwerfung aller konkurrierenden Gewalten war er in der Lage, sein Reich nach seinem Gefallen zu beherrschen – gemäß dem Ludwig XIV. zugeschriebenen Diktum: „Der Staat bin ich!" („L'État, c'est moi!"). Der Absolutismus war demnach ein zutiefst repressives Herrschaftssystem, denn der Herrscher kannte keine Skrupel, sein gewaltig ausgebautes Militär nicht nur im Dienste einer expansiven Außenpolitik, sondern auch zur Unterdrückung jeglicher Opposition einzusetzen.

Kritik am Absolutismusparadigma

Ein dermaßen holzschnittartiges Bild des Absolutismus wie das oben skizzierte, das alle Grenzen der monarchischen Herrschaft ausblendete, war in der Frühneuzeitforschung schon seit der Mitte des 20. Jahrhunderts die große Ausnahme. Grundsätzlich hinterfragt wird das Absolutismusparadigma allerdings erst seit den 1990er Jahren. Es ist kein Zufall, dass diese Dekonstruktion von einem britischen Historiker ausging. Denn die gängige Sichtweise, die den Absolutismus als allgemein übliche Herrschaftsform der europäischen Frühen Neuzeit ansah und gleichzeitig zur Epochensignatur erhob, definierte die Entwicklungen auf den britischen Inseln als Ausnahme und schloss gewissermaßen Letztere aus dem „normalen" Verlauf der allgemeinen europäischen Geschichte aus. Das entsprach zwar der traditionellen „*Whig*-Historiographie", die die Alterität Englands und seine Vorreiterrolle in der Durchsetzung konfessioneller, politischer und wirtschaftlicher Freiheiten zu betonen pflegte. Im Zuge revisionistischer Strömungen, die diese Meistererzählung der britischen Historiographie hinterfragten, wurde aber nun die britische Sonderrolle in Zweifel gezogen, ja sogar in Frage gestellt, dass der auf dem „Kontinent" herrschende „Absolutismus" sich in grundsätzlicher Weise vom politischen System in den britischen Reichen unterschied. Und so dekonstruierte Nicolas HENSHALL in einem 1992 erschienenen Buch den Absolutismus französischer Prägung als „Mythos" [3.1.2].

Henshalls Grundsatzkritik am Absolutismusparadigma fand auf dem Kontinent starken Widerhall. In Deutschland war es vor allem Heinz Duchhardt, der sich für einen definitiven „Abschied" vom Absolutismus stark machte. Nachdem Henshalls Thesen auf einer Münsteraner Konferenz mit großer Zustimmung aufgenommen worden waren [3.1.2: Asch/Duchhardt], ging er den ziemlich spektakulären Schritt, einen früheren Band der Reihe „Oldenbourg Grundriss der Geschichte" von „Zeitalter des Absolutismus" in „Barock und Aufklärung" umzubenennen [2.2: Duchhardt/Schnettger]. Denn noch entschiedener als das Absolutismusparadigma an sich lehnte es Duchhardt ab, den Absolutismus – den es seiner Auffassung nach so ja nie gegeben hatte – zur Epochensignatur zu erheben. Zugleich wandte er sich prinzipiell dagegen, ein historisches Phänomen, das primär der Sphäre der politischen Geschichte zuzuordnen war, zum prägenden Kennzeichen eines ganzen Zeitalters zu erklären.

Duchhardts Vorstoß löste eine Forschungsdebatte aus [vgl. 3.1.2: Schilling]. In erster Linie Historiker, die sich als Absolutismusforscher profiliert hatten, taten sich schwer damit, das Paradigma, das ihre wissenschaftliche Arbeit bislang geprägt hatte, ad acta zu legen. Ein Großteil der deutschen Frühneuzeitforschung aber folgte Duchhardt auf dem Weg der Dekonstruktion des traditionellen Absolutismusverständnisses. Es gibt zwar nach wie vor Studien, die das qualitativ neue, rationalisierende Moment des französischen Absolutismus und in diesem Zusammenhang den Einfluss frühaufgeklärten Denkens betonen [3.1.2: Campagna]. Von einem „Zeitalter des Absolutismus" sprechen heute aber nur noch wenige [z. B. 3.1.2: Freist, S. 110]. Nicht durchsetzen konnte sich Duchhardt hingegen mit dem Vorschlag, als alternative Epochenbezeichnung für die zweite Hälfte des 17. Jahrhunderts „Zeitalter des Barock" zu verwenden.

Für die westeuropäische und namentlich die französische Geschichte ist dagegen die Bezeichnung „Zeitalter Ludwigs XIV." üblich. Manchmal wird sogar das ganze 17. Jahrhundert zum „Jahrhundert Ludwigs XIV." deklariert [z. B. 2.2: Schilling]. Man kann beanstanden, dass es noch verfehlter sei, einen einzelnen „großen Mann" zum Namengeber einer Epoche zu erklären. Aber immerhin verbindet sich mit der Regierung des Sonnenkönigs außer seiner Herrschaftspraxis einschließlich einer die benachbarten Länder in Mitleidenschaft ziehenden Außenpolitik auch eine Blüte von Küns-

---

Die Position Heinz Duchhardts

Forschungsdebatte

Ludwig XIV. von Frankeich

ten und Wissenschaften. Nicht zuletzt avancierte seine Herrschaft zu einem Vorbild für viele Fürsten und wurde in dieser Hinsicht stilbildend. Sie konnte aber auch als Feind- und Gegenbild Wirkung entfalten [3.1.6: DEFLERS/KÜHNER]. Eine bahnbrechende Studie von Peter BURKE [3.1.6] hat freilich schon vor mehreren Jahrzehnten das etablierte Bild des „Sonnenkönigs" als eine geschickte „Inszenierung" dekonstruiert. Das Interesse der Geschichtswissenschaft an diesem Herrscher ist ungebrochen. So ist im Umfeld seines dreihundertsten Todestags 2015 eine Reihe von Biographien unterschiedlichen Zuschnitts erschienen, die auf der Höhe der Forschung einen guten Zugang zur Person des Königs und zu seiner Regierung gewähren [3.1.3: EXTERNBRINK; HENGERER; TISCHER]. Einen spezifischen Zugriff für seine biographische Studie hat Martin WREDE gewählt. Er knüpft an Burke an, wenn er sich der Inszenierung Ludwigs als „heroischer" Monarch widmet [3.1.6].

Absolutismus als Inszenierung

Ebenso wenig, wie sich die Forschung von dem Forschungsgegenstand Ludwig XIV. verabschiedet hat, ist der Begriff „Absolutismus" aufgegeben worden, obwohl so prominente Forscher wie Wolfgang REINHARD dafür plädiert haben [in 3.1.2: SCHILLING, 238]. Wenn heute Frühneuzeitforscherinnen und -forscher von Absolutismus reden, ist allerdings davon auszugehen, dass sie damit einerseits den Ausbau monarchischer Macht im 17. Jahrhundert hervorheben wollen, dass sie sich andererseits aber zugleich dessen bewusst sind, dass diese Macht nicht uneingeschränkt war und dass eine große Diskrepanz zwischen Herrschaftspropaganda und Herrschaftspraxis bestand [beispielhaft für die Habsburgermonarchie 3.1.2: MA'TA/WINKELBAUER]. Um zu signalisieren, dass man keiner anachronistischen Absolutismusvorstellung anhängt, bietet es sich an, das im 19. Jahrhundert eingeführte Adjektiv „absolutistisch" zu vermeiden und stattdessen das auch zeitgenössisch gebrauchte „absolut" zu verwenden.

Aktuelles Absolutismusverständnis

Eine sehr kritische Aufnahme hat die Absolutismusdebatte bei einigen Preußenspezialisten gefunden [3.1.2: BAUMGART]. Das dürfte damit zusammenhängen, dass die Herrschaftsverdichtung in Brandenburg-Preußen und sein machtpolitischer Aufstieg seit dem 17. Jahrhundert zu den privilegierten Gegenständen der deutschen Geschichtswissenschaft gehörten. Die ältere, borussisch-kleindeutsche Historiographie hat den Ausbau der kurfürstlichen Macht positiv bewertet. Für Historiker, die im kleindeutschen National- und Machtstaat des 19. und 20. Jahrhunderts das Ziel der Geschichte sa-

Brandenburg-Preußen

hen, erschien das teils brutale Vorgehen des von ihnen heroisierten Kurfürsten Friedrich Wilhelm gegen die Stände seiner verschiedenen Herrschaftsgebiete als eine Voraussetzung der späteren Einigung Deutschlands durch die Hohenzollern gerechtfertigt. Ein differenzierteres Bild des „Großen Kurfürsten" zeichnete in den 1970er Jahren schon Wilhelm OPGENOORTH [3.1.3]. Aktuelle Studien sind ihm mit neuen Fragestellungen auf diesem Weg gefolgt [3.1.3: KAISER/LUH/ ROHRSCHNEIDER; LUH; ROHRSCHNEIDER]. Wertvoll bleibt die umfassende Aktenedition zur Regierung Friedrich Wilhelms [1.3: Urkunden und Actenstücke]. Eine gewisse Rehabilitierung hat der von der älteren Forschung vernachlässigte und allzu kritisch bewertete Nachfolger des Großen Kurfürsten erfahren [3.1.3: GÖSE]. Jedenfalls haben diese neuen Forschungen die alten Meistererzählungen vom Aufstieg Brandenburg-Preußens gründlich gegen den Strich gebürstet.

Zumal die Fundamentalkritik am Absolutismusparadigma ursprünglich aus der angelsächsischen Geschichtswissenschaft hervorging, lohnt es sich, wenn man sich mit politischer Herrschaft im 17. Jahrhundert beschäftigt, einen vergleichenden Blick auf die britischen Inseln zu werfen. Nicht zuletzt an den beiden Revolutionen könnte sich ein britischer Sonderweg auf dem Feld der politischen Herrschaft festmachen lassen [3.1.3: BERG; 3.1.13: BRADDICK; HARRIS/TAYLOR; NIGGEMANN; SCHRÖDER]. Von diesen markierte die erste durch „Königsmord" und Gründung des *Commonwealth* sicher einen härteren Bruch, während die zweite als „glorreich" perzipiert wurde und wird [3.1.6: NIGGEMANN]. Julie FARGUSON hat gezeigt, wie auch Zeremoniell und Herrschaftsrepräsentation die politischen Veränderungen widerspiegelten und einen wichtigen Beitrag zur Transformation der britischen Monarchie leisteten [3.1.6]. Wie derartige Transformationen zu bewerten sind, ist aber durchaus diskussionswürdig: Im Vergleich mit der älteren Forschung tendieren aktuelle Studien vielfach dazu, gegenüber dem radikal Neuen das evolutionäre Moment stärker zu gewichten und somit nicht nur die Kontinuitäten zur vorrevolutionären Monarchie zu betonen, sondern auch die Parallelen mit den kontinentalen Königreichen.

Politische Herrschaft auf den britischen Inseln

Ähnlich wie das klassische Absolutismus-Konzept sind auch die etablierten Vorstellungen von einem mit dem Absolutismus einhergehenden merkantilistischen Wirtschaftssystem in die Kritik geraten. Wie der „Absolutismus" ist auch der „Merkantilismus" eine terminologische Schöpfung der Gegner dieses Wirtschaftskonzepts. In der Tat ist dieser Begriff sogar um einiges älter als „Absolutismus",

„Merkantilismus"

Forschungsgeschichte

denn er geht zurück auf Adam Smith und andere frühliberale Nationalökonomen des 18. Jahrhunderts, die eine Wirtschaftspolitik, die einseitig auf das Ziel der Erzeugung von Handelsüberschüssen fixiert war, und die dazu angewandten staatlichen Steuerungsmaßnahmen scharf kritisierten. Und ähnlich wie die Kritiker „absolutistischer" Herrschaft im 19. Jahrhundert neigten die Kritiker des Merkantilismus dazu, dieses Wirtschaftssystem allzu holzschnittartig darzustellen. Gerade diese scheinbare Eindeutigkeit dürfte wie im Fall des Absolutismus dazu beigetragen haben, dass der Merkantilismus zur Epochensignatur geadelt wurde: Das lange 17. Jahrhundert wurde in wirtschaftsgeschichtlicher Dimension zum „Zeitalter des Merkantilismus".

Differenzierungen

Ein Teil der Kritik am traditionellen Merkantilismusverständnis läuft darauf hinaus, dieses Wirtschaftskonzept differenzierter zu zeichnen, aber weiterhin im Grundsatz davon auszugehen, dass es einen Merkantilismus gegeben habe. In diesem Sinne hat schon der schwedische Ökonom Eli Heckscher in seiner erstmals 1932 erschienenen monumentalen Abhandlung die Vielfalt wirtschaftspolitischer Maßnahmen und Praktiken beschrieben, die im „Zeitalter des Merkantilismus" in den verschiedenen europäischen Ländern zu beobachten sind und die sich eben nicht in den oft einseitig in den Vordergrund gestellten Bestrebungen zur Erzielung einer positiven Handelsbilanz erschöpften [3.1.11: HECKSCHER]. Diesen Weg der Ausdifferenzierung hat einige Jahrzehnte später auch Fritz BLAICH eingeschlagen [3.1.11].

Aktuelle Forschungsdiskussion

Ebenso wie in der Debatte um den Absolutismus spielt auch in der aktuellen Forschungsdiskussion um den Merkantilismus die Frage eine Rolle, ob es „den" Merkantilismus in Form eines weitgehend einheitlichen europäischen Wirtschaftskonzepts überhaupt gegeben habe. Lars MAGNUSSON, der vor dem Hintergrund der wachsenden Bedeutung des Handels für die europäischen Mächte den sich entfaltenden britischen Diskurs über Handelspolitik analysiert hat [3.1.11], ist zu der Einschätzung gekommen, dass das von Adam Smith kritisierte Merkantilsystem – also, grob gesprochen, eine machiavellistische Außenhandelspolitik, die zur Mehrung des eigenen Wohlstands mit allen Mitteln eine positive Handelsbilanz zu erzielen versuchte – viel mehr dem englischen als dem französischen Modell entsprochen habe. Zu ganz ähnlichen Befunden gelangen auch die Beiträge in einem Sammelband zum „britischen Merkantilismus" [3.1.11: STERN/WENNERLIND]. Nimmt man diese Forschungsergebnisse ernst, dann lässt sich die Vorstellung von „dem" Merkantilismus, der das „dem" Absolutismus entsprechende Wirtschaftskonzept gewesen sei, kaum mehr aufrechterhalten. Allenfalls bliebe noch die Verknüpfung eines vielfältigen Sets an wirtschaftspolitischen Einzelmaßnahmen mit dem Ausbau frühmoderner Staatlichkeit in ihren unterschiedlichen Varianten.

Die jüngere Forschungsdiskussion zum Merkantilismus fasst ein 2014 erschienener Sammelband gut zusammen [3.1.11: ISENMANN]. Die einzelnen Beiträge behandeln nicht nur eine große Bandbreite unterschiedlicher „nationaler" Fälle, sondern gelangen auf dieser Basis auch zu völlig unterschiedlichen Positionierungen zum Merkantilismus: Für Lars Magnusson, der sich erneut dem englischen Beispiel widmet, bleibt der Merkantilismus ein nützliches Konzept, um zu beschreiben, wie ein Staat mit wirtschaftspolitischen Mitteln seine Macht ausbauen kann. Dagegen stellt Moritz Isenmann für Frankreich fest, dass die wirtschaftspolitischen Maßnahmen Colberts nur sehr eingeschränkt dem entsprachen, was man traditionell mit Merkantilismus verband. So kommt er zu dem Befund, dass sich Merkantilismus höchstens noch als „eine Art ‚ökonomischer Staatsraison'" definieren lasse (S. 166).

Mit dem Abrücken von der Vorstellung eines einheitlichen Merkantilismus hat sich auch der Blick auf den Kameralismus verändert, der traditionellerweise als die deutsche Ausprägung des Merkantilismus betrachtet wurde, obwohl seine Spezifika schon lange bekannt waren. So wurde es als ein Hauptanliegen des Kameralismus identifiziert, die Verwüstungen des Dreißigjährigen Krieges und insbesondere den Bevölkerungsmangel zu beheben. Dementsprechend habe für Kameralisten die Peuplierung eine außerordentliche Bedeutung gehabt. Ein weiteres Charakteristikum, der Ausbau der Finanz- und Wirtschaftsverwaltung, wird schon im Namen angedeutet, in dem das Wort „Camera" – deutsch „Kammer" – enthalten ist, die übliche Bezeichnung für die in den deutschen Territorien für diesen Sektor zuständigen Institutionen. Thomas Simon betont diese Spezifika des Kameralismus und zeichnet ihn als ein eigenständiges, vom Merkantilismus klar zu unterscheidendes Wirtschaftskonzept, das wesentlich von dem Grundsatz der „guten Policey" geprägt worden sei [T. Simon in 3.1.11: ISENMANN; vgl. S. 178].

Kameralismus

Trotz aller Kritik ist das „Zeitalter des Merkantilismus" nicht aus den wirtschaftsgeschichtlichen Periodisierungsschemata verschwunden. Damit verbindet sich das Anliegen, eine Epoche zu cha-

Grenzen der Merkantilismuskritik

rakterisieren, in der sich – auf der Ebene der Diskurse wie der Praktiken – eine Wirtschaftspolitik entfaltete, deren vornehmstes Ziel die Mobilisierung aller Ressourcen für Staatszwecke war. Kaum rezipiert worden sind die kulturalistisch inspirierten geschichtswissenschaftlichen Forschungsdiskussionen bislang in den Wirtschaftswissenschaften, die weitgehend am traditionellen Merkantilismusverständnis und den damit verknüpften Fragestellungen festhalten [z. B. 3.1.11: Caspari].

Der Hof

Auch wenn das traditionelle Absolutismusparadigma in der Frühneuzeitforschung passé ist, knüpft die heutige Geschichtswissenschaft selbstverständlich an ältere Arbeiten an. Das betrifft zum Beispiel Forschungen zum frühneuzeitlichen Hof [für einen ersten Überblick 3.1.5: Müller; für eine Typologie Bauer]. Bis heute ist die Studie von Norbert Elias zu den Machtmechanismen des französischen Hofs einflussreich. Er beschreibt den „Königsmechanismus" als Machtstrategie Ludwigs XIV., der durch die Zuteilung und den Entzug von Gunst die Kontrolle über die konkurrierenden Höflinge und Hoffaktionen ausübte [3.1.5: Elias. Auch wenn die gegenwärtige Forschung das Funktionieren des „Königsmechanismus" kritisch hinterfragt, bleibt Elias' Studie ein Referenzpunkt für alle Forschungen zum Versailler Hof und darüber hinaus zu den frühneuzeitlichen Höfen insgesamt [3.1.5: Duindam 1998; Opitz-Belakhal]. Als eine maßgebliche Überlebenstechnik, um sich unter den konkurrierenden Hofparteien [3.1.5: González Cuerva/Koller] zu behaupten, galt schon zeitgenössisch die Verstellung, die Dissimulation [3.1.5: Snyder].

Herrschaftsrepräsentation

In dem Maße, wie die Forschung die realen Grenzen des monarchischen Absolutismus erkannt hat, und im Einklang mit dem *Cultural Turn* in der Geschichtswissenschaft am Ende des 20. Jahrhunderts wuchs das Interesse an der Herrschaftsrepräsentation, die ja offenbar eine derartige Überzeugungskraft besaß, dass sie mit Erfolg nicht nur den Zeitgenossen, sondern lange auch der Geschichtswissenschaft das Bild eines allmächtigen Herrschers vermittelte. Neben die erwähnte, bahnbrechende Studie zu Ludwig XIV. von Peter Burke ist eine ganze Reihe von Arbeiten zu anderen Herrschern getreten. Diese Studien haben zu weiteren Korrekturen etablierter Forschungspositionen geführt. So wird die früher überbetonte Vorbildfunktion des französischen Hofs für andere – nicht zuletzt deutsche – Fürsten mittlerweile stark relativiert. Dass sich die Höfe gegenseitig beobachteten und dass ein Austausch zwischen ihnen stattfand [3.1.6: PARAVICINI/WETTLAUFER], ist nicht zweifelhaft, auch nicht, dass Versailles lange das Maß aller Dinge war. Aber es gab andere Leithöfe, mit spezifischen Profilen. Nicht zuletzt der Wiener Kaiserhof trat ungeachtet der viel geringeren ökonomischen Ressourcen der österreichischen Habsburger in Konkurrenz zum französischen Hof [3.1.5: DUINDAM 2003]. Angeregt durch die Studie Burkes wurde auch die Herrschaftsrepräsentation seines kaiserlichen Gegenspielers Leopold I. gründlich erforscht [3.1.6: GOLOUBEVA; SCHUMANN]. In zumindest einem Bereich – der Hofoper –, die zu einem Hauptelement der kaiserlichen Herrschaftsrepräsentation avancierte, konnte Leopold mit dem Sonnenkönig durchaus wetteifern. Auch andere Höfe entwickelten spezifische Profile, so auch derjenige der Fürsten von Oranien, obwohl sie „nur" niederländische Statthalter waren [3.1.4: KAMPMANN]. Zur Herrschaftslegitimation setzten die Höfe in unterschiedlichen Formen auch auf die Sakralisierung von Herrschaft [3.1.6: KARNER u. a.]. An fürstbischöflichen Höfen spielte das geistliche Element naturgemäß eine besondere Rolle, während Frauen deutlich unterrepräsentiert waren [3.1.5: AMMERER]. Der enorme Fortschritt der vergleichenden Hofforschung lässt sich daran ermessen, dass es erste interkulturell, global vergleichende Studien gibt [3.1.4: DUINDAM 2016; DREWS u. a.]. Ein weiterer Forschungstrend ist, dass neben den Spitzen der höfischen Gesellschaften verstärkt auch das subalterne Personal in die Betrachtung einbezogen wird, beispielsweise im Rahmen von prosopographischen Studien [für den Kaiserhof 3.1.5: HENGERER u. a.; KAISER/ROMBERG; für den Berliner Hof BAHL] oder bei der Erforschung von Hofordnungen [Edition für den Wiener Hof 1.3: WÜHRER/SCHEUTZ]. Außerdem werden die Höfe vergleichend und in ihren Beziehungen zu den Gesellschaften der Residenzstädte untersucht [z. B. 3.1.5: ADAM/WESTPHAL; HIRSCHBIEGEL u. a.; MÜLLER/WINTER]. Das wachsende Interesse an Mensch-Tier-Beziehungen und an der Rolle von Tieren in der Herrschaftsrepräsentation findet seinen Niederschlag in Studien zu Tieren am Hof [z. B. 3.1.6: BAYREUTHER; HENGERER/WEBER].

Als Zentren der Herrschaft, Herrschaftsrepräsentation und Kontaktbörsen spielten Höfe auch für die (Aus-)Bildung junger Adliger eine zentrale Rolle. Daher gehörten führende Höfe regelmäßig zu denjenigen Orten, die adlige Männer im Rahmen ihrer Kavalierstour aufsuchten [3.1.5: BABEL/PARAVICINI; LEIBETSEDER]. Auch adlige Frauen waren mobiler als lange angenommen und konnten auf Bil-

Der Kaiserhof

Vergleichende Hofforschung

Kavalierstouren

dungsreisen, Verwandtenbesuchen oder infolge ihrer Heirat andere Höfe kennenlernen [3.2.5: Cremer/Baumann/Bender].

Mikropolitik

Der Blick auf politische Herrschaft in der Frühen Neuzeit hat sich auch dadurch wesentlich verändert, dass neben der Makropolitik, also den politischen Inhalten und insbesondere dem, was man früher als „Haupt- und Staatsaktionen" bezeichnet hat, zunehmend die Mikropolitik berücksichtigt wird, also die personale Dimension der Politik. Nicht zuletzt durch das gewachsene Interesse an der Mikropolitik hat sich der Kreis der politischen Akteure und Akteurinnen erweitert, die die Geschichtswissenschaft überhaupt als solche erkannt und in den Blick genommen hat. Völlig neu bewertet wird die Herrschaft bzw. Herrschaftsbeteiligung von Frauen, der daher ein eigenes Kapitel gewidmet ist (II.2).

Patronagebeziehungen

Mikropolitische Studien widmen sich mit besonderer Vorliebe der im frühneuzeitlichen Europa allgegenwärtigen Patronage [3.1.9: Emich u. a.; zeitlich übergreifend Mączak]. Diese konstituierte Beziehungen, die Patron und Klienten verpflichteten, und war angesichts eines noch geringen Institutionalisierungsgrads unverzichtbar, um frühneuzeitliche Herrschaftsräume zusammenzuhalten. Wenn die Korrespondenzen zwischen Patronen und Klienten von hochemotionalen Ausdrücken unverbrüchlicher Treue überfließen, darf dies nicht darüber hinwegtäuschen, dass es sich in den meisten Fällen um eine Zweckbeziehung handelte. In einer funktionalen Patronagebeziehung verhalf der Patron seinen Klienten zu Pfründen und einträglichen Posten und durfte dafür erwarten, dass diese ihr Amt in Loyalität zu ihm ausübten und ihm nützliche Dienste leisteten. Eine solche Amtsführung würde heute ohne Zweifel als korrupt verurteilt. Im frühneuzeitlichen Europa galt sie prinzipiell als statthaft. Ja, die tätige Dankbarkeit gegenüber Familie und Patronen war eine gesellschaftliche Norm. Als verwerflich galt sie erst dann, wenn gewisse Grenzen überschritten wurden. Die Spannung zwischen diesen teils widerstreitenden Verpflichtungen gehört zu den Ambiguitäten, die die Frühe Neuzeit prägten [2.1: Thiessen].

Favoriten und Favoritinnen

Schlüsselfiguren in der herrscherlichen Patronagepolitik waren die sogenannten Favoriten. Favoriten und Favoritinnen, also Personen, die einem Monarchen – häufig auch emotional – nahestanden, sein besonderes Vertrauen genossen und großen Einfluss auf ihn ausübten, gab es zu allen Zeiten. In der Frühen Neuzeit, vor allem in der ersten Hälfte des 17. Jahrhunderts, traten Favoriten allerdings besonders zahlreich und prägnant in Erscheinung. Das hat einige Forscher bewogen, in ihnen ein konstitutives Element in einer bestimmten Entwicklungsstufe frühneuzeitlicher Monarchien zu sehen [3.1.7: ELLIOTT/BROCKLISS; für die deutschen Territorien 3.1.7: KAISER/PEČAR]. Als die Monarchen nämlich immer mehr Zuständigkeiten an sich zogen, war der Anspruch, dass letztlich jede politische Entscheidung durch den Herrscher zu fällen sei, immer weniger einzulösen. Gleichzeitig etablierten sich erst allmählich Regierungsinstitutionen, an die die Monarchen Aufgaben zuverlässig delegieren konnten. In dieser Situation konnte ein Favorit den Herrscher wesentlich entlasten, nicht zuletzt von der Betreuung seiner Klienten. Der Favorit wurde zum „Patronagebroker", d. h., er verteilte im Namen des Monarchen Ämter, Ehren und materielle Güter und sicherte sich – und mittelbar seinem Herrn – so die Loyalität der solcherart begünstigten Klienten. Gleichzeitig pflegten die Favoriten darauf zu achten, dass sie sich selbst – bzw. ihren Angehörigen – ein großes Stück von dem zu verteilenden Kuchen sicherten. Der Vorwurf, dass sie ihre Vertrauensstellung missbrauchten, lag immer in der Luft und wurde nicht selten von Konkurrenten lanciert, die selbst nach der Position des Favoriten strebten. In einer solchen Lage konnte das Fundament der Machtstellung des Favoriten zu seiner Achillesferse werden: Verlor er nämlich das Vertrauen des Herrschers, war sein Sturz nahezu unausweichlich [3.1.7: HIRSCHBIEGEL/PARAVICINI]. Gefährdet war ein Favorit auch dadurch, dass er in ernsten politischen Krisen den idealen Sündenbock darstellte, um Kritik vom Herrscher selbst abzulenken.

Besonders gut untersucht ist dieses Phänomen für die Favoriten – oder „Validos" – der spanischen Könige Philipp III. und Philipp IV., den Herzog von Lerma und den Conde-Duque Olivares [3.1.7: FEROS; WILLIAMS; ELLIOTT 1986]. Die Position des französischen Kardinals Richelieu wurde vergleichend mit der des Conde-Duque untersucht [3.1.7: ELLIOTT 1984], wobei Richelieu freilich wohl besser als „Erster Minister" Ludwigs XIII. zu bezeichnen ist. Denn in ihrer Beziehung scheinen die vom König geschätzten politischen Fähigkeiten Richelieus eine bedeutendere Rolle gespielt zu haben als ein emotional gefärbtes Nahverhältnis [1.2: GRILLON; 3.1.7: MALETTKE]. Nur wenigen Favoriten gelang es, ihre Position über einen Thronwechsel hinweg zu behaupten. Einer von ihnen war der Herzog von Buckingham, wobei sich seine Beziehungen zu den beiden Königen deutlich unterschiedlich gestalteten. Zu Jakob VI./I. unterhielt er ein zutiefst emotionales Verhältnis. Ob dies auch eine sexuelle Bezie-

Favoriten und Erste Minister des 17. Jahrhunderts

hung einschloss, lässt sich nicht restlos klären. Unter Karl I. agierte er mehr wie ein Erster Minister. Seine Unbeliebtheit führte aber zu seiner Ermordung durch einen politischen Attentäter (1628) [3.1.7: Lockyer].

Der Kardinalnepot

Als ein Äquivalent zum Favoriten beschrieben wurde der päpstliche Kardinalnepot. Auch er fungierte als Alter Ego des Herrschers, den er von einigen seiner Verpflichtungen entlastete, mit einem Aufgabenschwerpunkt in der Patronage. In seinem Fall wurde die besondere Vertrauensstellung beim Pontifex durch Verwandtschaft konstituiert: Wie schon der Begriff „Kardinalnepot" besagt, war er in der Regel dessen Neffe, und seine Amtszeit endete unweigerlich mit dem Tod des Familienpapstes. Diese begrenzte Frist musste er gut nutzen, um einen dauerhaften Aufstieg der päpstlichen Familie zu erreichen. Scipione Caffarelli Borghese, der Kardinalnepot Pauls V. Borghese (1605–1621), ist von Wolfgang Reinhard sowie seinen Schülerinnen und Schülern äußerst gründlich erforscht worden [zusammenfassend 3.4.2: Reinhard; Emich/Wieland].

Policeyordnungen

Ein weiteres Themenfeld der politischen Geschichte der Frühen Neuzeit, dem die historische Forschung große Aufmerksamkeit geschenkt hat, sind die sich intensivierenden gesetzgeberischen Aktivitäten der Herrscher. Im Fokus der deutschsprachigen Forschung stehen die sogenannten Policeyordnungen. Auch hier erfolgte eine weitreichende Neubewertung. Lange wurden sie überwiegend im Lichte der Sozialdisziplinierungsthese Gerhard Oestreichs gesehen, einer stark auf die obrigkeitliche Perspektive fixierten Spielart der Modernisierungstheorie. Die Sozialdisziplinierungsthese stützte sich nicht zuletzt auf die geradezu exponentielle Zunahme gesetzgeberischer Akte frühneuzeitlicher Obrigkeiten, die mit immer detaillierteren Normen immer mehr Bereiche des menschlichen Lebens immer stärker reglementierten. Diese Normen, von deren weitgehender Durchsetzung Oestreich ausging, erschienen als ein starkes Argument für eine qualitative Veränderung von Herrschaft.

Verständnis von „guter Policey"

Die seit den 1990er Jahren intensiv vorangetriebenen Forschungen zur „guten Policey", also zu der nach frühneuzeitlichem Verständnis guten Ordnung des Gemeinwesens, haben diese Argumentation erschüttert [im Überblick 3.1.10: Iseli; Simon]. Sie haben zwar die Intensivierung der Policeygesetzgebung bestätigt und gezeigt, dass diese Gesetzgebung ihren Charakter änderte: Zum einen gingen die Obrigkeiten von sehr allgemeinen, umfassenden Ordnungen zu spezifischen Gesetzen für einzelne Themenbereiche über.

Zum anderen ließen diese Gesetze oft veränderte Vorstellungen von „guter Policey" erkennen. Sie hoben weniger als früher auf die Bewahrung oder Wiederherstellung einer als gottgewollt verstandenen guten alten Ordnung ab, sondern offenbarten einen wachsenden Gestaltungswillen der Obrigkeiten. Allerdings hielten zahlreiche kleine und mittelgroße Reichsstände an traditionellen Legitimationsmustern fest, und auch dort, wo dies weniger der Fall war, blieb der gemeine Nutzen, das Gemeinwohl, eine zentrale Begründung der Gesetzgebung. Erschüttert wurde die Sozialdisziplinierungsthese aber vor allem durch ein wesentliches Ergebnis der jüngeren Forschung, nämlich, dass die obrigkeitlichen Normen oftmals nicht durchgesetzt wurden und wohl auch nicht durchsetzbar waren. Der Befund liegt nahe, dass manche Policeygesetze als eine Art „Symbolpolitik" zu verstehen sind, die signalisieren sollte, dass die Obrigkeit sich im Sinne der „guten Policey" um die Abstellung von an sie herangetragenen Missständen bemühe. Gute Chancen, tatsächlich implementiert zu werden, hatten diejenigen Normen, die in der Untertanenschaft oder jedenfalls relevanten Gruppen Akzeptanz fanden [gute Einblicke in Detailstudien bei 3.1.10: HÄRTER; STOLLEIS]. Gegen eine Vereinnahmung der Policeygesetzgebung für das traditionelle Absolutismusparadigma spricht ferner, dass nicht nur die Fürstenstaaten ihre Gesetzgebungstätigkeit intensivierten, sondern auch republikanisch verfasste Gemeinwesen bis hin zu den Reichsstädten. Dies zeigen Editionen [1.3: WÜST] und ein umfassendes Repertorium der Policeygesetze ausgewählter Reichsstände deutlich [1.3: HÄRTER/STOLLEIS]. Obwohl die reichsstädtischen Räte in der Frühen Neuzeit durchaus dazu tendierten, gegenüber der Stadtbevölkerung als Obrigkeit aufzutreten, wird man ihnen schwerlich „Absolutismus" im traditionellen Verständnis unterstellen können.

Durchsetzung der Policeyordnungen?

Ein klassisches Thema der historischen Frühneuzeitforschung sind die Beziehungen zwischen Fürst und Ständen [3.1.12: BAUMGART; GERHARD]. Dabei wurde lange, dem Absolutismusnarrativ folgend, zumeist die Zurückdrängung ständischer Einflüsse durch eine erstarkende monarchische bzw. fürstliche Gewalt hervorgehoben. Andere Arbeiten haben demgegenüber eine Kooperation zwischen Fürst und Ständen und somit deren Herrschaftsbeteiligung betont [im Überblick 3.1.12: AMMERER; BEI DER WIEDEN; GERHARD; KRÜGER]. Für eine Reihe von Territorien liegen Editionen der Landtagsabschiede vor [z. B. für Hessen 1.3: HOLLENBERG 1989 und 2007; MURK und das Hochstift Hildesheim: KLINGEBIEL 2006 und 2008].

Fürst und Stände

Aushandlung und Vermittlung von Herrschaft

Die Frage, ob die Stände mehr als Gegner oder Verbündete der Fürsten auf dem Weg zur frühmodernen Staatsbildung zu betrachten seien, wird heute viel grundsätzlicher gestellt: Nach dem Konzept des Aushandelns und der Vermittlung von Herrschaft [3.1.9: BRAKENSIEK/BREDOW/NÄTHER; BRAKENSIEK/WUNDER] waren frühneuzeitliche Obrigkeiten nicht nur fallweise, im Rahmen von Ständeversammlungen, sondern auch in ihrer Verwaltungspraxis kontinuierlich darauf angewiesen, Herrschaft mit ihren Untertanen auszuhandeln und sie ihnen plausibel zu machen. An diesen Aushandlungsprozessen partizipierten also nicht nur die Reichs- oder Landstände und andere privilegierte Bevölkerungsgruppen. Auf allen Ebenen galt vielmehr: Obrigkeiten konnten nicht einfach nach einem Top-Down-Prinzip agieren, sondern waren auf eine Herrschaftsvermittlung angewiesen. Herrschaft gestaltete sich somit als „dynamisch-kommunikativer Prozess" [3.1.9: MEUMANN/PRÖVE]. Selbst wenn man konzediert, dass zwischen Herrschenden und Beherrschten eine Asymmetrie an Machtmitteln bestand und dass die Obrigkeiten mit ihren Vorstellungen zunehmend die politische Agenda dominierten, kann gelten: Die Neubewertung frühneuzeitlicher Herrschaft als „akzeptanzorientierte Herrschaft" [3.1.9: BRAKENSIEK] hat ein weiteres Kernelement des Absolutismusparadigmas dekonstruiert.

Herrschaftsrituale und -zeremoniell

Um Herrschaft und herrschaftliche Akte zu vermitteln oder – anders formuliert – um ihnen Legitimität zu verleihen, war es von entscheidender Bedeutung, dass sie in den richtigen Formen vollzogen wurden. Das betraf Rituale, wie etwa eine Krönung, aber auch das bei einer Ständeversammlung zu beobachtende Zeremoniell. Rituale und Zeremonien waren – wie die Forschung erst im Zuge des *Cultural Turn* mit letzter Konsequenz wahrgenommen hat, kein schmückendes Beiwerk, sondern ein essentieller Bestandteil vormoderner politischer Verfahren [3.1.9: STOLLBERG-RILINGER; DIES. u. a.; STOLLBERG-RILINGER/KRISCHER; vgl. auch S. 194, 201, 214].

Zusammengesetzte Monarchien

Ein weiteres Charakteristikum frühneuzeitlicher Monarchien, das gegen die Vorstellung einer allzu „absolutistischen" Herrschaft spricht, war, dass es sich bei ihnen meist um zusammengesetzte Monarchien (*Composite Monarchies*) handelte [3.1.8: ELLIOTT; BECKER]. Die Formen zusammengesetzter Staatlichkeit waren äußerst vielfältig: von der Matrimonial- oder Personalunion bis zum komplexen Reich [3.1.8: FRÖSCHL; GROMELSKI/PREUSSE/ROSS; WENDEHORST]. Besonders gut sind die Reiche der spanischen und der österreichischen Habsburger erforscht worden [im Überblick 2.2: STROHMEYER]. Der spanische Fall war besonders komplex, weil es hier galt ein globales Reich zu organisieren und zusammenzuhalten [2.6: Yun Casalilla]. Ein wichtiger Sammelband hat die auf Otto Brunner zurückgehende These, dass die Monarchie der österreichischen Habsburger eine „Union von Ständestaaten" gewesen sei, durchleuchtet [3.1.12: Ammerer u. a.]; ein anderes Werk gibt einen Überblick über die komplexen Verwaltungsstrukturen [3.1.9: Hochedlinger/Mat'a/Winkelbauer]. In jüngerer Zeit ist verstärkt auch Brandenburg-Preußen als zusammengesetzte Monarchie wahrgenommen worden [3.1.8: Rohrschneider; Schneider/Simon]. Ein komplexes zusammengesetztes Gemeinwesen war die Schweizer Eidgenossenschaft. Zur Erforschung ihrer Verfassung hat Andreas Würgler mit seiner umfassenden Studie zur Tagsatzung einen wichtigen Beitrag geleistet [3.1.13: Würgler].

Die Geschichtswissenschaft hat sich nicht nur für die Monarchen interessiert, denen es gelang, ihre Position zu stärken, sondern auch für diejenigen, die ihre Herrschaft durch Absetzung verloren [3.1.13: Sarti]. Dabei spielten oft konfessionelle Motive eine wichtige Rolle [3.1.13: Friedeburg]. Im Fall der nördlichen Niederlande führte dies zur Sezession bzw. zur Staatsbildung [3.1.13: Van der Lem], auf den britischen Inseln zur Umgestaltung des politischen Systems (s. S. 171). Auch wenn die meisten frühneuzeitlichen Republiken eine aristokratische Verfassung hatten und bestrebt waren, sich in die Fürstengesellschaft zu integrieren (s. S. 216), stellten republikanische Freiheitsdiskurse doch eine Herausforderung für die monarchische Herrschaft dar und wurden dementsprechend mit Misstrauen betrachtet [im Überblick zu Republiken und Republikanismus 3.1.13: Koenigsberger; Van Gelderen/Skinner].

Herrscherabsetzung, Republiken, Republikanismus

2 Machtvolle Frauen: Fürstinnen und Mätressen

Wenn sich dieses Kapitel der Forschung zu herrschenden Frauen widmet, geschieht dies auch, um exemplarisch den allgemeinen Aufschwung zu beleuchten, den die Frauen- und Geschlechtergeschichte genommen hat, seit vor etwa drei Jahrzehnten die ersten Handbücher zur Frauengeschichte [3.2.1: Farge/Zemon Davis] und bahnbrechende Studien zur Stellung der Frauen in der frühneuzeitlichen Gesellschaft [3.2.1: Wunder] erschienen sind. Das Beispiel ist nicht willkürlich gewählt, denn die Forschung zu herrschenden Frauen profitiert neben den im Umfeld der Höfe reichlich fließen-

Frauen- und Geschlechtergeschichte

den Quellen auch von anderen, komplementären Forschungstrends, etwa von der gewachsenen Sensibilität für mikropolitische Herrschaftsstrukturen (s. S. 176 f.) und für den Stellenwert einzelner Akteure und Akteurinnen in den Außenbeziehungen (s. S. 218 f.). Nur knapp sei darauf hingewiesen, dass frühneuzeitliche Höfe auch Ansatzpunkte einer *Queer History* bieten [3.1.5: Domeier/Mühling].

Frauen und dynastische Herrschaft – Forschungsgeschichte

Die Erforschung des dynastischen Fürstenstaats mit neuen Fragestellungen hat dazu geführt, dass auch die Rolle der weiblichen Dynastiemitglieder stärker in den Blick genommen und grundlegend neu bewertet worden ist. In früheren politikgeschichtlichen Darstellungen tauchten sie nur sporadisch am Rande, sozusagen als Statistinnen, auf. Nunmehr werden sie als integraler Bestandteil der Dynastien gewürdigt und als Akteurinnen mit einem eigenen Profil und nicht zu unterschätzendem Einfluss wahrgenommen.

Forschungsgeschichte: „große" Männer und Frauen

Politische Geschichte wurde bis vor wenigen Jahrzehnten als die Geschichte „großer" Männer geschrieben. Sicher, es gab einzelne Herrscherinnen, wie im 16. Jahrhundert Elisabeth I. von England oder im 18. Jahrhundert Maria Theresia von Österreich und Katharina II., die Große, von Russland, die gewissermaßen als Ausnahme von der Regel als „große" Frauen mit den bedeutenden männlichen Monarchen wetteifern konnten und dementsprechend in den einschlägigen Darstellungen berücksichtigt und gewürdigt wurden. Aber schon aufgrund der Tatsache, dass Frauen wenn überhaupt, dann nur als „Notlösung" – also dann, wenn ein männlicher Nachfolger fehlte – zur Thronfolge zugelassen waren [zu Sukzessionsordnungen allgemein 3.1.4: Kunisch; Wunder], war die Zahl der Herrscherinnen kraft eigenen (dynastischen Erb-)Rechts vergleichsweise gering, gerade im 17. Jahrhundert. Hier fand allenfalls Königin Christina von Schweden größere Aufmerksamkeit [3.2.2: Hermanns], aber weniger aufgrund ihrer Leistungen als Herrscherin denn als schillernde oder gar zweifelhafte Gestalt: als hochgebildete Tochter des protestantischen Heros Gustav Adolf, die sich zeit ihres Lebens einer Eheschließung verweigerte, 1654 abdankte, zum Katholizismus konvertierte und ihr Leben 1689 in Rom beschloss [3.2.2: Biermann].

Herrscherinnen kraft eigenen Rechts

Geistliche Fürstinnen

Wesentlich geringeres Interesse zeigte die Forschung lange an einer anderen Kategorie von Herrscherinnen eigenen Rechts: den Fürstäbtissinnen in den reichsunmittelbaren Damenstiften und Frauenklöstern. Die freiweltlichen Damenstifte, wie Essen, Thorn und Buchau, waren Institutionen, die dem katholischen Hochadel zur Versorgung unverheirateter Töchter dienten. Die Fürstäbtissinnen wurden durch ihre Wahl Reichsfürstinnen und befanden sich somit in der ständischen Hierarchie des Heiligen Römischen Reiches deutscher Nation auf derselben Stufe wie die männlichen Reichsprälaten [3.2.2: KÜPPERS-BRAUN]. Auch die evangelischen Damenstifte Herford, Gandersheim und Quedlinburg dienten als Versorgungsinstitutionen. Ihre Äbtissinnen stammten fast alle aus den führenden protestantischen Dynastien – Wittelsbach (Pfalz), Wettin, Hohenzollern, Braunschweig, Holstein, Mecklenburg, Hessen [3.2.2: SCHRÖDER-STAPPER].

Evangelische Fürstäbtissinnen

Jüngere Forschungen haben hervorgehoben, dass die Fokussierung auf die wenigen Herrscherinnen kraft eigenen Rechts den Blick für andere, viel weiter verbreitete Formen von politischer Herrschaft durch Frauen versperrt hat. Hier ist zunächst die vormundschaftliche Regentschaft von Frauen zu nennen. Sogar in Frankreich, wo das sogenannte Salische Recht eine Thronfolge von Frauen oder auch nur die Vermittlung von Sukzessionsansprüchen durch Frauen an ihre Söhne kategorisch ausschloss, war es üblich, dass bei Minderjährigkeit des Thronfolgers dessen Mutter bis zu seiner Volljährigkeit bzw. Regierungsfähigkeit die Regierung führte. Im 17. Jahrhundert gab es in Frankreich zwei Regentschaften, die trotz einiger Parallelen unterschiedlich verliefen und durch die Geschichtswissenschaft unterschiedlich bewertet werden [3.2.3: CRAWFORD]. Bei Maria de' Medici endete die Regentschaft, als sie die Regierung nicht aus den Händen geben wollte, im Konflikt mit ihrem Sohn Ludwig XIII. und ihrer Entmachtung. Die Regentin Anna von Österreich wurde zwar durch die Krise der Fronde massiv herausgefordert, erwies sich aber als eine Virtuosin der Machtpolitik [3.2.3: MALLICK]. Ihre Regentschaft endete mit einem reibungslosen Übergang der Herrschaft an Ludwig XIV.

Regentinnen

Französische Regentinnen

Traditionell extrem kritisch bewertet wurde von der spanischen Geschichtswissenschaft die Regentschaft Maria Annas von Österreich für den letzten spanischen Habsburger Karl II. Diese Kritik übernahm bisweilen unhinterfragt Anschuldigungen zeitgenössischer Gegner der Regentin wie die, dass sie durch die Vernachlässigung der Erziehung ihres Sohnes dessen weitgehende Regierungsunfähigkeit maßgeblich mitverschuldet habe. Jüngere Arbeiten zeichnen demgegenüber ein deutlich differenzierteres Bild [3.2.3: MITCHELL].

Maria Anna von Österreich als spanische Regentin

Landgräfin Amalie Elisabeth

Unter den zahlreichen Regentinnen im Heiligen Römischen Reich deutscher Nation sticht Amalie Elisabeth von Hanau-Münzenberg, Landgräfin von Hessen-Kassel, hervor. Sie übernahm 1637, als Hessen-Kassel politisch und militärisch am Abgrund stand, die Regierung. Durch ihre geschickte Politik, die umfangreiche Rüstungsmaßnahmen einschloss, konnte sie die Landgrafschaft nicht nur aus der Krise herausführen, sondern sie war maßgeblich dafür verantwortlich, dass Hessen-Kassel am Ende sogar zu den Gewinnern des Dreißigjährigen Krieges gehörte [3.2.3: Buckreus; Helfferich; Puppel]. Ihre Regentschaft wurde schon von den Zeitgenossen positiv bewertet.

Gewandelter Blick der Forschung auf Regentschaften

Evident ist der Erkenntnisgewinn gegenüber der in älteren Darstellungen häufig zu findenden pauschalen Beurteilung von weiblichen Regentschaften als Krisenzeiten, was mehr oder weniger explizit mit einer „Schwäche" von Herrscherinnen begründet wurde. Demgegenüber blenden jüngere Forschungen Aufstände und andere während der Regentschaften auftretende Krisenphänomene zwar nicht aus, führen diese aber nicht primär auf angebliche Unzulänglichkeiten der Regentinnen zurück, sondern auf die für die Legitimität der Monarchie schwierige Situation einer noch nicht gegebenen Regierungsfähigkeit des eigentlichen Souveräns von Gottes Gnaden. Im Gegenteil sehen sie in der mütterlichen Regentschaft ein geeignetes Mittel, um diese heikle Phase zu überbrücken. Damit stehen diese Forscherinnen und Forscher im Einklang mit einer vorherrschenden zeitgenössischen Auffassung – denn sonst wäre kaum verständlich, dass europaweit bei Minderjährigkeiten von Herrschern bevorzugt deren Mütter als Regentinnen eingesetzt wurden.

Statthalterinnen

Eine andere Form von stellvertretender Herrschaft von Frauen kam in der Frühen Neuzeit seltener vor: der Einsatz von weiblichen Dynastiemitgliedern als Statthalterinnen in wichtigen bzw. entlegenen Nebenländern oder auch im Kernland bei Abwesenheit des Landesherrn. Lange üblich war dies im Spanischen Reich, insbesondere in den Spanischen Niederlanden. Im 17. Jahrhundert herrschte dort mit der Infantin Isabella Clara Eugenia allerdings nur eine Frau. Nach 1598 regierte sie dieses Gebiet gemeinsam mit ihrem Mann Erzherzog Albrecht als eigenes Herrschaftsgebiet, das aber nach dessen Tod 1621 an den spanischen König zurückfiel, als dessen Statthalterin Isabella Clara Eugenia fortan bis zu ihrem Tod 1633 amtierte [3.2.2: van Wyhe].

2 Machtvolle Frauen: Fürstinnen und Mätressen — 185

Es ist festzuhalten, dass die Herrschaft von Frauen aus eigenem Recht, als vormundschaftliche Regentin oder als Statthalterin in der Frühen Neuzeit keineswegs außerordentlich oder ungewöhnlich war. Die Regel war sie aber noch weniger. Was jedoch die Regel war – und dies ist eine der wichtigsten jüngeren Forschungserkenntnisse zu diesem Themenfeld –, war die Herrschaftsbeteiligung der Ehefrau als „regierende Fürstin" im Rahmen eines Herrschaftspaars. Dies hat besonders eindrücklich Katrin Keller dargelegt [u. a. in 3.2.3: BRAUN/KELLER/SCHNETTGER]. In der englischsprachigen Forschung spricht man hier zur Unterscheidung von einer Herrscherin aus eigenem Recht auch von einer „Queen Consort".

Regierende Fürstinnen

Die Vorstellung von einem Herrschaftspaar wurzelt in dem Konzept des Arbeitspaars, für das die Forschungen von Heide Wunder grundlegend sind [3.2.1: WUNDER]. Danach war es in vormodernen Gesellschaften auf allen Ebenen bzw. in den unterschiedlichen Ständen üblich, ja geradezu unverzichtbar, dass ein Ehepaar die anfallenden Arbeiten gemeinsam bzw. in einer Aufgabenteilung erledigte. Dabei ist zu berücksichtigen, dass in der Frühen Neuzeit eine klare Trennung von privater und öffentlicher (= Arbeits-) Sphäre wie in der Moderne nicht bestand. Das gilt auch für Fürstenhöfe, aus denen erst allmählich Regierungsinstitutionen im engeren Sinne herauswuchsen. Um das Forschungskonzept eines fürstlichen Arbeitspaars entwickeln zu können, war ferner eine Erweiterung des Politik- bzw. Herrschaftsbegriffs hilfreich. Während die ältere politikgeschichtliche Forschung sich auf die „Haupt- und Staatsaktionen" zu konzentrieren pflegte, wird heute die Kulturgeschichte des Politischen einbezogen, und damit nicht zuletzt das weite Feld der Herrschaftsrepräsentation. Große Aufmerksamkeit widmet die Frühneuzeitforschung zudem der Mikropolitik, also der Personalpolitik und der Netzwerkbildung, die in der Vormoderne am besten unter der Überschrift Patronage- und Klientelwesen zu erfassen sind (s. S. 176 f.) – und diese Handlungsfelder standen auch Frauen offen.

Herrschaftspaare als Arbeitspaare

Von der Neubewertung der Rolle von Herrschergemahlinnen legen zahlreiche Monographien und Sammelbände Zeugnis ab, die ausdrücklich oder implizit dem Verständnis einer regierenden Fürstin verpflichtet sind [z. B. 3.2.3: CAMPBELL ORR; COSANDEY; SKRZYPIETZ; breiter 3.2.3: CRUZ/GALLI STAMPINO]. Auch die lange vernachlässigten Römischen Kaiserinnen haben nun das Interesse der Forschung gefunden [3.2.3: BRAUN/KELLER/SCHNETTGER; KELLER], ebenso die Frauen

Fallbeispiele

mehrerer (kur-)fürstlicher Dynastien – wie die bayerischen Kurfürstinnen [3.2.5: Kägler] und die Frauen des Hauses Holstein-Gottorp [3.2.3: Greinert].

Handlungsfelder und Handlungsspielräume einer regierenden Fürstin

Wie ein Herrschaftspaar die Aufgabenverteilung vornahm, in welchem Umfang also die fürstliche Gemahlin an der Herrschaft beteiligt war, differierte von Fall zu Fall und hing wesentlich von den Persönlichkeiten der Eheleute und ihrem Verhältnis zueinander ab. Grundsätzlich gilt, dass die Handlungsfelder und die Handlungsspielräume einer regierenden Fürstin durch ihren Mann begrenzt wurden [hierzu Keller in 3.2.3: Braun/Keller/Schnettger]. Das heißt nicht unbedingt, dass er ihr konkrete Vorgaben machte, konnte aber durchaus bedeuten, dass er ihr bestimmte Aktivitäten untersagte. Eine Reihe von Handlungsfeldern gilt als typisch für frühneuzeitliche Fürstinnen. Eine traditionelle Rolle der Herrschergemahlin war die der wichtigsten Fürbitterin am Herrscherthron. Inwieweit sie darüber hinaus auch als politische Ratgeberin in Erscheinung treten konnte, hing in besonderem Maße von dem Verhältnis zwischen den Eheleuten ab. Zudem lässt sich die Beratungstätigkeit, wenn sie nicht innerhalb institutionalisierter Ratsgremien, sondern unter vier Augen erfolgte, quellenmäßig besonders schwer erfassen.

Regierende Fürstinnen als Patroninnen und Patronagebrokerinnen

Eine wichtige Rolle kam regierenden Fürstinnen auf dem Feld der Patronage zu. Dabei konnte die Fürstin sowohl selbst als Patronin in Erscheinung treten wie als Patronagebrokerin, die Klienten – oder Klientinnen – Ämter, Güter, Privilegien und andere Gunsterweise ihres Mannes vermittelte. Die Klientel einer regierenden Fürstin besaß oft ein spezifisches Profil. Denn ihr war in der Regel die Betreuung von Menschen aus ihrem Herkunftsland anvertraut, die an dem Hof, an den sie verheiratet worden war, zu reüssieren versuchten und für die sie als „Landsmännin" gewissermaßen eine natürliche Ansprechperson darstellte. Umgekehrt konnte sie auch Menschen aus ihrer neuen Heimat Wege zu Posten, Pfründen und Karrierechancen in ihrem Herkunftsland eröffnen. Die Netzwerke dynastischer Akteurinnen schlossen aber nicht nur die unmittelbar involvierten Dynastien ein, sondern auch weiter gefasste „Verwandtschaftsräume" (Michaela Hohkamp), die etwa durch Tanten und Nichten gebildet wurden [3.2.3].

Förderung von Transferprozessen

Mit ihrer grenzüberschreitenden Patronage förderten Fürstinnen zugleich mannigfaltige Transferprozesse, beispielsweise auf den Feldern der bildenden und darstellenden Künste, der Musik und der Wissenschaft [3.1.4: PALOS/SÁNCHEZ]. Die privilegierten Beziehungen in ihr Heimatland bzw. zu ihrem Herkunftshof konnten einer Herrscherin auch wertvolle Ressourcen eröffnen, die sie für die eigene und/oder dynastische Herrschaftsrepräsentation einsetzen konnte – ein weiteres klassisches Betätigungsfeld einer regierenden Fürstin. Dabei galt ihre Aufmerksamkeit meist in besonderer Weise der Repräsentation von Religiosität und Frömmigkeit. Denn religiös-kirchliche Aktivitäten – Gottesdienstbesuch, Praktizierung konfessionsspezifischer Frömmigkeitsformen, Stiftungen etc. – gehörten ebenfalls zu ihren traditionellen Aufgaben.

Auch in der Familienpolitik pflegte sich die regierende Fürstin zu engagieren: Sie sollte nicht nur durch die Geburt des Thronfolgers und weiterer Kinder die dynastische Kontinuität sicherstellen, sondern als Mutter kam ihr auch ein Mitspracherecht bei der Erziehung und Verheiratung der Nachkommen zu. Gerade die dynastische Heiratspolitik war in der Frühen Neuzeit, im Zeitalter des dynastischen Fürstenstaats, von eminenter Wichtigkeit [allgemein zu dynastischen Ehen 3.2.4: KÄGLER; ausführlich zu Hessen-Kassel HAAS; zu den Hohenzollern SCHÖNPFLUG]. Frühneuzeitliche Ehen kamen – nicht nur in Fürstenhäusern – in den allerseltensten Fällen als Liebesheiraten zustande, sondern wurden von den jeweiligen Familien nach Opportunitätsgesichtspunkten arrangiert. Für eine fürstliche Braut fielen unter anderem das passende Alter, die „richtige" Konfession, eine gute höfische Bildung, ein passables Aussehen und eine zu erwartende Fertilität ins Gewicht. Bisweilen wurden mit einer Ehe darüber hinaus spezifische politische Zielsetzungen verknüpft. Meist denkt man hier an eine sogenannte Erwerbsheirat, also an eine Heirat mit einer (potentiellen) Erbtochter, die auf die Erweiterung des Herrschaftsgebiets der eigenen Dynastie abzielte. Die Funktionen dynastischer Ehen waren aber wesentlich vielfältiger: Sie konnten beispielsweise als „Rekonziliationsheiraten" einen Beitrag zur Friedensstiftung zwischen zuvor verfeindeten Dynastien leisten oder ein neugeschlossenes Bündnis besiegeln helfen. Dies konnte so weit gehen, dass eine Ehe einen politischen Paradigmenwechsel, eine grundlegende politische Neuorientierung, signalisierte. Solche Eheschließungen wurden oft besonders sorgfältig inszeniert [3.2.4: MCGOWAN]. Sie konnten den Aufstieg in der europäischen Fürstengesellschaft vorbereiten oder absichern helfen (falls man „nach oben" heiratete) oder einen Parteigänger an die eigene Dynastie binden (wenn etwa ein Kaiser oder König eine seiner Töchter

Dynastische Politik

an einen deutschen oder italienischen Fürsten verheiratete) [Vorschlag einer Typologie: 3.2.4: Espenhorst].

Fürstliche Witwen

Die oben genannten Aufgaben einer regierenden Fürstin konnten auch von anderen weiblichen Familienmitgliedern wahrgenommen werden. Von diesen haben besonders die fürstlichen Witwen das Forschungsinteresse gefunden [3.2.5: Schattkowsky]. Sie verfügten teilweise über erhebliche finanzielle Ressourcen, und wenn sie, wie die meisten, in ihrem Aufnahmeland blieben, unterhielten sie dort einen eigenen Witwenhof. Insbesondere wenn ihr Verhältnis zum neuen Herrscher problematisch war, konnte sich das Leben einer Fürstinwitwe aber schwierig gestalten. Manche dieser Frauen sahen sich politisch kaltgestellt oder ihnen wurden die ihnen zustehenden Einkünfte vorenthalten. Ein besonderer Akzent in der Herrschaftsrepräsentation der Witwen lag – so die gängige Erwartung – auf der Memoria des verstorbenen Gatten [3.2.5: Ilg].

Die Querelle des Femmes

Die vielfältigen Herrschaftsaktivitäten frühneuzeitlicher Fürstinnen zeigen, dass man diesen Frauen verbreitet die Ausübung politischer Herrschaft zutraute und diese auch für legitim hielt. In der sogenannten *Querelle des Femmes* entfaltete sich allerdings eine kontrovers geführte zeitgenössische Debatte über die Eigenschaften und Fähigkeiten sowie die daraus resultierenden Rollen von Frauen. Zu denjenigen, die sich in besonders drastischer Form gegen die Herrschaft von Frauen aussprachen und dafür naturrechtliche und biblische Gründe anführten, gehörten der schottische Reformator John Knox und der französische Staatsdenker Jean Bodin [3.2.1: Opitz-Belakhal 2006 und 2020]. Dagegen positionierte sich François Poullain de La Barre in den 1670er Jahren in der *Querelle* entschieden zugunsten der Frauen und postulierte eine Gleichheit der Geschlechter [3.2.1: Ferrari Schiefer; Hierdeis].

Kritik an Fürstinnen

Kritik an „Weiberherrschaft" beschränkte sich freilich nicht auf misogyne Traktate, die im Rahmen der *Querelle des Femmes* entstanden. Vielmehr findet man Polemik gegen „Gynäkokratie" auch in Privatkorrespondenzen, Diplomatenberichten oder Ministerialgutachten. Eine derartige Kritik muss aber, wie die jüngere Forschung betont hat, sorgfältig kontextualisiert werden: Oftmals kam eine eigentlich anlassbezogene Kritik als Fundamentalkritik daher, die sich der gängigen Argumente bediente [3.2.5: Keller 2009; 3.5.4: Nolde]. Jedenfalls sahen sich Herrscherinnen bewogen, ihrer Herrschaftsrepräsentation große Aufmerksamkeit zu widmen, um ihre Regierung zu legitimieren. Dafür stand ihnen ein ebenso großes Arsenal an Argumenten, positiven Rollenvorbildern und Ausdrucksmitteln zur Verfügung wie den Gegnern weiblicher Herrschaft. Ein besonders eindrucksvolles Beispiel ist der monumentale Medici-Zyklus, den Peter Paul Rubens im Auftrag Marias de' Medici malte [3.2.3: MILLEN/WOLF].

Nicht nur die weiblichen Dynastiemitglieder, auch andere Frauen des Hofes sind stärker in den Blick der Forschung geraten. Hierzu zählen die Hofdamen, junge adlige Frauen, deren Erziehung am Hof den letzten Schliff erhielt und die als potentielle künftige Gemahlinnen von Ministern, Amtsträgern in den Provinzen und Gesandten eine nicht zu unterschätzende Rolle in der höfischen Klientelpolitik spielten. Außerdem konnten sie als Akteurinnen in diplomatischen Beziehungen in Erscheinung treten [zu den Hofdamen am Kaiserhof 3.2.5: KELLER; zu Amtsträgerinnen am französischen Hof SCHLEUNING]. Auch das weibliche Dienstpersonal hat in jüngerer Zeit größere Beachtung gefunden. Zum kurbayerischen Hof liegt ein Überblick vor, der für die zweite Hälfte des 17. und die erste Hälfte des 18. Jahrhunderts von der Kurfürstin bis zu den Dienerinnen das gesamte Frauenzimmer in den Blick nimmt [3.2.5: KÄGLER].

Frauen am Hof

Eine Gruppe von Frauen am Hof, die aufgrund ihrer Nähe zum Herrscher die „ordentlichen" Hierarchien unterliefen, waren die Mätressen. Ihre Stellung ist besonders für den französischen Hof gründlich untersucht worden, da zahlreiche französische Könige – im 17. Jahrhundert besonders Heinrich IV. und Ludwig XIV. – für ihre „Mätressenwirtschaft" berüchtigt waren. Die jüngere Forschung widmet sich den Mätressen nicht mehr unter den Vorzeichen moralischer Empörung im Sinne einer „Chronique scandaleuse", sondern analysiert ihre Position und ihre Funktionen am Hof [3.2.5: ADAMS/ADAMS; LEROUX]. Erfolgreiche Mätressen waren demnach keineswegs bloß kurzzeitige Geliebte des Herrschers, der bei ihnen die sexuelle Erfüllung suchte, die er in seiner Ehe nicht fand. Zweifelsohne war körperliche Anziehungskraft für angehende Mätressen wichtig. Um sich in dieser Position aber zu behaupten, also den Herrscher dauerhaft an sich zu binden, mussten sie mehr zu bieten haben, namentlich Klugheit, Geist und (höfische) Bildung. Fürstliche Mätressen waren in aller Regel keine Frauen „aus dem Volk", sondern Adlige, und als Angehörige des Hofes kamen sie mit dem Herrscher in Kontakt. Ihre Nähe zum Herrscher wurde durch Schenkungen, Rangerhöhungen und die Zuteilung eines Appartements in unmittelbarer Nähe der herrscherlichen Gemächer sichtbar. Dies galt

Mätressen

insbesondere für die Hauptmätresse, die einen offiziösen Status erlangte und am französischen Hof auch als „Maîtresse en titre" bezeichnet wird. Aus ihrer Herrschernähe konnte eine Herrschaftsbeteiligung resultieren, und sie konnte als Patronin, Fürbitterin und Ratgeberin einen Teil der Aufgabenfelder einer regierenden Fürstin übernehmen. Aufgrund ihrer illegitimen und den kirchlichen Moralvorstellungen widersprechenden Beziehung zum Herrscher stand ihr allerdings nur eine persönliche, aber keine dynastisch akzentuierte Herrschaftsrepräsentation offen. Im Vergleich zur regierenden Fürstin blieb ihre Legitimationsbasis schwach. Ihre außerordentliche Stellung war stets von ihrer besonderen Beziehung zum Herrscher abhängig. Entzog er der Mätresse seine Gunst, verlor sie ihre Position. Diese weitgehende Abhängigkeit vom Herrscher und der manchmal jähe Sturz bei Gunstverlust macht die Mätressen in dieser Hinsicht mit männlichen Favoriten vergleichbar (s. S. 177 f.).

Natürliche Kinder

„Natürliche" Kinder des Herrschers mit Mätressen konnten zwar legitimiert werden, kamen aber für eine dynastische Sukzession nicht in Betracht. Ludwig XIV. sprach zwar seinen Söhnen aus der Verbindung mit Madame de Montespan testamentarisch das Thronfolgerecht zu, dieses wurde ihnen aber nach dem Tod des Sonnenkönigs sogleich wieder aberkannt. Nur wenigen Mätressen gelang es, ihre Position durch eine morganatische Heirat zu sichern und zu legitimieren, darunter der Madame de Maintenon, die in den letzten drei Regierungsjahrzehnten Ludwigs XIV. die einflussreichste Frau am Hof war [3.2.5: Da Vinha/Grande; Maral]. Die Stellung einer „Beinahe-Königin" („presque reine", Alexander Maral)

Liselotte von der Pfalz

besetzte sie sehr zum Ärger der Schwägerin des Königs, der Herzogin von Orléans Elisabeth Charlotte – besser bekannt als Liselotte von der Pfalz [3.2.5: Van der Cruysse]. Auch Liselottes Vater, Kurfürst Karl Ludwig von der Pfalz, hatte seine Mätresse Marie Luise von Degenfeld, die er in den Rang einer Raugräfin erheben ließ, geheiratet, und zwar ohne sich von seiner legitimen Gemahlin Charlotte von Hessen-Kassel, der Mutter Liselottes, förmlich scheiden zu lassen. Zu ihren zahlreichen Halbgeschwistern, den Kindern Marie Luises, hatte Liselotte von der Pfalz übrigens ein gutes Verhältnis. Sowohl Madame de Maintenon als auch die Herzogin von Orléans haben eine umfangreiche Korrespondenz unterhalten. Die ediert vorliegenden erhaltenen Briefe sind hervorragende Quellen – insbesondere, aber längst nicht nur – zum französischen Hof im späten 17. und frühen 18. Jahrhundert. Während die Korrespondenz der Madame de Maintenon nun in einer modernen kritischen Edition vorliegt [1.2: Bots/Bots-Estourgie], gibt es bei Liselotte von der Pfalz nur für Teilkorrespondenzen kritische Ausgaben [z. B. 1.2: Van Der Cruysse]. Die umfassendste Sammlung bietet immer noch eine Ausgabe aus dem 19. Jahrhundert [1.2: Holland].

Der vorangegangene Überblick sollte verdeutlichen, in welchem Maße die Forschungen der vergangenen Jahrzehnte den Blick auf die Ausübung politischer Herrschaft durch Frauen in der Frühen Neuzeit verändert haben. Fall- und Detailstudien haben die Kenntnisse zu vielen Herrscherinnen substanziell erweitert. Wichtiger ist jedoch, dass weibliche Herrschaft kategorial anders bewertet und eingeordnet wird als noch vor wenigen Jahrzehnten: nicht mehr als – grundsätzlich kritisch beurteilte – Ausnahme, sondern als ein integrales Element des dynastischen Fürstenstaats. Damit geht einher, dass dieses Themenfeld nicht mehr nur von einer Handvoll Spezialistinnen bearbeitet wird, sondern sozusagen in der Mitte der Geschichtswissenschaft angekommen ist.

Fazit

3 Reichsgeschichte im Wandel

Die Forschungsgeschichte des Heiligen Römischen Reiches deutscher Nation hat in den letzten beiden Jahrhunderten sehr unterschiedliche Wege genommen [zum Folgenden 3.3.1: Schnettger 2002; 2007]. Seit der zweiten Hälfte des 20. Jahrhunderts gehört die Reichsgeschichte zu den am intensivsten bearbeiteten und fruchtbarsten Feldern vor allem der deutschsprachigen Frühneuzeitforschung. Es liegt eine Fülle von Gesamtdarstellungen [für eine erste, knappe Orientierung z. B. 3.3.1: Gotthard; eher institutionengeschichtlich Neuhaus; in kulturgeschichtlicher Erweiterung Stollberg-Rilinger 2018; im systematischen Zugriff Wendehorst/Westphal], Readern [3.3.1: Haug-Moritz] und Einzelforschungen zum Alten Reich und seiner Verfassung vor. Dieses intensive Forschungsinteresse hat es allerdings nicht immer gegeben.

Forschungsgeschichte

Vielmehr schenkte die national-machtstaatlich orientierte Geschichtswissenschaft des 19. und frühen 20. Jahrhunderts dem frühneuzeitlichen Reich nur mäßige Aufmerksamkeit. Insbesondere für die Epoche nach dem Dreißigjährigen Krieg galt es als ein erstarrtes, im Vergleich zu den westeuropäischen Mächten mit Frankreich an der Spitze absolut defizitäres Gebilde, unfähig, sich zu einem

Das Reich und die national-machtstaatlich orientierte Forschung

machtvollen Nationalstaat zu entwickeln – und im National- und Machtstaat erblickte man im 19. und in der ersten Hälfte des 20. Jahrhunderts das Ziel und die Norm staatlicher Entwicklung. Angesichts solcher Bewertungsmaßstäbe musste das Urteil über das Alte Reich nahezu zwangsläufig vernichtend ausfallen. Ebenso wie die Reichsverfassung wurde auch die vielgestaltige deutsche Territorienlandschaft mit harschen Verdikten bedacht – bis heute ist „Flickenteppich" eine Chiffre für dysfunktionale Auswüchse des Föderalismus.

Die borussisch-kleindeutsche Sicht

Von der Vielzahl der deutschen Territorien verdiente unter nationalgeschichtlicher Perspektive im Grunde nur Brandenburg-Preußen größere Beachtung, das sich seit der Mitte des 17. Jahrhunderts anschickte, seiner nationalen Berufung Folge zu leisten und einen Weg einzuschlagen, der 1871 mit der Gründung des kleindeutschen Kaiserreichs sein – zumindest vorläufiges – Ziel erreichte. Diese Sichtweise der borussisch-kleindeutschen Forscher und insbesondere ihre Rede von deutscher Kleinstaaterei erwiesen sich als ungemein wirkmächtig und finden sich bis heute in populärwissenschaftlichen Publikationen.

Die österreichische Forschung

Auch in Österreich(-Ungarn) war die historische Forschung kaum am frühneuzeitlichen Heiligen Römischen Reich interessiert. Es hielten sich großdeutsche Interpretationen, die zwar auch Kritik am Reich übten, jedoch die Rolle der habsburgischen Kaiser insgesamt deutlich positiver sahen; die Hohenzollern galten dagegen als Reichszerstörer. In der Zeit des Nationalsozialismus versuchte Heinrich Ritter von Srbik die Positionen der Kleindeutschen und Großdeutschen in einer „gesamtdeutschen" Geschichte miteinander zu versöhnen. Eine positive Sicht auf das Reich ging damit freilich nicht einher.

Neubewertung des Reichs nach dem Zweiten Weltkrieg

Eine Neubewertung des Reichs blieb vielmehr den Jahrzehnten nach 1945 vorbehalten, als nach den Erfahrungen des Nationalsozialismus und des Zweiten Weltkriegs die Idee des nationalen Machstaats gründlich diskreditiert war. Nunmehr wurden manche Aspekte der Reichsgeschichte, die bislang als Defizite betrachtet worden waren – wie die territoriale Vielfalt und die strukturelle Unfähigkeit des Reichs zu einer aggressiven Machtpolitik – zu positiv besetzten Referenzpunkten umgedeutet. Konnten nicht die frühneuzeitlichen Territorien als eine vormoderne Form eines spezifisch deutschen Föderalismus betrachtet werden? Wiesen nicht die Aktivitäten der beiden höchsten Reichsgerichte auf eine deutsche

Neigung zur Rechtsstaatlichkeit hin und waren sie nicht in diesem Sinne Vorläufer des Bundesverfassungsgerichts? War nicht gar der Immerwährende Reichstag zu Regensburg ein „Parlament des Alten Reichs" [3.3.2: FÜRNROHR 1963; ähnlich BURKHARDT]? Das Reich wurde aber nicht nur als Referenzpunkt für die deutsche, sondern auch für die europäische Geschichte entdeckt. Als den Territorialstaaten übergeordnete Formation, die nicht nur deutschsprachige, sondern unter anderem auch französisch-, flämisch-, tschechisch- und italienischsprachige Gebiete einschloss, wurde es gelegentlich als Vorläufer der Europäischen (Wirtschafts-)Gemeinschaft in Anspruch genommen.

Zahlreiche Einzelstudien zu den genannten Themenfeldern bewirkten eine grundsätzliche, positive Neubewertung des Alten Reichs, die seit den 1980er Jahren auch Eingang in Handbücher und Überblicksdarstellungen zur Reichsgeschichte fand [zum Folgenden 3.3.1: SCHNETTGER 2007]. Diese Neubewertung des Alten Reichs geht zum allergrößten Teil auf das Konto der bundesdeutschen Historiographie, während die Geschichtswissenschaft in der DDR dem Reich nur geringe Aufmerksamkeit schenkte und stattdessen an das „gute" Preußen als frühneuzeitlichen Referenzpunkt anknüpfte. Auch für die österreichische Historiographie war die Reichsgeschichte lange kein bevorzugtes Thema. Denn in dezidierter Absage an groß- oder „gesamtdeutsche" Sichtweisen, die im Einklang mit dem „Anschluss" von 1938 standen, tendierte man nach 1945 dazu, eine eigenstaatliche Entwicklung Österreichs zu betonen, deren Wurzeln bis ins Mittelalter zurückreichten und die im 17. Jahrhundert bereits weit vorangeschritten gewesen sei.

Neubewertung des Reichs

Die österreichische Geschichtswissenschaft

Die Geschichtswissenschaft widmete sich lange mit Vorliebe den oben genannten Aspekten der Geschichte des Reichs und seiner Verfassung, die aus bundesrepublikanischer Perspektive als positiv und erinnerungswürdig erschienen. Hier ist zunächst der Reichstag zu nennen. Es gibt Monographien zu den letzten Reichstagen alten Stils [3.3.2: BIERTHER; MÜLLER; vgl. auch LANZINNER/STROHMEYER]. Zu einem erheblichen Erkenntnisfortschritt haben aber vor allem Arbeiten zu dem sich seit 1663 etablierenden Immerwährenden Reichstag von Regensburg beigetragen. Neben der Vorgeschichte und den Anfängen des Immerwährenden Reichstags bzw. dem Prozess seiner Perpetuierung [3.3.2: SCHNETTGER, SCHINDLING] sind auch die Aktivitäten des Reichstags und ihre Ergebnisse intensiv erforscht worden. Quelleneditionen wie die Akten der kaiserlichen Prinzipalkommission

Der Reichstag

[1.3] oder die Neuausgabe von Pachner von Eggenstorffs Sammlung der Reichsschlüsse [1.3] haben dies erleichtert. Beleuchtet worden sind beispielsweise die wirtschaftspolitischen Aktivitäten des Reichstags [3.3.2: Bog, Winzen] und die Reichstagsgesandten [z. B. 3.3.2: Fürnrohr 1983/84; Lehsten]. Vielleicht noch wichtiger ist die kulturgeschichtliche Erweiterung der Reichstagsgeschichte seit dem letzten Jahrzehnt des 20. Jahrhunderts. So wurde es möglich, Hierarchien und Zeremoniell, die bislang vor dem Hintergrund der vielfältigen, oft die Beratungen hemmenden Rangkonflikte ausschließlich negativ bewertet worden waren, als konstitutive Elemente des Verfahrens am frühneuzeitlichen Reichstag zu erkennen [3.3.2: Stollberg-Rilinger]. Gewürdigt wurde schließlich die Entwicklung der Reichstagsstadt Regensburg zu einem Kultur- und Informationszentrum, womit zugleich das Reich als Kommunikationsraum fassbar wurde [3.3.2: Rudolph/Schlachta; Friedrich].

Das Reichskammergericht

Ähnlich große Aufmerksamkeit wie der Reichstag fanden die beiden höchsten Reichsgerichte, zunächst vor allem das großenteils von den Reichsständen besetzte Reichskammergericht. Auch hier gelangte die (rechts-)historische Forschung zu grundlegenden Neubewertungen [3.3.3: Scheurmann; Diestelkamp; Battenberg/Schildt], wobei sich auch eine europäisch vergleichende Annäherung an den Forschungsgegenstand als überaus fruchtbar erweist [3.3.3: Amend-Traut/Jörn/Schenk]. Die ältere Forschung hatte unter Anknüpfung an zeitgenössische kritische Stimmen die oft sehr lange Dauer der Prozesse, die zudem keineswegs immer zu Endurteilen führten, und die mangelhafte Durchsetzung von Gerichtsbeschlüssen akzentuiert. Demgegenüber wurde nun gewürdigt, dass auch vorläufige Verfügungen der Reichsgerichte eine friedenswahrende Wirkung entfalten konnten, und schlicht auf die wachsende Inanspruchnahme des Gerichts hingewiesen. Die Möglichkeit von Untertanen, gegen Grund- und Landesherren vor den Reichsgerichten um ihr Recht zu prozessieren, und die Aussicht, in einem solchen Rechtsstreit zumindest Teilerfolge zu erzielen, leistete einer Verrechtlichung politischer Konflikte Vorschub, die landesherrlicher Willkür Grenzen setzte und gewaltsame Auseinandersetzungen zwar nicht völlig ausschloss, deren Eskalation aber weithin entgegenwirkte. Intensiv erforscht worden ist auch das Personal des Reichskammergerichts [3.3.3: Jahns].

Der Reichshofrat

Mit einer Verspätung von etwa drei Jahrzehnten begann auch die intensive Erforschung des kaiserlichen Reichshofrats, des anderen höchsten Reichsgerichts. Diese Verzögerung im Vergleich mit dem Reichskammergericht ist zum einen darauf zurückzuführen, dass jenes ständisch geprägte Höchstgericht stärker im Fokus der besonders an partizipatorischen und föderalen Elementen interessierten neuen Reichsgeschichtsforschung lag als der unter kaiserlicher Kontrolle stehende Reichshofrat, aber auch an einer Zurückhaltung der österreichischen Geschichtswissenschaft, sich der Geschichte des Alten Reichs zu widmen. Ende des 20. Jahrhunderts wurde diese Zurückhaltung aber aufgegeben, und es wurden fruchtbare deutsch-österreichische Forschungskooperationen angeknüpft. Diese Kooperationen sind von größter Bedeutung, denn neben dem Archiv des Mainzer Kurerzkanzlers und der Überlieferung der Reichshofkanzlei wird auch das Archiv des Reichshofrats im Wiener Haus-, Hof- und Staatsarchiv, einer Abteilung des Österreichischen Staatsarchivs, aufbewahrt.

Zentrale Quellen zur Geschichte des Reichshofrats wurden ediert [1.3: Sellert 1980–1990], andere erschlossen [1.3: Sellert 2009–[2023]]. Es gibt zwar noch immer keine neuere Gesamtdarstellung, die das alte Standardwerk [3.3.3: Gschliesser] ersetzen würde. Eine ganze Reihe von Einzelstudien hat aber neues Licht auf das Personal und die Arbeit des Reichshofrats sowie auf deren Ergebnisse geworfen [z. B. 3.3.3: Ehrenpreis; Sellert]. Auch die kaiserlichen Kommissionen als ein wichtiges Mittel, um die Autorität von Kaiser und Reichshofrat bei der Untersuchung und Regelung von Konflikten dezentral zur Geltung zu bringen, haben größere Aufmerksamkeit gefunden [3.3.3: Ortlieb]. Es zeichnet sich ab, dass der Reichshofrat aufgrund der hinter ihm stehenden kaiserlichen Autorität in der zweiten Hälfte des 17. Jahrhunderts noch an Bedeutung gewann und auch von evangelischen Klägern in Anspruch genommen wurde.

Sehr erheblich sind auch die Erkenntnisfortschritte hinsichtlich der Geschichte der Reichskreise, die bisweilen ebenso wie die Reichsterritorien in eine Tradition des deutschen Föderalismus eingeordnet wurden [3.3.4: Hartmann 1994]. Es liegen mittlerweile nicht nur kreisübergreifende Monographien [3.3.4: Dotzauer] und Sammelbände [z. B. 3.3.4: Wüst], sondern auch Einzelstudien zu fast allen Reichskreisen vor, die teilweise eher allgemeinen Charakter haben [z. B. 3.3.4: Hartmann 1997; Nicklas], sich teilweise aber auch spezifischen Aspekten der Kreisorganisation und -politik widmen. Es hat sich herauskristallisiert, dass die Reichskreise eine wichtige Rol-

Die Reichskreise

le in der frühneuzeitlichen Reichsverfassung spielten. Das gilt namentlich für die „Vorderen" Reichskreise, das heißt für die Kreise im Süden und Westen, die von mindermächtigen Ständen geprägt waren, die viele politische Herausforderungen kaum im Alleingang, sondern viel besser im Verbund mit ihren Mitkreisständen zu bewältigen vermochten. Selbst während des Dreißigjährigen Krieges – einer Zeit, für die lange von einer tiefgreifenden Krise und weitgehenden Inaktivität der Reichskreise ausgegangen worden war – blieben die Reichskreise das Rückgrat der Finanz- und Militärorganisation des Reichs [3.3.4: Schulze]. Und auf der Basis der Reichsmilitärverfassung von 1681 erbrachten die Vorderen Reichskreise in den Kriegen des späten 17. und frühen 18. Jahrhunderts respektable militärische Leistungen [3.3.4: Plassmann]. Dank ihres Zusammenschlusses in Kreisassoziationen konnten die Reichskreise sogar zu Völkerrechtssubjekten und umworbenen Verbündeten der europäischen Mächte aufsteigen [3.3.4: Aretin 1975].

Der Kaiser Ähnlich wie der Reichshofrat und aus ähnlichen Gründen war lange Zeit auch der Kaiser kein privilegierter Forschungsgegenstand der neuen Reichsgeschichtsschreibung. Nach einem wichtigen Aufsatz von Volker Press und einer Sammelbiographie von Anton Schindling und Walter Ziegler [3.3.5] legte aber Karl Otmar von Aretin in den 1990er Jahren eine monumentale Gesamtdarstellung der Reichsgeschichte nach 1648 vor, die nach den Regierungen der verschiedenen Kaiser strukturiert ist und in der die Wiener Perspektive auf das Reich eine privilegierte Position einnimmt [3.3.1: Aretin]. Die Kaiser des 17. Jahrhunderts weisen sehr unterschiedliche politische Profile auf. Rudolph II. war in der letzten Phase seiner Regierung ein extrem schwacher Kaiser; sein Reichshofrat amtierte aber bis 1612 und stand für eine prokatholische Politik [3.3.3: Ehrenpreis]. Für die Regierung von Kaiser Matthias bleibt ein Aufsatz zur letztlich gescheiterten „Kompositionspolitik" von dessen erstem Minister Khlesl maßgeblich [3.1.7: Angermeier]. Eine umstrittene Figur ist Ferdinand II., für den unlängst jedoch herausgearbeitet worden ist, dass er einem traditionellen Amtsverständnis verpflichtet geblieben sei und keineswegs einen „Reichsabsolutismus" angestrebt habe [3.3.5: Brockmann]. Ein sehr vielschichtiges Porträt Ferdinands III. hat eine umfassende Biographie dieses Kaisers gezeichnet [3.1.3: Hengerer]. Umso bedauerlicher ist es, dass eine monographische Synthese zur Regierung Leopolds I., mit dem der Wiederaufstieg des Kaisertums nach dem Dreißigjährigen Krieg in besonderer Weise verknüpft ist, immer noch fehlt; eine Biographie jüngeren Datums [3.1.3: Bérenger] widmet sich in erster Linie der Rolle Leopolds als Herrscher der entstehenden Großmacht Österreich. Neuerdings finden auch die Römischen Kaiserinnen Beachtung (vgl. S. 185).

Unter den Reichsständen erfreuen sich die Kurfürsten des besonderen Interesses der Forschung. Neben den einzelnen Kurfürstentümern oder Einzelpersönlichkeiten gibt es auch Publikationen zum Kurkolleg als Korporation [3.3.5: Gotthard] und zu den Wahltagen, auf denen die Kurfürsten ihr vornehmstes Recht, die Königs- bzw. Kaiserwahl, ausübten [3.3.5: Brockhoff]. In diesen Kontext gehören auch die kaiserlichen Wahlkapitulationen [3.3.5: Burgdorf; Edition: 1.3: Burgdorf].

Die Position des Kaisers in der Reichsverfassung nach dem Westfälischen Frieden kommt regelmäßig auch in Studien in den Blick, die sich mit verschiedenen Gruppen mindermächtiger Reichsstände beschäftigen. Diese werden der kaiserlichen Klientel zugerechnet, die des Rückhalts am Kaiser bedurfte, um sich gegenüber den größeren Reichsständen zu behaupten. Hier sind zunächst die geistlichen Fürsten zu nennen, deren Bewertung sich aufgrund etlicher Studien deutlich gewandelt hat [3.3.6: Schiersner/Röckelein]. Norbert Haag hat den Einflussgewinn der fürstlichen Dynastien auf die Hochstifte unterstrichen [3.3.6], und Bettina Braun hat hervorgehoben, dass die geistliche Dimension der fürstbischöflichen Herrschaft nicht unterschätzt werden dürfe [3.3.6]. Unter den geistlichen Fürsten nahm der Kurfürst von Mainz aufgrund seiner zahlreichen Prärogativen als Reichserzkanzler eine Schlüsselposition ein [3.3.5: Hartmann]. Der vielleicht bedeutendste geistliche Fürst des 17. Jahrhunderts war der zu Lebzeiten als „deutscher Salomo" gefeierte Mainzer Kurfürst Johann Philipp von Schönborn, für den trotz etlicher Aufsätze und einer Monographie über seine Beziehungen zur Kurie [3.3.6: Jürgensmeier] eine aktuelle Biographie fehlt. Gerade an Schönborn lässt sich gut nachvollziehen, dass die allgemeine Zuordnung der geistlichen Fürsten zur kaiserlichen Klientel keineswegs bedeutet, dass diese blindlings den politischen Vorgaben aus Wien gefolgt wären, selbst wenn ihre Wahl unter kaiserlichem Einfluss erfolgt war [3.3.6: Christ]. Denn auch Frankreich verfügte über Klienten in der Reichskirche [3.5.5: Haug]. Interesse hat in jüngerer Zeit auch die kleine Gruppe der geistlichen Fürstinnen gefunden (s. S. 182 f.).

Die Kurfürsten

Reichskirche

Die Reichsstädte — Eine Außenseiterrolle in der Adelsgesellschaft des Alten Reichs spielten die Reichsstädte. Neben zahlreichen Studien zu einzelnen Reichsstädten liegen etliche Monographien und Sammelbände vor, die die Reichsstädte insgesamt oder in Auswahl unter einer bestimmten Fragestellung im Überblick betrachten [3.3.8: Müller; Lau; Lau/Wittmann]. Eher zurückhaltend wurden die Auswirkungen des durch den Westfälischen Frieden verbürgten *Votum decisivum* der Reichsstädte bewertet, das keine echte Gleichberechtigung mit den höheren Ständen ermöglicht habe [3.3.8: Neugebauer-Wölk]. Eine substanzielle Erweiterung des Verständnisses von reichsstädtischer „Politik" hat demgegenüber André Krischer vorgenommen, indem er die Bestrebungen reichsstädtischer Räte beleuchtet, sich auch durch den Austausch von Geschenken, die Übernahme von Patenschaften in fürstlichen Dynastien etc. in der hierarchischen Fürstengesellschaft des Reichs zu behaupten [3.3.8: Krischer]. Der Forschungsstand ist für die einzelnen Reichsstädte höchst unterschiedlich. Für Köln liegen beispielsweise sehr gute Überblicke vor, die das gesamte 17. Jahrhundert abdecken [3.3.9: Bergerhausen; Chaix; Schwerhoff]. Gut ist auch die Forschungslage zu Augsburg [z. B. 3.3.9: Roeck]. Neue Perspektiven für eine Erforschung der frühneuzeitlichen Reichsstädte wurden mit einem Schwerpunkt auf Frankfurt ausgelotet [3.3.9: Schmidt-Funke/Schnettger].

Die Reichsritterschaft — Nicht zu den Reichsständen gehörte die nicht im Reichstag vertretene Reichsritterschaft. Die Ritter stellten jedoch einen erheblichen Teil der Funktionseliten des Reichs in der Reichskirche, in den Reichsgerichten und im Reichsmilitär. Da diese Niederadligen für ein standesgemäßes Leben vielfach auf Ämter und Pfründen angewiesen waren, die in der Verfügungsgewalt oder unter dem Einfluss des Kaisers standen, sind auch sie als Teil der kaiserlichen Klientel zu bezeichnen. Ihre Erforschung erfolgte meist anhand einzelner Orte (Kantone) vor allem der schwäbischen [z. B. zum Ort Kraichgau 3.3.7: Andermann 2012] und der fränkischen Reichsritterschaft [z. B. zum Ort Odenwald 3.3.7: Neumaier]. Zu Konflikten in der fränkischen Reichsritterschaft in der zweiten Hälfte des 17. Jahrhunderts liegt eine mikrogeschichtliche Studie vor [3.3.7: Flurschütz da Cruz]. Erforscht wurden auch einzelne Familien wie die Dalberg, die vornehmste reichsritterliche Familie [3.3.7: Andermann 2009], oder die Schönborn, die eine außerordentliche Bedeutung in der Reichskirche erlangten und so zugleich den Aufstieg der Familie in den

Reichsgrafenstand erreichten [3.3.7: SCHRAUT]. Der Forschungsbedarf für die Reichsritterschaft ist aber nach wie vor groß.

Seitdem infolge der deutschen Wiedervereinigung erneut ein einheitlicher deutscher Nationalstaat bestand, kamen neue Gegenstände und Fragestellungen ins Blickfeld der Geschichtswissenschaft. Während die Forschung bis dahin ihren Fokus auf den Süden und Westen des Reichs – das Gebiet der alten Bundesrepublik – gerichtet hatte, wurde nun verstärkt nach der Stellung des „reichsfernen" Nordostens gefragt [3.3.10: JÖRN/NORTH]. Vor allem aber wurde nun in ganz neuer Weise das Verhältnis von Altem Reich und deutscher Nation erörtert. Ausgelöst wurde diese Diskussion von dem ausgewiesenen Reichshistoriker Georg Schmidt, als er nun das Reich als „komplementären Reichs-Staat der deutschen Nation" zu erfassen suchte und ihm so nicht nur nationale, sondern auch staatliche Qualitäten zusprach [3.3.1: SCHMIDT]. Schmidt erhielt für seine Neubewertung des Reichs einigen Beifall. Zugleich wurde aber vielfältige Kritik geäußert: Schmidt blende die dysfunktionalen Elemente der Reichsverfassung ebenso aus wie die nichtdeutschen Teile des Reichs, sodass sein Konzept der Vielschichtigkeit des Reichs und den Gleichzeitigkeiten seiner Geschichte nicht gerecht werde [3.3.1: SCHNETTGER 2002].

In der Tat haben auch die nichtdeutschen Teile des Reichs in den vergangenen Jahrzehnten verstärkte Aufmerksamkeit gefunden. Das hängt zum einen sicher mit Tendenzen zusammen, die Reichsgeschichte gerade nicht auf eine national-deutsche Engführung zu reduzieren, sondern sie in ihren europäischen Kontexten zu betrachten. Dies ging, wie erwähnt, teilweise so weit, dass das Reich zu einer Art Vorläufer der Europäischen Union stilisiert wurde. Doch auch jenseits eines derartigen, von den Gefahren anachronistischer Einordnungen und Bewertungen nicht freien europäischen Impetus erwies sich der Wegfall nationaler Berührungsängste für die Erforschung der Reichsgeschichte als hilfreich. Dies war nicht nur eine Voraussetzung für die bedeutende Rolle, die mittlerweile die österreichische Geschichtswissenschaft für die Erforschung des Reichs spielt, sondern auch dafür, die Stellung der nichtdeutschen Teile des Reichs gründlicher zu erforschen. Weniger Aufmerksamkeit als Böhmen [3.3.10: BEGERT] erhielt bislang die westliche Peripherie des Reichs, der Burgundische Reichskreis – also im Wesentlichen die heutigen Beneluxländer sowie die Franche-Comté – und Lothringen (vgl. aber 3.3.10: ARNDT]. Differenziert

Auswirkungen der deutschen Wiedervereinigung

Die Forschungskontroverse um den „komplementären Reichs-Staat der deutschen Nation"

Die nichtdeutschen Peripherien des Reichs

wird allgemein das Verhältnis der Eidgenossenschaft zum Reich bewertet, die schon seit dem ausgehenden 15. Jahrhundert weitgehend außerhalb der Reichsorganisation stand, für die aber erst der Westfälische Friede völkerrechtlich die Nichtzuständigkeit der Reichsgerichte bestätigte. Dies wird allgemein als das definitive Ausscheiden der Schweizer aus dem Reichsverband betrachtet, die sich aber weiterhin als Teil der deutschen Nation betrachteten [3.3.10: MARQUARDT]. Als ertragreich erwiesen hat sich auch die Erforschung Reichsitaliens, also derjenigen Gebiete in Ober- und Mittelitalien, über die Kaiser und Reich eine meist lehensrechtlich begründete Oberhoheit beanspruchten [3.3.10: SCHNETTGER; SCHNETTGER/VERGA].

Internationalisierung der Reichforschung

Eine Europäisierung der Reichsgeschichte lässt sich auch auf anderer Ebene konstatieren: Während die Erforschung des Reichs und seiner Verfassung lange eine Angelegenheit deutscher Historiker (und zunächst nur weniger Historikerinnen) war, hat sich das mittlerweile geändert. Neben dem wachsenden Engagement der österreichischen Historiographie sowie den bedeutenden Publikationen italienischer Forscherinnen und Forscher zur Geschichte Reichsitaliens sind auch die Beiträge der angelsächsischen Geschichtswissenschaft zu würdigen, die sogar eine umfassende Gesamtdarstellung zur Reichsgeschichte hervorgebracht hat, die ins Deutsche übersetzt wurde [3.3.1: WHALEY].

Vor allem aber sind in den letzten Jahrzehnten wichtige Impulse von französischer Seite zur Erforschung des Reichs ausgegangen [3.3.1: BRETSCHNEIDER/DUHAMELLE 2018], wobei sich nicht zuletzt die in der französischen Geschichtswissenschaft etablierten raumbezogenen Forschungsansätze als ungemein fruchtbar erwiesen haben. Mit dem Konzept der „Fraktalität" wurde von französischer Seite ein Vorschlag vorgelegt, wie die Komplexität der Reichsstrukturen und der sich auf verschiedenen, miteinander korrespondierenden Ebenen entfaltenden Reichspolitik zu erfassen sein könnte [3.3.1: BRETSCHNEIDER/DUHAMELLE 2016].

Die Neue Kulturgeschichte und das Reich

Zu dieser stärkeren Internationalisierung der Reichsforschung tritt als eine weitere Entwicklung jüngeren Datums die Entdeckung des Reichs durch die Neue Kulturgeschichte hinzu. Hier sind zum einen etliche Studien zur Reichsöffentlichkeit sowie zum Reich als Kommunikationsraum zu nennen [3.3.9: ARNDT; ARNDT/KÖRBER; BELLINGRADT]. Vor allem aber beleuchten kulturgeschichtlich orientierte Forschungen oft gerade die Elemente der Reichsverfassung, denen die stärker auf Normen und Institutionen fokussierte traditionelle

Verfassungsgeschichtsschreibung eher ratlos gegenüberstand, wie der hierarchischen Ordnung des Reichs, dem Reichslehnswesen und – damit verknüpft – dem Zeremoniell und den Ritualen des Reichs. Insbesondere Barbara Stollberg-Rilinger hat aber gezeigt, wie das Belehnungsritual die hierarchische Ordnung des Reichs immer wieder neu bekräftigte, selbst wenn die Reichsvasallen die Belehnung im 17. Jahrhundert in aller Regel nicht mehr persönlich empfingen, sondern sich durch Bevollmächtigte vertreten ließen [3.3.1: STOLLBERG-RILINGER 2013].

Der kulturgeschichtliche Beitrag zur Reichsforschung erschöpft sich aber nicht darin, bisherige blinde Flecken der Reichsgeschichte zu beleuchten, sondern ist viel grundsätzlicher: Besonders prägnant hat Barbara Stollberg-Rilinger in ihrer Studie zur „Verfassungsgeschichte und Symbolsprache des Alten Reiches" hervorgehoben, dass eben diese im Rahmen einer Präsenzgesellschaft praktizierte Symbolsprache ein für die Verfassung – oder die Verfasstheit – des Reichs wesentlicher Faktor war, den sie sogar als wichtiger einstuft als die geschriebenen Normen. Den schleichenden Verlust dieser Präsenzkultur des Reichs wertet sie dementsprechend als ein Element des Niedergangs – und dieser Verlust schritt in der zweiten Hälfte des 17. Jahrhunderts deutlich voran, also genau in jener Epoche, für die üblicherweise eine Konsolidierung des Reichs angenommen wird [3.3.1: STOLLBERG-RILINGER 2013]. Somit fallen die Urteile der jüngeren Kulturgeschichte über das Alte Reich deutlich weniger euphorisch aus als diejenigen von Exponenten der Reichsgeschichtsforschung des letzten Viertels des 20. Jahrhunderts. Das ist nicht zuletzt durch den „anthropologischen", die Distanz zum Gegenstand betonenden Blick der Neuen Kulturgeschichte und ihre geringe Neigung bedingt, Kontinuitäten zwischen Vergangenheit und Gegenwart zu konstruieren. Es mag auch damit zusammenhängen, dass sich heutige Forscherinnen und Forscher, die sich dem Alten Reich widmen, weniger als Reichshistorikerinnen bzw. -historiker verstehen, sondern sich primär den Ansätzen der Neuen Kulturgeschichte verpflichtet sehen, die sie auf den Gegenstand des Alten Reichs anwenden, ohne diesem jedoch eine exklusive Stellung für die eigene Arbeit oder auch für die deutsche Frühneuzeitforschung allgemein zuzuerkennen. Auch diejenigen, die aus der Tradition der „neuen Reichsgeschichte" des späten 20. Jahrhunderts kommen, integrieren in ihre Darstellungen nun in aller Regel die Ergebnisse der kulturgeschichtlichen Forschungen [3.3.1: SCHNETTGER 2020].

Erneuter Wandel des Reichsbilds

4 Konfessionen – Konfessionskonflikte – Konfessionskulturen

Reformation – Gegenreformation – Katholische Reform

Dass die Reformation und in ihrer Folge die Herausbildung konkurrierender Kirchen im lateinischen Europa Schlüsselelemente der frühneuzeitlichen Geschichte waren, kann als allgemeine Auffassung der Geschichtswissenschaft seit ihren Anfängen gelten [3.4.1: im Überblick: Maurer]. Bis weit ins 20. Jahrhundert war für die in Deutschland vorherrschende protestantische Historiographie die Dichotomie evangelische Reformation – katholische Gegenreformation charakteristisch. Der Begriff „Gegenreformation" geht auf Johann Stephan Pütter zurück, einen protestantischen Reichspublizisten des 18. Jahrhunderts, wurde aber um 1900 wesentlich durch den altkatholischen Historiker Moriz Ritter geformt. Dieser stellt einer positiv bewerteten, fortschrittlichen, die deutsche Nationswerdung beförderenden Reformation eine katholische Gegen-Reformation gegenüber, die mit repressiven Mitteln operiert, letztlich bloß destruktiv gewirkt habe und erst durch das schwedische Eingreifen in den Dreißigjährigen Krieg in ihre Schranken verwiesen worden sei. Eine solche Sichtweise konnte auf katholischer Seite kaum Beifall finden, und so bildete im Jahr 1946 der katholische Kirchenhistoriker Hubert Jedin das Begriffspaar „katholische Reform und Gegenreformation". Damit brachte er zum Ausdruck, dass die Reaktion der katholischen Kirche auf die Reformation eine doppelte gewesen sei: die innerkirchliche Reform, um offenkundige Missstände abzustellen, *und* der Kampf gegen den Protestantismus mit missionarischen und repressiven Mitteln.

Konfessionsbildung

Wenige Jahre später prägte der zum Katholizismus konvertierte Historiker Ernst Walter Zeeden den Terminus „Konfessionsbildung", verstanden als „die geistige und organisatorische Verfestigung der seit der Glaubensspaltung auseinanderstrebenden christlichen Bekenntnisse zu einem halbwegs stabilen Kirchentum nach Dogma, Verfassung und religiös-kirchlicher Lebensform" [3.4.5: Zeeden, S. 9 f.]. Damit lenkte er die Aufmerksamkeit auf die Reformen in der katholischen wie den evangelischen Konfessionskirchen und betonte zugleich die prinzipielle Vergleichbarkeit der Vorgänge im Protestantismus und Katholizismus.

Konfessionalisierung

Noch einen deutlichen Schritt weiter gingen Wolfgang Reinhard und Heinz Schilling mit ihrer Konfessionalisierungsthese, die sie unabhängig voneinander seit den späten 1970er Jahren entwickelten. Hierbei handelt es sich zweifellos um einen der folgenreichsten, aber auch umstrittensten Neuansätze der deutschen Frühneuzeitforschung in der zweiten Hälfte des 20. Jahrhunderts. Der Anspruch der Konfessionalisierungsthese war viel höher als die primär auf Religion und Kirche bezogene Konfessionsbildungsthese Zeedens. Denn, anknüpfend an ältere Forschungskonzepte wie Gerhard Oestreichs Vorstellungen von einem in der Frühen Neuzeit zu verortenden Fundamentalprozess der Sozialdisziplinierung, verstanden Wolfgang Reinhard und Heinz Schilling Konfessionalisierung als einen umfassenden Prozess, der im Prinzip alle Bereiche des menschlichen Lebens erfasste [3.4.5: REINHARD; REINHARD/SCHILLING; SCHILLING]. Insbesondere Schilling beobachtete für die Jahrzehnte um 1600 sogar eine Konfessionalisierung der internationalen Beziehungen (s. S. 235).

Damit, dass sie den außerordentlichen Stellenwert von Glaubensfragen und Kirchenangelegenheiten in der Frühen Neuzeit dermaßen akzentuierte, übte die Konfessionalisierungsthese einen nachhaltigen Einfluss vor allem auf die deutschsprachige Frühneuzeitforschung aus. Unwidersprochen blieb sie allerdings nicht [3.4.5: BROCKMANN/WEISS; SCHMIDT; 3.4.6: GREYERZ u. a.; PIETSCH/STOLLBERG-RILINGER]. Vorwiegend von theologisch-kirchengeschichtlicher Seite wurde hinterfragt, inwieweit die Konfessionalisierungsprozesse auf katholischer und protestantischer Seite tatsächlich in ihren Abläufen und Wirkungen so vergleichbar waren, wie es die Konfessionalisierungsthese nahelegte. Von geschichtswissenschaftlicher Seite wurde in erster Linie die Fokussierung auf die obrigkeitliche Perspektive kritisiert. Insbesondere wurde die konsequente Umsetzung der vereinheitlichenden Maßnahmen der weltlichen und kirchlichen Obrigkeiten bezweifelt. Tatsächlich haben verschiedene Fallstudien gezeigt, dass sich ein deutlich verändertes Bild ergibt, wenn man nicht (nur) auf die normative Ebene blickt, sondern zum Beispiel anhand von Egodokumenten oder Gerichtsakten untersucht, inwieweit die konfessionalisierenden Maßnahmen umgesetzt wurden und die Untertanen willig alle obrigkeitlichen Entscheidungen mitvollzogen oder hinsichtlich Glauben und Lebensführung Freiräume behaupteten. Neben gerichtsaktenkundig gewordenen Fällen von konfessioneller Devianz [3.4.6: PILTZ/SCHWERHOFF] werden sehr individuelle, keineswegs mit den Positionen der Großkirchen im Einklang stehende Glaubensvorstellungen sichtbar. Die (von den Obrigkeiten

Kritik an der Konfessionalisierungsthese

meist unerwünschten) gemischtkonfessionellen Ehen sprechen ebenfalls dafür, dass die Grenzen zwischen den Konfessionen keinesfalls unüberwindlich waren [3.4.6: Freist]. Ob es sich bei den dokumentierten Fällen konfessioneller Grenzüberschreitung um bloße Einzelfälle handelte, die den aufs Ganze gesehen dominierenden Prozess der Konfessionalisierung nicht substanziell tangierten, kann zwar diskutiert werden. In jedem Fall hat aber diese Perspektivenerweiterung den Blick auf das Neben-, Mit- und Gegeneinander der christlichen Konfessionen seit dem späten 16. Jahrhundert massiv beeinflusst.

Reichweite der Konfessionalisierungsthese?

Als weiterer Einwand gegen die Konfessionalisierungsthese sind Zweifel an ihrer Reichweite geäußert worden: Erfasst sie nicht vor allem die Verhältnisse im Reich, mit seiner konfessionellen Gemengelage einerseits, dem landesherrlichen Reformationsrecht andererseits [3.4.5: Schindling/Ziegler]? Auch für Ostmitteleuropa, Skandinavien und das Baltikum ist dem Konfessionalisierungskonzept ein Erkenntnispotential attestiert worden [3.4.5: Bahlcke/Strohmeyer; Asche/Schindling; Asche/Buchholz/Schindling]. Wie weit ist es aber etwa auf Spanien übertragbar, wo der herrschende Katholizismus kaum durch protestantische Strömungen herausgefordert wurde, aber schon lange vor der Reformation Maßnahmen zur Ausmerzung judaisierender oder kryptomuslimischer Devianzen ergriffen wurden? Auch auf das Osmanische Reich und die dortigen Glaubensgemeinschaften lässt sich die Konfessionalisierungsthese nur mit substanziellen Modifikationen anwenden [3.7.5: Krstić 2022].

Komfessionskulturen

Die Konfessionalisierungsthese wie auch die an ihr geäußerte substanzielle Kritik sind in Vorstellungen von frühneuzeitlichen Konfessionskulturen eingeflossen [3.4.1: Greyerz; Holzem; 3.4.5: Kaufmann/Schubert/Greyerz; Maurer]. Danach fand tatsächlich eine Konfessionalisierung statt, die jedoch als sehr langer Prozess zu denken sei, bei dem nicht nur die obrigkeitlichen Maßnahmen betrachtet werden müssten, sondern ebenso deren allmähliche Aufnahme und Aneignung durch die Bevölkerung – denn erst diese habe die unterschiedlichen Konfessionskulturen hervorgebracht. Deren Verfestigung sei vielfach noch vorangeschritten, als die Obrigkeiten unter dem Einfluss der Aufklärung bereits von einer Konfessionalisierungspolitik abgerückt seien. Pauschale Aussagen zu Tragweite und Grenzen von Konfessionalisierung sind kaum möglich. Weiterführend sind vielmehr Studien zu einzelnen Territorien oder auch Städten. Gut erforscht wurde in dieser Hinsicht etwa das Hochstift

Paderborn [3.4.5: Kopp/Moritz/Priesching; Menne]. Ein frühes Beispiel für eine kulturgeschichtliche Erforschung von Konfessionalisierungsprozessen ist die Studie von Étienne François zu Augsburg [3.4.5]. Er machte eine „unsichtbare Grenze" zwischen der katholischen und der lutherischen Bevölkerung dieser paritätischen Reichsstadt aus. Belege für unterschiedliche Konfessionskulturen fand er in den verschiedensten Bereichen – bis hin zur Wahl der Vornamen. Ob die Grenzen zwischen den Konfessionen wirklich unsichtbar oder doch vielleicht sichtbar waren und wie durchlässig sie sich gestalteten – mit derartigen Fragen setzt sich die aktuelle Forschung zu den Konfessionskulturen auseinander, für die Birgit Emich eine konsequente Anwendung kulturalistischer Fragestellungen vorschlägt [3.4.5].

Die Einsicht in die Langfristigkeit und Vielschichtigkeit von Konfessionsbildungs- und Konfessionalisierungsprozessen hat Auswirkungen auf die Ansätze zur Periodisierung der Frühen Neuzeit. Traditionell wird vor allem in der deutschen Forschung das Jahr 1648 als Endpunkt des Konfessionellen Zeitalters oder des Zeitalters der Konfessionalisierung betrachtet. Für diese Zäsur spricht nicht zuletzt der Westfälische Frieden, dessen reichsreligionsrechtliche Bestimmungen in der Tat eine wesentliche Voraussetzung für die Entschärfung des politischen Religionskonflikts im Reich darstellten (s. S. 230). Dies bedeutete aber nicht, dass die konfessionellen Gegensätze im Reich ausgeräumt gewesen wären. Ab etwa 1700 wurde sogar eine Rekonfessionalisierung der Reichspolitik konstatiert [3.4.5: Luh; Wieland]. Insgesamt aber spielte im Reich wie auch in den europäischen Mächtebeziehungen das konfessionelle Element in der zweiten Hälfte des 17. Jahrhunderts eine deutlich geringere Rolle als um 1600. Richtet man dagegen den Blick auf die Herausbildung von Konfessionskulturen, dann macht es in der Tat wenig Sinn, das Jahr 1648 als Endpunkt des Konfessionellen Zeitalters anzusetzen. Auch das Thema der Konfessionskriege hatte sich 1648 nicht erledigt: In der Schweizer Eidgenossenschaft fanden 1656 und 1712 sogar zwei kurze Kriege zwischen katholischen und reformierten Kantonen statt [3.4.5: Hacke; Lau]. Auch auf europäischer Ebene war um 1700 die Debatte um Religionskriege nicht verstummt [3.5.2: Mühling: Onnekink].

Ende des Konfessionellen Zeitalters 1648?

Ein Epochenjahr 1648 leuchtet auch für die Konfessionsgeschichte Frankreichs nicht ein. Zäsurcharakter besaß hier vielmehr das Edikt von Nantes (1598), das die Epoche der Religionskriege be-

Die Hugenotten nach dem Edikt von Nantes 1598

endete und den Protestanten nicht nur eine bedingte Religionsausübung, sondern in den sogenannten Sicherheitsplätzen sogar eine recht weitgehende politische Autonomie zugestand. Gleichwohl hat die Forschung darauf hingewiesen, dass man mehr von Koexistenz denn von Toleranz der Hugenotten sprechen sollte, und daher teilweise den Begriff „Toleranzedikt" vermieden [3.4.4: GRANDJEAN/ROSSEL]. In der Tat führt keine ungebrochene Entwicklungslinie vom Edikt von Nantes hin zur weitgehenden Gleichberechtigung der nichtkatholischen Konfessionen nach der Französischen Revolution: Seit dem Tod des ehemaligen Protestanten Heinrich IV. (1610) zielte die Politik der französischen Krone auf eine Beseitigung der hugenottischen Privilegien. Der auf die Hugenotten ausgeübte Druck hatte zur Folge, dass ihr Anteil an der Bevölkerung kontinuierlich zurückging. Insbesondere die hugenottischen Eliten konvertierten in großer Zahl zum Katholizismus, sodass eine zunehmende Marginalisierung des französischen Protestantismus zu konstatieren ist [3.4.4: BENEDICT; im Überblick DÖLEMEYER; NIGGEMANN 2011; SCHUNKA].

Die Revokation des Edikts von Nantes

Die Verschärfung der Protestantenpolitik durch Ludwig XIV., die Revokation des Edikts von Nantes und der den königlichen Wünschen zuwiderlaufende „Exodus der Hugenotten" haben das besondere Interesse der deutschsprachigen Forschung gefunden, wobei das Augenmerk vor allem dem Aufnahmeland Brandenburg-Preußen galt. Ältere Arbeiten haben den Aderlass, den die Auswanderung der Protestanten für Frankreich bedeutete, bisweilen ebenso überbetont wie deren Stellenwert für den Aufstieg Preußens, mit der Tendenz, das Jahr 1685 als eine Etappe in die Geschichte der deutsch-französischen „Erbfeindschaft" einzuschreiben. Richtig ist, dass das Edikt von Fontainebleau schon von protestantischen Zeitgenossen in ganz Europa als Fanal wahrgenommen wurde und dass die Einwanderung manchen deutschen Reichsständen als Beitrag zur Peuplierung ihrer Herrschaftsgebiete nach den Bevölkerungsverlusten des Dreißigjährigen Krieges hochwillkommen war [3.4.4: DUCHHARDT; BÖHM; Quellen: 1.3: MEMPEL]. Jüngere Arbeiten haben aber die Schwierigkeiten, die sich der Ansiedlung der Hugenotten in den Weg stellten, stärker gewürdigt und zugleich den Blick auf andere Zielländer in und außerhalb von Europa geweitet [3.4.4: LACHENICHT; NIGGEMANN 2008]. Auch die im Land verbliebenen Protestanten, die ihren Glauben nur noch im Untergrund ausüben konnten, und ihre gelegentlichen Aufstände fanden Beachtung [3.4.4: BERNARD]. Neuerdings wurde zudem ein gendergeschichtlicher Blick auf die Folgen der Aufhebung des Edikts von Nantes gerichtet [1.2: WINN].

Ein weiteres Beispiel für Konfessionskonflikte und Konfessionsmigration in der zweiten Hälfte des 17. Jahrhunderts hängt eng mit der Verfolgungspolitik Ludwigs XIV. zusammen. Der Sonnenkönig nutzte nämlich seinen beherrschenden Einfluss auf Savoyen aus, um Herzog Viktor Amadeus II. zur Bekämpfung der Waldenser in den Westalpentälern nach dem Vorbild der französischen Hugenottenpolitik zu nötigen. Die Verfolgung der Waldenser, ihre Auswanderung und die glorreiche Rückkehr (*Glorioso rimpatrio*) eines Teils der in die Schweiz Geflüchteten (1689) haben nicht in dem Maß die Aufmerksamkeit der Forschung gefunden wie die Emigration der Hugenotten; es existiert aber eine monumentale, quellennahe Studie, die es erlaubt, sich genau über diese Ereignisse und ihre Hintergründe zu informieren [3.4.4: KIEFNER].

Waldenserverfolgung

Auf die britischen Inseln lässt sich das Konfessionalisierungsparadigma kaum anwenden, allenfalls in dem Sinne, dass die Krone eine Konfessionalisierungspolitik zugunsten der anglikanischen Hochkirche verfolgte, aber mit diesem Vorhaben krachend scheiterte. Die Situation in Irland wurde als eine „doppelte Konfessionalisierung" [3.4.5: LOTZ-HEUMANN] oder als „konfessionelle Mehrdimensionalität" [3.4.6: BÄHR] gedeutet. In England gab es unter den vielfältigen protestantischen Gruppierungen nur wenige Gemeinsamkeiten über die Absage an den „Papismus" hinaus. Doch auch Nichtkatholiken, insbesondere hochkirchliche Anglikaner, konnten unter „Papismus"-Verdacht geraten. Auf der anderen Seite des konfessionellen Spektrums standen die „Puritaner" oder *Dissenters*. Unter diesem Sammelbegriff wird eine Vielzahl größerer, kleinerer und kleinster Gruppierungen zusammengefasst, deren Lehren sich oft kaum fassen lassen [3.4.3: COFFEY/LIM; DURSTON/EALES; BARTELEIT]. Eine der bekanntesten sind die Quäker, die „Zitterer" (von „Quaker") – es ist unschwer zu erkennen, dass es sich hierbei um eine spöttische Fremdbezeichnung handelte. Ihre Ursprünge reichen in die Mitte der 1650er Jahre, also in die Zeit des *Commonwealth*, zurück. In der Frühphase der Quäker spielten wie bei manchen anderen radikalprotestantischen Gruppen neben dem eigentlichen Gründer George Fox und anderen Männern auch Frauen eine bedeutende Rolle, namentlich Fox' Ehefrau, die als „Mutter des Quäkertums" verehrte Margaret Fell [3.4.3: KUNZE].

Entwicklung auf den britischen Inseln

Radikale Pietisten   In einer ähnlichen Situation wie die *Dissenters* in England befanden sich am Ende des 17. Jahrhunderts einige radikalpietistische Gruppierungen in Mitteleuropa, die am Rande oder außerhalb der jeweiligen protestantischen Landeskirchen standen und von den Obrigkeiten teilweise mit Misstrauen betrachtet oder gar verfolgt wurden [im Überblick 3.4.3: Brecht u. a.; allgemein zu radikalprotestantischen Gruppierungen 3.4.1: Goertz]. Auch hier spielten oft Frauen eine Führungsrolle, wie bei den Frankfurter „Saalhofpietisten" oder in der „Buttlarschen Rotte" um die ehemalige weimarische Hofdame Eva von Buttlar [3.4.3: Temme]. Gut erforscht sind auch die weniger radikalen Begründer des Pietismus, Philipp Jakob Spener [1.2: Wallmann; 3.4.3: Wendebourg] und August Hermann Francke [3.4.3: Obst].

Toleration   In vielen europäischen Ländern bestanden im 17. Jahrhundert also mehrkonfessionelle Gesellschaften. Eine solche Situation stellte nicht nur die Obrigkeiten vor die Herausforderung, wie sie sich gegenüber andersgläubigen, tendenziell unter Illoyalitätsverdacht stehenden Untertanen positionieren sollten, sondern zumal in einer Zeit sich verfestigender Konfessionskulturen auch die Gläubigen [3.4.5: Dixon/Freist/Greengrass; für die Niederlande Lademacher/Loos/Groenveld]. Wie sollte man sich gegenüber Mitmenschen verhalten, deren „ketzerischen" oder „papistischen" Irrglauben man ablehnte, die sogar nach einem anderen Kalender lebten [3.4.5: Duhamelle; Koller], mit denen man sich aber im Alltag zu arrangieren hatte? Von religiöser Toleranz im Sinne einer wertschätzenden Akzeptanz von Glaubensverschiedenheit lässt sich im 17. Jahrhundert allenfalls in Ansätzen sprechen. Verbreiteter war eine notgedrungene Duldung – englisch: „Toleration" [3.4.5: Kaplan]. In den österreichischen Erblanden der Habsburger und im Erzstift Salzburg konnte auch davon keine Rede sein. Hier blieb der Druck auf die protestantischen Minoritäten, die sich nur im Untergrund behaupten konnten, groß [3.4.5: Leeb/Scheutz/Weikl; vgl. auch Herzig; Keller/Mat'a/Scheutz]. Die calvinistischen brandenburgischen Kurfürsten, die sich in ihren Kernterritorien dauerhaft einer lutherischen Bevölkerungsmehrheit gegenübersahen, verfolgten schon deswegen eine duldsamere Konfessionspolitik [3.4.5: Neitmann].

Unionsprojekte   Eine Reihe von Publikationen widmet sich den verschiedenen, allesamt erfolglos gebliebenen Bemühungen, das Ärgernis der Konfessionsverschiedenheit durch eine Kirchenunion aus der Welt zu schaffen – wobei es aus päpstlicher Sicht freilich nur um eine Re-

union im Sinne einer Rückkehr der Abgefallenen in den Schoß der
katholischen Kirche gehen konnte [im Überblick 3.4.6: DUCHHARDT/
MAY; KLUETING]. Während die Kirchenunionspläne des 17. Jahrhunderts bloße Projekte blieben, war eine andere, sehr individuelle
Form der Annäherung an eine andere Konfession, die Konversion   Konversionen
(vor allem vom Protestantismus zum Katholizismus), ein recht häufiges Phänomen [3.4.6: BEHRINGER/MADER/NIPPERDEY; LOTZ-HEUMANN/MISSFELDER/POHLIG]. Großes Interesse hat die Forschung den Fürstenkonversionen entgegengebracht, die besonders gut dokumentiert sind
und zugleich sehr folgenreich sein konnten [3.4.6: MADER]. Selbst
wenn im späten 17. Jahrhundert die Konversion eines Fürsten nicht
mehr bedeutete, dass alle seine Untertanen diesen Schritt mitzuvollziehen hatten, so erfuhr doch die Position der neuen Konfession
des Herrschers im Land eine nachhaltige Stärkung, da sie sich nun
der allerhöchsten Protektion erfreuen konnte. Eine solche Veränderung des konfessionellen Status quo konnte aber auch gravierende
Spannungen und Konflikte nach sich ziehen. Sehr zahlreich waren
Konversionen im Umkreis einiger katholischer Höfe. Der Wiener
Kaiserhof ist sogar als „Konversionsmaschine" bezeichnet worden
(Martin Scheutz) [hierzu ausführlich 3.4.6: PEPER]. Noch stärker förderte die römische Kurie Übertritte zum Katholizismus, und das
auch mit durchaus weltlichen Lockmitteln [3.4.6: MATHEUS/OY-MARRA/
PIETSCHMANN]. Während die ältere, selbst noch stark konfessionell geprägte Forschung sich vielfach daran abarbeitete nachzuweisen,
dass eine Konversion aus lauteren Motiven – also aus Glaubensgründen – erfolgt sei – oder eben gerade nicht –, sind aktuelle Studien um eine differenzierte Analyse der Konversionsszenarien bemüht und lehnen monokausale Erklärungsansätze ab. Konversionen werden als Indiz für die Grenzen der Konfessionalisierung
gewertet, die bei Konvertitinnen und Konvertiten ihr Ziel ja offenbar nicht erreicht habe, die Menschen in ihren jeweiligen Ursprungskonfessionen zu verwurzeln.

Damit ist erneut der wohl massivste Einwand gegen die Konfes-   Zweifel an der
sionalisierungsthese angesprochen: der grundsätzliche Zweifel dar-   Konfessionaisierung
an, dass es tatsächlich klar voneinander abgegrenzte Konfessionen
gegeben habe bzw. dass die Gläubigen die obrigkeitlichen Vorgaben
verinnerlicht hätten. Dagegen ist die Anschauung vertreten worden,
dass sich zahlreiche Menschen nur äußerlich regelkonform verhalten hätten, dass sie vielmehr in einer konfessionellen Ambiguität
verharrten und verschiedenste Formen der Dissimulation nutzten,

um ihren abweichenden Glauben zu leben [3.4.6: Eliav-Feldon/Herzig; Pietsch/Stollberg-Rilinger]. Wie man sich in dieser Frage positioniert, hängt maßgeblich daran, wie man die dokumentierten Fälle von Widerständigkeit, konfessioneller Devianz und Grenzüberschreitung bewertet: als Einzelfälle oder gleichsam als die Spitze eines Eisbergs, der unter der täuschenden Oberfläche konfessioneller Homogenität verborgen bleibt.

Situation der Juden

Wenn man die Forschungen zu den christlichen Konfessionen erörtert, lohnt sich auch ein Blick auf andere Religionen. Die einzige größere nichtchristliche Bevölkerungsgruppe in West- und Mitteleuropa waren die Juden. Allerdings waren sie aus vielen Ländern bereits im Mittelalter vertrieben worden, sodass es im 17. Jahrhundert größere jüdische Präsenzen nur noch im Deutschen Reich, in Italien, in den Niederlanden und vor allem in Polen-Litauen gab [für einen Überblick z. B. 3.4.7: Battenberg; Kotowski; Litt]. Seit einigen Jahren schenkt die Forschung neben den größeren städtischen Gemeinden, die häufig in Ghettos lebten 3.4.7: Backhaus] auch den sogenannten Landjuden größere Aufmerksamkeit. Es wird sogar erörtert, ob das Leben auf dem Land nicht die dominierende jüdische Lebensweise im Reich gewesen sei [3.4.7: Kiessling/Ullmann]. Von den städtischen Gemeinden ist die Frankfurter Gemeinde besonders gründlich erforscht worden [3.4.7: Treue], daneben auch die Hamburger Gemeinde, genauer gesagt die sogenannte Dreigemeinde Hamburg, Altona und Wandsbek, wo auch etliche Sepharden lebten, die sich ursprünglich als portugiesische Katholiken angesiedelt hatten, später aber ihren jüdischen Glauben offen praktizierten [zur Judenpolitik des Hamburger Rates im 17. Jahrhundert 3.4.7: Braden].

Juden und christliche Gesellschaft

Jüdische Sozial- und Kulturgeschichte wird – unter Berücksichtigung ihrer Spezifika – heute in ihren gesamtgesellschaftlichen Bezügen gesehen und erforscht [z. B. 3.4.7: Keil/Rauscher/Ullmann]. Ob in der Stadt oder auf dem Land – zu den wesentlichen Erkenntnissen der jüngeren Forschung gehört, dass eine Reduktion auf die Elemente Segregation, Verfolgung und Unterdrückung der jüdischen Geschichte im Europa der Frühen Neuzeit nicht gerecht wird. Betont wird vielmehr oft die jüdische „Agency": Juden waren keine wehr- und willenlosen Objekte der Politik christlicher Obrigkeiten, sondern sie verfolgten wie andere Gesellschaftsgruppen ihre Interessen und konnten sie bisweilen auch durchsetzen. Im Reich wehrten sie Bedrückungen durch städtische oder fürstliche Obrigkeiten teilweise mit Unterstützung des Kaisers ab, als dessen „Kammerknechte" sie galten und dessen besonderem Schutz sie daher unterstanden. Die sogenannten Judenordnungen [z. B. für Hessen-Darmstadt 1.3: BATTENBERG] beschränkten die wirtschaftlichen Aktivitäten der Juden zwar erheblich und verhängten schikanöse Maßnahmen wie eine Kennzeichnungspflicht oder Ausgangsbeschränkungen an christlichen Feiertagen. Andererseits wurde Juden bisweilen eine Kultfreiheit zugestanden, die christlichen Minderheiten verwehrt blieb. Außerdem besaßen die Gemeinden oft beachtliche Selbstverwaltungsrechte [3.4.7: GOTZMANN].

Eine einzigartige Quelle zu (weiblichen) jüdischen Lebenswelten ist die Autobiographie von Glikl bas Judah Leib (Glükl von Hameln, 1647(?)–1724) [1.2: PAPPENHEIM; 3.4.7: ZEMON DAVIS (Biographie)]. Sie stammte aus einer wohlhabenden aschkenasischen Familie in Hamburg, war zweimal verheiratet und hatte mit ihrem ersten Mann vierzehn Kinder. Während ihrer ersten Witwenschaft führte sie das Familiengeschäft erfolgreich weiter. Ihre zweite Ehe endete aber in einem finanziellen Fiasko, sodass sie während ihrer letzten Jahre mittellos im Haushalt ihrer Tochter lebte.

Die Memoiren der Glükl von Hameln

Wenn eben betont wurde, dass die Juden im 17. Jahrhundert nicht außerhalb der Gesellschaft standen, so heißt das nicht, dass es keine Unterdrückungen, Verfolgungen und Vertreibungen mehr gab. Die habsburgischen Kaiser nahmen in diesem Zusammenhang eine ambivalente Rolle ein: Dass die Frankfurter Juden nach ihrer Vertreibung im Fettmilchaufstand (1614) in die Reichsstadt zurückkehren konnten, verdankten sie dem Schutz des Kaisers Matthias. Von einer grundsätzlich judenfreundlichen Haltung der Habsburger kann aber keine Rede sein, wie auch ihre Judenpolitik in den eigenen Erblanden zeigt [Quellensammlung 1.1: RAUSCHER]. Die Vertreibung der Wiener Juden führt Ulrich HAUSMANN allerdings nicht auf eine ausgeprägte Judenfeindschaft Leopolds I. zurück, sondern auf den Druck der Wiener Bevölkerung. Demgegenüber habe Kurfürst Johann Philipp von Schönborn durch die Ghettoisierung der Mainzer Juden deren völlige Ausweisung umgehen können [3.4.7]. Kein Zweifel kann daran bestehen, dass Kaiser und Reich wesentliche Rahmenbedingungen für die Entwicklung der jüdischen Geschichte in Mitteleuropa konstituierten [3.4.7: EHRENPREIS/GOTZMANN/ WENDEHORST].

Judenverfolgungen

Eine Reihe von Forschungsarbeiten hat sich mit den jüdischen Hoffaktoren beschäftigt. Es war gängige Praxis, dass die deutschen

Jüdische Hoffaktoren

Höfe deren Dienste in Anspruch nahmen, da sie aufgrund ihrer weitgespannten Verbindungen in der Lage waren, sie kurzfristig mit Rüstungsgütern und Luxuswaren zu versorgen. Die Hoffaktoren traten oft als einflussreiche Fürsprecher für ihre Glaubensgenossen ein. Nicht selten entfremdeten sie sich aber von den jüdischen Lebenswelten. Neben dem sehr ausführlichen, aber in seinen Wertungen problematischen Werk von Heinrich Schnee [3.4.7] sowie dem wiederaufgelegten Werk von Selma Stern [3.4.7] gibt es zu den Hoffaktoren nun neuere Einzelstudien [3.4.7: Schedlitz] und Sammelbände, die aktuellere Fragestellungen berücksichtigen [3.4.7: Ries].

5 Internationale Beziehungen – Außenbeziehungen

Internationale und transnationale Beziehungen

Ein ungemein fruchtbares Forschungsgebiet der deutschen und internationalen Frühneuzeitforschung ist seit etwa drei Jahrzehnten das Themenfeld, das man allgemein als „internationale Beziehungen" bezeichnet. Am Ende des 20. Jahrhunderts wurden Begriff und Themenfeld erweitert durch die Einbeziehung der „transnationalen Beziehungen", womit insbesondere sozial- und wirtschaftsgeschichtliche, später auch kulturgeschichtliche Aspekte ins Blickfeld kamen. Dadurch wird der Blick auf herrschaftsübergreifende Beziehungen jenseits der diplomatischen Kontakte zwischen den Regierungen im engeren Sinne gerichtet.

Grundsatzkritik an dem Begriff „internationale Beziehungen"

In Teilen der Forschung ist der Begriff „internationale Beziehungen" allerdings mittlerweile verpönt und wird konsequent vermieden. Die Forscherinnen und Forscher, die sich gegen seine Verwendung ausgesprochen haben, begründen dies damit, dass es in der Frühen Neuzeit schon deswegen keine „internationalen Beziehungen" gegeben haben könne, weil der souveräne moderne Nationalstaat, an dem sich Begriff und Forschungsprogramm der „internationalen Beziehungen" wesentlich orientierten, erst seit dem 19. Jahrhundert existierte. Wenn man an diesem Begriff festhalte, übernehme man gleichzeitig in anachronistischer Weise die Vorstellung von institutionalisierten zwischenstaatlichen Beziehungen und verwische auf diese Weise die kategorialen Unterschiede zu den Beziehungen zwischen Höfen und Regierungen im Zeitalter des dynastischen Fürstenstaats. Stattdessen verwenden Christian Windler und Hillard von Thiessen sowie diejenigen, die ihre Auffassung teilen, den Begriff der „Außenbeziehungen" [3.5.4: Thiessen/Windler

„Außenbeziehungen" als Alternativbegriff

2010, Einleitung]. Kritisiert wird an der traditionellen Geschichte der „internationalen Beziehungen" auch, dass zu keiner Zeit – auch nicht im 19. und 20. Jahrhundert – Außenbeziehungen eine exklusiv staatliche Domäne gewesen seien. Immer hätten diverse gesellschaftliche Akteure – Einzelpersonen und Gruppen – eigenständige Außenbeziehungen unterhalten. Damit im Einklang steht die Forderung, bei der Erforschung von Außenpolitik ihre gesellschaftlichen Grundlagen und zugleich die konkreten Akteure im Blick zu behalten. Andere Forscherinnen und Forscher haben dagegen, durchaus unter Anerkennung der substanziellen Unterschiede zwischen der Frühen Neuzeit und der Moderne, dafür plädiert, an dem Begriff der „internationalen Beziehungen" festzuhalten, unter anderem deswegen, um die diachrone Anschlussfähigkeit der Frühneuzeitforschung nicht aufs Spiel zu setzen und um die Vermittelbarkeit ihrer Ergebnisse in eine breitere Öffentlichkeit zu gewährleisten [3.5.4: TISCHER]. *Die Gegenposition*

Auch hier gilt, was bereits zum Thema „Absolutismus" (II.1) gesagt wurde. Vermutlich wird der gut eingeführte und auch außerhalb der Fachwissenschaft geläufige Begriff „internationale Beziehungen" nicht aus der Frühneuzeitforschung und insbesondere nicht aus Publikationen, die sich an ein breites Publikum richten, verschwinden. Diejenigen, die an ihm festhalten, müssen dies aber in dem Bewusstsein und unter Offenlegung dessen tun, was „internationale Beziehungen" in der Frühen Neuzeit von denen in der Moderne unterscheidet. Einige dieser Unterschiede sollen im Folgenden akzentuiert werden. Dabei werden sich die Ausführungen auf aktuelle Forschungstendenzen jenseits der traditionellen Politikgeschichte konzentrieren.

Wie sehr sich die Forschungsfragen geändert haben, wird schon bei der Benutzung älterer Quelleneditionen deutlich: Häufig haben die Herausgeber des 19. und frühen 20. Jahrhunderts Passagen herausgekürzt, die für aktuelle Fragestellungen von Relevanz wären. Dessen ungeachtet bleiben die Editionen wichtig [z. B. 1.5: FIEDLER; Nuntiaturberichte; Recueil]. *Quelleneditionen*

Wer einen allgemeinen Überblick über die Entwicklungen der Epoche gewinnen möchte, der bereits einige der neueren Forschungsansätze integriert, kann sich der entsprechenden Bände des „Handbuchs der Internationalen Beziehungen" bedienen [3.5.1: SCHILLING 2010 (Konfessionalisierung); MALETTKE]. Die Einbindung des Reichs und seiner Stände in die europäischen Mächtebeziehungen *Überblickswerke* beleuchten zwei Bände der „Enzyklopädie deutscher Geschichte" [3.5.1: Kohler; Duchhardt]. Sehr umfassende bilaterale Beziehungsgeschichten, die über ein traditionelles Verständnis von internationalen Beziehungen weit hinausgehen, bieten die Bände der deutsch-französischen [3.5.1: Babel; Braun] sowie der deutsch-polnischen Geschichte [3.5.1: Bömelburg/Kizik]. Auch über die Kriege der Epoche (vgl. auch II.6–7) kann man sich zuverlässig informieren [z. B. zum Niederländischen Unabhängigkeitskrieg 3.5.1: 'T Hart; zu den Nordischen Kriegen Frost; zu den englisch-niederländischen Seekriegen Rebitsch; zum Spanischen Erbfolgekrieg Pohlig/Schaich; Schnettger].

Kriegserklärungen und Kriegslegitimation

Der Übergang vom Frieden zum Krieg ist ein weiteres Themenfeld, das die Forschung beschäftigt hat. Neben den strukturellen und je spezifischen Kriegsursachen steht dabei die Frage der Kriegslegitimation im Fokus [3.5.2: Klesmann; Tischer]. Gerade in der Studie von Klesmann wird deutlich, dass neben den inhaltlichen Begründungen eines „gerechten" Krieges auch die Form der Kriegserklärung einen hohen Stellenwert besaß.

Diplomatie als privilegierter Forschungsgegenstand

Alles in allem hat die Forschung in den vergangenen Jahrzehnten der Diplomatie aber deutlich mehr Aufmerksamkeit gewidmet als dem Krieg. Auch hier folgen viele neuere Studien kulturgeschichtlichen Fragestellungen. Ein Element der frühneuzeitlichen Außenbeziehungen, das erst im Zuge des *Cultural Turn* von der Geschichtswissenschaft „entdeckt" worden ist, sind das Zeremoniell und die damit verknüpften Rangfragen. Auch der älteren historischen Forschung waren diese Phänomene natürlich nicht unbekannt; sie tendierte aber dazu, sie als Nichtigkeiten, als Ausfluss barocker Eitelkeit, als Ressourcenverschwendung und irrelevantes Störelement für ernsthafte, sachorientierte Außenpolitik abzutun. In der Tat finden sich schon zeitgenössische Klagen über die Behinderung oder gar Verhinderung diplomatischer Beziehungen aufgrund von Konflikten um Rang und Zeremoniell. Gleichzeitig waren maßgebliche Akteure aber offenbar nicht willens oder in der Lage, davon abzusehen. Vielmehr gewannen Zeremonialfragen im Verlauf des 17. Jahrhunderts noch an Bedeutung.

Zeremoniell und Rangfragen

Die königlichen Ehren

Eine besondere Rolle im diplomatischen Zeremoniell kam den königlichen Ehren zu. Das Problem stellte sich, wie herausgearbeitet wurde, für Fürsten, die keinen Königstitel besaßen, aber den Anspruch erhoben, königsgleich zu sein, ab der Mitte des 17. Jahrhunderts mit besonderem Nachdruck [im Überblick R. Oresko in 3.5.1: Oresko/Gibbs/Scott]. Hierfür war zum einen eine Veränderung der

Rangordnung am Papsthof verantwortlich, der in Rangfragen immer noch eine Vorbildfunktion besaß: Indem Urban VIII. 1630 den Kardinälen die Präzedenz vor den nichtköniglichen Fürsten verlieh, stufte er Letztere gewissermaßen herab, denn die Kardinäle standen nun zwischen ihnen und den Königen. Akut wurde das Problem mit dem westfälischen Friedenskongress, auf dem Repräsentanten nahezu aller europäischen Mächte zusammenkamen, was in ganz neuer Weise die Festlegung von Rang und Ehren jeder einzelnen erforderte. Die deutschen Kurfürsten, die als Wähler des Römischen Kaisers eine besondere Würde beanspruchten, kamen dem Status eines Königs nahe, indem ihnen eine Reihe von Ehren zugestanden wurde, die sonst Königen vorbehalten waren. In den folgenden Jahrzehnten mussten sie aber immer wieder erleben, dass ihnen ein königliches „Tractament" verweigert und damit gezeigt wurde, dass sie den Monarchen nicht gleichberechtigt seien.

Die deutsche Forschung hat sich diesem Phänomen insbesondere anhand der Kurfürsten von Brandenburg gewidmet. Ältere Arbeiten haben empört die geringschätzige Behandlung des Großen Kurfürsten durch die königlichen Mächte zur Kenntnis genommen, den Beitrag seines Sohnes zum Aufstieg der Hohenzollern, die preußische Königskrönung von 1701 nämlich, aber als eher trivial abgetan. Ganz anders die jüngere, zeremonial- und ritualgeschichtlich orientierte Forschung: Um als voll souverän anerkannt und von den königlichen Mächten als gleichberechtigt behandelt zu werden, sei es für einen Herrscher letztlich unabdingbar gewesen, über ein Königreich zu verfügen. Am preußischen Beispiel hat insbesondere Barbara Stollberg-Rilinger zwei wesentliche Aspekte verdeutlicht. Da wäre zum einen das performative Potential des Krönungsrituals: Es bewirkte, was es darstellte. Indem das Ritual in den korrekten Formen und vor einer qualifizierten Öffentlichkeit vollzogen wurde, war der Gekrönte – und Gesalbte – König. Damit sein Königtum aber gesichert war, musste eine weitere Komponente hinzukommen: die Anerkennung durch die anderen Könige. Letzteres konnte am besten durch den Austausch von Botschaftern und das gegenseitige Erweisen der königlichen Ehren geschehen [Stollberg-Rilinger in 3.1.6: KUNISCH; zum Botschafterzeremoniell am Berliner Hof auch RUFFERT].

Die preußische Königswürde

Ein hierarchisches Element, das für die frühneuzeitlichen Mächtebeziehungen große Relevanz besaß, war das Lehnswesen. Nicht nur die deutschen Reichsstände waren Vasallen des Kaisers,

Lehnswesen

sondern auch mehrere italienische Fürsten; andere waren Vasallen des Papstes, bei wieder anderen war umstritten, ob sie Vasallen waren. Auch das frühneuzeitliche Lehnswesen wurde von der älteren Forschung weitgehend vernachlässigt, in jüngeren Arbeiten aber wiederentdeckt [für einen Überblick 3.5.5: Schnettger; zum Reichslehnswesen siehe S. 201]. Es wurde gezeigt, dass ein Vasallenstatus gerade in Krisenzeiten eine empfindliche Beeinträchtigung der Handlungsspielräume der betreffenden Dynastie bedeuten, ja geradezu existenzbedrohend werden konnte. So verloren die Este nach dem Tod Alfonsos III. 1597 Ferrara, weil ihr päpstlicher Lehensherr dessen Erben Cesare nicht anerkannte, und das Herzogtum wurde dem Kirchenstaat einverleibt [3.4.2: Emich].

„Fürstengesellschaft" statt „Westphalian System"

Die auf Rang und Zeremoniell fokussierten Forschungen zur europäischen Mächtehierarchie haben die Vorstellung, dass seit dem Westfälischen Frieden ein „Westphalian System", ein europäisches Staatensystem von prinzipiell gleichberechtigten souveränen Mächten, existiert habe, ad absurdum geführt [H. Duchhardt in 3.5.4: Thiessen/Windler]. Deutlich einleuchtender erscheint es, mit dem französischen Forscher Lucien Bély von einer „Fürstengesellschaft" („Société des Princes") zu reden [3.5.1: Bély], die von den großen Monarchen dominiert wurde, in der aber auch die italienischen und deutschen Fürsten ihre Plätze hatten, freilich auf den unteren Rängen. Die Republiken suchten ihren Platz in dieser Fürstengesellschaft, indem sie Titel und Zeremoniell von Fürsten und Königen adaptierten [zur Eidgenossenschaft 3.1.13: Maissen; Rogger/Weber; zu Genua 3.3.10: Schnettger].

Hierarchien der Macht

Hierarchische Elemente in der europäischen Fürstengesellschaft manifestierten sich nicht nur in Rangfragen. Neben dieser Hierarchie der Ehre gab es auch in der Frühen Neuzeit eine Hierarchie der Macht. Diese beiden Hierarchien wiesen manche Übereinstimmungen, aber ebenso manche Divergenzen auf. Besonders eklatant waren diese Divergenzen beim Papst, dem ranghöchsten Herrscher Europas überhaupt. Der Papsthof blieb zwar ein diplomatisches Zentrum [3.4.2: Signorotto/Visceglia]. In mehreren Kriegen zeigte sich aber, dass der Papst den weltlichen Herrschern auf militärischer Ebene wenig entgegenzusetzen hatte und dass auch seine geistlichen Waffen stumpf geworden waren [auf der faktographischen Ebene unverzichtbar 3.4.2: Pastor]. Die vornehme Rolle eines Schiedsrichters in Mächtekonflikten wurde immer mehr von weltlichen Monarchen beansprucht [3.5.5: Kampmann]. Auch die ökonomischen, finanziellen und militärischen Ressourcen der meisten geistlichen Reichsfürsten waren im Vergleich mit denen ihrer weltlichen Kollegen begrenzt. Gestalten wie der kriegerische Fürstbischof von Münster Christoph Bernhard von Galen, der als armierter Fürst zeitweise in der europäischen Mächtepolitik mitmischte [1.5: Kohl und 3.3.6: Kohl], waren die Ausnahme. Schon sein Nachfolger Ferdinand von Fürstenberg rüstete die münstersche Armee ab und suchte sich aus den militärischen Konflikten seiner Zeit herauszuhalten [3.3.6: Börste/Ernesti].

Keineswegs alle Mindermächtigen pochten auf Gleichberechtigung mit den Monarchen. Vielmehr begaben sie sich nicht selten unter den Schutz eines mächtigen Protektors, um auf diese Weise ihre Herrschaft gegen äußere Bedrohungen und andere Gefahren abzusichern. Besonders gut erforscht sind die Protektionsverhältnisse, die die französische Krone seit dem Dreißigjährigen Krieg über eine Reihe deutscher Reichsstände etablierte und so ihren politischen Einfluss im Reich erheblich ausbaute [3.5.5: Stein; Haug]. Seinen Höhepunkt erreichte dieser französische Einfluss im (Ersten) Rheinbund von 1658 [3.5.5: Brüser]. In Europa – und nicht nur dort – existierten auch viele andere Protektionsverhältnisse oder verwandte Formen ungleicher Außenbeziehungen. Die französische Krone bediente sich des Mittels der Protektion freilich besonders virtuos zur diplomatischen Vorfeldsicherung [3.5.5: Haug/Weber/Windler]. Eine andere Möglichkeit für Mindermächtige, sich zumal in Kriegszeiten gegenüber äußeren Gefahren abzusichern, waren Neutralitätserklärungen. Ob und inwieweit diese respektiert wurden, stand allerdings auf einem anderen Blatt [3.5.5: Chanet/Windler; 3.5.3: Gotthard].

Protektionsverhältnisse

Die Vorstellung, das habsburgische Spanien und dann das Frankreich Ludwigs XIV. hätte eine Universalmonarchie errichtet, also eine Mächteordnung, in der ein einziger Souverän, der Universalmonarch eben, die Kontrolle über alle anderen Herrscher ausübte, ist als ein Motiv der zeitgenössischen Propaganda entlarvt worden, das freilich durchaus relevant für die Formierung von Bündnissen sein konnte [3.5.5: Bosbach]. Auch wenn das Konzept eines Gleichgewichts der Mächte sich erst im 18. Jahrhundert voll entfaltete, waren die dahinterstehenden Aversionen gegen ein unipolares Mächtesystem schon im 17. Jahrhundert handlungsleitend.

Universalmonarchie

Spezifika frühneuzeitlicher Diplomatie

Deutlich geschärft hat sich in den vergangenen Jahrzehnten der Blick auf die frühneuzeitliche Diplomatie. Auch die ältere Forschung war sich der Unterschiede zwischen diplomatischen Beziehungen im 19. und 20. Jahrhundert und in der Vormoderne bewusst; sie war aber wenig an den Spezifika frühneuzeitlicher Diplomatie interessiert. Vielmehr tendierte sie dazu, die moderne Diplomatie als den Zielpunkt frühneuzeitlicher Entwicklungen und damit als das Maß aller Dinge zu betrachten. Abweichungen von dieser Norm wurden dementsprechend regelmäßig als defizitär oder irregulär bewertet, Entwicklungen, die eine Annäherung an diese Norm implizierten, dagegen als „fortschrittlich" gewürdigt.

Frauen als diplomatische Akteurinnen

Besonders gut lässt sich dieser Wandel anhand der Bewertung der diplomatischen Aktivitäten von Frauen nachvollziehen. Wurden diese früher zumeist mit einem spöttischen Unterton als dilettantisch und oft kontraproduktiv abgetan (Stichwort „Küchenkabinett"), werden sie heute als ein übliches Element der höfischen Außenbeziehungen betrachtet. Diese Neubewertung ist auch dadurch möglich geworden, dass verstärkt Quellenbestände herangezogen werden, die nicht aus denjenigen Institutionen (Kanzleien, Staatssekretariate) hervorgegangen sind, die in wachsendem Maße die Außenbeziehungen als ihre exklusive Domäne zu betrachten begannen und dass die Gesandtschaftskorrespondenzen sowie andere Quellen der institutionalisierten Diplomatie gegen den Strich gebürstet werden [K. Keller in 3.5.4: Thiessen/Windler; 3.5.4: Bastian u. a.; Nolde].

Geringer Institutionalisierungsgrad

Insgesamt ist ein größerer Kreis von Personen in den Blick geraten, die auf dem Feld der frühneuzeitlichen Diplomatie agierten, ohne einen förmlichen Gesandtenstatus zu besitzen [3.5.4: Thiessen/Windler 2010]. In der aktuellen Forschung herrscht weitgehend Konsens darüber, dass die Diplomatie des 17. Jahrhunderts nur in geringem Maße institutionalisiert und professionalisiert war. Wer die Federführung in den Außenbeziehungen hatte, hing oft weniger an klar definierten Zuständigkeiten als an individuellem persönlichem Einfluss.

„Diplomaten vom type ancien"

Die jüngere Forschung hat sich sehr für den sehr vielfältigen Kreis der Personen interessiert, die als Gesandte eingesetzt wurden, und die Unterschiede zur modernen Diplomatie hervorgehoben: Eine spezialisierte Diplomatenausbildung war im 17. Jahrhundert noch unbekannt. Da diplomatische Beziehungen in der Frühen Neuzeit in der Regel Beziehungen zwischen Höfen waren, wurde als eine Hauptanforderung an Gesandte definiert, dass sie in der Lage waren, sich sicher in höfischen Kreisen zu bewegen. Somit mussten sie über die Fähigkeiten von Hofleuten verfügen, wie sie insbesondere durch die adlige Erziehung vermittelt wurden, wie sie aber auch Geistliche, Juristen, Künstler, Musiker etc. besaßen. Im Unterschied zu den professionalisierten Diplomaten späterer Zeiten sind diese diplomatischen Akteure auch als „Diplomaten vom type ancien" bezeichnet worden [H. v. Thiessen in 3.5.4: Thiessen/Windler 2010].

Der Unterschied zu den Berufsdiplomaten lag aber nicht nur in der fehlenden spezifischen Ausbildung, sondern auch in den geteilten Loyalitäten: Es war nicht nur üblich, dass Gesandte an ihrem Einsatzort die Interessen mehrerer Fürsten oder Regierungen wahrnahmen. Sie waren in Patronagebeziehungen eingebunden, und die Rücksichten auf einen Patron und die von seiner Seite erwarteten Gunsterweise konnten im Konfliktfall die Loyalität gegenüber dem Fürsten, in dessen Dienst sie standen, überwiegen. Solche geteilten Loyalitäten waren nicht nur weitverbreitet, sondern auch gesellschaftlich weitgehend akzeptiert. Denn angesichts des noch geringen Institutionalisierungsgrades von Außenpolitik besaß die Patronage nach dem übereinstimmenden Urteil der jüngeren Forschung eine essentielle Bedeutung für die Etablierung und Stabilisierung diplomatischer Netzwerke.

Geteilte Loyalitäten

In der deutschsprachigen Geschichtswissenschaft ist diese Forschungsrichtung unter der Bezeichnung „Mikropolitik" stark geprägt durch Wolfgang Reinhard und seine Schülerinnen und Schüler. Reinhard hat ursprünglich die Mikropolitik, also die Personal- bzw. Patronagepolitik, recht scharf von der Makropolitik, also den Inhalten der sogenannten „großen Politik", wie Krieg, Frieden und Bündnispolitik, abgegrenzt, mit denen sich die klassische diplomatiegeschichtliche Forschung bevorzugt beschäftigt hat. Mittlerweile werden demgegenüber die Zusammenhänge zwischen Mikro- und Makropolitik hervorgehoben [3.1.9: Emich u. a.; 3.5.4: Thiessen/Windler]. Gesandte konnten durchaus für eine bestimmte politische Ausrichtung stehen und gerade deswegen die diplomatische Vertretung ihres Herrn an einem bestimmten Hof übertragen bekommen haben, und nicht nur, weil sie über die passenden Netzwerke verfügten.

Mikropolitik

Neben den Mächten königlichen Rangs vorbehaltenen, üblicherweise hochadligen Botschaftern, die in Vertretung des Herr-

Agenten

schers im diplomatischen Zeremoniell das königliche „Tractament" empfingen, hat sich die Forschung in jüngerer Zeit für die Botschaftssekretäre [3.5.4: Kühnel/Vogel] und besonders für die Agenten aus den Kreisen der Künstler, Musiker etc. interessiert, die die unterschiedlichsten Aufträge wahrzunehmen hatten, von Verhandlungen über Bündnis- und Handelsverträge bis zum Kauf von Kunstwerken [3.5.4: Thiessen/Windler 2010; Cools/Keblusek/Noldus; Keblusek/Noldus]. Auch Missionare konnten Funktionen von Agenten wahrnehmen [3.5.4: Windler]. Dass in einer so schwierigen Gemengelage Loyalitätskonflikte und Korruption – jedenfalls nach heutigem Verständnis – allgegenwärtig waren, kann nicht verwundern. Im 17. Jahrhundert waren dagegen die Grenzen zwischen von Gesellschaft und Dienstherren akzeptierten Zuwendungen und offenkundiger Pflichtvergessenheit nicht sehr scharf gezogen – und das galt nicht nur für Agenten [3.5.4: Asch/Emich/Engels; Fahrmeir/Nützenadel/Engels].

Korruption

Wenn von Korruption die Rede ist, geht es in der Regel um eine Pflichtverletzung gegenüber dem „eigentlichen" Dienstherrn eines Ministers oder Gesandten. Bei Spionage eignete sich der Gesandte dagegen unerlaubterweise, aber im Auftrag des entsendenden Hofs arkanes Wissen über das Land an, in dem er stationiert war [3.5.4: Bély; Braun/Lachenicht; Rous]. Je brisanter die zu übermittelnden Informationen waren, desto größere Mühe verwandte man darauf, sie zu verschlüsseln [3.5.4: Rous/Mulsow].

Spionage

Da Geistliche, Maler, Komponisten, Architekten, Dichter und Sängerinnen als Akteure der Außenbeziehungen entdeckt werden, liegt es überaus nahe, ihre diplomatischen und ihre „hauptberuflichen" Aktivitäten im Zusammenhang zu betrachten. Auf diese Weise kommt quasi automatisch die wichtige Rolle in den Blick, die die Diplomatie für zwischenhöfische Transferprozesse gespielt hat. Dabei geht es zum einen um den Transfer von Wissen, insbesondere über den Dienstort des Diplomaten und die dort vertretenen außenpolitischen Konzepte, aber auch um Wissensbestände, die nicht notwendigerweise mit Machtpolitik zu tun haben, wie Bildende Künste, Literatur und Musik [z. B. 3.5.4: Braun; Freyer/Westphal]. Zum anderen werden „Travelling Objects", beispielsweise Gemälde, Musikinstrumente und Reliquien, und ihre Funktionen betrachtet. Bisweilen werden diese „reisenden Objekte" sogar zu „Botschaftern des Kulturtransfers" deklariert [3.5.4: Mayer/Tammaro]. Einen Knotenpunkt für vielfältige Transferprozesse bildete das barocke Rom

Diplomatie und Transferprozesse

[3.4.2: Spörri]. Durch die Missionsorden gelangten Wissen und Objekte aus allen Kontinenten in die Papststadt [3.4.2: Brevaglieri]. Die jüngere Forschung hebt hervor, dass Transferprozesse in aller Regel nicht unilateral zu sein pflegten und dass nicht einfach Wissen von einem Ort an einen anderen verpflanzt wurde, sondern dass damit komplexe Aneignungs- und Transformationsprozesse einhergingen.

Nach wie vor sind Diplomatenberichte eine bevorzugte Quellengattung der historischen Forschung. Sie werden aber vielfach unter neuen, zum Beispiel (selbst-)wahrnehmungsgeschichtlichen, Fragestellungen [3.5.4: Gebke/Mai/Muigg; Rohrschneider/Strohmeyer] und mit neuen Methoden, wie etwa praxeologischen Ansätzen [3.5.4: Dorfner/Kirchner/Roll], bearbeitet. Auch im Hinblick auf Übersetzungen und die Sprachen der Diplomatie hat die Forschung in den vergangenen Jahrzehnten beachtliche Erkenntnisfortschritte erzielt. Sie hat das Bewusstsein dafür geschärft, dass Übersetzungen nicht ein bloß technischer Vorgang sind, um Texte Menschen mit unterschiedlichen Sprachkenntnissen zugänglich zu machen. Vielmehr geht es immer auch um Transfer und Transformation, oft zudem um symbolische Kommunikation und Machtfragen – zum Beispiel, wenn festgelegt wird, in welcher (wessen!) Sprache die authentische Fassung eines Friedensvertrags formuliert wird. Nicht selten erschweren auch Missverständnisse oder ein ostentatives Nichtverstehen eine Verständigung [3.5.3: Duchhardt/Espenhorst; Espenhorst 2012; ders. 2013]. Dissimulation, also so zu tun, als kenne man die eigentlich unvereinbaren Positionen nicht, ermöglicht eine Verständigung unter Umständen erst [3.1.5: Snyder].

Diplomatenberichte, Übersetzungen und Sprachen der Diplomatie

Ein letztes Themenfeld sei noch angesprochen, das durch die Erweiterung der Politikgeschichte zu einer Kulturgeschichte des Politischen stark an Aufmerksamkeit gewonnen hat: Publizistik und Propaganda. Um die sich ausbildende „räsonierende Öffentlichkeit" im eigenen Land für sich zu gewinnen und sich die Loyalität der lesefähigen Untertanenschaft zu sichern, wurden Feindbilder erschaffen, die den Gegner in einem denkbar schlechten Licht erscheinen ließen und die bei erneuten Konflikten leicht wiederbelebt und fortgesponnen werden konnten. Besonders weitgehend war die Stilisierung eines Gegners zu einem Abbild des osmanischen Sultans. Denn indem man einem Gegner „türkische" Eigenschaften unterstellte, rückte man ihn in die Nähe des „Antichrist" und konstruierte eine letztlich nicht zu überbrückende Erbfeindschaft. Diesen Ansatz verfolgte etwa ein Teil der Reichspublizistik während der

Publizistik und Propaganda

Kriege gegen Ludwig XIV. [3.3.9: WREDE]. Bei der Bewertung dieser publizistischen Quellen ist jedoch zu bedenken, dass die von ihnen evozierten Feindbilder nur eine Dimension der Fremdwahrnehmungen darstellen und dass ihre Breitenwirkung letztlich nicht realistisch eingeschätzt werden kann. Schließlich ist zu berücksichtigen, dass die Höfe, die derartige Feindbilder lancierten, nach dem Ende eines Krieges üblicherweise rasch zur „Normalität" diplomatischer Beziehungen übergingen.

6 Ein Konflikt mit vielen Gesichtern: Der Dreißigjährige Krieg

Deutungen des Dreißigjährigen Krieges

Der Dreißigjährige Krieg hat die deutsche, aber auch die internationale Geschichtswissenschaft stets in besonderem Maß beschäftigt. Immer wieder haben sich Autorinnen und Autoren daran abgearbeitet, die Ursachen für den Ausbruch und die lange Dauer des Krieges, seinen wechselhaften Verlauf und seine Folgen – kurz: das Spezifische des Dreißigjährigen Krieges – zu erfassen. Dabei lassen sich unterschiedliche Deutungsmuster identifizieren. Für die einen ist der Dreißigjährige Krieg in erster Linie ein Konfessionskrieg. Andere beschreiben ihn als im Wesentlichen „Teutschen Krieg". Hier kann der Akzent stärker auf den Auswirkungen auf die Bevölkerung oder auf den Folgen für das Deutsche Reich und seine Verfassung liegen. Wieder andere stellen den europäischen Mächtekrieg in den Vordergrund. Selbst wenn mittlerweile ein wissenschaftlicher Konsens darüber besteht, dass der Dreißigjährige Krieg alle genannten Dimensionen beinhaltete: Auch in den Gesamtdarstellungen steht oft eines dieser Elemente im Vordergrund und prägt das Narrativ mehr oder weniger deutlich und explizit (um von den zahllosen Spezialstudien zu Einzelaspekten gar nicht zu reden). So sind die knappen Einführungen von Axel GOTTHARD und Georg SCHMIDT ebenso auf den „Deutschen Krieg" fokussiert wie die große Monographie Schmidts, wobei Letztere zugleich einen wahrnehmungsgeschichtlichen Akzent setzt. Ähnliches gilt für die beiden Bände von Johannes BURKHARDT, von denen die jüngere, große Gesamtdarstellung verstärkt kulturgeschichtliche Aspekte, wie etwa die Mediengeschichte, einbezieht und den Ausnahmecharakter des Dreißigjährigen Krieges hervorhebt, wie auch für den Sammelband

Gesamtdarstellungen

von Peter Claus HARTMANN und Florian SCHULLER. Bei Christoph KAMPMANN steht demgegenüber der europäische Mächtekonflikt im Zentrum. Peter H. WILSON spricht schon im Titel seines monumentalen Buchs von einer „europäische[n] Tragödie", und auch Olaf ASBACH räumt in seinem „Research Companion" den europäischen Mächten großen Raum ein. Johannes ARNDT behandelt in seinem knappen Überblick die deutsche und die europäischen Dimensionen des Krieges nahezu gleichgewichtig [3.6.1].

Das große Forschungsinteresse spiegelt sich auch darin wider, dass zum Dreißigjährigen Krieg eine Reihe von Quelleneditionen unterschiedlichen Zuschnitts vorliegt. Eine umfassende, längst nicht nur für die bayerische Geschichte relevante Quellenedition deckt bislang die Zeit bis zum Prager Frieden fast komplett ab [1.5: Briefe und Akten]. Den gesamten Zeitraum und vielfältige Aspekte des Krieges beleuchtet eine andere, weniger monumentale Edition von Quellen aus tschechischen Archiven [1.5: Koči]. Zudem sind Auswahl-Editionen zu Einzelaspekten vorhanden, wie dem Beginn des Kriegs [1.5: LORENZ 1991], Wallenstein [1.5: LORENZ 1987] und der Zeit nach dem Prager Frieden [1.5: SCHMID].

Quelleneditionen

Eine wichtige Neuinterpretation des Dreißigjährigen Krieges legte in den 1990er Johannes Burkhardt vor, als er ihn als einen Staatenbildungskrieg deutete. Dabei unterschied er zwei Wege der Staatbildung, den der Großreichsbildung, wie er ihn bei Schweden oder Frankreich beobachtete, und den der Separation aus einer zusammengesetzten Monarchie, wie sie den Vereinigten Niederlanden glückte, als sie sich im Achtzigjährigen Krieg aus dem Herrschaftsverband der spanischen Habsburger lösten, während die Länder der Böhmischen Krone in den Anfangsjahren des Dreißigjährigen Krieges mit dem Versuch scheiterten, sich von der Herrschaft der österreichischen Habsburger zu befreien [3.5.2: BURKHARDT; vgl. auch 3.6: BURKHARDT 2016; DERS. 2018]. Die Deutung Burkhardts ist dahingehend erweitert worden, dass danach gefragt worden ist, inwiefern der Dreißigjährige Krieg auch jenseits der Staatsbildung Wandlungsprozesse befördert habe [3.6.1: ROHRSCHNEIDER/TISCHER]. Der Politikwissenschaftler Herfried Münkler sieht im Dreißigjährigen Krieg eine „Analysefolie gegenwärtiger und zukünftiger Kriege" [3.6.1: MÜNKLER], wobei er nicht zuletzt in der Komplexität der Konflikte, in den kaum kontrollierbaren Heerführern und Truppen und in den aus dieser Konstellation resultierenden Schwierigkeiten, einen stabilen Frieden zu schließen, einen Anknüpfungspunkt sieht – ein Ak-

Dreißigjähriger Krieg als Staatenbildungskrieg

„Analysefolie gegenwärtiger und zukünftiger Kriege"?

tualisierungsversuch, der in der historischen Zunft durchaus kritisch diskutiert worden ist. Neben Gesamtdarstellungen des Krieges liegen Publikationen vor, die in einem weiten Blick Voraussetzungen, Aktivitäten und Folgen für ein Territorium, eine Region oder ein Reich beleuchten [so für Hohenlohe 3.6.3: Kleinehagenbrock; für Schwaben Wüst; für die Habsburgermonarchie Keller/Scheutz]. Einen kunstgeschichtlichen Zugriff auf den Krieg bietet ein aktueller Ausstellungskatalog [3.6.1: Brink/Jaeger/Winzeler].

Ursachen und Vorgeschichte des Dreißigjährigen Krieges

Eng mit der Forschungsdiskussion um den Charakter des Dreißigjährigen Krieges ist die Frage nach seinen Ursachen verknüpft. Übereinstimmung herrscht darin, dass ein ganzes Faktorenbündel für den Ausbruch und die Eskalation des Krieges verantwortlich war: die Konfessions- und Verfassungskonflikte in Böhmen und dem Reich, der Wiederausbruch des spanisch-niederländischen Kriegs, die spanisch-französische sowie die dänisch-schwedische Rivalität etc. Während in den gängigen Überblicksdarstellungen, deren Fluchtpunkt ja der Krieg selbst ist, der Kriegsausbruch bisweilen geradezu zwangsläufig erscheint, sind im Umkreis des Jahres 2018, als sich der Kriegsausbruch zum vierhundertsten Mal jährte, einige Publikationen erschienen, die sich explizit der Vorgeschichte des Dreißigjährigen Krieges widmen und insofern die Perspektive verändern. Heinz Duchhardt gelangt zu dem Fazit, dass der Kriegsausbruch nicht unausweichlich, angesichts zahlreicher Krisen aber „keine Überraschung" gewesen sei [3.6.2], und Ronald G. Asch hebt neben den Konflikten auch friedewahrende Ansätze hervor, die teilweise auf die nach 1648 gefundenen Lösungen vorausgewiesen hätten [3.6.2]. Weniger stark ausgeprägt ist die genannte Perspektivenveränderung in einem Sammelband, der aber einen guten Überblick über die verschiedenen Konfliktfelder gibt [3.6.2: Rebitsch].

Andere Publikationen beschäftigen sich mit Einzelaspekten der Vorgeschichte und Anfangsphase des Krieges. Hannes Ziegler [3.6.2] hat in dem Vertrauensverlust zwischen den Konfessionsparteien eine wesentliche Ursache für Ausbruch und Eskalation des Krieges ausgemacht, und Ulrich Nagel hat mit der Wiederannäherung zwischen den beiden habsburgischen Linien eine wichtige Voraussetzung für die kaiserlichen Erfolge in den ersten Kriegsjahren analysiert [3.6.2]. Mit dem Weg der Herzöge von Sachsen-Weimar in den Krieg hat sich detailliert Marcus Stiebing auseinandergesetzt [3.6.2]. Auch Publikationen, die sich mit dem „Winterkönig" Friedrich V. von der Pfalz beschäftigen, sind naheliegenderweise auf die Vorgeschichte und die erste Phase des Krieges fokussiert [z. B. 3.6.2: Wolf]. Denn nach seiner Flucht ins niederländische Exil trat er als politischer Akteur in den Hintergrund. Seine Gemahlin Elisabeth Stuart pflegte aber ihre europäischen Netzwerke, wie ihre Korrespondenz belegt [1.2: Akkerman], nicht zuletzt um die Wiedereinsetzung ihrer Familie in die Herrschaft zu erreichen. Die Anfangsphase des Kriegs wurde auch unter wirtschaftsgeschichtlichen Fragestellungen untersucht, wobei insbesondere die Münzmanipulation, die unter dem Namen „Kipper- und Wipperzeit" in die Geschichte eingegangen ist, Interesse gefunden hat [3.6.4: Leins; Rosseaux].

Der „Winterkönig" Friedrich V. von der Pfalz

Vor allem für die erste Hälfte des Krieges wurde und wird der Stellenwert des Konfessionellen für den Dreißigjährigen Krieg erörtert. Die Interpretation des Dreißigjährigen Krieges als Konfessionskrieg ist ursprünglich ein dezidiert protestantischer Deutungsansatz. Danach war die gegenreformatorische Politik der Habsburger wesentlich für den Ausbruch des böhmischen Aufstands und die Ausweitung des Krieges verantwortlich. Sie habe auf nichts weniger als die Vernichtung des deutschen Protestantismus gezielt, der nur durch das Eingreifen Gustav Adolfs von Schweden gerettet worden sei [zu ihm 3.1.3: Roberts]. Dieses Narrativ erwies sich weit über die Geschichtswissenschaft hinaus als wirkmächtig. So wurden im 19. und frühen 20. Jahrhundert zahlreiche evangelische Kirchen unter das Patronat des Schwedenkönigs gestellt.

Der Dreißigjährige Krieg als Konfessionskrieg

Nachdem die Deutung des Dreißigjährigen Krieges als Konfessionskrieg in der zweiten Hälfte des 20. Jahrhunderts keine Konjunktur gehabt hatte, wurde sie Anfang des 21. Jahrhunderts durch Heinz Schilling, einen der Begründer der Konfessionalisierungsthese, in neuer Form zurück in die wissenschaftliche Diskussion gebracht. Nach seiner Interpretation prägte das konfessionelle Lagerdenken im frühen 17. Jahrhundert auch die europäischen Mächtebeziehungen in hohem Maße und leistete so der Eskalation des Krieges Vorschub [3.5.1: Schilling 2007 a + b]. Wenn Schilling somit die Wirkmächtigkeit des konfessionellen Faktors im Dreißigjährigen Krieg betont, verändert er zugleich die älteren Interpretationen substanziell. So sieht er mitnichten in der Rettung des deutschen Protestantismus, sondern vielmehr in machtpolitischen Interessen das Hauptmotiv für die Intervention Gustav Adolfs in die mitteleuropäischen Kämpfe. Die konfessionell aufgeladene Propaganda habe aber Druck auf den Schwedenkönig ausgeübt, um ihn zur Intervention im Reich zu nötigen, und später dazu beigetragen, die

Folgen der Konfessionalisierungsthese

Reihen Schwedens und seiner Verbündeten geschlossen zu halten [Beispiele für Flugblätter des Dreißigjährigen Krieges in 1.4: HARMS u. a.].

Konfessionelle Faktoren

Das heißt freilich nicht, dass sich die Relevanz des konfessionellen Gegensatzes für den Dreißigjährigen Krieg allein auf die Propagandaebene beschränkt hätte. Vielmehr waren konfessions- und machtpolitische Interessen eng miteinander verknüpft, wie insbesondere anhand des Restitutionsedikts von 1629 deutlich wird [3.6.3: FRISCH; 3.6.6: NEUBURGER]. Im Einzelfall ist schwer zu entscheiden, inwieweit konfessionelle Motive handlungsleitend waren oder nur bei passender Gelegenheit vorgeschoben wurden. Bei einer Reihe maßgeblicher Akteure ist jedoch sehr wahrscheinlich, dass sie zumindest in bestimmten Phasen ihre Politik maßgeblich prägten, wie etwa bei Kaiser Ferdinand II. [3.3.5: BROCKMANN], Maximilian I. von Bayern [3.1.3: ALBRECHT] oder dem Mainzer Erzkanzler Anselm Kasimir Wambolt von Umstadt [3.6.3: BRENDLE]. Zugleich waren diese aber zu konfessionellen Kompromissen in der Lage, wenn es notwendig oder auch nur opportun erschien. Die sächsischen Kurfürsten wiederum pflegten lange den Grundsatz, Treue zum lutherischen Glauben und Kaisertreue in Einklang zu bringen [3.6.3: GOTTHARD]. Insgesamt geringere Überzeugungskraft besitzt die konfessionelle Deutung des Dreißigjährigen Krieges für die Phase des Schwedisch-Französischen Krieges (1635–1648).

Der Schwedisch-Französische Krieg

Diese letzte Phase des Krieges wird im Vergleich mit seinen Anfängen von der Forschung eher stiefmütterlich behandelt. Während die Vorgeschichte des französischen Kriegseintritts detailliert untersucht wurde [3.6.3: WEBER], fehlt eine Gesamtdarstellung des Prager Friedens. Was es dagegen gibt, sind Studien zu den Folgen des Friedens für einzelne Reichsstände [zu Württemberg 3.6.3: NEUBURGER]. Auch Überblicksdarstellungen schenken den letzten 13 Kriegsjahren meist geringe Beachtung und stellen sie in die Perspektive einer Vorgeschichte des Westfälischen Friedens. Dabei waren sie zwar arm an spektakulären Schlachten, aber besonders belastend für Zivilbevölkerung und Militär.

Militärgeschichte

Insbesondere die deutsche militärgeschichtliche Forschung zum 17. Jahrhundert hat sich mit besonderer Vorliebe dem Dreißigjährigen Krieg gewidmet. Innovative militärgeschichtliche Forschungen betreiben keine klassische Schlachtengeschichte, sondern betrachten in einem weiten Zugriff Militär und Krieg in ihren politischen, gesellschaftlichen und wirtschaftlichen Kontexten [für einen ersten Überblick 3.5.2: KROENER; NOWOSADTKO].

In der Mitte des vergangenen Jahrhunderts formulierte der britische Historiker Michael Roberts die These einer „Militärischen Revolution", die im 17. Jahrhundert zunächst in den Vereinigten Niederlanden und Schweden stattgefunden habe. Die Übernahme der Linientaktik habe einen verstärkten Drill der Soldaten erforderlich gemacht. Gleichzeitig seien der Finanzbedarf für das Militär und die Anforderungen an die Logistik gestiegen, was einen Ausbau der Administration erforderlich gemacht habe. Diesen Aufgaben seien *Condottieri* und Kriegsunternehmer nicht gewachsen gewesen, was ein stärkeres direktes Engagement des frühmodernen Staates in Militärangelegenheiten erforderlich gemacht und letztlich einem staatlichen Gewaltmonopol den Weg gebahnt habe. Damit habe die „Militärische Revolution" einen wichtigen Beitrag zum Aufstieg des modernen Staats geleistet. Einflussreicher als Roberts' Ursprungsthese ist deren Kritik und Weiterentwicklung durch Geoffrey PARKER geworden [3.5.2]. Er kritisierte Roberts dahingehend, dass die grundlegenden militärischen Innovationen ein sehr viel längerer Prozess gewesen seien, der schon im 15. Jahrhundert begonnen habe. Außerdem räumt er politischen und gesellschaftlichen Faktoren eine größere Relevanz für die Verstaatlichung des Militärs im 17. Jahrhundert ein. Deren Bedeutung für den Ausbau des frühneuzeitlichen Staates zieht er hingegen nicht in Zweifel. Jeremy BLACK dagegen verortet die militärische Revolution in den Jahrzehnten nach 1660 und bewertet die innenpolitische Stabilität mehr als Voraussetzung für die militärischen Innovationen als umgekehrt [3.5.2]. Demgegenüber kehrt David PARROTT zur Periodisierung Parkers zurück, hebt aber die Rolle der Kriegsunternehmer für die „Militärische Revolution" hervor [3.5.2]. Auf deutscher Seite hat sich in den 1990er Jahren Johannes BURKHARDT dem Zusammenhang von Militär und Staatsbildung gewidmet [3.5.2]. Er führt den kriegerischen Charakter – die „Bellizität" – der Epoche wesentlich auf die konfliktreichen Prozesse der frühneuzeitlichen Staatsbildung zurück. Gleichzeitig hätten Kriege die Staatsbildung befördern können. In diesem Sinne ist für Burkhardt insbesondere der Dreißigjährige Krieg ein Staatenbildungskrieg (s. S. 223). Die Diskussion über das Verhältnis von Militär und Staat(swerdung) wird vergleichend fortgeführt [3.5.2: MEUMANN/PÜHRINGER].

„Militärische Revolution"

„Bellizität" der Frühen Neuzeit

Neue Militärgeschichte

Die „Neue Militärgeschichte" befasst sich allerdings nicht in erster Linie mit derartigen makrogeschichtlichen Fragen, sondern bearbeitet ihren Gegenstand mehr mit alltags- und kulturgeschichtlichen Fragestellungen. Ihre Themenbreite ist enorm, wovon einige eher allgemeine Sammelbände [3.5.2: Kroener/Pröve; Kroll/Krüger; Pröve; Rutz] einen guten Eindruck vermitteln. Andere Publikationen widmen sich spezifischeren Themen wie der Migrationsgeschichte [3.5.2: Asche], der Gendergeschichte [etwa B. R. Kroener in 3.5.2: Hagemann/Pröve; P. H. Wilson in: 3.5.2: Hagemann/ Dudink/Rose], der Medien- und Kunstgeschichte [3.5.2: Emich/Signori; Meumann/Niefanger; Rogg/Nowosadtko] und der Ritualgeschichte von Militär und Krieg [3.5.2: Pröve/Winkel]. Nicht zuletzt ist die Tendenz zur Globalisierung der Geschichtsschreibung in Form von vergleichenden Sammelbänden auch in der Militärgeschichte angekommen [3.5.2: Meumann/Pühringer].

Wallenstein

Unter den Militärführern des Dreißigjährigen Krieges genießt die Ausnahmegestalt Wallensteins immer noch die größte Aufmerksamkeit [1.5: Lorenz 1987; 3.6.3: Bahlcke/Kampmann; Emich u. a.; Kampmann]. Die Rolle der Kriegsunternehmer wird aber auch vergleichend betrachtet [3.5.2: Meinhardt/Meumann]. Grundsätzlich finden Fragen von Kriegsorganisation und Kriegsfinanzierung gerade im Kontext des Dreißigjährigen Krieges Interesse [3.6.3: Kaiser; 3.5.2: Kapser; Saito].

Medialisierung von Schlachten

Wenn sich die aktuelle Forschung näher mit einzelnen Schlachten beschäftigt, so pflegt sie sich nicht mit einer Rekonstruktion der Ereignisse zu begnügen, sondern bedient sich innovativer Fragestellungen und Methoden, um tiefergehende Einsichten zu erzielen. Beispielsweise wurde für die „Magdeburger Bluthochzeit" [B. Emich in 3.5.2: Emich/Signori; M. Kaiser in 3.5.2: Meumann/Niefanger] die Medialisierung von militärischen Ereignissen untersucht. Ganz neue Erkenntnisse sind der Schlachtfeldarchäologie zu verdanken. So haben Grabungen auf den Schlachtfeldern von Lützen (1632) und Wittstock (1636) erhellende Ergebnisse zur Zusammensetzung der Armeen und zu den Lebensverhältnissen der Soldaten erbracht. Die bioarchäologische Untersuchung der Überreste der Gefallenen ergab wichtige Hinweise auf ihre Herkunft, ihre Ernährung und ihre Vorerkrankungen [3.5.2: Meller/Schefzik; Eickhoff; Schopper].

Schlachtfeldarchäologie

Kriegsfolgen

Ohne die verheerenden Kriegsfolgen zu relativieren, ist die jüngere Forschung zurückhaltender damit, pauschalisierende Aussagen über Bevölkerungsverluste zu treffen, wie sie in dem alten

Standardwerk von Günther FRANZ enthalten sind [3.6.4] – dessen Interpretationen im Einzelnen auch vor dem Hintergrund des Erscheinungsjahrs der Erstauflage (1940) mit Vorsicht zu genießen sind. Zu wesentlich differenzierteren Befunden ist die Forschung schon vor mehreren Jahrzehnten gekommen [2.2: PRESS]. Neue Fragestellungen in der Folge des *Cultural Turn* haben weitere neue Erkenntnisse erbracht. Insbesondere ist seit einiger Zeit die alltägliche Gewalt in den Fokus gerückt, wie sie sich insbesondere bei Einquartierungen von Soldaten äußerte. Zugleich wurde in diesem Zusammenhang auf gemeinsame Lebenswelten von Soldaten und Zivilbevölkerung hingewiesen. Eine alltagsgeschichtliche Gesamtdarstellung des Dreißigjährigen Krieges hat Hans Medick vorgelegt [3.6.4; vgl. auch 3.6.4: KRUSENSTJERN/MEDICK]. Ein Verzeichnis zeitgenössischer Selbstzeugnisse erleichtert den alltagsgeschichtlichen Zugang zu diesem Konflikt [1.2: KRUSENSTJERN]. Kriegsalltag

Zahlreich sind die Publikationen zum Westfälischen Frieden. Referenzcharakter besitzt immer noch die ursprünglich 1959 erschienene monumentale Gesamtdarstellung von Fritz DICKMANN [3.6.5]. Konrad Repgen hatte als langjähriger Leiter der Bonner Arbeitsstelle Westfälischer Frieden (seit 2013 Zentrum für Historische Friedensforschung) und Herausgeber der in drei Reihen mit zahlreichen Einzelbänden erschienenen „Acta Pacis Westphalicae" (APW) einen wesentlichen Anteil daran, die Quellen zum Friedenskongress in gedruckter Form zugänglich zu machen [1.5]. Zwar konnte das ursprüngliche Editionsziel, das auch die Publikation der spanischen, päpstlichen und venezianischen Überlieferung vorsah, nicht erreicht werden, doch die erschienenen Bände, die mittlerweile großenteils online verfügbar sind, bereiten ein reiches Quellenmaterial in vorbildlicher Weise auf. Neben verschiedenen Protokollen und Diarien sind vor allem die kaiserliche, französische und schwedische Gesandtschaftskorrespondenz erschlossen worden. Auch eine kritische Edition der Friedensverträge vom 24. Oktober 1648 liegt vor (APW III B 1). Die „Supplementa electronica" stellen zudem diverse Übersetzungen der Friedensverträge bereit. Die Korrespondenz des bayerischen Kurfürsten mit seinen Gesandten beim Friedenskongress wird in einer umfassenden Edition außerhalb der APW erschlossen [1.5: IMMLER/GREINDL]. Der Westfälische Frieden

Im Jahr 1998 hat das 350. Friedensjubiläum der Erforschung des Dreißigjährigen Krieges und vor allem des Westfälischen Friedens neue Impulse gegeben. Den damaligen Forschungsstand prä- Jubiläum 1998 sentieren in gut verständlicher Form die Aufsätze der Begleitbände zur damaligen Europaratsausstellung in Münster und Osnabrück [3.6.5: BUSSMANN/SCHILLING], die den europäischen Charakter von Krieg und Friedensschluss betonen. Im Umfeld des Friedensjubiläums erschienen zahlreiche Publikationen unterschiedlichen Zuschnitts, die neben klassischen diplomatiegeschichtlichen Themen oftmals ein gewachsenes Interesse an kulturgeschichtlichen Fragestellungen erkennen lassen [z. B. 3.6.5: DUCHHARDT 1998]. Eine mehr als 4000 Titel umfassende Bibliographie erschließt das ältere Schrifttum bis 1994 [3.6.5: DUCHHARDT 1994]. Siegrid WESTPHAL hat eine konzise Darstellung des Westfälischen Friedens vorgelegt [3.6.5], die komplementär zu Georg Schmidts knapper Geschichte des Dreißigjährigen Krieges gelesen werden kann.

Konfessionelle Regelungen Große Aufmerksamkeit haben die konfessionspolitischen Bestimmungen des Westfälischen Friedens gefunden, wie das Normaljahr [3.6.6: FUCHS], die weitgehende Herstellung der konfessionellen Parität in der Reichsverfassung, insbesondere im Reichstag durch verfahrensrechtliche Kunstgriffe wie die *Itio in Partes* [3.3.2: HECKEL], oder die Sonderregelungen für die paritätischen Reichsstädte und das Hochstift Osnabrück, in dem sich künftig ein gewählter katholischer Bischof und ein Mitglied des lutherischen Welfenhauses in der Regierung abwechselten [3.3.6: STEINERT]. Wegen seiner konfessionspolitischen Regelungen ist der Westfälische Frieden nicht selten als epochales Dokument der Toleranz oder der Säkularisierung gedeutet worden, das den Endpunkt des Konfessionellen Zeitalters markiere. Gegenüber solchen, allzu plakativen Deutungen ist die Forschung zurückhaltend geworden. Eine gewisse Plausibilität besitzt die These vom Westfälischen Frieden als Ende des Konfessionellen Zeitalters ohnehin allenfalls für das Deutsche Reich, beispielsweise aber nicht für Frankreich oder die Britischen Inseln (vgl. II.4).

Vor allem die deutsche Forschung hat sich für die die Auswirkungen des Westfälischen Friedens auf das Heilige Römische Reich und seine Verfassung auch jenseits der konfessionspolitischen Aspekte interessiert. Beispielsweise wurde die Lösung der Pfalzfrage bzw. die achte Kurwürde [3.6.6: STEINER] monographischer Studien *Akteure und Akteursgruppen* gewürdigt. Etliche Publikationen behandeln die Politik einzelner Akteure oder Akteursgruppen. Beispielhaft seien die Arbeiten zu Frankreich [3.6.6: TISCHER], Kurbayern [3.6.6: IMMLER] und den Reichsstädten [3.6.6: BUCHSTAB] genannt. Bedauerlicherweise ist eine monumentale Studie zur Positionierung des Papstes zum Westfälischen Frieden ein Torso geblieben [3.6.6: Repgen]; immerhin haben einige Aufsätze zum päpstlichen Protest diese Lücke halbwegs schließen können [3.6.5: Repgen].

Nachdem schon 1984 eine Monographie zu den Kosten des Friedenskongresses vorgelegt wurde [3.6.6: Bosbach], hat sich ihm die Forschung in den vergangenen Jahren verstärkt unter sozial- und kulturgeschichtlichen Fragestellungen gewidmet. Das Kongresszeremoniell wurde als wegweisend für die weitere Entwicklung des diplomatischen Zeremoniells eingestuft [3.6.6: May]. Die Gesandten werden als Akteure und mit ihren sozialen Beziehungen in den Fokus genommen, es wird nach den Sprachen des Kongresses, den Verfahren, den Rückwirkungen auf die Kongressstädte, nach Feierlichkeiten und Formen der Herrschaftsrepräsentationen gefragt, um nur einige Beispiele zu nennen. Gleichzeitig wird der westfälische Doppelkongress vergleichend mit anderen Friedensverhandlungen betrachtet [vgl. z. B. die Sammelbände 3.6.5: Babel; Kampmann u. a.; Schmidt-Voges/Westphal; Goetze/Oetzel]. In einem „Handbuch zum Frieden im Europa der Frühen Neuzeit", das unterschiedlichste Dimensionen von Frieden behandelt, ist der Westfälische Friede mit Abstand der meistgenannte Einzelfriede [3.5.3: Dingel u. a.].

Erforschung des Friedenskongresses

Von der Forschung lange vernachlässigt wurde der Folgekongress des Westfälischen Friedens, der Nürnberger Exekutionstag von 1649/50, auf dem insbesondere die Abdankung der Truppen geregelt wurde [3.6.6: Oschmann]. Wie wichtig dieser Punkt für die Zeitgenossen war, wird dadurch unterstrichen, dass an den meisten Orten der Friede erst dann gefeiert wurde, wenn die fremden Soldaten abgezogen waren. Den Friedensfeiern hat sich die Forschung erst im Umkreis des Jubiläums von 1998 verstärkt gewidmet. Gleichzeitig wurde nun auch die Rezeption des Westfälischen Friedens genauer untersucht [z. B. 3.6.6: Kremer; Lademacher]. Eine singuläre Erinnerungskultur an den Frieden pflegt die Stadt Augsburg, wo bis heute am 8. August das Hohe Friedensfest begangen wird [3.6.6: Burkhardt/Haberer]. An diesem Beispiel lässt sich wie an kaum einem anderen die sich wandelnde Wahrnehmung bzw. Deutung des Friedens verfolgen, zum Beispiel anhand der Friedensgemälde, die zwischen 1651 und 1789 den evangelischen Schulkindern am Friedensfest überreicht wurden [1.4: Jesse]. Ursprünglich feierten nur die Augsburger Protestanten – nämlich die Wiederherstellung der evangelischen Kirche in der nunmehr paritätischen Reichsstadt

Der Nürnberger Exekutionstag

Friedensfeiern und Rezeption des Westfälischen Friedens

[3.3.8: Roeck; 3.4.5: François]. Im 21. Jahrhundert ist das Friedensfest ein städtischer gesetzlicher Feiertag, an dem auch die Augsburger Katholiken partizipieren und der sogar von der UNESCO zum immateriellen Kulturerbe erklärt worden ist.

Der Pyrenäenfriede als Vollendung des Westfälischen Friedens

In Deutschland weniger beachtet wurde der Umstand, dass beim Westfälischen Friedenskongress ein wesentlicher europäischer Konflikt nicht beigelegt worden ist: der bis 1659 andauernde spanisch-französische Krieg. Nachdem aber schon 2007 eine Monographie zum Scheitern der spanisch-französischen Verhandlungen in Münster erschienen ist [3.6.6: Rohrschneider], wurden im Umfeld des 350jährigen Jubiläums des Pyrenäenfriedens im Jahr 2009 einige Werke veröffentlicht, die nun auch diesen Friedensvertrag würdigen, der gewissermaßen das westfälische Friedenswerk zum Abschluss brachte und besiegelte, dass Frankreich Spanien als europäische Vormacht abgelöst hatte [3.6.7: Bély/Haan/Jettot; Duchhardt; Séré].

7 „Erbfeind" und Partner: Das Osmanische Reich in Europa

Das Osmanische Reich im 17. Jahrhundert

Im 17. Jahrhundert erreichte das Osmanische Reich seine größte territoriale Ausdehnung in Europa: bis vor die Tore Wiens, nach Kreta und in das Gebiet der heutigen Südukraine. Gleichzeitig war es das Jahrhundert, das das Ende der expansiven Phase des Osmanischen Reiches markierte. Hierfür stehen in der mitteleuropäischen Perspektive namentlich die zweite Belagerung Wiens durch ein osmanisches Heer im Jahr 1683, die Entsatzschlacht am Kahlenberg und der für die christlichen Mächte überaus erfolgreiche „Große Türkenkrieg", der im Frieden von Karlowitz 1699 seinen Abschluss fand. Dieser – zumindest scheinbare – Höhepunkt der osmanischen Bedrohung und ihr sich abzeichnendes Ende prägen die Quellen- und Literaturlage zur Beziehungsgeschichte zwischen dem Osmanischen Reich und dem christlichen Europa ganz wesentlich. Dabei unterscheiden sich die unterschiedlichen nationalen Perspektiven erheblich. So konzentriert sich die deutschsprachige Geschichtswissenschaft meist auf die Türkenkriege der Habsburger, während die englischsprachige Literatur stärker den Mittelmeerraum im Blick hat [3.7.2: Greene].

Eine im Deutschen Reich weitverbreitete Quellenart waren die sogenannten Türkenschriften. Sie entwickelten, verbreiteten und bekräftigten ein Türkenfeindbild, das den Gegner in den dunkelsten Farben zeichnete. In diesen Schriften wurde „der Türke" als ein erbitterter und unversöhnlicher Feind der Christen dargestellt, der seine barbarische, geradezu sadistische Grausamkeit mit besonderer Vorliebe gegen Wehrlose, Frauen und Kinder richtete. Gleichzeitig wurden den Osmanen in diesen Schriften alle sieben Todsünden vorgeworfen, also Hochmut, (ungezügelter) Zorn, Neid, Habgier, Völlerei, Trägheit und Wollust – Letztere wurde mitunter geradezu genussvoll anhand des großherrlichen Harems ausgemalt. Kennzeichnend für die große Beharrungskraft des Türkenfeindbilds ist, dass nicht selten Türkenschriften des 16. Jahrhunderts im 17. Jahrhundert nachgedruckt wurden. Sie galten also offenbar nicht als überholt, und sie fanden Absatz.

Elemente des Türkenfeindbilds

Entsprechend dem von den Türkenschriften gezeichneten Bild war „der Türke", wie unter anderem Martin WREDE herausgearbeitet hat, kein Feind wie jeder andere [3.3.9]. Er galt als „Zuchtrute Gottes", also als von Gott für die Sünden der Christen verhängte Strafe. Insbesondere lutherische Theologen sahen im Sultan sogar den Antichrist, jene Personifikation des Bösen, deren Erscheinen der Wiederkunft Christi am Jüngsten Tag vorangehen musste. Die antiosmanische Propaganda geißelte aber auch die „Despotie" des Sultans, der nicht als legitimer Monarch anerkannt wurde. Diese Schriften waren an ein christliches Publikum gerichtet. Mal ging es den Autoren mehr darum, ihre Leser zur Buße und zu einer christlichen Lebensweise zu bewegen, mal wurde an deren Opferbereitschaft und Solidarität mit den unmittelbar von den Türkenkriegen betroffenen Menschen appelliert. Angesichts der osmanischen Niederlagen im sogenannten Großen Türkenkrieg am Ende des 17. Jahrhunderts wurde das traditionelle Feindbild modifiziert. Die negativen Eigenschaften blieben „den Türken" in den Schriften dieser Epoche erhalten; sie wurden aber immer mehr zur Spottfigur deklassiert.

„Der" Türke als Erbfeind und Antichrist

Man muss sich davor hüten, die Türkenbilder, die die deutschsprachige Publizistik entwarf, auch für andere Länder vorauszusetzen [zu unterschiedlichen „nationalen" Osmanen- bzw. Islambildern 3.7.5: HAUG-MORITZ/PELIZAEUS] – von der schwierigen Frage, ob und inwieweit sie von den Rezipienten geteilt wurden, einmal ganz abgesehen. Beispielsweise wurde in italienischen Quellen das Os-

Pluralität der Türkenbilder

manische Reich ebenfalls als der gemeinsame Feind der Christenheit, ja geradezu ihr Gegenbild gezeichnet und die von diesem Feind drohende Gefahr in den schwärzesten Farben gemalt. Eine vergleichbar apokalyptisch aufgeladene Türkenpublizistik gab es hier aber kaum. Dafür spielte im italienischen politischen Diskurs der Gedanke einer die Mächte der (katholischen) Christenheit vereinigenden Heiligen Liga unter päpstlicher Führung eine prominente Rolle [3.7.5: Soykut]. Wieder anders akzentuiert waren die Türkenbilder in Frankreich. Auch dort finden sich herbe Kritik am „mohammedanischen Irrglauben" und Vorstellungen eines gemeinsamen Kreuzzugs aller christlichen Mächte gegen das Osmanische Reich – und zwar im Idealfall unter Führung des Allerchristlichsten Königs von Frankreich. Aber ungeachtet der gelegentlichen militärischen Unterstützung eines Türkenkriegs durch Frankreich (so 1663/64 im Rahmen des Rheinbunds) und der mehr „privaten" Teilnahme zahlreicher französischer Adliger an Feldzügen gegen das Osmanische Reich verfolgte die Krone insgesamt eine sehr pragmatische Politik gegenüber der Hohen Pforte, und das ebenso mit Blick auf die französischen Handelsinteressen in der Levante wie in dem Bestreben, die osmanischen Truppen gegen den gemeinsamen Gegner, die Habsburger nämlich, zu lenken [3.7.5: Postel, Veinstein]. Wenn man einen gemeinsamen Nenner der verschiedenen Türkenfeindbilder sucht, lässt sich dieser nicht zuletzt in ihrer Funktion finden, für sich hehre politische Ziele reklamieren und – beispielsweise im Reich – Einigkeit durch äußeren Druck stiften zu können [3.7.5: Malcolm; 3.3.9: Wrede]

Traditionelle Sicht auf die Türkenkriege

Während die jüngere Forschung den Propagandacharakter der frühneuzeitlichen Türkenschriften klar herausgearbeitet hat, hat die ältere Forschung sie allzu wenig quellenkritisch hinterfragt und dementsprechend das Bild eines unversöhnlichen Konflikts zwischen dem ausschließlich türkisch und muslimisch gedachten Osmanischen Reich und dem christlichen Europa gezeichnet. In dieser Deutung wurde 1683 nicht nur die Festung und kaiserliche Hauptstadt Wien gerettet, sondern „Europa" bzw. das „Abendland". Für die Persistenz dieser Deutung exemplarisch ist ein Band, der 1967 erstmals erschien, 2010 aber wiederaufgelegt wurde [3.7.2: Stoye]. Auf diese Weise wird die Schlacht am Kahlenberg in eine Linie gestellt mit den Schlachten von Marathon (490 v. Chr.), auf den Katalaunischen Feldern (451 n. Chr.) sowie von Tours und Poitiers (732 n. Chr.), bei denen die Massenheere eines scheinbar übermächtigen, tyrannischen und barbarischen Gegners aus dem Osten entscheidend besiegt und die freiheitlichen, christlichen etc. Werte des „Westens" gerettet wurden. Auch in aktuellen Sachbüchern scheint diese Sichtweise noch durch [3.7.2: Bremm].

Die Vorstellung eines Fundamentalgegensatzes zwischen dem Osmanischen Reich und dem christlichen Europa prägt auch viele ältere Gesamtdarstellungen zur osmanischen Geschichte. Noch stärker wurden sie beeinflusst durch die im 19. Jahrhundert aufkommende Vorstellung vom „Kranken Mann am Bosporus". Demnach war das Osmanische Reich in einer langen, unaufhaltbaren Dekadenz begriffen, die bereits im 17. Jahrhundert ihren Anfang genommen habe. Auch in diese Überblicksdarstellungen fanden Deutungsmuster wie die Idee einer Überlegenheit Europas bzw. des „Westens" gegenüber dem „Orient" Eingang; ihre Wertungen sind jedoch großenteils durch neuere Darstellungen der osmanischen Geschichte widerlegt. Neben kompakten Überblicken [z. B. 3.7.1: Faroqhi 2021; Finkel] und Nachschlagewerken [3.7.1: Ágoston/Masters] liegen umfassende Darstellungen vor [für das 17. Jahrhundert z. B. 3.7.1: Faroqhi 2006; für die Stellung des Osmanischen Reichs gegenüber dem christlichen Europa 3.7.1: Goffman]. Auch die Situation der unter osmanischer Herrschaft lebenden Bevölkerung Südosteuropas wird mittlerweile differenziert gesehen [3.7.1: Helmedach u. a.; Koller; 3.7.5: Sindbaek/Hartmuth]. Gewaltmaßnahmen wie die „Knabenlese", die Rekrutierung und Zwangskonvertierung christlicher Jungen zum Islam, werden nicht in Abrede gestellt. Zugleich wird aber darauf hingewiesen, dass die Konversion zum islamischen Glauben attraktiv war, weil sie Karrierewege und Möglichkeiten zum Erwerb von Landbesitz eröffnete, die Muslimen vorbehalten waren. Es wurde zudem gezeigt, dass die Konversion nicht notwendigerweise zur völligen Lösung vom christlichen Glauben führen musste, und in diesem Zusammenhang auf synkretistische Phänomene hingewiesen [3.7.5: Krstić 2011]. Außerdem werden die beachtlichen Freiräume gewürdigt, die unter osmanischer Herrschaft für nichtmuslimische Glaubensgemeinschaften bestanden, die als Kollektive ihre inneren Angelegenheiten weitgehend autonom regeln konnten [vgl. den Artikel „Dhimmi" in 3.7.1: Ágoston/Masters].

Auch die Anschauung, dass 1683 bei einem Fall Wiens ganz Europa militärisch bedroht gewesen wäre, wird heute kaum noch geteilt. Vielmehr wird auf die strukturellen militärischen Schwächen des Osmanischen Reichs des 17. Jahrhunderts und auf die Über-

Gesamtdarstellungen zur osmanischen Geschichte

Situation der christlichen Bevölkerung in Südosteuropa

Grenzen der osmanischen Machtstellung im 17. Jahrhundert

dehnung seiner Grenzen hingewiesen. Das Reich expandierte im 17. Jahrhundert zwar punktuell noch, musste aber gegen das persische Safawidenreich territoriale Einbußen hinnehmen. Eine so dynamische Expansion, wie sie die osmanische Geschichte bis um die Mitte des 16. Jahrhunderts gekennzeichnet hatte, erfolgte jedenfalls nicht mehr. Auch wenn ab 1656 unter den Großwesiren aus der Familie Köprülü eine Konsolidierung und erneute Expansion stattfand, war die Bilanz der „Türkenkriege" seit dem ausgehenden 16. Jahrhundert aus osmanischer Sicht doch durchaus gemischt. Selbst die Republik Venedig lieferte dem Sultan einen jahrzehntelangen Abwehrkampf um Kreta bzw. dessen Hauptstadt Kandia, die freilich 1669 doch fiel [3.7.2: Eickhoff; Greene].

Kaiserlich-osmanische Beziehungen

Vor allem aber blickt man heute nicht mehr einseitig auf die „Türkenkriege", sondern würdigt verstärkt die Tatsache, dass die kaiserlich-osmanischen Beziehungen lange Phasen des Friedens – oder jedenfalls der Abwesenheit von Krieg – kannten, insbesondere zwischen dem Frieden von Zsitvatorok (1606) und dem Krieg von 1663/64. Dementsprechend rücken neben den Kriegen auch andere Dimensionen der habsburgisch-osmanischen Beziehungsgeschichte ins Blickfeld [3.7.3: Kurz u. a.]. Nicht zuletzt wird das „Konfliktmanagement" zwischen den beiden Mächten gewürdigt [3.7.3: Strohmeyer/Spannenberger]. Es mündete eben keineswegs jeder lokale oder regionale Konflikt in einen Krieg.

Antemurale Christianitatis

Damit wird nicht in Abrede gestellt, dass auf beiden Seiten geraume Zeit eine Ideologie vorherrschte, die den Krieg zur Normalität und für gottgewollt erklärte. Auf christlicher Seite wurde dieser Krieg noch im 17. Jahrhundert als Abwehrkrieg verstanden bzw. dargestellt, und die „Frontmächte" – wie Österreich, Polen-Litauen und Venedig – inszenierten sich als *Antemurale Christianitatis*, als „Vormauer der Christenheit" gegen den gemeinsamen „Erbfeind", wodurch sie das symbolische Kapital ihrer Ehre vermehren konnten. Dies prägte zum Beispiel die polnische Adelskultur wesentlich [3.7.4: Born/Jagodzinski; Jagodzinski]. Das antiosmanische Bündnis, das sich im Jahr 1684, am Beginn des Großen Türkenkriegs, formierte, verstand sich in diesem Sinne als Heilige Liga. Auch vor diesem Hintergrund wurde untersucht, inwieweit die Türkenkriege in die Kontinuität der mittelalterlichen Kreuzzüge zu stellen sind – mit durchaus ambivalenten Ergebnissen [3.7.2: Matschke].

Vorstellungen eines gottgewollten Glaubenskrieges gab es auch auf osmanischer Seite – was freilich die Sultane nicht daran hinderte, immer wieder auch Kriege gegen andere muslimische Herrscher zu führen. Bis in die Anfänge des Islam zurück datieren Vorstellungen einer allgemeinen Verpflichtung zum *Dschihad* gegen die „Ungläubigen", der erst dann enden könne, wenn sich das islamisch beherrschte „Haus des Friedens" über die ganze Welt erstrecke. Das bedeutete nicht, dass alle „Ungläubigen" ausgemerzt oder zur Konversion gezwungen werden mussten, sondern in erster Linie, dass überall das islamische Recht gelten sollte. Monotheistische „Schriftbesitzer", also Christen und Juden, sollten als *Dhimmis* (Schutzbefohlene) unbeeinträchtigt, aber mit minderen Rechten unter islamischer Herrschaft leben dürfen [3.7.4: MASTERS]. Ein Friedensschluss mit dem „Haus des Krieges", mit nichtislamischen Mächten also, war aber nach islamischem Recht prinzipiell nicht vorgesehen. Möglich war allenfalls ein befristeter Waffenstillstand. Verschärfend kam auf osmanischer Seite hinzu, dass die Dynastie der Osmanen sich auf eine Familie von *Ghazis*, „Glaubenskämpfern", zurückführte. Die Eroberung Konstantinopels durch Mehmed II. 1453 hatte der Herrschaftsideologie der Osmanen noch den exklusiven Anspruch auf die römische Kaiserwürde hinzugefügt. Es gab also auf beiden Seiten reichlich ideologischen Ballast, der konfliktverschärfend bzw. friedensverhindernd wirkte.

Dieser Fundamentalgegensatz bestimmte aber nicht – jedenfalls nicht allein – das Verhältnis zwischen dem Osmanischen Reich und den christlichen Mächten. So deckte das islamische Recht keineswegs alle Bereiche ab, sondern es kamen vom Sultan erlassene Gesetze (sog. „kanun") hinzu, die zum Beispiel Steuern und Verwaltung, aber auch Militär und diplomatisches Protokoll betreffen konnten [vgl. den Artikel „Kanun" in 3.7.1: ÁGOSTON/MASTERS]. Dies eröffnete Möglichkeiten für eine flexiblere und dynamischere Rechtspraxis auch in den Außenbeziehungen, als dies bei einer einseitigen Fixierung auf das islamische Recht zu erwarten gewesen wäre. Nicht zuletzt wurden die Beziehungen des Osmanischen Reichs zu den christlichen Mächten auch von anderen Interessen sowie den Machtverhältnissen geprägt. Diese Faktoren schlugen sich in den Beziehungen und insbesondere auch in den Friedensverträgen zwischen Habsburgern und Osmanen nieder. Hier hat die jüngere Forschung deutliche Entwicklungen vom 16. bis zum 17. Jahrhundert herausgearbeitet [E. D. Petritsch in 3.7.3: STROHMEYER/SPANNENBERGER]:

Ideologische Aufladungen des Konflikts auf osmanischer Seite

Veränderungen in den kaiserlich-osmanischen Beziehungen

Solange eine deutliche machtpolitische Überlegenheit der Osmanen bestand, waren sie weitgehend in der Lage, der Gegenseite ihre Vorstellungen aufzuerlegen: Es wurden keine unbefristeten Friedensverträge, sondern de jure nur Waffenstillstandsverträge geschlossen, für deren Gewährung die Habsburger einen regelmäßigen Tribut zu bezahlen hatten. Außerdem wurden Ferdinand I. und seine Nachfolger niemals als (universaler) „çasar" – Kaiser – bezeichnet, denn diese Position reservierte der Sultan für sich, sondern lediglich als (partikularer) König – „kral" – gelegentlich sogar mit dem herabsetzenden Zusatz „von Wien". Das äußerste Zugeständnis war die Titulierung eines habsburgischen Herrschers als „Imperator". Das konnte von den Habsburgern als Anerkennung ihres kaiserlichen Rangs verstanden werden, war aber nach Auffassung des Sultans unschädlich für den eigenen kaiserlichen Rang. Denn „Imperator" kam in der osmanischen Hierarchie von Herrschaftsträgern nicht vor. Dies ist ein gutes Beispiel für die in den habsburgisch-osmanischen Beziehungen häufig praktizierte Dissimulation, die eigentlich unvereinbare Rechtspositionen nebeneinander bestehen ließ, wobei die Kontrahenten sich selbst und Dritten gegenüber die Lage so darzustellen pflegten, als hätten sie die eigene Auffassung durchgesetzt. Ähnliches lässt sich für die im 16. Jahrhundert von den Habsburgern an die Hohe Pforte zu leistenden Tribute feststellen, die von Ersteren schamhaft als „Ehrengeschenke" deklariert wurden, während von osmanischer Seite nur selten der eindeutige Terminus „haradç", häufiger hingegen das bedeutungsoffenere „virgü" verwendet wurde. Eine solche Dissimulation wurde dadurch erleichtert, dass die kaiserlich-osmanischen Friedensverträge üblicherweise in einer osmanischen und einer lateinischen Fassung ausgefertigt wurden [D. Dierks in 3.7.3: STROHMEYER/SPANNENBERGER].

Langer Türkenkrieg und Friede von Zsitvatorok

Dass sich im Langen Türkenkrieg (1593–1606), auch dank der großzügigen finanziellen und militärischen Unterstützung der deutschen Reichsstände, Spaniens und diverser italienischer Fürsten und Republiken [3.7.2: NIEDERKORN], das Machtverhältnis zwischen den Habsburgern und den Osmanen verschoben hatte, fand 1606 im Friedensvertrag von Zsitvatorok seinen Niederschlag. Auch dieser „Friede" war im Grunde nur ein zeitlich befristeter Waffenstillstand, wurde allerdings nicht wie die früheren Verträge auf acht, sondern auf 20 Jahre geschlossen. Zudem sollten Kaiser Rudolph II. und seine Nachfolger von nun an vom Sultan als Kaiser („çasar"/ „Caesar") der Römer angeredet werden. Tatsächlich aber verwandte die Hohe Pforte in der Regel weiterhin den unspezifischen „Imperator"-Titel. Dass durch diesen Friedensvertrag die jährlichen Tribute durch eine Einmalzahlung von 200 000 Gulden ersetzt wurden, konnte die habsburgische Seite als ein Ende der Tributpflicht deuten, die osmanische Seite aber als eine bloße Veränderung der Zahlungsform.

Im Frieden von Eisenburg (Vasvár) von 1664 [hierzu nun 3.7.3: SPERL/SCHEUTZ/STROHMEYER], der nach der osmanischen Niederlage bei St. Gotthard an der Raab geschlossen wurde, setzte sich die Entwicklung in Richtung Parität von Sultan und Kaiser fort, indem die von Leopold I. zu zahlenden 200 000 Gulden als freiwilliges Geschenk definiert wurden, das Mehmed IV. durch Gaben in demselben Wert erwidern würde. Durch die Auswahl der Geschenke zeigte die Hohe Pforte freilich, dass sie an dem Vasallenstatus der Habsburger festzuhalten gedachte. Sie schickte dem Kaiser nämlich unter anderem mehrere Ehrengewänder, wie sie der Sultan seinen Untergebenen zu verleihen pflegte [H. Reindl-Kiel in 3.7.3: STROHMEYER/SPANNENBERGER]. Der Friede von Karlowitz, der 1699 den für die Osmanen ausnehmend verlustreichen Großen Türkenkrieg beendete, kann als wichtige Etappe in dem langen Prozess der Annäherung der habsburgisch-osmanischen Beziehungen an europäische Standards betrachtet werden [3.7.2: BÉRENGER]: Erstmals wurde ein kaiserlich-osmanischer Friede auf einem Friedenskongress geschlossen, bei dem mit England und den Vereinigten Niederlanden zwei christliche Mächte als Friedensvermittler auftraten und das Zeremoniell sich an dem innerchristlichen Friedenskongress von Rijswijk orientierte. Ähnliche Entwicklungen sind für die bilateralen Beziehungen des Sultans zu anderen christlichen Herrschern und Regierungen zu beobachten.

Die sehr unterschiedlichen Standpunkte stellten die Akteure in den diplomatischen Beziehungen zwischen dem Osmanischen Reich und den christlichen Mächten vor große Herausforderungen, die man aber mehr oder weniger gut zu bewältigen wusste [3.7.3: BURSCHEL/VOGEL; GARNIER/VOGEL]. Die Zahl der europäischen Gesandten an der Hohen Pforte wuchs im Verlauf des 17. Jahrhunderts; die österreichischen Habsburger waren schon seit der Mitte des 16. Jahrhunderts nahezu durchgehend durch einen Residenten in Konstantinopel vertreten. Der Sultan unterhielt dagegen keine ständigen diplomatischen Vertretungen an den christlichen Höfen, sondern entsandte seit dem Frieden von Zsitvatorok lediglich in unregelmä-

Friede von Eisenburg

Friede von Karlowitz

Diplomatische Beziehungen

ßigen Abständen Großbotschaften nach Wien. Es gab weitere Besonderheiten in den diplomatischen Beziehungen zur Hohen Pforte: Da sie in Konstantinopel nach osmanischer Vorstellung nicht dem Völkerrecht, sondern dem Gastrecht unterlagen, mussten die kaiserlichen Residenten bis zum Ende des 17. Jahrhunderts damit rechnen, im Fall eines kaiserlich-osmanischen Krieges gefangengesetzt zu werden. Trotz dieser Unzuträglichkeiten ließen sich die Habsburger die diplomatischen Beziehungen zum Sultan angesichts ihrer überragenden sicherheitspolitischen Bedeutung eine Menge kosten [H. Rudolph in 3.7.3: STROHMEYER/SPANNENBERGER]. Von diesem „osteuropäischen Modell" der diplomatischen Beziehungen zum Osmanischen Reich, das manche Elemente enthielt, die auch das Verhältnis des Sultans zu seinen Vasallen prägten, unterscheidet Christine Vogel ein „westeuropäisches Modell" [3.7.3: VOGEL]. So erfreuten sich die im Istanbuler Stadtteil Pera residierenden französischen Gesandten größerer Freiheiten als ihre kaiserlichen Kollegen. Ob man die Nivellierung dieser Unterschiede im 18. Jahrhundert als „Verwestlichung" bezeichnen sollte, wäre freilich zu diskutieren.

Sonderrolle des Osmanischen Reichs unter den europäischen Mächten

Dass jedenfalls im 17. Jahrhundert das Osmanische Reich aufgrund der wechselseitigen ideologischen Barrieren noch keine europäische Macht wie jede andere war, zeigt sich darin, dass auf keinem der Friedenskongresse von Westfalen, Nimwegen, Rijswijk und Utrecht Vertreter des Sultans präsent waren. In den 1680er Jahren drängte die französische Diplomatie zwar auf eine engagierte Kriegführung des Sultans gegen den Kaiser, ein förmliches Bündnis, das ihn als „Allerchristlichsten König" diskreditiert hätte, vermied Ludwig XIV. jedoch. Als ausgesprochen pragmatisch lässt sich die Politik Venedigs gegenüber der Hohen Pforte beschreiben [E. Eickhoff in 3.7.3: STROHMEYER/SPANNENBERGER]. Alles in allem ist festzuhalten, dass sich ungeachtet des ideologischen Ballasts auf beiden Seiten im 17. Jahrhundert eine partielle Integration des Osmanischen Reichs in den Kreis der europäischen Mächte vollzog [H. T. Gräf; A. Strohmeyer in 3.7.3: KURZ u. a.].

Position der Fürsten von Siebenbürgen

Die christlichen osmanischen Vasallenfürsten gehörten diesem Kreis ohnehin an [3.7.4: KÁRMÁN]. Das gilt insbesondere für die Fürsten von Siebenbürgen, die bis zur Mitte des 17. Jahrhunderts eine sehr eigenständige Außenpolitik verfolgten und sich gewissermaßen in zwei Sphären bewegten. Gabriel Bethlen und Georg I. Rákóczi beteiligten sich auf der Seite der Gegner der Habsburger am Dreißigjährigen Krieg, Georg II. Rákóczi am Nordischen Krieg 1655–

1660. Das wurde ihm freilich zum Verhängnis, denn seine vom Sultan nicht genehmigte Intervention in Polen führte zu seiner Absetzung (1657) und, weil er sich dieser widersetzte, zu einer osmanischen Strafaktion, die mit Georgs II. Niederlage und Tod endete. Seine Nachfolger wurden von der Hohen Pforte an einer wesentlich kürzeren Leine gehalten [3.7.4: Volkmer]. Beachtliche Handlungsspielräume besaß der – muslimische – Khan der Krimtataren [3.7.4: Klein].

Nicht nur die diplomatischen Beziehungen zwischen dem Osmanischen Reich und den christlichen Mächten werden heute viel differenzierter beurteilt als früher. Große Aufmerksamkeit gilt seit einiger Zeit den Grenzräumen zwischen dem Osmanischen Reich und den christlichen Mächten, den Transfer- und Austauschprozessen zwischen diesen Räumen sowie der gegenseitigen Wahrnehmung [3.7.4: Peacock; Spannenberger/Varga/Pech; 3.7.5: Born/Puth]. Ebenso wenig wie andere frühneuzeitliche Grenzen waren die Grenzen zwischen dem Osmanischen Reich und seinen christlichen Nachbarn hermetisch geschlossen. Vielmehr sind sie als Grenzräume zu charakterisieren, in denen vielfältige grenzüberschreitende Beziehungen bestanden und grenzüberschreitende Mobilität stattfand [3.7.4: Rohdewald/Conermann/Fuess; Rothman]. Einerseits traten immer wieder lokale bewaffnete Konflikte unterhalb der Schwelle eines Krieges auf, andererseits unterhielt man vielfältige friedliche Kontakte. Das gilt insbesondere für die Grenze zwischen dem habsburgischen Ungarn und Siebenbürgen, das ja ein Teil des historischen Ungarn war. Viele Magnaten waren auf beiden Seiten der Grenze begütert, und Gegnern der habsburgischen Könige boten sich Siebenbürgen oder auch das Osmanische Reich als Rückzugsraum an. Dies lässt sich unter anderem im Kontext der 1670/71 aufgedeckten antihabsburgischen Magnatenverschwörung sowie des Thököly-Aufstands ab 1678 beobachten [3.7.4: Pálffy].

Diplomatische Quellen wie Gesandtschaftsberichte und Finalrelationen werden seit einiger Zeit nicht mehr ausschließlich für die Darstellung von politischen Verhandlungen und für andere Themen der klassischen Politikgeschichte herangezogen, sondern auch zur Bearbeitung von kulturgeschichtlichen Fragestellungen. In dieser Hinsicht sind die Berichte europäischer Gesandter in Konstantinopel hochinteressant, denn diese Quellen zeigen ein deutlich vielschichtigeres Bild vom Osmanischen Reich, seinen Herrschern und seiner Bevölkerung als die antiosmanische Publizistik [z. B. 1.5:

Grenzräume

Differenzierte Wahrnehmungen des Osmanischen Reichs

NEHRING]. Vieles sahen auch die Gesandten sehr kritisch, und oft reproduzierten sie gängige Türkenstereotype, vermutlich auch deswegen, weil sie die entsprechenden Erwartungen ihrer Auftraggeber zu erfüllen gedachten. Aber schon allein deswegen, weil sie möglichst präzise und differenzierte Informationen liefern sollten, die den entsendenden Höfen und Regierungen als Richtschnur für ihre Politik gegenüber den Osmanen dienen mochten, konnten sie dabei nicht stehenbleiben. Auch die Berichte anderer Reisender ins Osmanische Reich lassen zwar nicht selten Reminiszenzen an das bekannte Feindbild erkennen, liefern zugleich aber ganz andere Bilder des Osmanischen Reichs [Sektion „Reiseberichte" in: 3.7.3: KURZ u. a.]. Immer wieder äußern sich die Reisenden geradezu überrascht positiv über Persönlichkeiten und karitative Einrichtungen. Bisweilen wurde das als vorbildlich dargestellte Verhalten der Türken sogar genutzt, um an das Gewissen der christlichen Zeitgenossen zu appellieren. Quellenkritisch ist bei der Analyse solcher Berichte freilich zu beachten, dass sie oft mehr über die Reisenden selbst aussagen als über die Realitäten im Osmanischen Reich. Fehlwahrnehmungen, Übertreibungen oder sogar „Fake News" sind jedenfalls niemals ganz auszuschließen. Eine andere Dimension der christlich-europäischen Wahrnehmung des Osmanischen Reichs ist die Darstellung von „Türken" in Gemälden, Dramen etc. Im Sinne einer *Entangled History* ist zu begrüßen, dass auch die Wahrnehmung des christlichen Europa im Osmanischen Reich in den Blick der Forschung rückt [1.2: DIYAB/GHIRARDELLI; 3.7.5: LEUSCHNER/WÜNSCH].

Transfer- und Austauschprozesse

Zugleich mit dem Bild des jeweils Anderen interessiert sich die kulturgeschichtlich orientierte Forschung stark für Transfer- und Austauschprozesse. Dass es diese gab, ist ein weiterer Beleg dafür, dass die Vorstellung einer geschlossenen Grenze zwischen dem Osmanischen Reich und dem christlichen Europa nicht zutrifft. Der Levantehandel behielt das gesamte 17. Jahrhundert hindurch einen hohen Stellenwert [3.7.4: FAROQHI/VEINSTEIN]. Es wurden nicht nur Waren ausgetauscht, sondern es fand auch ein Wissenstransfer statt [T. Leber in 3.7.5: DIERAUFF u. a.; 3.7.3: TALBOT]. Das Osmanische Reich fungierte als Vermittler zwischen dem Iran und dem christlichen Europa [3.7.4: ROHDEWALD/CONERMANN/FUESS]. Nicht zuletzt an den europäischen Höfen lassen sich vielfältige Aneignungsprozesse osmanischer Kultur beobachten: Bei Hoffesten verkleidete man sich als „Türken", und man stellte die in den Türkenkriegen erbeuteten Waffen aus. Geradezu sinnstiftend für die herrschende Dynastie wurde die heute im Badischen Landesmuseum zu besichtigende „Türkenbeute" des als „Türkenlouis" gefeierten Markgrafen Ludwig Wilhelm von Baden, die er als Feldherr im Großen Türkenkrieg erworben hatte [3.7.3: Hattler/Mostafawy]. Diese Aneignungsprozesse betrafen aber nicht nur Dinge, sondern auch Menschen. Die Geschichte der sogenannten „Beutetürken", die nach Mitteleuropa verschleppt wurden und durch ihre (Zwangs-)Konversion den militärischen Sieg über das Osmanische Reich durch diesen Triumph des Christentums über den „mohammedanischen Irrglauben" zusätzlich verherrlichen sollten, findet in den letzten Jahren verstärktes Interesse [3.7.5: Theilig/Coşan].

„Beutetürken"

Das Bild der osmanisch-europäisch-christlichen Beziehungsgeschichte im 17. Jahrhundert ist in den vergangenen Jahrzehnten wesentlich vielschichtiger geworden. Ohne die häufig dominierende Konflikthaftigkeit dieser Beziehungen zu leugnen, steht unterdessen fest, dass man das Verhältnis des Osmanischen Reiches zum christlichen Europa nicht auf die Dimensionen von Antagonismus und Türkenkriegen reduzieren kann. Ebenso dürfte deutlich geworden sein, dass dieses Forschungsfeld eine tagespolitische Dimension besitzt, die sowohl die Position türkischstämmiger Menschen in den europäischen Gesellschaften berührt wie das Verhältnis der Türkei zur Europäischen Union. Noch in einem aktuellen Katalogband wird der polnische König Johann III. Sobieski über seine Rolle als Befreier Wiens definiert [3.7.2: Rollig/Jaskanis]. Auch Prinz Eugen von Savoyen wird nicht zuletzt als „Türkensieger" erinnert [3.7.5: Grossegger]. Angesichts dieser aktuellen Bezüge und der intensiven Forschungsdiskussion über die Stellung des Osmanischen Reichs in Europa darf man gespannt sein, wie sich die Erinnerungspolitik entwickeln wird und welche Inhalte das fünfhundertjährige und das dreihundertfünfzigjährige Jubiläum der Wiener „Türkenbelagerungen" (2029 und 2033) prägen werden [3.7.5: Feichtinger/Heiss].

Resümee und Ausblick

8 Ein Krisenjahrhundert: Katastrophen und Katastrophenbewältigung

Während Abschnitt 6 die menschengemachte Katastrophe des Dreißigjährigen Krieges behandelt, soll es an dieser Stelle in erster Linie um Katastrophen natürlichen Ursprungs gehen. Dies geschieht in

Das 17. Jahrhundert als Krisenjahrhundert

dem Bewusstsein, dass menschengemachte und natürliche Katastrophen vielfach miteinander verknüpft waren bzw. dass natürliche Ursachen und menschliches Handeln bei der Auslösung und Entwicklung von Katastrophen zusammenwirken konnten. Damit wird zugleich die Forschungsdiskussion um den Krisencharakter des 17. Jahrhunderts aufgegriffen [3.8.1: KOENIGSBERGER; PARKER; PARKER/ SMITH]. Geoffrey Parker hat einen Zusammenhang zwischen der Klimakrise und der Häufung politischer Krisen in den drei Jahrzehnten nach 1635 hergestellt – und das in einem globalen Maßstab: In diese Phase fielen beispielsweise die antispanischen Aufstände in Portugal und Katalonien, der englische Bürgerkrieg, die französische Fronde und der Chmelnyzkyj-Aufstand in Polen-Litauen, aber auch die Absetzung der Ming-Dynastie in China und der Untergang des Königreichs Kongo. Bei der Untersuchung der Krise(n) des 17. Jahrhunderts spielen regelmäßig ihre vielfältigen Folgen eine wichtige Rolle [3.8.1: JAKUBOWSKI-TIESSEN]. Schließlich wurde postuliert, dass erst die Wahrnehmung als solche eine Krise zur Krise mache, mithin eine konsequente Historisierung von Krisen gefordert [3.8.1: SCHLÖGL/HOFFMANN-REHNITZ/WIEBEL]. Die Diskussion um Krisen und ihre politischen, gesellschaftlichen, ökonomischen und kulturellen Folgen hat angesichts der Krisen im dritten Jahrzehnt des 21. Jahrhunderts in unerwarteter Weise an Aktualität gewonnen. Im Folgenden sollen zunächst die Kleine Eiszeit und ihre Auswirkungen, sodann Seuchen und weitere Katastrophen, darunter auch Stadtbrände als eine zwar nur lokal, dafür aber umso häufiger auftretende Katastrophe behandelt werden. Abschließend wird es um die Zuflucht zu Astrologie und magischen Praktiken sowie um Hexenverfolgungen als spezifisch vormoderne Reaktionen auf Krisen und Katastrophen gehen.

Umweltgeschichte und Kleine Eiszeit

Die Umweltgeschichte ist ein vergleichsweise junger Zweig der Geschichtswissenschaft, der sich durch eine spezifische Integration naturwissenschaftlicher Methoden auszeichnet [im Überblick 3.8.2: WINIWARTER/KNOLL]. Nicht alle Quellen und Methoden, die der Umweltgeschichte für das 20. Jahrhundert zu Gebote stehen, sind auch für die Vormoderne verfügbar. Trotz dieser Einschränkung liegen für die Umweltgeschichte der Frühen Neuzeit mittlerweile gute Überblicksdarstellungen vor [3.8.2: MAUELSHAGEN; REITH]. Eine mittlerweile schon klassische Klimageschichte der Schweiz hat Christian PFISTER vorgelegt [3.8.2]. Ein besonderer Akzent liegt dabei auf der das 17. Jahrhundert prägenden Kleinen Eiszeit und ihren vielfältigen Folgen für Gesellschaft, Wirtschaft, Weltsicht und Künste. Den kulturellen Konsequenzen der Kleinen Eiszeit widmet sich auch ein wichtiger Sammelband [3.8.2: BEHRINGER/LEHMANN/PFISTER]. Nützlich sind aber auch Längsschnitt-Klimageschichten, insbesondere dann, wenn sie von Frühneuzeitspezialisten verfasst wurden. Eine „Kulturgeschichte des Klimas" im Längsschnitt bietet Wolfgang BEHRINGER [3.8.2].

Während die Welt im 21. Jahrhundert mit den Folgen einer menschengemachten Klimaerwärmung zu kämpfen hat, sahen sich die Menschen des 17. Jahrhunderts mit einer Kleinen Eiszeit und ihren teilweise ebenso existenzbedrohenden Konsequenzen konfrontiert. Über Anfang und Ende der Kleinen Eiszeit finden sich in der Forschungsliteratur unterschiedliche Angaben; Einigkeit besteht aber darin, dass die Kälteperiode das 17. Jahrhundert zur Gänze umfasste. Philipp BLOM hat sich in einer in erster Linie mentalitätsgeschichtlichen Annäherung den unmittelbaren Folgen der Klimaveränderung, vor allem aber den länger- und langfristigen Auswirkungen auf Wirtschaft, Gesellschaft, Denkhorizonte usw. gewidmet. Dabei stellt er Verknüpfungen zu anderen Dimensionen der „Krise des 17. Jahrhunderts" her und spricht der Kleinen Eiszeit eine wesentliche Rolle bei der Entstehung der Moderne zu. Letztlich leitet er aus seiner Analyse sogar Folgerungen für den Umgang mit der heutigen Klimakrise ab [3.8.2]. Dem Interesse einer größeren Öffentlichkeit trägt die Berücksichtigung umweltgeschichtlicher Themen in der schulischen und universitären Lehre Rechnung [3.8.2: KONERSMANN/MÖLLER].

Folgen der Kleinen Eiszeit

Neben Ansätzen, die Umweltgeschichte in die allgemeine europäische Geschichte zu integrieren, liegen erste regionalgeschichtliche Untersuchungen vor, beispielsweise eine Studie, die versucht, mit Hilfe unterschiedlichster Quellen die Klimaentwicklung an der Mittelmosel zu rekonstruieren, aber auch auf die gesellschaftlichen Folgen der Kleinen Eiszeit eingeht [3.8.2: RATHS]. Solche Forschungen tragen wesentlich zu einem differenzierteren und dadurch geschärften Blick auf die frühneuzeitliche Klimageschichte bei. Denn ebenso wenig wie die Erderwärmung im 21. Jahrhundert wirkte sich die Kleine Eiszeit überall in gleicher Weise aus. So konnte Raths zeigen, dass und wann es neben den deutlich überwiegenden Ungunstphasen selbst während der Kleinen Eiszeit auch Jahre mit günstigen Bedingungen für die Landwirtschaft gab – und das war für das menschliche (Über-)Leben in der Frühen Neuzeit wesent-

Regionalgeschichtliche Studien

Auswirkungen auf Flora und Fauna

lich. Einem in jüngster Zeit deutlich gewachsenen Interesse an historischen Mensch-Tier-Beziehungen entsprechend gibt es auch neue Studien zu den Auswirkungen der Kleinen Eiszeit auf die Fauna bzw. zum Zusammenwirken klimatischer Faktoren und menschlicher Einflussnahme. So lässt sich das Aussterben der Steinböcke im Zillertal unmittelbar auf den Extremwinter 1708/09 bzw. auf das verspätete Abschmelzen der Schneedecke im Hochgebirge zurückführen, was den Tieren die Nahrungsaufnahme erheblich erschwerte. Allerdings war die Steinbockpopulation bereits vor dem „Großen Frost" durch „Entnahmen" reduziert [3.8.2: Zechner].

Globalgeschichtliche Ansätze

Neben regional- und lokalgeschichtlichen Studien zur Kleinen Eiszeit finden sich auch Arbeiten globalgeschichtlichen Zuschnitts, die die Klimaveränderung in Beziehung zur Geschichte der europäischen Expansion setzen [3.8.2: White]. So hatte die globale Abkühlung retardierende Auswirkungen auf die Kolonialisierung Nordamerikas. Die sich verschlechternden Lebensbedingungen in Europa bewogen zwar manche Menschen zur Auswanderung. Doch die ungünstigen klimatischen Bedingungen machten den ersten Siedlern erheblich zu schaffen, wobei ihre Probleme dadurch verschärft wurden, dass sie wenig am Erfahrungswissen der indigenen Bevölkerung interessiert waren – einer von mehreren Faktoren, die zum Scheitern etlicher Kolonialprojekte führten [2.6: Karstens].

Sturmfluten

Klimakrise und Naturkatastrophen hängen nicht zwangsläufig zusammen. Häufig aber leisteten Klimaveränderungen Naturkatastrophen Vorschub. Recht gut nachvollziehbar ist das für Flussüberschwemmungen, die durch starke Schmelzwasser hervorgerufen wurden. Schwieriger wird es schon mit den verheerenden Sturmfluten, die im 17. und frühen 18. Jahrhundert mehrfach die Küsten der Nordseeanrainer heimsuchten. Besonders katastrophal wirkte sich in Nordfriesland die Burchardiflut des Jahres 1634 aus, die nach der Marcellusflut von 1362 als zweite „Grode Mandränke", das zweite große Ertrinken, in die Geschichte eingegangen ist, deren geschichtswissenschaftliche Aufarbeitung aber noch zu leisten ist [vgl. aber M. L. Allemeyer in 3.8.3: Schenk; M. Jakubowski-Tiessen in 3.8.3: Jakubowski-Tiessen/Lehmann]. Besser erforscht sind der „Great Storm" von 1703, der schwere Schäden auf den britischen Inseln anrichtete und zahlreiche Schiffe zerstörte [3.8.3: Reich], und die Weihnachtsflut von 1717, die vor allem die deutsche und dänische Nordseeküste schwer traf [3.8.3: Jakubowski-Tiessen].

Eine andere Art von Naturkatastrophen drohte im Hochgebirge: Ein verheerender Erdrutsch zerstörte 1618 die Stadt Plurs (Piuro) im Veltlin [3.8.3: HAUER]. Die Katastrophe wurde durch extreme Regenfälle ausgelöst. Die Voraussetzungen hatte aber der Mensch geschaffen: Der intensive Abbau von Speckstein, der die Grundlage für den Wohlstand von Plurs bildete, hatte zugleich zur partiellen Aushöhlung des Monte Conto geführt. Ein ähnliches Unglück traf 1669 Salzburg. Hier wurden die Katastrophen also von Menschen mitverursacht.

Bergstürze

Nicht in einem singulären Katastrophenereignis, aber in großflächigen Folgen umso nachhaltiger wirkte sich das Ausufern der Schafzucht bzw. der Transhumanz in Spanien aus. Denn bei den Wanderzügen zwischen Sommer- und Winterweiden musste dank der Privilegien der mächtigen Schafzüchtergemeinschaft der Mesta wenig Rücksicht auf die Ackerbauern genommen werden, was nicht nur viele von diesen langfristig ruinierte, sondern zu einer Versteppung großer Teile der Iberischen Halbinsel führte. Insofern trugen die Überweidung und ihre Folgen zum Niedergang Spaniens im 17. Jahrhundert bei [3.8.1: THOMPSON/YUN CASALILLA].

Versteppung

Stadtbrände waren lokale Katastrophen, die in der Vormoderne allen Städten drohten [3.8.3: ALLEMEYER; ZWIERLEIN]. Die enge, oft irreguläre Bebauung, die verbreitete Holzbauweise und die Nutzung offenen Feuers zum Kochen und Heizen leisteten dem Vorschub. Zahlreiche Städte hatten ihren „großen Brand" oder ihre „großen Brände", die ihre Spuren im Stadtbild hinterlassen haben, wenn flächendeckend oder zumindest in einigen Stadtvierteln die mittelalterliche Bebauung vernichtet wurde. Städtische und landesherrliche Obrigkeiten suchten dem mit immer ausführlicheren Brandordnungen entgegenzuwirken, die sich sowohl der Vorbeugung als auch der konkreten Brandbekämpfung und der Katastrophenbewältigung widmeten. Im 18. Jahrhundert kamen Brandversicherungen als neues Element hinzu. Es liegen zahlreiche Forschungen zu einzelnen Stadtbränden vor, nicht zuletzt zum Großen Brand von London als der – nicht zuletzt aufgrund der Schilderungen von Samuel Pepys [1.2: LATHAM/MATTHEWS] – berühmtesten Brandkatastrophe im Europa des 17. Jahrhunderts [3.8.3: FIELD], aber auch zur von französischen Truppen verursachten Zerstörung Heidelbergs 1689/93 bzw. deren Bewältigung [3.8.3: RICHTER/ROSENBERG].

Stadtbrände

Im „langen" 17. Jahrhundert wurden West- und Mitteleuropa letztmals von großen Pestzügen heimgesucht [im Überblick 3.8.4:

Pestzüge

DINGES/SCHLICH; FEUERSTEIN-HERZ; ULBRICHT]. Diese standen oft im Zusammenhang mit Kriegen, wenn die umherziehenden Heere die Erreger verbreiteten und diese bei einer durch Hunger und Entbehrungen entkräfteten Bevölkerung leichtes Spiel hatten, zumal in den Städten, in denen sich neben der Wohnbevölkerung zahlreiche Kriegsflüchtlinge drängten. Im 17. Jahrhundert verursachte die Pest allerdings keinen europaweiten demographischen Einbruch wie bei der Großen Pest in der Mitte des 14. Jahrhunderts. In den betroffenen Städten und Regionen waren die Todesraten aber beträchtlich, vor allem dort, wo es seit längerem keinen Pestausbruch mehr gegeben hatte und die Bevölkerung dementsprechend über keine Resistenzen gegen den Pestbazillus verfügte, etwa in Italien. Regional- und Lokalstudien [z. B. 3.8.4: HÄBERLEIN; SCHLENKRICH; STURM; WAHRMANN] erlauben einen differenzierten Blick auf die Auswirkungen von Pestepidemien im Wandel. Der letzte große Pestausbruch in Westeuropa traf 1720–22 die Hafenstadt Marseille [3.8.4: VAN BOST]. Infolge der Covid-Pandemie hat das Thema Seuchen auch in der Geschichtswissenschaft Konjunktur. Eine schon vorher zu beobachtende Tendenz, das Seuchenthema in der longue durée zu betrachten, scheint sich noch zu verstärken [3.8.4: LEENEN; LEVEN; SCHULZ].

Medizingeschichte

Dass auch andere Seuchen in den Quellen als „Pest" bezeichnet werden, hängt damit zusammen, dass die Pest als *die* Seuche schlechthin galt und man die Schwere einer Epidemie mit dieser Chiffre wirksam unterstreichen konnte – und nicht etwa mit einer Inkompetenz der Ärzte [vgl. als Standardwerke zu Gesundheit, Krankheit und Medizin 2.3: JÜTTE; LINDEMANN]. Freilich erscheinen die frühneuzeitlichen Erklärungsversuche für die Pest und die damit im Zusammenhang stehenden Behandlungsansätze aus der Perspektive des 21. Jahrhunderts eher befremdlich. Allerdings wurde der Pestbazillus erst 1894 entdeckt, und die Mediziner des 17. Jahrhunderts führten die Seuche zumeist auf üble Ausdünstungen, sogenannte Miasmen, zurück. Mit dieser Erklärung hängen auch die Vorbeuge- und Heilmittel zusammen, die man zur Bekämpfung der Epidemie einsetzte und die, wie zum Beispiel das Ausräuchern der Häuser, aus heutiger Sicht als wenig hilfreich erscheinen. Andere Maßnahmen, wie die Isolierung der Erkrankten, stehen auch mit dem heutigen medizinischen Kenntnisstand im Einklang. Dank der deutlich größeren Quellenbasis – wie etwa Pestordnungen, ärztliche Traktate, Predigten, Sterbelisten, Egodokumente – lassen sich die Seuchenausbrüche des 17. Jahrhunderts oft besser erforschen, als dies für das Mittelalter möglich ist.

Infolge des *Cultural Turn* ist die Wahrnehmung, Deutung und Bewältigung von Katastrophen in den Geschichtswissenschaften auf ein signifikant gewachsenes Interesse gestoßen [zu Naturkatastrophen im engeren Sinne 3.8.2: Kreye/Stühring/Zwingelberg]. Verschiedene Studien haben herausgearbeitet, dass im 17. Jahrhundert eine religiöse Deutung dominierte. Katastrophen wurden als von Gott verhängte Strafe oder Prüfung gedeutet. Daher galt es, den Zorn Gottes zu besänftigen – oder besser gar nicht erst ausbrechen zu lassen [3.8.3: Jakubowski-Tiessen/Lehmann]. Das bedeutete freilich nicht, dass die Menschen das Verhängnis nur passiv über sich hätten ergehen lassen – auch wenn mancher Prediger das demütige Erdulden als die einzige angemessene Reaktion auf eine „Sündflut" oder einen „Zornesbrand" hinstellte. In der Regel gingen religiöse und weltlich-praktische Katastrophenbewältigung im 17. Jahrhundert Hand in Hand – jedenfalls schlossen sie sich nicht gegenseitig aus.

Katastrophenbewältigung

Auch christliche und abergläubische Deutungen und Bekämpfungen von Katastrophen konnten nebeneinander existieren; die Grenzen zwischen Glaube, Aberglaube und Wissenschaft waren fließend und entsprechen nicht immer den heutigen Vorstellungen. Verbreitet nutzten christliche Herrscher, Staatsmänner und Militärs die Astrologie, um Kenntnis von der Zukunft zu erhalten und kommende Katastrophen womöglich abwehren zu können. Kaiser Rudolph II. und Wallenstein sind nur die bekanntesten Beispiele – für sie war kein Geringerer als Johannes Kepler als Astrologe tätig [3.8.5: Bauer]. Der Komet des Jahres 1618 wurde verbreitet als Vorzeichen kommenden Unheils betrachtet, eine Deutung, die die Zeitgenossen durch die Katastrophe des Dreißigjährigen Krieges nur zu sehr bestätigt sahen [3.8.5: Bähr; Gindhart; Jerratsch]. Auf der Grenze zwischen Aberglaube, Magie und Naturwissenschaft bewegte sich die Alchemie – viele Menschen des 17. Jahrhunderts hätten sie jedenfalls dezidiert in die letzte Kategorie eingeordnet. Daher plädieren neuere Publikationen dafür, die Versuche von Herrschern, ihre Geldsorgen durch alchemistische Goldmacher zu beheben, nicht einfach als abergläubisches Kuriosum abzutun, sondern sie im Rahmen einer Kulturgeschichte des frühneuzeitlichen Wissens zu würdigen [3.8.5: Waddell]. Was den Herrschenden recht war, war den einfachen Menschen billig. Es war nicht ungewöhnlich, dass eine Kommunikation mit nicht-menschlichen Wesen – wie etwa Geis-

Glaube und Aberglaube

tern – angestrebt wurde, um Gefahren abzuwehren oder sich Vorteile zu verschaffen [3.8.5: Pohlig/Schlieben].

Hexenverfolgungen

Inwieweit in einem Forschungsüberblick über Krisen, Katastrophen und Katastrophenbewältigung Hexenverfolgungen ihren Platz haben, ist diskussionswürdig. Nicht zu bezweifeln ist, dass die großen frühneuzeitlichen Hexenverfolgungen mit einer Verschärfung der Kleinen Eiszeit koinzidierten, dass der Höhepunkt der Verfolgungen in Mitteleuropa in die Zeit des Dreißigjährigen Krieges mit seinen katastrophalen Begleiterscheinungen fiel und dass die Verfolgungen für die betroffenen Menschen eine existenzbedrohende Katastrophe waren. Durchaus kontrovers und mit von Fall zu Fall unterschiedlichen Ergebnissen ließe sich dagegen erörtern, inwieweit die Hexenverfolgungen eine Form der Katastrophenverarbeitung waren.

Die frühneuzeitlichen Hexenverfolgungen im Überblick

Unterschiedliche Ausprägungen des Glaubens daran, dass bestimmte Menschen über magische Fähigkeiten verfügen, gab und gibt es auf allen Kontinenten und zu allen Zeiten. Diese – vermeintlichen – Fähigkeiten konnten und können den betreffenden Personen Macht verleihen, sie aber gleichzeitig zum Gegenstand von Misstrauen, Strafen und Gewaltausbrüchen machen. Diese Einordnung in einen überzeitlichen und zugleich globalen Hexenglauben haben einige Spezialisten der frühneuzeitlichen Hexenverfolgungen geleistet [3.8.5: Behringer; Dillinger 2018]. Die europäischen Hexenverfolgungen der Frühen Neuzeit waren aber nicht zuletzt aufgrund ihrer Dimensionen singulär, wobei die Schätzungen bezüglich der Opferzahlen weit auseinandergehen. Auch wenn man die frühneuzeitliche Hexenverfolgung als europäisches Phänomen betrachten kann, sind die Unterschiede zwischen den einzelnen Ländern hinsichtlich Ausdehnung und Dauer der Verfolgungen eklatant. Während Mitteleuropa einen Verfolgungsschwerpunkt bildete, blieben Spanien und Italien weitgehend verschont [3.8.5: Levack].

Ideologische Grundlagen

Angesichts jahrzehntelanger intensiver Forschungen zu den frühneuzeitlichen Hexenverfolgungen in etlichen Fallstudien bewegen sich die vorliegenden Überblickswerke [neben den genannten auch 3.8.5: Rummel/Voltmer] mit ihren Aussagen auf vergleichsweise sicherem Terrain. Danach wurde die ideologische Grundlage für die neuzeitlichen Hexenjagden bereits im 15. Jahrhundert gelegt. Keineswegs der einzige, im deutschen Sprachraum aber der bekannteste Dämonologe, der für den berüchtigten „Hexenhammer" („Malleus Maleficarum", Erstdruck 1486) verantwortlich zeichnete, war der Elsässer Dominikaner Heinrich Kramer (Institoris). Zwei Jahre zuvor hatte er von Papst Innozenz VIII. die Bulle „Summis desiderantes affectibus" erwirkt, die ihn zum päpstlichen Generalbevollmächtigten für die Hexenverfolgung in Deutschland ernannte.

An dieser Stelle ist es erforderlich, zwei mit den europäischen Hexenverfolgungen verknüpfte, verbreitete Irrtümer auszuräumen: 1. Die Hexenverfolgungen waren – wie bereits angedeutet – kein mittelalterliches, sondern ein spezifisch frühneuzeitliches Phänomen. Ihre Hauptphase lag zwischen 1560 und 1630, wobei die 1580er Jahre und vor allem die zweite Hälfte der 1620er Jahre absolute Höhepunkte markierten. 2. Nicht „die" Päpste waren die Urheber oder Hauptverantwortlichen der Hexenverfolgungen; die „Hexenbulle" Innozenz' VIII. von 1484 ist ein Solitär; im Kirchenstaat gab es kaum Hexenverfolgungen. Es trifft auch nicht zu, dass die Inquisition für die Verfolgungen verantwortlich war. Wenn in den Quellen vielfach von „Inquisition" die Rede ist, geht es um das vormoderne Strafrechtsverfahren, eben den sog. Inquisitionsprozess, der vor weltlichen Gerichten stattfand. Richtig ist hingegen, dass die frühneuzeitliche Konfessionsbildung und das wachsende Bestreben geistlicher und weltlicher Obrigkeiten, deviante, als unchristlich und abergläubisch verurteilte Praktiken auszumerzen (vgl. II.4), die Verfolgungen begünstigten. Dieses Ziel war allen großen Konfessionen gemeinsam, und so fanden Hexenverfolgungen auch in protestantischen Ländern statt.

Populäre Irrtümer

Die im 15. Jahrhundert ausformulierte, aber an ältere Vorstellungen von Hexerei und Magie anknüpfende Hexenlehre, die zur ideologischen Ausgangsbasis der Verfolgungen wurde, lässt sich nach übereinstimmender Meinung der jüngeren Forschung wie folgt umreißen: Das grundlegende Verbrechen der Hexen – gewissermaßen die Wurzel allen Übels, durch die die Hexerei zu einem „Superverbrechen" wurde – war ihr Pakt mit dem Teufel, durch den sie sich von Gott und der christlichen Gesellschaft lossagten: Sie wurden zu Mitgliedern der „Hexensekte". Gemäß den Vorstellungen von der Teufelsbuhlschaft begingen sie Unzucht mit dem Teufel, und dies mit Vorliebe in Gemeinschaft auf dem sogenannten Hexensabbat, zu dem sie auf verzauberten Besen, Mistkübeln, Säuen oder Ziegenböcken flogen. Schließlich verübten sie Schadenszauber zum Nachteil ihrer Mitmenschen, verursachten Unwetter, ließen die Kinder und das Vieh ihrer Nachbarn krank und die Männer impotent werden.

Hexerei als „Superverbrechen"

Verfolgungsopfer — Die meisten Opfer der Hexenverfolgungen waren Frauen. Dies war wesentlich durch negative Weiblichkeitsbilder bedingt, zum Beispiel durch die Vorstellung, Frauen seien den listigen Verführungen des Bösen grundsätzlich zugänglicher als Männer. Als widerlegt gelten können jedoch Vorstellungen aus der Zeit der frühen (zweiten) Frauenbewegung, bei den Hexenverfolgungen habe es sich um einen Vernichtungsfeldzug männlich-klerikaler Machteliten gegen „weise Frauen" gehandelt [3.8.5: AHRENDT-SCHULTE u. a.]. Dagegen spricht schon, dass den Verfolgungen auch Männer und selbst Kinder zum Opfer fielen [zu den Kinderhexenprozessen 3.8.5: DILLINGER 2013], und das nicht etwa in einer verschwindend geringen Anzahl. Es waren auch keineswegs ausschließlich Randgruppen und Unterschichtenangehörige betroffen; freilich standen diese einer Anklage wegen Hexerei in der Regel besonders wehrlos gegenüber.

Verfolgungsbegünstigende Faktoren — Die Faktoren, die eine regionale oder lokale Verfolgungswelle begünstigen konnten, waren vielfältig: Bisweilen lässt sich nachvollziehen, dass durch die Denunziation angeblicher Hexen alte Feindschaften ausgetragen wurden. Viele der grausamsten Verfolgungen fanden in kleinen Territorien des Reichs statt, wo es Herrschaftskonkurrenzen gab und keine ausdifferenzierte Administration einem verfolgungsaffinen Landesherrn oder hohen Würdenträger effektive Grenzen setzte [3.8.5: VOLTMER]. Bisweilen versuchten die höchsten Reichsgerichte, den Verfolgungen ein Ende zu setzen. Ihre Mandate trafen zwar nicht selten zu spät ein, um die von den territorialen Gerichten Verurteilten vor dem Scheiterhaufen zu retten, konnten aber eine Ausweitung der Verfolgungen verhindern [3.8.5: GEHM; OESTMANN]. Einer der am besten dokumentierten und erforschten Hexenprozesse, die mit einer Freilassung endeten, ist der Katharina Keplers, der Mutter des berühmten Astronomen [3.8.5: RUBLACK].

Hexenverfolgungen und Kleine Eiszeit — In der Forschungsliteratur wird ein möglicher Zusammenhang von Hexenverfolgungen und Kleiner Eiszeit diskutiert. Einen inhaltlichen Bezug zur Kleinen Eiszeit stellt insbesondere das Hexereidelikt des Schadenszaubers dar. Wolfgang Behringer, ein Spezialist für Hexen- wie für Klimageschichte, hat die Hexerei sogar ausdrücklich als „Verbrechen der Kleinen Eiszeit" gedeutet [3.8.2: BEHRINGER]. Angesichts lückenhafter Klimadaten fällt es jedoch nicht ganz leicht, einen Nachweis für diese These zu führen. Manches spricht jedoch für sie, wie etwa die Tatsache, dass besonders blutige Verfolgungen in Regionen ausbrachen – an Rhein, Main und Mosel nämlich –, in denen sich Kälteperioden wegen des dort häufig in Monokulturen betriebenen Weinanbaus besonders katastrophal auswirken konnten [3.8.5: Dillinger 2018]. Ebenso evident ist aber, dass kulturelle, nicht klimatische Einflüsse den Verlauf der Verfolgungen dominierten [3.8.2: Mauelshagen]. Denn die Kleine Eiszeit dauerte bis ins 19. Jahrhundert an; die Hexenverfolgungen ebbten aber – ungeachtet einiger regionaler Verfolgungswellen – seit den 1630er Jahren allmählich ab.

III Quellen und Literatur

Diese Bibliographie versteht sich dezidiert als Auswahlbibliographie. Eine Auswahl ist notwendigerweise subjektiv. Sie bietet denjenigen eine Handreichung, die einen Zugang zu Themen suchen, die in diesem Band nur angerissen werden konnten. Vor allem ermöglicht sie einen vertieften Zugang zu den Inhalten des Forschungsteils. Diese doppelte Zielsetzung spiegelt sich im Aufbau der Bibliographie wider. Sie beginnt mit einer Auswahl an Quellen (1) und an Basisliteratur (2). Der dritte, ausführlichste Teil stellt Spezialstudien zu den Gegenständen des Forschungsteils zusammen. Im Sinne einer möglichst guten Zugänglichkeit der Literatur wurde in der Regel deutsch- oder englischsprachigen Titeln der Vorzug vor Publikationen in anderen Sprachen gegeben.

1 Quellen

1.1 Allgemeines und Quellenkunden

W. Becker (Bearb.), Quellenkunde zur deutschen Geschichte der Neuzeit, Bd. 2: Dreißigjähriger Krieg und Zeitalter Ludwigs XIV. (1618–1715). Darmstadt 1995.
E. Bourgeois/L. André, Les sources de l'histoire de France. Le XVIIe siècle (1610–1715). 8 Bde. Paris 1913–1935.
English Historical Documents. Bde. 5–8. London 1953–2011.
R. A. Müller (Hrsg.), Deutsche Geschichte in Quellen und Darstellung. Bde. 4–5. Stuttgart 1996–1997.
C. Opitz-Belakhal (Hrsg.), Geschichte Frankreichs in Quellen und Darstellung. Bd. 1: Vom Mittelalter bis zur Französischen Revolution. Stuttgart 2013.
J. Pauser/M. Scheutz/Th. Winkelbauer (Hrsg.), Quellenkunde der Habsburgermonarchie (16.–18. Jahrhundert). Ein exemplarisches Handbuch. Wien/München 2004.
P. Rauscher (Bearb.), Austria Judaica. Quellen zur Geschichte der Juden in Niederösterreich und Wien 1496–1671. München 2011.
VD 17. Das Verzeichnis der im deutschen Sprachraum erschienenen Drucke des 17. Jahrhunderts, URL: http://www.vd17.de/ (18.07.2023).

1.2 Korrespondenzen und Egodokumente sowie Werkausgaben

N. Akkerman (Hrsg.), The Correspondence of Elizabeth Stuart, Queen of Bohemia. Bde. 1–[2]. Oxford 2011–2015.

H. Bots/E. Bots-Estourgie (Hrsg.), Correspondence. Lettres de Madame de Maintenon / Lettres à Madame de Maintenon. 11 Bde. Paris 2009–2018.

H. Diyab/G. Ghirardelli (Hrsg.), Von Aleppo nach Paris. Die Reise eines jungen Syrers bis an den Hof Ludwigs XIV. Berlin 2016.

Gesamtkatalog deutschsprachiger Leichenpredigten (GESA), URL: http://www.personalschriften.de/ (01.08.2023)

P. Grillon u. a. (Hrsg.), Les papiers de Richelieu. Bde. 1–[12]. Paris 1975–[2003].

W. Grunert/M. Hambrock/M. Kühnel (Hrsg.), Christian Thomasius: Briefwechsel. Historisch-kritische Edition. Bde. 1–[2]. Berlin 2017–[2020].

W. L. Holland (Hrsg.), Briefe der Herzogin Elisabeth Charlotte von Orléans. 6 Bde. Stuttgart 1867–1881. ND Hildesheim 1988.

R. Jacobsen (Hrsg.), Friedrich I. von Sachsen-Gotha und Altenburg. Die Tagebücher 1667–1686. 3 Bde. Weimar 1998–2003.

K. Keller/A. Catalano (Hrsg.), Die Diarien und Tagzettel des Kardinals Ernst Adalbert von Harrach (1598–1667). 7 Bde. Köln/Weimar/Wien 2010.

B. v. Krusenstjern (Hrsg.), Selbstzeugnisse der Zeit des Dreißigjährigen Krieges. Beschreibendes Verzeichnis. Berlin 1997.

G. W. Leibniz, Sämtliche Schriften und Briefe. Bisher 66 Bde. in 8 Reihen. Berlin 1923–[2023].

J. Morrill u. a. (Hrsg.), The Letters, Writings, and Speeches of Oliver Cromwell. 3 Bde. Oxford 2022.

B. Pappenheim (Übers.), Die Memoiren der Glückel von Hameln. Mit einem Vorwort von Viola Roggenkamp. Weinheim 2005.

R. Latham/W. Matthews (Hrsg.), The Diary of Samuel Pepys. 11 Bde. London 1973–1980.

D. Van Der Cruysse (Hrs.), Madame Palatine. Lettres françaises. Paris 1989.

J. Wallmann (Hrsg.), Philipp Jakob Spener, Briefe aus der Frankfurter Zeit 1666–1686. 8 Bde.; Briefe aus der Dresdner Zeit 1686–1691. Bde. 1–[4]. Tübingen 1992–[2022].

C. H. Winn (Hrsg.), Les Femmes témoins de la révocation de l'édit de Nantes. Paris 2023.

1.3 Quellen zur politischen Herrschaft

Akten der Prinzipalkommission des Immerwährenden Reichstages zu Regensburg. Berichte, Weisungen, Instruktionen. Microfiches und Begleitbd. München u. a. 1990–1992.

F. Battenberg (Hrsg.), Judenverordnungen in Hessen-Darmstadt. Das Judenrecht eines Reichsfürstentums bis zum Ende des Alten Reiches. Wiesbaden 1987.

W. Burgdorf (Hrsg.), Die Wahlkapitulationen der römisch-deutschen Könige und Kaiser 1519–1792. Göttingen 2015.

K. Härter/M. Stolleis (Hrsg.), Repertorium der Policeyordnungen der Frühen Neuzeit. 12 Bde. Frankfurt a. M. 1996–2017.

H. H. Hofmann (Hrsg.), Quellen zum Verfassungsorganismus des Heiligen Römischen Reiches Deutscher Nation 1495–1815. Darmstadt 1976.

G. Hollenberg (Hrsg.), Hessische Landtagsabschiede 1605–1647. Marburg 2007.
G. Hollenberg (Hrsg.), Hessen-Kasselische Landtagsabschiede 1649–1798. Marburg 1989.
T. Klingebiel (Hrsg.), Die Landtagsabschiede des Hochstifts Hildesheim 1573–1688. Hannover 2006.
T. Klingebiel (Hrsg.), Landtagsabschiede und Landtagsresolutionen des Hochstifts Hildesheim 1689–1802. Hannover 2008.
D. Mempel (Hrsg.), Gewissensfreiheit und Wirtschaftspolitik. Hugenotten- und Waldenserprivilegien 1681–1699. Trier 1986.
K. Murk (Hrsg.), Hessen-darmstädtische Landtagsabschiede 1648–1806. Darmstadt 2002.
J. J. Pachner von Eggenstorff (Hrsg.), Vollständige Sammlung aller von Anfang des noch fürwährenden Teutschen Reichs-Tags de Anno 1663 bis anhero abgefassten Reichs-Schlüsse. 4 Bde. Neu hrsg. von K. O. v. Aretin und J. Burkhardt. Hildesheim u. a. 2006.
W. Sellert (Hrsg.), Die Ordnungen des Reichshofrates. 1550–1766. 2 Bde. Köln/Wien 1980–1990.
W. Sellert (Hrsg.), Die Akten des Kaiserlichen Reichshofrats. Bisher 12 Bde. in 2 Reihen. Berlin 2009–[2023].
Urkunden und Actenstücke zur Geschichte des Kurfürsten Friedrich Wilhelm von Brandenburg. 23 Bde. Berlin 1864–1930.
J. Wührer/M. Scheutz (Hrsg.), Zu Diensten Ihrer Majestät. Hofordnungen und Instruktionsbücher am frühneuzeitlichen Wiener Hof. Wien/München 2011.
W. Wüst (Hrsg.), Die „gute" Policey im Reichskreis. Zur frühmodernen Normensetzung in den Kernregionen des Alten Reiches. 8 Bde. Berlin (ab Bd. 5: Stegaurach) 2001–2018.

1.4 Publizistische und Bildquellen

W. Harms u. a. (Hrsg.), Deutsche illustrierte Flugblätter des 16. und 17. Jahrhunderts. 9 Bde. Tübingen u. a. 1908–2018.
H. Jesse (Hrsg.), Friedensgemälde 1650–1789. Zum Hohen Friedensfest am 8. August in Augsburg. Pfaffenhofen 1981.

1.5 Diplomatische Korrespondenzen und andere Quellen zu internationalen Beziehungen/Außenbeziehungen

Acta Pacis Westphalicae, hrsg. von M. Braubach und K. Repgen bzw. K. Repgen. Bisher 48 Bde. in 3 Serien mit verschiedenen Abteilungen. Münster 1962[–2015] + Supplementa electronica, URL: http://www.pax-westphalica.de/ipmipo/index.html (03.03. 2023).
Briefe und Akten zur Geschichte des Dreißigjährigen Krieges in den Zeiten des vorwaltenden Einflusses der Wittelsbacher. 12 Bde.; N. F. u. d. T.: Briefe und Akten

zur Geschichte des Dreißigjährigen Krieges. Die Politik Maximilians I. von Bayern und seiner Verbündeten. Hrsg. von der Historischen Kommission bei der Bayerischen Akademie der Wissenschaften. Bde. 1–[6], 8–[10]. München 1907–[2021].

J. Fiedler (Hrsg.), Die Relationen der Botschafter Venedigs über Deutschland und Österreich im siebzehnten Jahrhundert. 2 Bde. Wien 1866–1867.

W. G. Grewe (Hrsg.), Fontes Historiae Iuris Gentium. Quellen zur Geschichte des Völkerrechts. Bd. 2: 1493–1815. Berlin/New York 1988.

G. Immler/G. Greindl (Hrsg.), Die diplomatische Korrespondenz Kurbayerns zum westfälischen Friedenskongress. Bde 1–[4]. München 2000–[2018].

J. Koči u. a. (Hrsg.), Documenta Bohemica bellum tricennale illustrantia. 7 Bde. Prag u. a. 1971–1981.

W. Kohl (Hrsg.), Akten und Urkunden zur Außenpolitik Christoph Bernhards von Galen (1650–1678). 3 Bde. Münster 1980–1986.

G. Lorenz (Hrsg.), Quellen zur Geschichte Wallensteins. Darmstadt 1987.

G. Lorenz (Hrsg.), Quellen zur Vorgeschichte und zu den Anfängen des Dreißigjährigen Krieges. Darmstadt 1991.

K. Nehring (Hrsg.), Adam Freiherrn zu Herbersteins Gesandtschaftsreise nach Konstantinopel. Ein Beitrag zum Frieden von Zsitvatorok (1606). München 1983.

Nuntiaturberichte aus Deutschland. 4. Abteilung: 17. Jahrhundert. Bde. 1–[7]. Berlin/Tübingen 1895–[2016].

C. Parry (Hrsg.), The Consolidated Treaty Series. 231 Bde. Dobbs Ferry 1969–1981.

Recueil des instructions données aux Ambassadeurs et Ministres de France depuis les traités de Westphalie jusqu'à la révolution française. Hrsg. von der Commission des archives diplomatiques au Ministère des affaires étrangères. Bde. 1–[32]. Paris 1884–[2022].

J. J. Schmid (Hrsg.), Quellen zur Geschichte des Dreißigjährigen Krieges. Zwischen Prager Frieden und Westfälischem Frieden. Darmstadt 2009.

E. Schmitt (Hrsg.), Dokumente zur Geschichte der europäischen Expansion. Bde. 1–10. München [ab Bd. 5: Wiesbaden] 1984–2013.

2 Basisliteratur

2.1 Epochensignaturen

M. Bähr/F. Kühnel (Hrsg.), Verschränkte Ungleichheit. Praktiken der Intersektionalität in der Frühen Neuzeit. Berlin 2018.

R. Dürr u. a. (Hrsg.), Eigene und fremde Frühe Neuzeiten. Genese und Geltung eines Epochenbegriffs. München 2003.

A. Höfele u. a. (Hrsg.), Die Frühe Neuzeit. Revisionen einer Epoche. Berlin u. a. 2013.

C. Jaser/U. Lotz-Heumann/M. Pohlig (Hrsg.), Alteuropa – Vormoderne – Neue Zeit. Epochen und Dynamiken der europäischen Geschichte (1200–1800). Berlin 2012.

A. Landwehr, Geburt der Gegenwart. Eine Geschichte der Zeit im 17. Jahrhundert. Frankfurt a. M. 2014.

J.-D. Müller/W. Oesterreicher/F. Vollhardt (Hrsg.), Pluralisierungen. Konzepte zur Erfassung der Frühen Neuzeit. Berlin u. a. 2010.
H. Neuhaus (Hrsg.), Die Frühe Neuzeit als Epoche. München 2009.
K. Ridder/S. Patzold (Hrsg.), Die Aktualität der Vormoderne. Epochenentwürfe zwischen Alterität und Kontinuität. Berlin 2013.
H. v. Thiessen, Das Zeitalter der Ambiguität. Vom Umgang mit Werten und Normen in der Frühen Neuzeit. Köln/Weimar/Wien 2021.
R. Vierhaus (Hrsg.), Frühe Neuzeit – Frühe Moderne? Forschungen zur Vielschichtigkeit eines Übergangsprozesses. Göttingen 1992.

2.2 Überblicksdarstellungen und Nachschlagewerke

L. Bély, La France Moderne, 1498–1789. 3. Aufl. Paris 2013.
J. Bergin (Hrsg.), The Seventeenth Century: Europe 1598–1715. 2. Aufl. Oxford 2008.
H.-J. Bömelburg (Hrsg.), Polen in der europäischen Geschichte. Bd. 2: Frühe Neuzeit. 16. bis 18. Jahrhundert. Stuttgart 2017.
F. Brendle, Das konfessionelle Zeitalter. 2. Aufl. Berlin 2015.
J. Burkhardt, Deutsche Geschichte in der Frühen Neuzeit. München 2009.
B. Coward/P. Gaunt, The Stuart Age. England, 1603–1714. 5. Aufl. London 2017.
M. Delgado, Das Spanische Jahrhundert (1492–1659). Darmstadt 2016.
H. Duchhardt, Europa am Vorabend der Moderne 1650–1800. Stuttgart 2003.
H. Duchhardt/M. Schnettger, Barock und Aufklärung. 5. Aufl. München 2015.
B. Emich, Geschichte der Frühen Neuzeit (1500–1800) studieren. 2. Aufl. Konstanz 2019.
R. v. Friedeburg, Europa in der frühen Neuzeit. Frankfurt a. M. 2012.
B. Gebhardt (Begr.), Handbuch der deutschen Geschichte. 10. Aufl., hrsg. v. Alfred Haverkamp u. a. Bde. 9–12. Stuttgart 2004–2006.
M. Hellmann/S. Plaggenborg/K. Zernack, Klaus (Hrsg.), Handbuch der Geschichte Russlands. Bde. 1–2, 4. Aufl. Stuttgart 1981–2002.
J. I. Israel, The Dutch Republic. Its Rise, Greatness, and Fall 1477–1806. Oxford 1998.
F. Jäger u. a. (Hrsg.), Enzyklopädie der Neuzeit. 16 Bde. Stuttgart u. a. 2005–2012.
D. Kirby, Northern Europe in the Early Modern Period. The Baltic World 1492–1772. London/New York 1992.
A. Kohler, Von der Reformation zum Westfälischen Frieden. München 2011.
T. Maissen, Geschichte der Frühen Neuzeit. 2. Aufl. München 2017.
M. Prak, The Dutch Republic in the Seventeenth Century. The Golden Age. Cambridge 2005.
V. Press, Kriege und Krisen. Deutschland 1600–1715. München 1991.
L. Schilling, Das Jahrhundert Ludwigs XIV. Frankreich im Grand Siècle 1598–1715. Darmstadt 2010.
L. Schorn-Schütte, Geschichte Europas in der Frühen Neuzeit. Studienhandbuch 1500–1789. 3. Aufl. Paderborn u. a. 2019.
B. Stollberg-Rilinger, Einführung in die Frühe Neuzeit. Münster 2003, URL: http://www.uni-muenster.de/FNZ-Online/ (01.04.2023).

A. Strohmeyer, Die Habsburger Reiche 1555–1740: Herrschaft – Gesellschaft – Politik. Darmstadt 2012.
D. J. Sturdy, Fractured Europe, 1600–1721. Oxford 2002.
K. Vocelka, Geschichte der Neuzeit 1500–1800. 3. Aufl. Konstanz 2020.
A. Völker-Rasor, Frühe Neuzeit. 3. Aufl. München 2010.
G. Vogler, Europas Aufbruch in die Neuzeit 1500–1650. Stuttgart 2003.

2.3 Gesellschaft

R. G. Asch, Europäischer Adel in der Frühen Neuzeit. Eine Einführung, Köln/Weimar/Wien 2008.
P. Blickle, Unruhen in der ständischen Gesellschaft 1300–1800. 3. Aufl. München 2012.
R. Endres, Adel in der Frühen Neuzeit. München 1993.
M. Fata, Mobilität und Migration in der Frühen Neuzeit. Göttingen 2020.
R. v. Friedeburg, Lebenswelt und Kultur der unterständischen Schichten in der Frühen Neuzeit. München 2002.
P. Hersche, Muße und Verschwendung. Europäische Gesellschaft und Kultur im Barockzeitalter. 2 Bde. Freiburg i. Br. 2006.
W. v. Hippel, Armut, Unterschichten, Randgruppen der frühen Neuzeit. 2. Aufl. München 2013.
A. Holenstein, Bauern zwischen Bauernkrieg und Dreißigjährigem Krieg. 2. Aufl. München 1996.
C. Jarzebowski, Kindheit und Emotion. Kinder und ihre Lebenswelten in der europäischen Frühen Neuzeit. Berlin/Boston 2018.
R. Jütte, Krankheit und Gesundheit in der Frühen Neuzeit. Stuttgart 2013.
A. Krischer (Hrsg.), Stadtgeschichte. Stuttgart 2017.
M. Lindemann, Medicine and Society in Early Modern Europe. 2. Aufl. Cambridge 2010.
P. Münch, Lebensformen in der Frühen Neuzeit. 2. Aufl. Berlin 2006.
C. Pfister, Bevölkerungsgeschichte und historische Demographie. 2. Aufl. München 2007.
B. Roeck, Lebenswelt und Kultur des Bürgertums in der Frühen Neuzeit. 2. Aufl. München 2011.
U. Rosseaux, Städte in der frühen Neuzeit. Darmstadt 2006.
H. Schilling/S. Ehrenpreis, Die Stadt in der Frühen Neuzeit. 3. Aufl. München 2015.
R. Schlögl, Anwesende und Abwesende. Grundriss für eine Gesellschaftsgeschichte der Frühen Neuzeit. Konstanz 2014.
M. Sikora, Der Adel in der Frühen Neuzeit. Darmstadt 2009.
W. Trossbach, Bauern 1648–1806. München 1993.
R. van Dülmen, Kultur und Alltag in der Frühen Neuzeit. 3 Bde. 3. Aufl. München 2002.
T. Weller (Hrsg.), Soziale Ungleichheit und ständische Gesellschaft. Theorien und Debatten in der Frühneuzeitforschung. Frankfurt a. M. 2015.

2.4 Wirtschaft

S. Brakensiek u. a. (Hrsg.), Grundzüge der Agrargeschichte. Bde. 1–2. Köln/Weimar/Wien 2016.
R. Gömmel, Die Entwicklung der Wirtschaft im Zeitalter des Merkantilismus 1620–1800. München 1998.
H. Kellenbenz (Hrsg.), Europäische Wirtschafts- und Sozialgeschichte vom ausgehenden Mittelalter bis zur Mitte des 17. Jahrhunderts. Stuttgart 1986.
C. Kleinschmidt, Wirtschaftsgeschichte der Neuzeit. Die Weltwirtschaft 1500–1850. München 2017.
M. North, Kommunikation, Handel, Geld und Banken in der Frühen Neuzeit. 2. Aufl. München 2014.
W. Reininghaus, Gewerbe in der Frühen Neuzeit. München 1990.
H. Schultz, Handwerker, Kaufleute, Bankiers. Wirtschaftsgeschichte Europas 1500–1800. 2. Aufl. Frankfurt a. M. 2002.

2.5 Bildung, Wissen, Medien

M. Füssel (Hrsg.), Wissensgeschichte. Stuttgart 2019.
A. R. Hall, The Revolution in Science 1500–1700. 8. Aufl. London/New York 1998.
N. Hammerstein (Hrsg.), Handbuch der deutschen Bildungsgeschichte. Bde. 1–2. München 1996–2005.
N. Hammerstein, Bildung und Wissenschaft vom 15. bis zum 17. Jahrhundert. München 2003.
P. Rossi, Die Geburt der modernen Wissenschaft in Europa. München 1997.
A. Schindling, Bildung und Wissenschaft in der frühen Neuzeit 1650–1800. 2. Aufl. München 1999.
A. Würgler, Medien in der Frühen Neuzeit. 2. Aufl. München 2013.

2.6 Europa in der Welt

U. Bitterli, Die „Wilden" und die „Zivilisierten". Grundzüge einer Geistes- und Kulturgeschichte der europäisch-überseeischen Begegnung. 3. Aufl. München 2004.
P. Burschel (Hrsg.), Die europäische Expansion. Stuttgart 2016.
W. Demel (Hrsg.), Entdeckungen und neue Ordnungen 1200–1800. 2. Aufl. Darmstadt 2015.
S. Karstens, Gescheiterte Kolonien – erträumte Imperien. Eine andere Geschichte der europäischen Expansion 1492–1615. Wien/Köln/Weimar 2021.
M. North, Das Goldene Zeitalter global. Die Niederlande im 17. und 18. Jahrhundert. Wien/Köln/Weimar 2021.
N. Priesching, Sklaverei in der Neuzeit. Darmstadt 2014.
W. Reinhard, Geschichte der europäischen Expansion. Bde. 1–2. Stuttgart 1980–1985.
W. Reinhard (Hrsg.), 1350–1750. Weltreiche und Weltmeere. München 2014.

B. Yun Casalilla, Iberian World Empires and the Globalization of Europe 1415–1668. Singapur 2019.

M. Zeuske, Sklavenhändler, Negreros und Atlantikkreolen. Eine Weltgeschichte des Sklavenhandels im atlantischen Raum. München 2015.

3 Vertiefende Literatur

3.1 Politische Herrschaft im 17. Jahrhundert

3.1.1 Allgemeines

R. G. Asch/D. Freist (Hrsg.), Staatsbildung als kultureller Prozess. Strukturwandel und Legitimation von Herrschaft in der Frühen Neuzeit. Köln/Weimar/Wien 2005.

J. Bahlcke, Landesherrschaft, Territorien und Staat in der frühen Neuzeit. München 2012.

M. Stolleis, Staatsdenker im 17. und 18. Jahrhundert. 3. Aufl. München 1995.

C. Zwierlein, Politische Theorie und Herrschaft in der Frühen Neuzeit. Göttingen 2020.

3.1.2 Absolutismus

R. G. Asch/H. Duchhardt (Hrsg.), Der Absolutismus – ein Mythos? Strukturwandel monarchischer Herrschaft in West- und Mitteleuropa (ca. 1550–1700). Köln/Weimar/Wien 1996.

P. Baumgart, Absolutismus ein Mythos? Aufgeklärter Absolutismus ein Widerspruch? Reflexionen zu einem kontroversen Thema gegenwärtiger Frühneuzeitforschung, in: ZHF 27, 1990, 573–589.

R. Blänkner, Absolutismus. Eine begriffsgeschichtliche Studie zur politischen Theorie und zur Geschichtswissenschaft in Deutschland, 1830–1870. 2. Aufl. Frankfurt a. M. u. a. 2011.

N. Campagna, Staat, Gott und Vernunft. Rationalismus und Absolutismus im Frankreich des 17. Jahrhunderts. Baden-Baden 2022.

D. Freist, Absolutismus. Darmstadt 2008.

N. Henshall, The Myth of Absolutism. Change and Continuity in Early Modern European Monarchy. 3. Aufl. London 2001.

P. Ma'ta/T. Winkelbauer (Hrsg.), Die Habsburgermonarchie 1620 bis 1740. Leistungen und Grenzen des Absolutismusparadigmas. Stuttgart 2020.

L. Schilling (Hrsg.), Absolutismus, ein unersetzliches Forschungskonzept? Eine deutsch-französische Bilanz / L'absolutisme, un concept irremplaçable? München 2008.

3.1.3 Herrscherpersönlichkeiten

D. Albrecht, Maximilian I. von Bayern (1573–1651). München 1998.

R. G. Asch, Jakob I. (1566–1625). König von England und Schottland. Stuttgart 2005.

J. Bérenger, Lépold Ier (1640–1705). Fondateur de la puissance autrichienne. Paris 2004.

D. Berg, Oliver Cromwell. England und Europa im 17. Jahrhundert. Stuttgart 2019.
S. Externbrink, Ludwig XIV. König im großen Welttheater. Paderborn u. a. 2021.
F. Göse, Friedrich I. (1657–1713). Ein König in Preußen. Regensburg 2012.
M. Hengerer, Kaiser Ferdinand III. (1608–1657). Eine Biographie. Köln/Weimar/Wien 2012.
M. Hengerer, Ludwig XIV. Das Leben des Sonnenkönigs. München 2015.
M. Kaiser/J. Luh/M. Rohrschneider (Hrsg.), Machtmensch – Familienmensch. Kurfürst Friedrich Wilhelm von Brandenburg (1620–1688). Münster 2020.
J. Luh, Der Große Kurfürst. Friedrich Wilhelm von Brandenburg – Sein Leben neu betrachtet. München 2020.
W. Opgenoorth, Friedrich Wilhelm, der große Kurfürst von Brandenburg. Eine politische Biographie. 2 Bde. Göttingen 1972–1978.
M. Roberts, Gustavus Adolphus. 2. Aufl. London 1992.
M. Rohrschneider, Der Große Kurfürst Friedrich Wilhelm von Brandenburg (1620–1688). Studien zu einem frühneuzeitlichen Mehrfachherrscher. Berlin 2019.
A. Tischer, Ludwig XIV. Stuttgart 2017.

3.1.4 Dynastien

R. G. Asch, Die Stuarts. Geschichte einer Dynastie. München 2011.
R. Babel/G. Braun/T. Nicklas (Hrsg.), Bourbon und Wittelsbach. Neuere Forschungen zur Dynastiegeschichte. Münster 2010.
W. Drews u. a. (Hrsg.), Monarchische Herrschaftsformen der Vormoderne in transkultureller Perspektive. Berlin 2015.
J. Duindam, Dynasties. A Global History, 1300–1800. Cambridge u. a. 2016.
R. Esser, Die Tudors und die Stuarts 1485–1714. Stuttgart 2004.
C. Kampmann u. a. (Hrsg.), Bourbon – Habsburg – Oranien. Konkurrierende Modelle im dynastischen Europa um 1700. Köln/Weimar/Wien 2008.
J. Kunisch (Hrsg.), Der dynastische Fürstenstaat. Zur Bedeutung von Sukzessionsordnungen für die Entstehung des frühmodernen Staates. Berlin 1982.
K. Malettke, Die Bourbonen. Bd. 1: Von Heinrich IV. bis Ludwig XIV., 1589–1715. Stuttgart 2008.
J.-L. Palos/M. Sánchez (Hrsg.), Early Modern Dynastic Marriages and Cultural Transfer. Aldershot 2016.
H. Wunder (Hrsg.), Dynastie und Herrschaftssicherung in der Frühen Neuzeit. Geschlechter und Geschlecht. Berlin 2002.

3.1.5 Höfe

W. Adam/S. Westphal (Hrsg.), Handbuch kultureller Zentren der Frühen Neuzeit. Städte und Residenzen im alten deutschen Sprachraum. 3 Bde. Berlin 2012.
G. Ammerer (Hrsg.), Höfe und Residenzen geistlicher Fürsten. Strukturen, Regionen und Salzburgs Beispiel in Mittelalter und Neuzeit. Ostfildern 2010.
R. Babel/W. Paravicini (Hrsg.), Grand Tour. Adeliges Reisen und europäische Kultur vom 14. bis zum 18. Jahrhundert. Ostfildern 2003.
P. Bahl, Der Hof des Großen Kurfürsten. Studien zur höheren Amtsträgerschaft Brandenburg-Preußens. Köln/Weimar/Wien 2001.

V. Bauer, Die höfische Gesellschaft von der Mitte des 17. bis zum Ausgang des 18. Jahrhunderts. Versuch einer Typologie. Tübingen 1993.

N. Domeier/C. Mühling (Hrsg.), Homosexualität am Hof. Praktiken und Diskurse vom Mittelalter bis heute. Frankfurt a. M./New York 2020.

J. Duindam, Norbert Elias und der frühneuzeitliche Hof. Versuch einer Kritik und Weiterführung, in: HA 6, 1998, 370–387.

J. Duindam, Vienna and Versailles. The Courts of Europe's Dynastic Rivals, 1550–1780. Cambridge 2003.

N. Elias, Die höfische Gesellschaft. Untersuchungen zur Soziologie des Königtums und der höfischen Aristokratie. 14. Aufl. Frankfurt a. M. 2019.

R. González Cuerva/A. Koller (Hrsg.), A Europe of Courts, a Europe of Factions. Political Groups at Early Modern Centres of Power (1550–1700). Leiden/Boston 2017.

M. Hengerer u. a. (Bearb.), Kaiser und Höfe. Personendatenbank der österreichischen Habsburger des 16. und 17. Jahrhunderts, URL: https://kaiserhof.geschichte.lmu.de/ (29.03.2023).

J. Hirschbiegel u. a. (Hrsg.), Residenzstädte im Alten Reich. Bde. 1–[3]. Ostfildern 2018–[2022].

M. Kaiser/M. Romberg (Bearb.), The Viennese Court. A prosopographical portal, URL: https://viecpro.oeaw.ac.at/?page_id=2 (29.03. 2023).

M. Leibetseder, Die Kavalierstour. Adlige Erziehungsreisen im 17. Jahrhundert. Köln/Weimar/Wien 2004.

M. Müller/S. Winter (Hrsg.), Die Stadt im Schatten des Hofes? Bürgerlich-kommunale Repräsentation in Residenzstädten des Spätmittelalters und der Frühen Neuzeit. Ostfildern 2020.

R. A. Müller, Der Fürstenhof in der frühen Neuzeit. 2. Aufl. München 2004.

C. Opitz-Belakhal (Hrsg.), Höfische Gesellschaft und Zivilisationsprozess. Norbert Elias' Werk in kulturwissenschaftlicher Perspektive. Köln/Wien/Weimar 2005.

W. Paravicini/J. Hirschbiegel/J. Weitlaufer (Hrsg.), Städtisches Bürgertum und Hofgesellschaft. Kulturen integrativer und konkurrierender Beziehungen in Residenz- und Hauptstädten vom 14. bis ins 19. Jahrhundert. Ostfildern 2012.

J. R. Snyder, Dissimulation and the Culture of Secrecy in Early Modern Europe. Berkeley 2009.

3.1.6 Herrschaftsrepräsentation

M. Bayreuther, Pferde und Fürsten. Repräsentative Reitkunst und Pferdehaltung an fränkischen Höfen (1600–1800). Würzburg 2014.

P. Burke, Ludwig XIV. Die Inszenierung des Sonnenkönigs. 3. Aufl. Berlin 2009.

I. Deflers/C. Kühner (Hrsg.), Ludwig XIV. – Vorbild und Feindbild. Inszenierung und Rezeption der Herrschaft eines barocken Monarchen zwischen Heroisierung, Nachahmung und Dämonisierung / Louis XIV – fascination et répulsion. Mise en scène et réception du règne d'un monarque baroque entre héroïsation, imitation et diabolisation. Berlin 2018.

J. Farguson, Visualising Protestant Monarchy. Ceremony, Art and Politics after the Glorious Revolution (1689–1714). Woodbridge 2021.

M. Goloubeva, The Glorification of Emperor Leopold I in Image, Spectacle and Text. Mainz 2000.

M. Hengerer/N. Weber (Hrsg.), Animals and Courts. Europe, c. 1200–1800. Berlin/Boston 2020.

H. Karner u. a. (Hrsg.), Sakralisierungen des Herrschers an europäischen Höfen. Bau – Bild – Ritual – Musik (1648–1740). Regensburg 2019.

J. Kunisch (Hrsg.), Dreihundert Jahre Preußische Königskrönung. Eine Tagungsdokumentation. Berlin 2002.

U. Niggemann, Revolutionserinnerung in der Frühen Neuzeit. Refigurationen der „Glorious Revolution" in Großbritannien (1688–1760). Berlin/Boston 2017.

W. Paravicini/J. Wettlaufer (Hrsg.), Vorbild – Austausch – Konkurrenz. Höfe und Residenzen in der gegenseitigen Wahrnehmung. Ostfildern 2010.

J. Schumann, Die andere Sonne. Kaiserbild und Medienstrategien im Zeitalter Leopolds I. Berlin 2003.

M. Wrede, Ludwig XIV. Der Kriegsherr aus Versailles. Darmstadt 2015.

3.1.7 Favoriten

H. Angermeier, Politik, Religion und Reich bei Kardinal Melchior Khlesl, in: ZRG GA 110, 1993, 249–330.

J. H. Elliott, Richelieu and Olivares. Cambridge u. a. 1984.

J. H. Elliott, The Count-Duke of Olivares. The Statesman in an Age of Decline. New Haven u. a. 1986.

J. H. Elliott/L. W. B. Brockliss (Hrsg.), The World of the Favourite. New Haven u. a. 1999.

A. Feros, Kingship and Favoritism in the Spain of Philip III, 1598–1621. Cambridge u. a. 2000.

J. Hirschbiegel/W. Paravicini (Hrsg.), Der Fall des Günstlings. Hofparteien in Europa vom 13. bis zum 17. Jahrhundert. Ostfildern 2004.

M. Kaiser/A. Pečar (Hrsg.), Der zweite Mann im Staat. Oberste Amtsträger und Favoriten im Umkreis der Reichsfürsten in der Frühen Neuzeit. Berlin 2003.

R. Lockyer, Buckingham. The Life and Political Career of George Villiers, First Duke of Buckingham 1592–1628. London 1981.

K. Malettke, Richelieu. Ein Leben im Dienste des Königs und Frankreichs. Paderborn 2018.

P. Williams, The Great Favourite. The Duke of Lerma and the Court and Government of Philip III of Spain, 1598–1621. Manchester 2006.

3.1.8 Zusammengesetzte Staatlichkeit

H.-J. Becker (Hrsg.), Zusammengesetzte Staatlichkeit. Berlin 2006.

J. H. Elliot, A Europe of Composite Monarchies, in: Past & Present 137, 1992, 48–71.

T. Fröschl (Hrsg.), Föderationsmodelle und Unionsstrukturen. Über Staatenverbindungen in der Frühen Neuzeit vom 15. bis zum 18. Jahrhundert. Wien 1994.

T. Gromelski/C. Preusse/A. Ross (Hrsg.), Frühneuzeitliche Reiche in Europa. Das Heilige Römische Reich und Polen-Litauen im Vergleich / Empires in Early Modern Europe. The Holy Roman Empire and Poland-Lithuania in Comparison. Wiesbaden 2016.

M. Rohrschneider, Zusammengesetzte Staatlichkeit in der Frühen Neuzeit. Aspekte und Perspektiven der neueren Forschung am Beispiel Brandenburg-Preußens, in: AKG 90, 2008, 321–349.

G. Schneider/T. Simon (Hrsg.), Gesamtstaat und Provinz. Regionale Identitäten in einer „zusammengesetzten Monarchie" (17. bis 20. Jahrhundert). Berlin 2019.

S. Wendehorst (Hrsg.), Die Anatomie frühneuzeitlicher Imperien. Jenseits von Nation und Staat. München 2011.

3.1.9 Herrschaftspraktiken

R. G. Asch/B. Emich/J. I. Engels (Hrsg.), Integration – Legitimation – Korruption. Politische Patronage in Früher Neuzeit und Moderne / Integration – Legitimation – Corruption. Political Patronage in Early Modern and Modern History. Frankfurt a. M. 2011.

S. Brakensiek, Akzeptanzoriientierte Herrschaft. Überlegungen zur politischen Kultur der Frühen Neuzeit, in: H. Neuhaus (Hrsg.), Die Frühe Neuzeit als Epoche. München 2009, 395–406.

S. Brakensiek/C. v. Bredow/B. Näther (Hrsg.), Herrschaft und Verwaltung in der Frühen Neuzeit. Berlin 2014.

S. Brakensiek/H. Wunder (Hrsg.), Ergebene Diener ihrer Herren? Herrschaftsvermittlung im alten Europa. Köln/Weimar/Wien 2005.

B. Emich u. a., Stand und Perspektiven der Patronageforschung. Zugleich eine Antwort auf Heiko Droste, in: ZHF 32, 2005, 233–265.

M. Hochedlinger/P. Mat'a/T. Winkelbauer (Hrsg.), Verwaltungsgeschichte der Habsburgermonarchie in der Frühen Neuzeit. Bd. 1. Wien 2019.

A. Mączak, Unequal Friendship. The Patron-Client Relationship in Historical Perspective. Frankfurt a. M. u. a. 2017.

M. Meumann/R. Pröve (Hrsg.), Herrschaft in der Frühen Neuzeit. Umrisse eines dynamisch-kommunikativen Prozesses. Münster 2004.

B. Stollberg-Rilinger (Hrsg.), Vormoderne politische Verfahren. Berlin 2001.

B. Stollberg-Rilinger u. a. (Hrsg.), Spektakel der Macht. Rituale im Alten Europa 800–1800. Darmstadt 2008.

B. Stollberg-Rilinger/A. Krischer (Hrsg.), Herstellung und Darstellung verbindlicher Entscheidungen. Verhandeln, Verfahren und Verwalten in der Vormoderne. Berlin 2010.

3.1.10 Policey

K. Härter (Hrsg.), Policey und frühneuzeitliche Gesellschaft. Frankfurt a. M. 2000.

A. Iseli, Gute Policey. Öffentliche Ordnung in der Frühen Neuzeit. Stuttgart 2009.

T. Simon, „Gute Policey". Ordnungsleitbilder und Zielvorstellungen politischen Handelns in der Frühen Neuzeit. Frankfurt a. M. 2004.

M. Stolleis u. a. (Hrsg.), Policey im Europa der Frühen Neuzeit. Frankfurt a. M. 1996.

3.1.11 Merkantilismus

F. Blaich, Die Epoche des Merkantilismus. Wiesbaden 1973.

V. Caspari (Hrsg.), Kameralismus und Merkantilismus. Berlin 2022.

E. Heckscher, Der Merkantilismus. 2 Bde. Jena 1932. ND Frankfurt a. M. 1977.

M. Isenmann (Hrsg.), Merkantilismus. Wiederaufnahme einer Debatte. Stuttgart 2014.
L. Magnusson, The Political Economy of Mercantilism. London 2015.
P. Stern/C. Wennerlind (Hrsg.), Mercantilism Reimagined. Political Economic in Early Modern Britain and Its Empire. Cambridge 2013.

3.1.12 Stände
G. Ammerer u. a. (Hrsg.), Bündnispartner und Konkurrenten der Landesfürsten. Die Stände in der Habsburgermonarchie. Wien/München 2007.
P. Baumgart (Hrsg.), Ständetum und Staatsbildung in Brandenburg-Preußen. Berlin/New York 1983.
H. Bei der Wieden (Hrsg.), Handbuch der Niedersächsischen Landtags- und Ständegeschichte. Bd. 1: 1500–1806. Hannover 2004.
D. Gerhard (Hrsg.), Ständische Vertretungen in Europa im 17. und 18. Jahrhundert. 2. Aufl. Göttingen 1974.
K. Krüger, Die landständische Verfassung. München 2003.

3.1.13 Herrschaftskritik, Widerstand, Revolutionen, Republikanismus
M. J. Braddick (Hrsg), The Oxford Handbook of the English Revolution. Oxford 2015.
R. v. Friedeburg, Widerstandsrecht und Konfessionskonflikt. Notwehr und Gemeiner Mann im deutsch-britischen Vergleich 1530 bis 1669. Berlin 1999.
T. Harris/S. Taylor (Hrsg.), The Final Crisis of the Stuart Monarchy. The Revolutions of 1688–91 in Their British, Atlantic and European Contexts. Woodbridge 2013.
M. Herrero Sánchez (Hrsg.), Repúblicas y republicanismo en la Europa Moderna (siglos XVI–XVIII). Madrid 2017.
H. G. Koenigsberger (Hrsg.), Republiken und Republikanismus im Europa der Neuzeit. München 1988.
T. Maissen, Die Geburt der Republik. Staatsverständnis und Repräsentation in der frühneuzeitlichen Eidgenossenschaft. Göttingen 2006.
U. Niggemann (Hrsg.), Oliver Cromwell und das Commonwealth. Staatsverhältnisse zwischen Revolution und hergebrachter Ordnung. Baden-Baden 2022.
C. Sarti, Deposing Monarchs. Domestic Conflict and State Formation, 1500–1700. New York/London 2022.
H.-C. Schröder, Die Revolutionen Englands im 17. Jahrhundert. Frankfurt a. M. 1995.
A. Van der Lem, Die Entstehung der Niederlande aus der Revolte. Staatenbildung im Westen Europas. Berlin 2016.
M. Van Gelderen/Q. Skinner (Hrsg.), Republicanism. A Shared European Heritage. 2 Bde. 2. Aufl. Cambridge u. a. 2006.
A. Würgler, Die Tagsatzung der Eidgenossen, Politik, Kommunikation und Symbolik einer repräsentativen Institution im europäischen Kontext (1470–1798). Epfendorf 2013.

3.2 Frauen und politische Herrschaft

3.2.1 Frauen- und Gendergeschichte, *Querelle des Femmes*

A. Farge/N. Zemon Davis (Hrsg.), Geschichte der Frauen. Bd. 3: Frühe Neuzeit. Frankfurt a. M. 1994.

V. Ferrari Schiefer, La belle question. Die Frage nach der Gleichheit der Geschlechter bei François Poullain de la Barre (1647–1723) vor dem Hintergrund der (früh-) neuzeitlichen Querelle des Femmes. Luzern 1998.

I. Hierdeis, „Die Gleichheit der Geschlechter" und „Die Erziehung der Frauen" bei Poullain de la Barre (1647–1723). Zur Modernität eines Vergessenen. Frankfurt a. M. u. a. 1993.

O. Hufton, Frauenleben. Eine europäische Geschichte. Bd. 1: 1500–1800. Frankfurt a. M. 2002.

C. Opitz-Belakhal, Das Universum des Jean Bodin. Staatsbildung, Macht und Geschlecht im 16. Jahrhundert. Frankfurt a. M. 2006.

C. Opitz-Belakhal, „Streit um die Frauen" und andere Studien zur frühneuzeitlichen „Querelle des femmes". Roßdorf 2020.

H. Wunder, „Er ist die Sonn', sie ist der Mond". Frauen in der Frühen Neuzeit. München 1992.

3.2.2 Fürstinnen kraft eigenen Rechts

V. Biermann, Von der Kunst abzudanken. Die Repräsentationsstrategien Königin Christinas von Schweden. Wien/Köln/Weimar 2012.

U. Hermanns (Red.), Christina, Königin von Schweden. Ausstellungskatalog. Bramsche 1997.

U. Küppers-Braun, Frauen des hohen Adels im Kaiserlich-Freiweltlichen Damenstift Essen (1605–1803). Eine verfassungs- und sozialgeschichtliche Studie. Münster 1997.

T. Schröder-Stapper, Fürstäbtissinnen. Frühneuzeitliche Stiftsherrschaften zwischen Verwandtschaft, Lokalgewalten und Reichsverband. Köln/Weimar/Wien 2015.

C. van Wyhe (Hrsg.), Isabel Clara Eugenia. Female Sovereignty in the Courts of Madrid and Brussels. Madrid 2011.

3.2.3 Regierende Fürstinnen und Regentinnen

B. Braun/K. Keller/M. Schnettger (Hrsg.), Nur die Frau des Kaisers? Kaiserinnen in der Frühen Neuzeit. Köln/Weimar/Wien 2016.

S. Buckreus, Die Körper einer Regentin. Amelia Elisabeth von Hessen-Kassel (1602–1651). Köln 2008.

C. Campbell Orr (Hrsg.), Queenship in Britain, 1660–1837. Royal Patronage, Court Culture and Dynastic Politics. Manchester 2002.

C. Campbell Orr (Hrsg.), Queenship in Europe, 1660–1815. The Role of the Consort. Cambridge u. a. 2004.

F. Cosandey, La reine de France. Symbole et pouvoir, XVe–XVIIIe siècle. Paris 2000.

K. Crawford, Perilous Performances. Gender and Regency in Early Modern France. Cambridge 2004.

A. J. Cruz/M. Galli Stampino (Hrsg.), Early Modern Habsburg Women. Transnational Contexts, Cultural Conflicts, Dynastic Continuities. Aldershot 2013.

M. Greinert, Zwischen Unterordnung und Selbstbehauptung. Handlungsräume Gottorfer Fürstinnen (1564–1721). Kiel 2018.

T. Helfferich, The Iron Princess. Amalia Elisabeth and the Thirty Years War. Cambridge, Mass. 2013.

M. Hohkamp, Eine Tante für alle Fälle: Tanten-Nichten-Beziehungen und ihre politische Bedeutung für die reichsfürstliche Gesellschaft der Frühen Neuzeit (16. bis 18. Jahrhundert), in: M. Lanzinger/E. Saurer (Hrsg.), Politiken der Verwandtschaft. Wien 2007, 149–171.

K. Keller, Die Kaiserin. Reich, Ritual und Dynastie. Wien/Köln/Weimar 2021.

O. Mallick, „Spiritus intus agit". Die Patronagepolitik der Anna von Österreich 1643–1666. Inszenierungsstrategie, Hofhaltungspraxis, Freundschaftsrhetorik. Berlin/Boston 2016.

R. F. Millen/R. E. Wolf, Heroic Deeds and Mystic Figures. A New Reading of Rubens' Life of Maria de' Medici. Princeton, N.J. 1989.

S. Z. Mitchell, Queen, Mother, and Stateswoman: Mariana of Austria and the Government of Spain. University Park, PA 2019.

P. Puppel, Die Regentin. Vormundschaftliche Herrschaft in Hessen 1300–1700. Frankfurt a. M. 2004.

A. Skrzypietz (Hrsg.), Queens within Networks of Family and Court Connections. Köln/Weimar/Wien 2021.

3.2.4 Dynastische Ehen

M. Espenhorst, Können Ehen Frieden stiften? Europäische Friedens- und Heiratsverträge der Vormoderne, in: JbEurG 8, 2007, 121–133.

P. Haas, Fürstenehe und Interessen. Die dynastische Ehe der frühen Neuzeit in zeitgenössischer Traktatliteratur und politischer Praxis am Beispiel Hessen-Kassels. Marburg 2017.

B. Kägler, Dynastische Ehen in der Frühen Neuzeit. Partnerwahl zwischen Sozialprestige und Außenpolitik, in: GWU 65, 2014, 5–20.

M. M. McGowan (Hrsg.), Dynastic Marriages 1612/1615. A Celebration of the Habsburg and Bourbon Unions. Aldershot 2013.

D. Schönpflug, Die Heiraten der Hohenzollern. Verwandtschaft, Politik und Ritual in Europa 1640–1918. Göttingen 2013.

3.2.5 Frauen am Hof

T. Adams/C. Adams, The Creation of the French Royal Mistress. From Agnès Sorel to Madame Du Barry. University Park, PA 2020.

A. C. Cremer/A. Baumann/E. Bender (Hrsg.), Prinzessinnen unterwegs. Reisen fürstlicher Frauen in der Frühen Neuzeit. Berlin/Boston 2018.

M. Da Vinha/N. Grande (Hrsg.), „Toute la cour était étonnée". Madame de Maintenon ou l'ambition politique au féminin. Rennes 2022.

U. Ilg (Hrsg.), Fürstliche Witwen in der Frühen Neuzeit – zur Kunst- und Kulturgeschichte eines Standes. Petersberg 2015.

B. Kägler, Frauen am Münchener Hof (1651–1756). Kallmünz 2011.

K. Keller, Hofdamen. Amtsträgerinnen im Wiener Hofstaat des 17. Jahrhunderts. Wien/Köln/Weimar 2005.

K. Keller (Hrsg.), Gynäkokratie. Frauen und Politik in der höfischen Gesellschaft der Frühen Neuzeit = zeitenblicke 8 (2009), Nr. 2, URL: https://www.zeitenblicke.de/2009/2/ (29.03. 2023).

F. Leroux, Les maîtresses du Roi. De Henri IV à Louis XIV. Ceyzérieu 2020.

A. Marat, Madame de Maintenon. La presque reine. Paris 2018.

S. Rode-Breymann/A. Tumat (Hrsg.), Der Hof. Ort kulturellen Handels von Frauen in der Frühen Neuzeit. Köln/Weimar/Wien 2013.

M. Schattkowsky (Hrsg.), Witwenschaft in der Frühen Neuzeit. Fürstliche und adlige Witwen zwischen Fremd- und Selbstbestimmung. Leipzig 2003.

R. Schleuning, Hof, Macht, Geschlecht. Handlungsspielräume adeliger Amtsträgerinnen am Hof Ludwigs XIV. Göttingen 2016.

D. Van der Cruysse, „Madame sein ist ein ellendes Handwerck". Liselotte von der Pfalz, eine deutsche Prinzessin am Hofe des Sonnenkönigs. 12. Aufl. München 2010.

3.3 Heiliges Römisches Reich deutscher Nation und Reichsverfassung

3.3.1 Allgemeines

K. O. v. Aretin, Das Alte Reich 1648–1806. 4 Bde. Stuttgart 1993–2000.

F. Bretschneider/C. Duhamelle, Fraktalität. Raumgeschichte und soziales Handeln im Alten Reich, in: ZHF 43, 2016, 703–746.

F. Bretschneider/C. Duhamelle (Hrsg.), Le Saint-Empire. Histoire sociale (XVIe–XVIIIe siècle). Paris 2018.

A. Gotthard, Das Alte Reich 1495–1806. 5. Aufl. Darmstadt 2013.

G. Haug-Moritz (Hrsg.), Verfassungsgeschichte des Alten Reiches. Stuttgart 2014.

H. Neuhaus, Das Reich in der Frühen Neuzeit. 2. Aufl. München 2003.

G. Schmidt, Geschichte des Alten Reiches. Staat und Nation in der Frühen Neuzeit 1495–1806. München 1999.

M. Schnettger (Hrsg.), Imperium Romanum – irregulare corpus – Teutscher Reichs-Staat. Das Alte Reich im Verständnis der Zeitgenossen und der Historiographie. Mainz 2002.

M. Schnettger, Von der „Kleinstaaterei" zum „komplementären Reichs-Staat". Die Reichsverfassungsgeschichtsschreibung seit dem Zweiten Weltkrieg, in: H.-C. Kraus/T. Nicklas (Hrsg.), Geschichte der Politik. Alte und neue Wege. München 2007, 129–154.

M. Schnettger, Kaiser und Reich. Eine Verfassungsgeschichte (1500–1806). Stuttgart 2020.

B. Stollberg-Rilinger, Des Kaisers alte Kleider. Verfassungsgeschichte und Symbolsprache des Alten Reiches. 2. Aufl. München 2013.

B. Stollberg-Rilinger, Das Heilige Römische Reich Deutscher Nation vom Ende des Mittelalters bis 1806. 6. Aufl. München 2018.

S. Wendehorst/S. Westphal (Hrsg.), Lesebuch Altes Reich. München 2006.

J. WHALEY, Das Heilige Römische Reich deutscher Nation und seine Territorien. 1493–1806. 2 Bde. 2. Aufl. Darmstadt 2018.

3.3.2 Reichstag

K. BIERTHER, Der Regensburger Reichstag von 1640/41. Kallmünz 1971.

I. BOG, Der Reichsmerkantilismus: Studien zur Wirtschaftspolitik des Heiligen Römischen Reiches im 17. und 18. Jahrhundert. Stuttgart 1959.

J. BURKHARDT, Verfassungsprofil und Leistungsbilanz des Immerwährenden Reichstags. Zur Evaluierung einer frühmodernen Institution, in: H. DUCHHARDT/M. SCHNETTGER (Hrsg.), Reichsständische Libertät und habsburgisches Kaisertum. Mainz 1999, 151–183.

S. FRIEDRICH, Drehscheibe Regensburg. Das Informations- und Kommunikationssystem des Immerwährenden Reichstags um 1700. Berlin 2007.

W. FÜRNROHR, Der Immerwährende Reichstag zu Regensburg. Das Parlament des Alten Reiches, in: VHO 103, 1963, 165–255.

W. FÜRNROHR, Die Vertreter des habsburgischen Kaisertums auf dem Immerwährenden Reichstag, in: VHO 123, 1983; 71–139; 124, 1984, 99–148.

M. HECKEL, Itio in partes. Zur Religionsverfassung des Heiligen Römischen Reiches Deutscher Nation, in: DERS., Gesammelte Schriften. Staat – Kirche – Recht – Geschichte. Hrsg. von K. Schlaich. Bd. 2. Tübingen 2004, 636–736.

M. LANZINNER/A. STROHMEYER (Hrsg.), Der Reichstag 1486–1613. Kommunikation – Wahrnehmung – Öffentlichkeiten. Göttingen 2006.

L. v. LEHSTEN, Die hessischen Reichstagsgesandten im 17. und 18. Jahrhundert. Darmstadt 2003.

A. MÜLLER, Der Regensburger Reichstag von 1653/54. Eine Studie zur Entwicklung des Alten Reiches nach dem Westfälischen Frieden. Frankfurt a. M. 1992.

H. RUDOLPH/A. v. SCHLACHTA (Hrsg.), Reichsstadt – Reich – Europa. Neue Perspektiven auf den Immerwährenden Reichstag zu Regensburg (1663–1806). Regensburg 2015.

A. SCHINDLING, Die Anfänge des Immerwährenden Reichstags zu Regensburg. Ständevertretung und Staatskunst nach dem Westfälischen Frieden. Mainz 1991.

M. SCHNETTGER, Der Reichsdeputationstag 1655–1663. Kaiser und Reich zwischen Westfälischem Frieden und Immerwährendem Reichstag. Münster 1996.

B. STOLLBERG-RILINGER, Zeremoniell als politisches Verfahren. Rangordnung und Rangstreit als Strukturmerkmale des frühneuzeitlichen Reichstags, in: J. KUNISCH (Hrsg.), Neue Studien zur frühneuzeitlichen Reichsgeschichte. Berlin 1997, 91–132.

K. WINZEN, Handwerk – Städte – Reich. Die städtische Kurie des Immerwährenden Reichstags und die Anfänge der Reichshandwerksordnung. Stuttgart 2002.

3.3.3 Reichsgerichte

A. AMEND-TRAUT/N. JÖRN/T. SCHENK, Zentralgerichtsbarkeit im Heiligen Römischen Reich in transnationaler Perspektive, in: ZNR 45, 2023, 97–126.

F. BATTENBERG/B. SCHILDT (Hrsg.), Das Reichskammergericht im Spiegel seiner Prozessakten. Bilanz und Perspektiven der Forschung. Köln/Weimar/Wien 2010.

B. Diestelkamp (Hrsg.), Das Reichskammergericht in der deutschen Geschichte. Stand der Forschung, Forschungsperspektiven. Köln 1990.

S. Ehrenpreis, Kaiserliche Gerichtsbarkeit und Konfessionskonflikt. Der Reichshofrat unter Rudolf II., 1576–1612. Göttingen 2006.

O. v. Gschliesser, Der Reichshofrat. Bedeutung und Verfassung, Schicksal und Besetzung einer obersten Reichsbehörde von 1559 bis 1806. Wien 1942. ND Nendeln 1970.

S. Jahns, Das Reichskammergericht und seine Richter. Verfassung und Sozialstruktur eines höchsten Gerichts im Alten Reich. 2 Tle. Köln/Weimar/Wien 2003–2011.

E. Ortlieb, Im Auftrag des Kaisers. Die kaiserlichen Kommissionen des Reichshofrats und die Regelung von Konflikten im Alten Reich (1637–1657). Köln/Weimar/Wien 2001.

I. Scheurmann (Hrsg.), Frieden durch Recht. Das Reichskammergericht von 1495 bis 1806. Austellungskatalog. Mainz 1994.

W. Sellert (Hrsg.), Reichshofrat und Reichskammergericht. Ein Konkurrenzverhältnis. Köln/Weimar/Wien 1999.

3.3.4 Reichskreise

K. O. v. Aretin (Hrsg.), Der Kurfürst von Mainz und die Kreisassoziationen, 1648–1746. Zur verfassungsmäßigen Stellung der Reichskreise nach dem Westfälischen Frieden. Wiesbaden 1975.

W. Dotzauer, Die deutschen Reichskreise (1383–1806). Geschichte und Aktenedition. Stuttgart 1998.

P. C. Hartmann (Hrsg.), Regionen in der Frühen Neuzeit. Reichskreise im deutschen Raum, Provinzen in Frankreich, Regionen unter polnischer Oberhoheit: ein Vergleich ihrer Strukturen, Funktionen und ihrer Bedeutung. Berlin 1994.

P. C. Hartmann, Der Bayerische Reichskreis (1500 bis 1803). Strukturen, Geschichte und Bedeutung im Rahmen der Kreisverfassung und der allgemeinen institutionellen Entwicklung des Heiligen Römischen Reiches. Berlin 1997.

T. Nicklas, Macht oder Recht. Frühneuzeitliche Politik im Obersächsischen Reichskreis. Stuttgart 2002.

M. Plassmann, Krieg und Defension am Oberrhein. Die vorderen Reichskreise und Markgraf Ludwig Wilhelm von Baden (1693–1706). Berlin 2000.

F. Schulze, Die Reichskreise im Dreißigjährigen Krieg. Kriegsfinanzierung und Bündnispolitik im Heiligen Römischen Reich deutscher Nation. Berlin/Boston 2018.

W. Wüst (Hrsg.), Reichskreis und Territorium: die Herrschaft über der Herrschaft? Supraterritoriale Tendenzen in Politik, Kultur, Wirtschaft und Gesellschaft. Ein Vergleich süddeutscher Reichskreise. Stuttgart 2000.

3.3.5 Kaiser, Kaiserwahl, Kurfürsten

E. Brockhoff (Hrsg.), Die Kaisermacher. Frankfurt am Main und die Goldene Bulle, 1356–1806. 2 Bde. Frankfurt a. M. 2006.

T. Brockmann, Dynastie, Kaiseramt und Konfession. Politik und Ordnungsvorstellungen Ferdinands II. im Dreißigjährigen Krieg, Paderborn 2011.

W. Burgdorf, Protokonstitutionalismus. Die Reichsverfassung in den Wahlkapitulationen der römisch-deutschen Könige und Kaiser 1519–1792. Göttingen 2015.

A. GOTTHARD, Säulen des Reichs. Die Kurfürsten im frühneuzeitlichen Reichsverband. Husum 1999.
P. C. HARTMANN (Hrsg.), Der Mainzer Kurfürst als Reichserzkanzler. Funktionen, Aktivitäten, Ansprüche und Bedeutung des zweiten Mannes im Alten Reich. Stuttgart 1997.
V. PRESS, Die kaiserliche Stellung im Reich zwischen 1648 und 1740, in: DERS., Ausgewählte Aufsätze. Hrsg. von Johannes Kunisch. 2. Aufl. Berlin 2000, 189–222.
A. SCHINDLING/W. ZIEGLER (Hrsg.), Die Kaiser der Neuzeit 1519–1918. München 1990.

3.3.6 Reichskirche

M. BÖRSTE/J. ERNESTI (Hrsg.), Friedensfürst und Guter Hirt. Ferdinand von Fürstenberg. Fürstbischof von Paderborn und Münster. Paderborn 2004.
B. BRAUN, Princeps et episcopus. Studien zur Funktion und zum Selbstverständnis der nordwestdeutschen Fürstbischöfe nach dem Westfälischen Frieden. Göttingen 2013.
G. CHRIST, Praesentia regis. Kaiserliche Diplomatie und Reichskirchenpolitik vornehmlich am Beispiel der Entwicklung des Zeremoniells für die kaiserlichen Wahlgesandten in Würzburg und Bamberg. Wiesbaden 1975.
J. ERNESTI, Ferdinand von Fürstenberg (1626–1683). Geistiges Profil eines barocken Fürstbischofs. Paderborn 2004.
N. HAAG, Dynastie, Region, Konfession. Die Hochstifte des Heiligen Römischen Reiches Deutscher Nation zwischen Dynastisierung und Konfessionalisierung (1448–1648). Münster 2018.
F. JÜRGENSMEIER, Johann Philipp von Schönborn (1605–1673) und die Römische Kurie. Ein Beitrag zur Kirchengeschichte des 17. Jahrhunderts. Mainz 1977.
W. KOHL, Christoph Bernhard von Galen. Politische Geschichte des Fürstbistums Münster 1650–1678. Münster 1976.
D. SCHIERSNER/H. RÖCKELEIN (Hrsg.), Weltliche Herrschaft in geistlicher Hand. Die Germania Sacra im 17. und 18. Jahrhundert. Berlin 2018.
M. A. STEINERT, Die alternative Sukzession im Hochstift Osnabrück. Bischofswechsel und das Herrschaftsrecht des Hauses Braunschweig-Lüneburg in Osnabrück 1648–1802. Osnabrück 2003.

3.3.7 Reichsritterschaft

K. ANDERMANN (Hrsg.), Ritteradel im Alten Reich. Die Kämmerer von Worms, genannt von Dalberg. Epfendorf 2009.
K. ANDERMANN, Der Reichsritterkanton Kraichgau. Grundlinien seines Bestands und seiner Verfassung, in: Zeitschrift für die Geschichte des Oberrheins 160, 2012, 291–338.
A. FLURSCHÜTZ DA CRUZ, Zwischen Füchsen und Wölfen. Konfession, Klientel und Konflikte in der fränkischen Reichsritterschaft nach dem Westfälischen Frieden. Konstanz 2014.
N. NEUMAIER, „Daß wir kein anderes Haupt oder von Gott eingesetzte zeitliche Obrigkeit haben". Ort Odenwald der fränkischen Reichsritterschaft von den Anfängen bis zum Dreißigjährigen Krieg. Stuttgart 2005.

S. Schraut, Das Haus Schönborn. Eine Familienbiographie. Katholischer Reichsadel 1640–1840. Paderborn u. a. 2005.

3.3.8 Reichsstädte

H.-W. Bergerhausen, Geschichte der Stadt Köln. Bd. 6: Köln in einem eisernen Zeitalter 1610–1686. Köln 2010.

G. Chaix, Geschichte der Stadt Köln. Bd. 5: Köln im Zeitalter von Reformation und katholischer Reform 1512/13–1610. Köln 2021.

A. Krischer, Reichsstädte in der Fürstengesellschaft. Politischer Zeichengebrauch in der Frühen Neuzeit. Darmstadt 2006.

T. Lau, Unruhige Städte. Die Stadt, das Reich und die Reichsstadt (1648–1806). München 2012.

T. Lau/H. Wittmann (Hrsg.), Kaiser, Reich und Reichsstadt in der Interaktion. Petersberg 2016.

R. A. Müller (Hrsg.), Reichsstädte in Franken. München 1987.

M. Neugebauer-Wölk, Reichsstädtische Reichspolitik nach dem Westfälischen Frieden, in: ZHF 17, 1990, 27–48.

B. Roeck, Eine Stadt in Krieg und Frieden. Studien zur Geschichte der Reichsstadt Augsburg zwischen Kalenderstreit und Parität. 2 Teilbde. Göttingen 1989.

J. Schmidt-Funke/M. Schnettger (Hrsg.), Neue Stadtgeschichte(n). Die Reichsstadt Frankfurt im Vergleich. Bielefeld 2018.

G. Schwerhoff, Geschichte der Stadt Köln. Bd. 7: Köln im Ancien Régime. Köln 2017.

3.3.9 Kommunikationsraum Reich, Reichsöffentlichkeit

J. Arndt, Herrschaftskontrolle durch Öffentlichkeit. Die publizistische Darstellung politischer Konflikte im Heiligen Römischen Reich 1648–1750. Göttingen 2013.

J. Arndt/E.-B. Körber (Hrsg.), Das Mediensystem im Alten Reich der Frühen Neuzeit (1600–1750). Göttingen 2010.

M. Bellingradt, Flugpublizistik und Öffentlichkeit um 1700. Dynamiken, Akteure und Strukturen im urbanen Raum des Alten Reiches. Stuttgart 2011.

M. Wrede, Das Reich und seine Feinde. Politische Feindbilder in der reichspatriotischen Publizistik zwischen Westfälischem Frieden und Siebenjährigem Krieg. Mainz 2004.

3.3.10 Reichsperipherien

J. Arndt, Das Heilige Römische Reich und die Niederlande 1566 bis 1648. Politisch-konfessionelle Verflechtung und Publizistik im Achtzigjährigen Krieg. Köln/Weimar/Wien 1998.

A. Begert, Böhmen, die böhmische Kur und das Reich vom Hochmittelalter bis zum Ende des Alten Reiches. Studien zur Kurwürde und zur staatsrechtlichen Stellung Böhmens. Husum 2003.

N. Jörn/M. North (Hrsg.), Die Integration des südlichen Ostseeraumes in das Alte Reich. Köln/Weimar/Wien 2000.

B. Marquardt, Die alte Eidgenossenschaft und das Heilige Römische Reich (1350–1798). Staatsbildung, Souveränität und Sonderstatus am alteuropäischen Alpenrand. Zürich 2007.

M. Schnettger, Das Alte Reich und Italien in der Frühen Neuzeit. Ein institutionengeschichtlicher Überblick, in: QuFiAB 79, 1999, 344–420.

M. Schnettger, „Principe sovrano" oder „civitas imperialis"? Die Republik Genua und das Alte Reich in der Frühen Neuzeit (1556–1797). Mainz 2006.

M. Schnettger/M. Verga (Hrsg.), Das Reich und Italien in der Frühen Neuzeit / L'Impero e l'Italia nella prima età moderna. Berlin/Bologna 2006.

3.4 Kirchen und Religion

3.4.1 Allgemeines

P. Dinzelbacher (Hrsg.), Handbuch der Religionsgeschichte im deutschsprachigen Raum. Bde. 3–4. Paderborn u. a. 2012–2020.

H. J. Goertz, Religiöse Bewegungen in der Frühen Neuzeit. München 1993.

K. v. Greyerz, Religion und Kultur. Europa 1500–1800. Göttingen 2000.

A. Holzem, Christentum in Deutschland 1550–1850. Konfessionalisierung – Aufklärung – Pluralisierung. 2 Bde. Paderborn 2015.

M. Maurer, Kirche, Staat und Gesellschaft im 17. und 18. Jahrhundert. München 1999.

3.4.2 Katholische Kirche, Papsttum

S. Brevaglieri (Hrsg.), Missionary Collecting. Bologna 2022.

B. Emich, Territoriale Integration in der Frühen Neuzeit. Ferrara und der Kirchenstaat. Köln/Weimar/Wien 2005.

B. Emich/C. Wieland (Hrsg.), Kulturgeschichte des Papsttums in der Frühen Neuzeit. Berlin 2013.

L. v. Pastor, Geschichte der Päpste. Bde. 11–15. Freiburg i. Br. 1927–1930.

W. Reinhard, Paul V. Borghese (1605–1621). Mikropolitische Papstgeschichte. Stuttgart 2009.

G. Signorotto/M. A. Visceglia (Hrsg.), Court and Politics in Papal Rome, 1492–1700. Cambridge u. a. 2002.

H. Spörri (Hrsg.), Barock im Vatikan. Kunst und Kultur im Rom der Päpste II, 1572–1676. Ausstellungskatalog. Leipzig 2005.

3.4.3 Pietisten, Puritaner und radikalprotestantische Gruppen

M. Brecht u. a. (Hrsg.), Geschichte des Pietismus. Bd. 1: Der Pietismus vom 17. bis zum frühen 18. Jahrhundert. Göttingen 1993.

J. Coffey/P. C. H. Lim (Hrsg.), The Cambrige Companion to Puritanism. Cambridge u. a. 2008.

A. Deppermann, Johann Jakob Schütz und die Anfänge des Pietismus. Tübingen 2002.

C. Durston/J. Eales, The Culture of English Puritanism, 1560–1700. Basingstoke u. a. 1996.

B. Y. Kunze, Margaret Fell and the Rise of Quakerism. Stanford 1994.

H. Obst, August Hermann Francke und die Franckeschen Stiftungen in Halle. Göttingen 2002.

W. Temme, Krise der Leiblichkeit. Die Sozietät der Mutter Eva (Buttlarsche Rotte) und der radikale Pietismus um 1700. Göttingen 1998.

D. Wendebourg (Hrsg.), Philipp Jakob Spener. Begründer des Pietismus und protestantischer Kirchenvater. Bilanz der Forschung nach 300 Jahren. Berlin 2007.

3.4.4 Hugenotten und Waldenser

P. Benedict, The Huguenot Population of France, 1600–1685. The Demographic Fate and Customs of a Religious Minority. Philadelphia 1991.

A. Bernard, Die Revokation des Edikts von Nantes und die Protestanten in Südostfrankreich (Provence und Dauphiné) 1685–1730. Berlin/Boston 2017.

M. Böhm (Hrsg.), Hugenotten zwischen Migration und Integration. Neue Forschungen zum Refuge in Berlin und Brandenburg. Berlin 2005.

B. Dölemeyer, Die Hugenotten. Stuttgart 2006.

H. Duchhardt (Hrsg.), Der Exodus der Hugenotten. Die Aufhebung des Edikts von Nantes 1685 als europäisches Ereignis. Köln/Wien 1985.

M. Grandjean/B. Roussel (Hrsg.), Coexister dans l'intolérance. L'édit de Nantes (1598). Genf 1998.

T. Kiefner, Die Waldenser auf ihrem Weg aus dem Val Cluson durch die Schweiz nach Deutschland. 5 Bde. Göttingen 1980–2007.

S. Lachenicht, Hugenotten in Europa und Nordamerika. Migration und Integration in der Frühen Neuzeit. Frankfurt a. M. 2010.

U. Niggemann, Immigrationspolitik zwischen Konflikt und Konsens. Die Hugenottenansiedlung in Deutschland und England (1681–1697). Köln/Weimar/Wien 2008.

U. Niggemann, Hugenotten. Köln/Weimar/Wien 2011.

A. Schunka, Die Hugenotten. Geschichte, Religion, Kultur. München 2019.

3.4.5 Konfessionsbildung, Konfessionalisierung, Konfessionskulturen

M. Asche/W. Buchholz/A. Schindling (Hrsg.), Die baltischen Lande im Zeitalter der Reformation und Konfessionalisierung, Livland, Estland, Ösel, Ingermanland, Kurland und Lettgallen. Stadt, Land und Konfession 1500–1721. 4 Bde. Münster 2009–2012.

M. Asche/A. Schindling (Hrsg.), Dänemark, Norwegen und Schweden im Zeitalter der Reformation und Konfessionalisierung. Nordische Königreiche und Konfession 1500–1660. Münster 2003.

J. Bahlcke/A. Strohmeyer (Hrsg.), Konfessionalisierung in Ostmitteleuropa. Wirkungen des religiösen Wandels im 16. und 17. Jahrhundert in Staat, Gesellschaft und Kultur. Stuttgart 1999.

T. Brockmann/D. Weiss (Hrsg.), Das Konfessionalisierungsparadigma. Leistungen, Probleme, Grenzen. Münster 2013.

C. S. Dixon/D. Freist/M. Greengrass (Hrsg.), Living with Religious Diversity in Early Modern Europe. Farnham u. a. 2009.

C. Duhamelle, En quoi le calendrier julien était-il „protestant"? (Saint-Empire, XVIe–XVIIIe siècles, in: Bulletin annuel de l'institut d'histoire de la Réformation 39, 2017–2018, 25–46.

B. Emich, Konfession und Kultur, Konfession als Kultur? Vorschläge für eine kulturalistische Konfessionskultur-Forschung, in: ARG 109, 2018, 375–388.

É. François, Die unsichtbare Grenze. Protestanten und Katholiken in Augsburg. Sigmaringen 1991.

D. Hacke, Konfession und Kommunikation. Religiöse Koexistenz und Politik in der Alten Eidgenossenschaft (Die Grafschaft Baden 1531–1712). Köln/Weimar/Wien 2017.

A. Herzig, Der Zwang zum wahren Glauben. Rekatholisierung vom 16. bis zum 18. Jahrhundert. Göttingen 2000.

B. J. Kaplan, Divided by Faith. Religious Conflict and the Practice of Toleration in Early Modern Europe. Cambridge, Mass. 2007.

T. Kaufmann/A. Schubert/K. v. Greyerz (Hrsg.), Frühneuzeitliche Konfessionskulturen. Gütersloh 2008.

K. Keller/P. Mat'a/M. Scheutz (Hrsg.), Adel und Religion in der frühneuzeitlichen Habsburgermonarchie. Annäherung an ein gesamtösterreichisches Thema. Wien 2017.

E. Koller, Strittige Zeiten. Kalenderreformen im Alten Reich 1582–1700. Berlin 2014.

A. Kohnle, Von der Rijswijker Klausel zur Religionsdeklaration von 1705. Religion und Politik in der Kurpfalz um die Wende zum 18. Jahrhundert, in: Archiv für mittelrheinische Kirchengeschichte 62, 2010, 155–174.

S. Kopp/T. G. Moritz/N. Priesching (Hrsg.), Katholische Konfessionalisierung in Paderborn? Religiöse Prozesse in der Frühen Neuzeit. Münster 2021.

H. Lademacher/R. Loos/S. Groenveld (Hrsg.), Ablehnung – Duldung – Anerkennung. Toleranz in den Niederlanden und in Deutschland. Münster u. a. 2004.

T. Lau, „Stiefbrüder". Nation und Konfession in der Schweiz und in Europa (1656–1712). Köln/Weimar/Wien 2008.

R. Leeb/M. Scheutz/D. Weikl (Hrsg.), Geheimprotestantismus und evangelische Kirchen in der Habsburgermonarchie und im Erzstift Salzburg (17./18. Jahrhundert). Wien/München 2009.

U. Lotz-Heumann, Die doppelte Konfessionalisierung in Irland. Konflikt und Koexistenz im 16. und 17. Jahrhundert. Tübingen 2000.

J. Luh, Unheiliges Römisches Reich. Der konfessionelle Gegensatz 1648–1806. Potsdam 1995.

M. Maurer, Konfessionskulturen. Die Europäer als Protestanten und Katholiken. Paderborn 2019.

M. Menne, Herrschaftsstil und Glaubenspraxis. Bischöfliche Visitation und die Inszenierung von Herrschaft im Fürstbistum Paderborn 1654–1691. Paderborn 2007.

K. Neitmann (Hrsg.), Vom ein- zum mehrkonfessionellen Landesstaat. Die Religionsfrage in den brandenburgisch-preußischen Territorien vom 16. bis zum frühen 18. Jahrhundert. Berlin 2021.

W. Reinhard, Zwang zur Konfessionalisierung? Prolegomena zu einer Theorie des konfessionellen Zeitalters, in: ZHF 10, 1983, 257–277.

W. Reinhard/H. Schilling (Hrsg.), Die katholische Konfessionalisierung. Gütersloh 1995.

H. Schilling, Die Konfessionalisierung im Reich, in: HZ 246, 1988, 1–45.

A. Schindling/W. Ziegler, Die Territorien des Reichs im Zeitalter der Reformation und Konfessionalisierung. Land und Konfession 1500–1650. 7 Bde. Münster 1989–1997.

H. R. Schmidt, Sozialdisziplinierung? Ein Plädoyer für das Ende des Etatismus in der Konfessionalisierungsforschung, in: HZ 265, 1997, 639–682.

R. Wieland, Protestantischer König im Heiligen Reich. Brandenburg-preußische Reichs- und Konfessionspolitik im frühen 18. Jahrhundert. Berlin 2020.

E. W. Zeeden, Die Entstehung der Konfessionen. Grundlagen und Formen der Konfessionsbildung im Zeitalter der Glaubenskämpfe. München/Wien 1965.

3.4.6 Inter- und Transkonfessionalität, Irenik

M. Bähr, Konfessionelle Mehrdimensionalität in der Frühen Neuzeit. Irland um 1600. Berlin/Boston 2023.

S. Barteleit, Toleranz und Irenik. Politisch-religiöse Grenzsetzungen im England der 1650er Jahre. Mainz 2003.

W. Behringer/E.-O. Mader/J. Nipperdey (Hrsg.), Konversionen zum Katholizismus in der Frühen Neuzeit. Europäische und globale Perspektiven. Berlin 2019.

H. Duchhardt/G. May (Hrsg.), Union – Konversion – Toleranz. Dimensionen der Annäherung zwischen den christlichen Konfessionen im 17. und 18. Jahrhundert. Mainz 2000.

M. Eliav-Feldon/T. Herzig (Hrsg.), Dissimulation and Deceit in Early Modern Europe. London 2014.

D. Freist, Glaube – Liebe – Zwietracht. Religiös-konfessionell gemischte Ehen in der Frühen Neuzeit. Berlin/Boston 2017.

K. v. Greyerz u. a. (Hrsg.), Interkonfessionalität – Transkonfessionalität – binnenkonfessionelle Pluralität. Neue Forschungen zur Konfessionalisierungsthese. Gütersloh 2003.

H. Klueting (Hrsg.), Irenik und Antikonfessionalismus im 17. und 18. Jahrhundert. Hildesheim 2003.

U. Lotz-Heumann/J.-F. Missfelder/M. Pohlig (Hrsg.), Konversion und Konfession in der Frühen Neuzeit. Gütersloh 2007.

E.-O. Mader, Fürstenkonversionen zum Katholizismus in Mitteleuropa im 17. Jahrhundert. Ein systematischer Ansatz in fallorientierter Perspektive, in: ZHF 34, 2007, 403–440.

R. Matheus/E. Oy-Marra/K. Pietschmann (Hrsg.), Barocke Bekehrungen. Konversionsszenarien im Rom der Frühen Neuzeit. Bielefeld 2013.

I. Peper, Konversionen im Umkreis des Wiener Hofes um 1700. Wien/Köln/Weimar 2010.

A. Pietsch/B. Stollberg-Rilinger (Hrsg.), Konfessionelle Ambiguität. Uneindeutigkeit und Verstellung als religiöse Praxis in der Frühen Neuzeit. Gütersloh 2013.

E. Piltz/G. Schwerhoff (Hrsg.), Gottlosigkeit und Eigensinn. Religiöse Devianz im konfessionellen Zeitalter. Berlin 2015.

J. M. Ruschke, Paul Gerhardt und der Berliner Kirchenstreit. Eine Untersuchung der konfessionellen Auseinandersetzungen über die kurfürstlich verordnete „mutua tolerantia". Tübingen 2012.

3.4.7 Judentum

F. Backhaus (Hrsg.), Frühneuzeitliche Ghettos in Europa im Vergleich. Berlin 2012.
F. Battenberg, Die Juden in Deutschland vom 16. bis zum Ende des 18. Jahrhunderts. München 2001.
J. Braden, Hamburger Judenpolitik im Zeitalter lutherischer Orthodoxie 1590–1710. Hamburg 2001.
S. Ehrenpreis/A. Gotzmann/S. Wendehorst (Hrsg.), Kaiser und Reich in der jüdischen Lokalgeschichte. Berlin/Boston 2013.
A. Gotzmann, Jüdische Autonomie in der frühen Neuzeit. Recht und Gemeinschaft im deutschen Judentum. Göttingen 2008.
U. Hausmann, Prolegomena zur Analyse und Interpretation obrigkeitlicher Judenpolitik im Heiligen Römischen Reich deutscher Nation. Die frühneuzeitlichen Residenzstädte Mainz und Wien als prominente Fallbeispiele, in: Aschkenas 26, 2016, 351–410.
M. Keil/P. Rauscher/S. Ullmann (Hrsg.), Juden und Krieg in der Frühen Neuzeit. Akteure – Erfahrungen – Strukturwandel. Wiesbaden 2022.
R. Kiessling/S. Ullmann (Hrsg.), Landjudentum im deutschen Südwesten während der Frühen Neuzeit. Berlin 1999.
E.-V. Kotowski, Handbuch zur Geschichte der Juden in Europa. 3. Aufl. Darmstadt 2013.
S. Litt, Geschichte der Juden Mitteleuropas 1500–1800. Darmstadt 2009.
R. Ries (Hrsg.), Hofjuden – Ökonomie und Interkulturalität. Die jüdische Wirtschaftselite im 18. Jahrhundert. Hamburg 2002.
B. Schedlitz, Leffmann Behrens. Untersuchungen zum Hofjudentum im Zeitalter des Absolutismus. Hildesheim 1984.
H. Schnee, Die Hoffinanz und der moderne Staat. Geschichte und System der Hoffaktoren an deutschen Fürstenhöfen im Zeitalter des Absolutismus. 6 Bde. Berlin 1953–1967.
S. Stern, Der Hofjude im Zeitalter des Absolutismus. Ein Beitrag zur europäischen Geschichte im 17. und 18. Jahrhundert. Tübingen 2001.
W. Treue, Judengasse und christliche Stadt. Religion, Politik und Gesellschaft im frühneuzeitlichen Frankfurt am Main. Frankfurt a. M./New York 2023.
N. Zemon Davies, Mit Gott rechten. Das Leben der Glikl bas Judah Leib, genannt Glückel von Hameln. Berlin 2003.

3.5 Internationale Beziehungen – Außenbeziehungen

3.5.1 Allgemeines

R. Babel, Deutsch-französische Geschichte. Bd. 3: Deutschland und Frankreich im Zeichen der habsburgischen Universalmonarchie 1500–1648. Darmstadt 2005.
L. Bély, La société des princes, XVIe–XVIIIe siècle. Paris 1999. ND Paris 2011.
H.-J. Bömelburg/E. Kizik (Hrsg.), Altes Reich und alte Republik. Deutsch-polnische Beziehungen und Verflechtungen 1500–1806. Darmstadt 2014.

G. Braun, Deutsch-französische Geschichte. Bd. 4: Von der politischen zur kulturellen Hegemonie Frankreichs 1648–1789. Darmstadt 2008.

H. Duchhardt, Altes Reich und europäische Staatenwelt 1648–1806. München 1990.

R. I. Frost, The Northern Wars. War, State and Society in Northeastern Europe, 1558–1721. 6. Aufl. London 2008.

H. Grewe, Epochen der Völkerrechtsgeschichte. 2. Aufl. Baden-Baden 1988.

A. Kohler, Das Reich im Kampf um die Hegemonie in Europa 1521–1648. 2. Aufl. München 2010.

K. Malettke, Hegemonie, multipolares System, Gleichgewicht. Internationale Beziehungen 1648/1659–1713/1714. Paderborn u. a. 2012.

R. Oresko/G. C. Gibbs/H. M. Scott (Hrsg.), Royal and Republican Sovereignty in Early Modern Europe. Cambridge u. a. 1997.

M. Pohlig/M. Schaich (Hrsg.), The War of the Spanish Succession. New Perspectives. Oxford 2018.

R. Rebitsch, Die englisch-niederländischen Seekriege. Wien/Köln/Weimar 2014.

H. Schilling, Konfessionalisierung und Staatsinteressen. Internationale Beziehungen 1559–1660. Paderborn u. a. 2007.

H. Schilling (Hrsg.), Konfessioneller Fundamentalismus. Religion als politischer Faktor im europäischen Mächtesystem um 1600. München 2007.

M. Schnettger, Der Spanische Erbfolgekrieg 1701–1713/14. München 2014.

M. 'T Hart, The Dutch Wars of Independence. Warfare and Commerce in the Netherlands, 1570–1680. London/New York 2014.

A. Tischer, Was ist eine internationale Geschichte, die nicht international ist? Methodische Grundüberlegungen zur Erforschung internationaler Geschichte der Frühen Neuzeit, URL: https://www.academia.edu/3383349/Was_ist_eine_internationale_Geschichte_die_nicht_international_ist_Methodische_Grund%C3%BCberlegungen_zur_Erforschung_internationaler_Geschichte_der_Fr%C3%BChen_Neuzeit (28.02.2023).

3.5.2 Krieg und Militär

M. Asche (Hrsg.), Krieg, Militär und Migration in der Frühen Neuzeit. Münster u. a. 2008.

J. Black, A Military Revolution? Military Change and European Society 1550–1800. Basingstoke/London 1991.

J. Burkhardt, Die Friedlosigkeit der Frühen Neuzeit: Grundlegung einer Theorie der Bellizität Europas, in: ZHF 24, 1997, 509–574.

S. Eickhoff (Hrsg.), Ihre letzte Schlacht. Leben im Dreißigjährigen Krieg. Ausstellungskatalog. Stuttgart 2012.

B. Emich/G. Signori (Hrsg.), Kriegs/Bilder in Mittelalter und Früher Neuzeit. Berlin 2009.

K. Hagemann/S. Dudink/S. O. Rose (Hrsg.), Oxford Handbook of Gender, War, and the Western World since 1600. New York 2020.

K. Hagemann/R. Pröve (Hrsg.), Landsknechte, Soldatenfrauen und Nationalkrieger. Militär, Krieg und Geschlechterordnung im historischen Wandel. Frankfurt a. M. 1998.

C. Kapser, Die bayerische Kriegsorganisation in der zweiten Hälfte des Dreißigjährigen Krieges 1635–1648/49. Münster 1997.

B. Klesmann, Bellum Solemne: Formen und Funktionen europäischer Kriegserklärungen des 17. Jahrhunderts. Mainz 2007.
B. Kroener, Kriegswesen, Herrschaft und Gesellschaft 1300–1800. München 2013.
B. Kroener/R. Pröve (Hrsg.), Krieg und Frieden. Militär und Gesellschaft in der Frühen Neuzeit. Paderborn u. a. 1996.
S. Kroll/K. Krüger (Hrsg.), Militär und ländliche Gesellschaft in der Frühen Neuzeit. Münster u. a. 2000.
M. Meinhardt/M. Meumann (Hrsg.), Die Kapitalisierung des Krieges. Kriegsunternehmer in Spätmittelalter und Früher Neuzeit / The Capitalisation of War. Military Entrepreneurs in the Late Middle Ages and Early Modern Period. Münster 2021.
H. Meller/M. Schefzik (Hrsg.), Krieg. Eine archäologische Spurensuche. Ausstellungskatalog. Darmstadt 2015.
M. Meumann/D. Niefanger (Hrsg.), Ein Schauplatz herber Angst. Wahrnehmung und Darstellung von Gewalt im 17. Jahrhundert. Göttingen 1997.
M. Meumann/A. Pühringer (Hrsg.), The Military in the Early Modern World. A Comparative Approach. Göttingen 2020.
C. Mühling, Die europäische Debatte über den Religionskrieg (1679–1714). Konfessionelle Memoria und internationale Politik im Zeitalter Ludwigs XIV. Göttingen 2018.
J. Nowosadtko, Krieg, Gewalt und Ordnung. Einführung in die Militärgeschichte. Tübingen 2002.
D. Onnekink (Hrsg.), War and Religion after Westphalia, 1648–1713. Aldershot u. a. 2009.
G. Parker, Die militärische Revolution. Die Kriegskunst und der Aufstieg des Westens 1500–1800. Frankfurt u. a. 1990.
D. Parrott, The Business of War. Military Enterprise and Military Revolution in Early Modern Europe. Cambridge 2012.
R. Pröve, Lebenswelten. Militärische Milieus in der Neuzeit. Gesammelte Aufsätze. Berlin 2010.
R. Pröve/C. Winkel (Hrsg.), Übergänge schaffen. Ritual und Performanz in der frühneuzeitlichen Militärgesellschaft. Göttingen 2012.
M. Rogg/J. Nowosadtko (Hrsg.), „Mars und die Musen". Das Wechselspiel von Militär, Krieg und Kunst in der Frühen Neuzeit. Münster u. a. 2008.
A. Rutz (Hrsg.), Krieg und Kriegserfahrung im Westen des Reichs 1568–1714. Göttingen 2020.
K. Saito, Das Kriegskommissariat der bayerisch-ligistischen Armee während des Dreißigjährigen Krieges. Göttingen 2020.
F. Schopper (Hrsg.), 1636. Ihre letzte Schlacht. Ausstellungskatalog. Stuttgart 2012.
A. Tischer, Offizielle Kriegsbegründungen in der Frühen Neuzeit. Herrscherkommunikation in Europa zwischen Souveränität und korporativem Selbstverständnis. Münster 2012.

3.5.3 Frieden und Friedenskongresse

I. Dingel u. a. (Hrsg.), Handbuch Frieden im Europa der Frühen Neuzeit = Handbook of Peace in Early Modern Europe. Berlin/Boston 2021.
H. Duchhardt u. a. (Hrsg.), Der Friede von Rijswijk 1697. Mainz 1998.

H. Duchhardt/M. Espenhorst (Hrsg.), Frieden übersetzen in der Vormoderne. Translationsleistungen in Diplomatie, Medien und Wissenschaft. Göttingen 2012.

M. Espenhorst (Hrsg.), Frieden durch Sprache? Studien zum kommunikativen Umgang mit Konflikten und Konfliktlösungen. Göttingen 2012.

M. Espenhorst (Hrsg.), Unwissen und Missverständnisse im vormodernen Friedensprozess. Göttingen 2013.

A. Gotthard, Der liebe vnd werthe Fried. Kriegskonzepte und Neutralitätsvorstellungen in der Frühen Neuzeit. Köln/Weimar/Wien 2014.

3.5.4 Diplomatie und Diplomaten

C. Bastian u. a. (Hrsg.), Das Geschlecht der Diplomatie: Geschlechterrollen in den Außenbeziehungen vom Spätmittelalter bis zum 20. Jahrhundert. Köln/Weimar/Wien 2013.

L. Bély, Espions et ambassadeurs au temps de Louis XIV. Paris 1990.

G. Braun (Hrsg.), Diplomatische Wissenskulturen der Frühen Neuzeit. Erfahrungsräume und Orte der Wissensproduktion. Berlin 2018.

G. Braun/S. Lachenicht (Hrsg.), Spies, Espionage and Secret Diplomacy in the Early Modern Period. Stuttgart 2021.

H. Cools/M. Keblusek/B. Noldus (Hrsg.), Your Humble Servant. Agents in Early Modern Europe. Hilversum 2006.

T. Dorfner/T. Kirchner/C. Roll (Hrsg.), Berichten als kommunikative Herausforderung. Europäische Gesandtenberichte der Frühen Neuzeit in praxeologischer Perspektive. Köln/Weimar/Wien 2021.

A. Fahrmeir/A. Nützenadel/J. I. Engels (Hrsg.), Geld – Geschenke – Politik. Korruption im neuzeitlichen Europa. München 2019.

J. Falcke, Studien zum diplomatischen Geschenkwesen am brandenburgisch-preußischen Hof im 17. und 18. Jahrhundert. Berlin 2006.

S. Freyer/S. Westphal (Hrsg.), Wissen und Strategien frühneuzeitlicher Diplomatie. Berlin/Boston 2020.

J. Gebke/S. Mai/C. Muigg (Hrsg.), Das diplomatische Selbst in der Frühen Neuzeit. Verhandlungsstrategien, Erzählstrategien, Beziehungsdynamiken. Münster 2022.

M. Keblusek/B. V. Noldus (Hrsg.), Double Agents. Cultural and Political Brokerage in Early Modern Europe. Leiden/Boston 2011.

F. Kühnel/C. Vogel (Hrsg.), Zwischen Domestik und Staatsdiener. Botschaftssekretäre in den frühneuzeitlichen Außenbeziehungen. Köln/Weimar/Wien 2021.

G. Mayer/S. Tammaro (Hrsg.), Travelling Objects. Botschafter des Kulturtransfers zwischen Italien und dem Habsburgerreich. Wien/Köln/Weimar 2018.

D. Nolde, Was ist Diplomatie und wenn ja wie viele? Herausforderungen und Perspektiven einer Geschlechtergeschichte der frühneuzeitlichen Diplomatie, in: HA 2, 2013, 179–198.

M. Rohrschneider/A. Strohmeyer (Hrsg.), Wahrnehmungen des Fremden. Differenzerfahrungen von Diplomaten im 16. und 17. Jahrhundert. Münster 2007.

A.-S. Rous, Geheimdiplomatie in der Frühen Neuzeit. Spione und Chiffren in Sachsen 1500–1763. Stuttgart 2022.

A.-S. Rous/M. Mulsow (Hrsg.), Geheime Post. Kryptologie und Steganographie der diplomatischen Korrespondenz europäischer Höfe während der Frühen Neuzeit. Berlin 2015.

E. Ruffert, Das Gesandtschaftszeremoniell des brandenburgisch-preußischen Hofes um 1700. Berlin 2022.
H. v. Thiessen/C. Windler (Hrsg.), Nähe in der Ferne. Personale Verflechtung in den Außenbeziehungen der Frühen Neuzeit. Berlin 2005.
H. v. Thiessen/C. Windler (Hrsg.), Akteure der Außenbeziehungen. Netzwerke und Interkulturalität im historischen Wandel. Köln/Weimar/Wien 2010.
C. Windler, Missionare in Persien. Kulturelle Diversität und Normenkonkurrenz im globalen Katholizismus (17.–18. Jahrhundert). Köln/Weimar/Wien 2018.

3.5.5 Ungleiche Außenbeziehungen

F. Bosbach, Monarchia universalis. Ein politischer Leitbegriff der Frühen Neuzeit. Göttingen 1988.
J. Brüser, Reichsständische Libertät zwischen kaiserlichem Machtstreben und französischer Hegemonie. Der Rheinbund von 1658. Münster 2020.
J.-F. Chanet/C. Windler (Hrsg.), Les ressources des faibles. Neutralités, sauvegardes, accommodements en temps de guerre (XVIe–XVIIIe siècle). Rennes 2009.
T. Haug, Ungleiche Außenbeziehungen und grenzüberschreitende Patronage. Die französische Krone und die geistlichen Kurfürsten (1648–1679). Köln/Weimar/Wien 2016.
T. Haug/N. Weber/C. Windler (Hrsg.), Protegierte und Protektoren. Asymmetrische politische Beziehungen zwischen Partnerschaft und Dominanz (16. bis frühes 20. Jahrhundert). Köln/Weimar/Wien 2016.
C. Kampmann, Arbiter und Friedensstiftung. Die Auseinandersetzungen um den politischen Schiedsrichter im Europa der Frühen Neuzeit. Paderborn u. a. 2001.
P. Rogger/N. Weber (Hrsg.), Beobachten, Vernetzen, Verhandeln. Diplomatische Akteure und politische Kulturen in der frühneuzeitlichen Eidgenossenschaft = Observer, connecter, négocier. Acteurs diplomatiques et cultures politiques dans le Corps helvétique, XVIIe et XVIIIe siècles. Bern 2018.
M. Schnettger (Hrsg.), Kaiserliches und päpstliches Lehnswesen in der Frühen Neuzeit = zeitenblicke 6 (2007), Nr. 1, URL: https://www.zeitenblicke.de/2007/1/ (01.03. 2023).
W. H. Stein, Protection royale. Eine Untersuchung zu den Protektionsverhältnissen im Elsaß zur Zeit Richelieus 1622–1643. Münster 1973.

3.6 Der Dreißigjährige Krieg

3.6.1 Gesamtdarstellungen

J. Arndt, Der Dreißigjährige Krieg 1618–1648. 4. Aufl. Ditzingen 2018.
O. Asbach (Hrsg.), The Ashgate Research Companion to the Thirty Years' War. London 2016.
C. Brink/S. Jaeger/M. Winzeler (Hrsg.), Bellum & Artes. Mitteleuropa im Dreißigjährigen Krieg. Ausstellungskatalog. Dresden 2021.
J. Burkhardt, Der Dreißigjährige Krieg. 9. Aufl. Frankfurt a. M. 2016.

J. Burkhardt, Der Krieg der Kriege. Eine neue Geschichte des Dreißigjährigen Krieges. Stuttgart 2018.

A. Gotthard, Der Dreißigjährige Krieg. Eine Einführung. Köln/Weimar/Wien 2016.

P. C. Hartmann/F. Schuller (Hrsg.), Der Dreißigjährige Krieg. Facetten einer folgenreichen Epoche. 2. Aufl. Regensburg 2018.

C. Kampmann, Europa und das Reich im Dreißigjährigen Krieg. Stuttgart 2008.

H. Münkler, Der Dreißigjährige Krieg. Europäische Katastrophe, deutsches Trauma 1618–1648. 3. Aufl. Berlin 2017.

M. Rohrschneider/A. Tischer (Hrsg.), Dynamik durch Gewalt? Der Dreißigjährige Krieg (1618–1648) als Faktor der Wandlungsprozesse des 17. Jahrhunderts. Münster 2018.

G. Schmidt, Der Dreißigjährige Krieg. 9. Aufl. München 2018.

G. Schmidt, Die Reiter der Apokalypse. Geschichte des Dreißigjährigen Krieges. München 2018.

P. H. Wilson, Der Dreißigjährige Krieg. Eine europäische Tragödie. Darmstadt 2017.

3.6.2 Vorgeschichte und Anfangsphase des Dreißigjährigen Krieges

R. G. Asch, Vor dem großen Krieg. Europa 1598–1618. Darmstadt 2020.

H. Duchhardt, Der Weg in die Katastrophe des Dreißigjährigen Krieges. Die Krisendekade 1608–1618. München 2017.

U. Nagel, Zwischen Dynastie und Staatsräson. Die habsburgischen Botschafter in Wien und Madrid am Beginn des Dreißigjährigen Krieges. Göttingen 2018.

R. Rebitsch (Hrsg.), 1618 – der Beginn des Dreißigjährigen Krieges. Wien/Köln/Weimar 2017.

M. Stiebing, Regionale Entscheidungsfindung zum Krieg. Die Weimarer Herzöge zwischen fürstlicher Beratung und gelehrtem Diskurs (1603–1623). Münster 2023.

P. Wolf (Hrsg.), Der Winterkönig. Friedrich V., der letzte Kurfürst aus der Oberen Pfalz. Ausstellungskatalog. Augsburg 2003.

H. Ziegler, Trauen und Glauben. Vertrauen in der politischen Kultur des Alten Reiches im Konfessionellen Zeitalter. Affalterbach 2017.

3.6.3 Einzelne Akteure, Regionen und Ereignisse

J. Bahlcke/C. Kampmann (Hrsg.), Wallensteinbilder im Widerstreit. Eine historische Symbolfigur in Geschichtsschreibung und Literatur vom 17. bis zum 20. Jahrhundert, Köln/Weimar/Wien 2011.

F. Brendle, Der Erzkanzler im Religionskrieg. Kurfürst Anselm Casimir von Mainz, die geistlichen Fürsten und das Reich 1629 bis1647, Münster 2011.

B. Emich u. a. (Hrsg.), Wallenstein. Mensch - Mythos - Memoria. Berlin 2018.

M. Frisch, Das Restitutionsedikt Kaiser Ferdinands II. vom 6. März 1629. Eine rechtsgeschichtliche Untersuchung. Tübingen 1993.

A. Gotthard, „Politice seint wir Bäpstisch". Kursachsen und der deutsche Protestantismus im frühen 17. Jahrhundert, in: ZHF 20, 1993, 275–319.

M. Kaiser, Politik und Kriegführung. Maximilian von Bayern, Tilly und die Katholische Liga im Dreißigjährigen Krieg. Münster 1999.

C. Kampmann, Reichsrebellion und kaiserliche Acht. Politische Strafjustiz im Dreißigjährigen Krieg und das Verfahren gegen Wallenstein 1634. Münster 1992.

K. Keller/M. Scheutz (Hrsg.), Die Habsburgermonarchie und der Dreißigjährige Krieg. Köln/Weimar/Wien 2020.

F. Kleinehagenbrock, Die Grafschaft Hohenlohe im Dreißigjährigen Krieg. Eine erfahrungsgeschichtliche Untersuchung zu Herrschaft und Untertanen. Stuttgart 2003.

A. Neuburger, Konfessionskonflikt und Kriegsbeendigung im Schwäbischen Reichskreis. Württemberg und die katholischen Reichsstände im Südwesten vom Prager Frieden bis zum Westfälischen Frieden (1635–1651). Stuttgart 2011.

H. Weber, Frankreich, Kurtrier, der Rhein und das Reich, 1623–1635. Bonn 1969.

W. Wüst (Hrsg.), Der Dreißigjährige Krieg in Schwaben und seinen historischen Nachbarregionen: 1618 – 1648 – 2018. Augsburg 2018.

3.6.4 Sozial-, Wirtschafts- und Alltagsgeschichte des Krieges

G. Franz, Der Dreißigjährige Krieg und das deutsche Volk. Untersuchungen zur Bevölkerungs- und Agrargeschichte. 4. Aufl. Stuttgart 1979 [Erstaufl. 1940].

B. v. Krusenstjern/H. Medick (Hrsg.), Zwischen Alltag und Katastrophe. Der Dreißigjährige Krieg aus der Nähe. 2. Aufl. Göttingen 2001.

S. Leins, Das Prager Münzkonsortium 1622/23. Ein Kapitalgeschäft im Dreißigjährigen Krieg am Rand der Katastrophe. 2. Aufl. Münster 2016.

H. Medick, Der Dreißigjährige Krieg. Zeugnisse vom Leben mit Gewalt. 3. Aufl. Göttingen 2019.

U. Rosseaux, Die Kipper und Wipper als publizistisches Ereignis (1620–1626), Berlin 2001.

3.6.5 Westfälischer Friede: Allgemeines und Sammelbände

R. Babel (Hrsg.), Le Diplomate au travail. Entscheidungsprozesse, Information und Kommunikation im Umkreis des Westfälischen Friedenskongresses. München 2005.

M.-E. Brunert/M. Lanzinner (Hrsg.), Diplomatie, Medien, Rezeption. Aus der editorischen Arbeit an den Acta Pacis Westphalicae. Münster 2010.

K. Bussmann/H. Schilling (Hrsg.), 1648 – Krieg und Frieden in Europa. Ausstellungskatalog. 3 Bde. München 1998.

F. Dickmann, Der Westfälische Frieden. 7. Aufl. Münster 1998.

H. Duchhardt (Hrsg.), Bibliographie zum Westfälischen Frieden. Münster 1996.

H. Duchhardt (Hrsg.), Der Westfälische Friede. Diplomatie – politische Zäsur – kulturelles Umfeld – Rezeptionsgeschichte. München 1998.

D. Goetze/L. Oetzel (Hrsg.), Warum Friedenschließen so schwer ist. Frühneuzeitliche Friedensfindung am Beispiel des Westfälischen Friedenskongresses. Münster 2019.

C. Kampmann u. a. (Hrsg.), L'art de la paix. Kongresswesen und Friedensstiftung im Zeitalter des Westfälischen Friedens. Münster 2011.

K. Repgen, Dreißigjähriger Krieg und Westfälischer Friede. Studien und Quellen. 3. Aufl. Paderborn 2015.

I. Schmidt-Voges/S. Westphal (Hrsg.), Pax perpetua. Neuere Forschungen zum Frieden in der Frühen Neuzeit. München 2010.

S. Westphal, Der Westfälische Frieden. München 2015.

3.6.6 Westfälischer Friede: Einzelaspekte

F. Bosbach, Die Kosten des Westfälischen Friedenskongresses. Eine strukturgeschichtliche Untersuchung. Münster 1984.

G. Buchstab, Reichsstädte, Städtekurie und Westfälischer Friedenskongreß. Zusammenhänge von Sozialstruktur, Rechtsstatus und Wirtschaftskraft. Münster 1976.

J. Burkhardt/S. Haberer (Hrsg.), Das Friedensfest. Augsburg und die Entwicklung einer neuzeitlichen Toleranz-, Friedens- und Festkultur. Berlin 2000.

R.-P. Fuchs, Ein „Medium zum Frieden". Die Normaljahrsregel und die Beendigung des Dreißigjährigen Krieges. München 2010.

G. Immler, Kurfürst Maximilian I. und der Westfälische Friedenskongress. Die bayerische auswärtige Politik von 1644 bis zum Ulmer Waffenstillstand. Münster 1992.

B. M. Kremer, Der Westfälische Friede in der Deutung der Aufklärung. Zur Entwicklung des Verfassungsverständnisses bis ins späte 18. Jahrhundert. Tübingen 1989.

H. Lademacher (Hrsg.), Krieg und Kultur. Die Rezeption von Krieg und Frieden in der Niederländischen Republik und im Deutschen Reich, 1568–1648. Münster 1998.

N. F. May, Zwischen fürstlicher Repräsentation und adliger Statuspolitik. Das Kongresszeremoniell bei den westfälischen Friedensverhandlungen. Ostfildern 2016.

A. Neuburger, Konfessionskonflikt und Kriegsbeendigung im schwäbischen Reichskreis. Württemberg und die katholischen Reichsstände im Südwesten vom Prager Frieden bis zum Westfälischen Frieden (1635–1651). Stuttgart 2011.

A. Oschmann, Der Nürnberger Exekutionstag 1649–1650. Das Ende des Dreißigjährigen Krieges in Deutschland. Münster 1991.

K. Repgen, Die römische Kurie und der Westfälische Friede. Idee und Wirklichkeit des Papsttums im 16. und 17. Jahrhundert. Bd. 1 in 2 Tlen. Tübingen 1962–1965 [mehr nicht erschienen].

M. Rohrschneider, Der gescheiterte Frieden von Münster. Spaniens Ringen mit Frankreich auf dem Westfälischen Friedenskongress (1643–1649). Münster 2007.

J. Steiner, Die pfälzische Kurwürde während des Dreißigjährigen Krieges (1618–1648). Speyer 1985.

A. Tischer, Französische Diplomatie und Diplomaten auf dem Westfälischen Friedenskongress. Außenpolitik unter Richelieu und Mazarin. Münster 1999.

3.6.7 Pyrenäenfriede

L. Bély/B. Haan/S. Jettot (Hrsg.), La Paix des Pyrénées (1659): Ou le triomphe de la raison politique. Paris 2015.

H. Duchhardt (Hrsg.), Der Pyrenäenfriede 1659. Vorgeschichte, Widerhall, Rezeptionsgeschichte. Göttingen 2010.

D. Séré, La Paix des Pyrénées. Vingt-quatre ans de négociations entre la France et l'Espagne (1635–1659). Paris 2009.

3.7 Das Osmanische Reich in Europa

3.7.1 Geschichte des Osmanischen Reichs
G. Ágoston/B. Masters, Encyclopedia of the Ottoman Empire. New York 2010.
S. Faroqhi (Hrsg.), The Cambridge History of Turkey. Bd. 3: The Later Ottoman Empire, 1603–1839. Cambridge 2006.
S. Faroqhi, Geschichte des Osmanischen Reiches. 8. Aufl. München 2021.
C. Finkel, Osman's Dream. The Story of the Ottoman Empire 1300–1923. London 2005.
D. Goffman, The Ottoman Empire and Early Modern Europe. Cambridge u. a. 2002.
A. Helmedach u. a. (Hrsg.), Das osmanische Europa. Methoden und Perspektiven der Frühneuzeitforschung zu Südosteuropa. Leipzig 2014.
M. Koller, Die osmanische Geschichte Südosteuropas, in: Europäische Geschichte Online (EGO). Hrsg. vom Institut für Europäische Geschichte (IEG). Mainz 2010, URL: http://www.ieg-ego.eu/kollerm-2010-de (15.03.2023).

3.7.2 Türkenkriege
J. Bérenger (Hrsg.), Le paix de Karlowitz, 26 janvier 1699. Les relations entre l'Europe centrale et l'Empire Ottoman. Paris 2010.
K.-J. Bremm, Die Türken vor Wien. Zwei Weltmächte im Ringen um Europa. Darmstadt 2021.
E. Eickhoff, Venedig, Wien und die Osmanen. Umbruch in Südosteuropa 1645–1700. 5. Aufl. Stuttgart 2009.
M. Greene, A Shared World. Christians and Muslims in the Early Modern Mediterranean. Princeton 2000.
K.-P. Matschke, Das Kreuz und der Halbmond. Die Geschichte der Türkenkriege. Darmstadt 2004.
J. P. Niederkorn, Die europäischen Mächte und der „Lange Türkenkrieg" Kaiser Rudolfs II. (1593–1606). Wien 1993.
S. Rollig/P. Jaskanis (Hrsg.), Jan III. Sobieski. Ein polnischer König in Wien. München 2017.
J. Stoye, Die Türken vor Wien. Schicksalsjahr 1683. 2. Aufl. Graz 2012.

3.7.3 Diplomatische Beziehungen
P. Burschel/C. Vogel (Hrsg.), Die Audienz. Ritualisierter Kulturkontakt in der Frühen Neuzeit. Köln/Weimar/Wien 2014.
C. Garnier/C. Vogel (Hrsg.), Interkulturelle Ritualpraxis in der Vormoderne. Diplomatische Interaktion an den östlichen Grenzen der Fürstengesellschaft. Berlin 2016.
C. Hattler/S. Mostafawy (Red.), Kaiser und Sultan. Nachbarn in Europas Mitte 1600–1700. Darmstadt 2019.

M. Kurz u. a. (Hrsg.), Das Osmanische Reich und die Habsburgermonarchie. Akten des internationalen Kongresses zum 150-jährigen Bestehen des Instituts für Österreichische Geschichtsforschung, Wien, 22.–25. September 2004. Wien/München 2005.

K. Sperl/M. Scheutz/A Strohmeyer (Hrsg.), Die Schlacht von Mogersdorf/St. Gotthard und der Friede von Eisenburg/Vasvár 1664. Rahmenbedingungen, Akteure, Auswirkungen und Rezeption eines europäischen Ereignisses. Eisenstadt 2016.

A. Strohmeyer/N. Spannenberger (Hrsg.), Frieden und Konfliktmanagement in interkulturellen Räumen. Das Osmanische Reich und die Habsburgermonarchie in der Frühen Neuzeit. Stuttgart 2013.

M. Talbot, British-Ottoman Relations, 1661–1807. Commerce and Diplomatic Practice in Eighteenth-Century Istanbul. Woodbridge 2017.

C. Vogel, Istanbul als Drehscheibe frühneuzeitlicher europäischer Diplomatie, in: Europäische Geschichte Online (EGO). Hrsg. vom Institut für Europäische Geschichte (IEG). Mainz 2020, URL: http://www.ieg-ego.eu/vogelc-2020-de (14.07.2023).

3.7.4 Grenzräume, soziale und wirtschaftliche Beziehungen

R. Born/S. Jagodzinski (Hrsg.), Türkenkriege und Adelskultur in Ostmitteleuropa vom 16. bis zum 18. Jahrhundert. Ostfildern 2014.

S. Faroqhi/G. Veinstein (Hrsg.), Merchants in the Ottoman Empire. Paris u. a. 2008.

G. Kármán, Tributaries and Peripheries of the Ottoman Empire. Boston 2020.

D. Klein (Hrsg.), The Crimean Khanate between East and West (15th–18th Century). Wiesbaden 2012.

B. Masters, Christians and Jews in the Ottoman Arab World. Cambridge 2001.

G. Pálffy, Hungary between Two Empires 1526–1711. Bloomington, Ind. 2021.

A. C. S. Peacock (Hrsg.), The Frontiers of the Ottoman World. Oxford u. a. 2009.

S. Rohdewald/S. Conermann/A. Fuess (Hrsg.), Transottomanica – Osteuropäisch-osmanisch-persische Mobilitätsdynamiken. Perspektiven und Forschungsstand. Göttingen 2019.

E. N. Rothman, Brokering Empire. Trans-Imperial Subjects between Venice and Istanbul. Ithaca, NY 2012.

N. Spannenberger/S. Varga/R. Pech (Hrsg.), Ein Raum im Wandel. Die osmanisch-habsburgische Grenzregion vom 16. bis zum 18. Jahrhundert. Stuttgart 2014.

G. Volkmer, Siebenbürgen zwischen Habsburgermonarchie und Osmanischem Reich. Völkerrechtliche Stellung und Völkerrechtspraxis eines ostmitteleuropäischen Fürstentums 1541–1699. München 2015.

3.7.5 Repräsentationen, Wahrnehmungen und Erinnerungskultur

R. Born/A. Puth (Hrsg.), Osmanischer Orient und Ostmitteleuropa. Perzeptionen und Interaktionen in den Grenzzonen zwischen dem 16. und 18. Jahrhundert. Stuttgart 2014.

E. Dierauff u. a. (Hrsg.), Knowledge on the Move in a Transottoman Perspective. Dynamics of Intellectual Exchange from the Fifteenth to the Early Twentieth Century. Göttingen 2021.

J. Feichtinger/J. Heiss (Hrsg.), Der erinnerte Feind. Kritische Studien zur „Türkenbelagerung". Wien 2013.
J. Feichtinger/J. Heiss (Hrsg.), Geschichtspolitik und „Türkenbelagerung". Wien 2013.
E. Grossegger, Mythos Prinz Eugen. Inszenierung und Gedächtnis. Wien 2014.
G. Haug-Moritz/L. Pelizaeus (Hrsg.), Repräsentationen der islamischen Welt im Europa der Frühen Neuzeit. Münster 2010.
S. Jagodzinski, Die Türkenkriege im Spiegel der polnisch-litauischen Adelskultur. Kommemoration und Repräsentation bei den Żółkiewski, Sobieski und Radziwiłł. Ostfildern 2013.
T. Krstić, Contested Conversions to Islam: Narratives of Religious Change in the Early Modern Ottoman Empire. Stanford 2011.
T. Krstić (Hrsg.), Entangled Confessionalizations? Dialogic Perspectives on the Politics of Piety and Community-Building in the Ottoman Empire, 15th–18th Centuries. Piscataway, NJ 2022.
E. Leuschner/T. Wünsch (Hrsg.), Das Bild des Feindes. Konstruktion von Antagonismen und Kulturtransfer im Zeitalter der Türkenkriege. Berlin 2013.
N. Malcolm, Useful Enemies. Islam and the Ottoman Empire in Western Political Thought, 1450–1750. Oxford 2019.
C. Postel, La France-Turquie. La Turquie vue de France au XVIe siècle. Paris 2013.
T. Sindbaek/M. Hartmuth (Hrsg.), Images of Imperial Legacy. Modern Discourses on the Social and Cultural Impact of Ottoman and Habsburg Rule in Southeast Europe. Berlin u. a. 2011.
M. Soykut, Images of the „Turk" in Italy. A History of the „Other" in Early Modern Europe, 1453–1683. Berlin 2021.
S. Theilig/L. Coşan, Gewesene Türken. „Türkentaufen" im deutschsprachigen Raum in der Frühen Neuzeit. Berlin 2022.
G. Veinstein (Hrsg.), Turcs et turqueries, XVIe-XVIIIe siècles. Paris 2009.

3.8 Krisen, Katastrophen und Katastrophenbewältigung

3.8.1 Allgemeines
M. Jakubowski-Tiessen (Hrsg.), Krisen des 17. Jahrhunderts. Interdisziplinäre Perspektiven. Göttingen 1999.
H. G. Koenigsberger, Die Krise des 17. Jahrhunderts, in: ZHF 9, 1982, 143–165.
G. Parker, Global Crisis. War, Climate Change and Catastrophe in the Seventeenth Century. New Haven/London 2013.
G. Parker/L. M. Smith (Hrsg.), The General Crisis of the Seventeenth Century. London u. a. 1978.
R. Schlögl/P. R. Hoffmann-Rehnitz/E. Wiebel (Hrsg.), Die Krise in der Frühen Neuzeit. Göttingen 2016.
I. A. A. Thompson/B. Yun Casalilla (Hrsg.), The Castilian Crisis of the Seventeenth Century. New Perspectives on the Economic and Social History of Seventeenth-Century Spain. Cambridge u. a. 1994.

3.8.2 Umweltgeschichte

W. Behringer, Kulturgeschichte des Klimas. Von der Eiszeit bis zur globalen Erwärmung. 7. Aufl. München 2019.

W. Behringer/H. Lehmann/C. Pfister (Hrsg.), Kulturelle Konsequenzen der „Kleinen Eiszeit" = Cultural Consequences of the „Little Ice Age". Göttingen 2005.

P. Blom, Die Welt aus den Angeln. Eine Geschichte der Kleinen Eiszeit von 1570 bis 1700 sowie der Entstehung der modernen Welt, verbunden mit einigen Überlegungen zum Klima der Gegenwart. 6. Aufl. München 2018.

F. Konersmann/L. Möller (Hrsg.), Die Kleine Eiszeit (1430–1830) in Unterricht und Lehre. Perspektiven, Ansätze und Beispiele – Die Pfalz und ihre Nachbarregionen. Speyer 2020.

L. Kreye/C. Stühring/T. Zwingelberg (Hrsg.), Natur als Grenzerfahrung. Europäische Perspektiven der Mensch-Natur-Beziehung in Mittelalter und Neuzeit: Ressourcennutzung, Entdeckungen, Naturkatastrophen. Göttingen 2009.

F. Mauelshagen, Klimageschichte der Neuzeit. Darmstadt 2010.

C. Pfister, Klimageschichte der Schweiz 1525–1860. Das Klima der Schweiz und seine Bedeutung in der Geschichte von Bevölkerung und Landwirtschaft. 2 Bde. Bern/Stuttgart 1984.

D. Raths, Rekordernten und Hungerjahre. Klimabedingte Gunst- und Ungunstphasen an der Mittelmosel während der sogenannten *Kleinen Eiszeit* 1450–1700. Trier 2022.

R. Reith, Umweltgeschichte der Frühen Neuzeit. München 2011.

S. White, A Cold Welcome. The Little Ice Age and Europe's Encounter with North America. Cambridge, Mass./London 2017.

V. Winiwarter/M. Knoll, Umweltgeschichte. Eine Einführung. Köln/Weimar/Wien 2007.

A. Zechner, Steinbock, Mensch und Klima. Das Ende der letzten autochthonen Steinwildpopulation der Ostalpen im Zillertal, 1687–1711. Köln/Weimar/Wien 2022.

3.8.3 (Natur-)Katastrophen

M. L. Allemeyer, Fewersnoth und Flammenschwert. Stadtbrände in der Frühen Neuzeit, Göttingen 2007.

J. F. Field, London, Londoners and the Great Fire of 1666, London/New York 2018.

K. Hauer, Der plötzliche Tod. Bergstürze in Salzburg und Plurs kulturhistorisch betrachtet. Wien 2009.

M. Jakubowski-Tiessen, Sturmflut 1717. Die Bewältigung einer Naturkatastrophe in der Frühen Neuzeit. München 1992.

M. Jakubowski-Tiessen/H. Lehmann (Hrsg.), Um Himmels Willen. Religion in Katastrophenzeiten. Göttingen 2003.

C. Reich, Der Great Storm 1703. Zur Geschichte einer Naturkatastrophe zu Beginn des 18. Jahrhunderts in England. Bonn 2013.

S. Richter/H. Rosenberg (Hrsg.), Heidelberg nach 1693. Bewältigungsstrategien einer zerstörten Stadt. Weimar 2010.

G. J. Schenk (Hrsg), Katastrophen. Vom Untergang Pompejis bis zum Klimawandel. Ostfildern 2009.

C. Zwierlein, Der gezähmte Prometheus. Feuer und Sicherheit zwischen Früher Neuzeit und Moderne. Göttingen 2011.

3.8.4 Seuchen

M. Dinges/T. Schlich (Hrsg.), Neue Wege in der Seuchengeschichte. Stuttgart 1995.
P. Feuerstein-Herz (Hrsg.), Gotts verhengnis und seine straffe. Zur Geschichte der Seuchen in der Frühen Neuzeit. Wiesbaden 2005.
M. Häberlein (Hrsg.), Pest und Cholera. Seuchenbewältigung und Medizinalwesen in Bamberg in der Frühen Neuzeit. Bamberg 2023.
S. Leenen u. a. (Hrsg.), Pest! Eine Spurensuche. Darmstadt 2019.
K.-H. Leven, Seuchen: Eine Geschichte von der Antike bis zur Gegenwart. Köln/Weimar/Wien 2023.
E. Schlenkrich, Gevatter Tod. Pestzeiten im 17. und 18. Jahrhundert im sächsisch-schlesisch-böhmischen Vergleich. Stuttgart 2013.
R. Schulz u. a. (Hrsg.), Seuchen. Fluch der Vergangenheit, Bedrohung der Zukunft. Darmstadt 2023.
P. Sturm, Leben mit dem Tod in den Reichsstädten Esslingen, Nördlingen und Schwäbisch Hall. Epidemien und deren Auswirkungen vom frühen 15. bis zum frühen 17. Jahrhundert. Ostfildern 2014.
O. Ulbricht, (Hrsg.), Die leidige Seuche. Pest-Fälle in der Frühen Neuzeit. Köln/Weimar/Wien 2004.
P. van Bost (Hrsg.), Marseille en temps de peste, 1720–1722. Marseille 2022.
C. C. Wahrmann, Kommunikation der Pest. Seestädte des Ostseeraums und die Bedrohung durch die Seuche 1708–1713. Berlin 2012.

3.8.5 Astrologie, Magie, Hexerei, Hexenverfolgung

I. Ahrendt-Schulte u. a. (Hrsg.), Geschlecht, Magie und Hexenverfolgung. Bielefeld 2002.
A. Bähr, Der grausame Komet: Himmelszeichen und Weltgeschehen im Dreißigjährigen Krieg. Reinbek 2017.
K. Bauer, Der andere Kepler. Vom Aufstieg eines frühneuzeitlichen Gelehrten mit Hilfe der Astrologie. Diss. Erlangen-Nürnberg 2014.
W. Behringer, Hexen. Glaube – Verfolgung – Vermarktung. 7. Aufl. München 2020.
J. Dillinger, Kinder im Hexenprozess. Magie und Kindheit in der Frühen Neuzeit. Stuttgart 2013.
J. Dillinger, Hexen und Magie. 2. Aufl. Frankfurt a. M./New York 2018.
B. Gehm, Die Hexenverfolgung im Hochstift Bamberg und das Eingreifen des Reichshofrates zu ihrer Beendigung. 2. Aufl. Hildesheim 2012.
M. Gindhart, Das Kometenjahr 1618. Antikes und zeitgenössisches Wissen in der frühneuzeitlichen Kometenliteratur des deutschsprachigen Raumes. Wiesbaden 2006.
A. Jerratsch, Der frühneuzeitliche Kometendiskurs im Spiegel deutschsprachiger Flugschriften. Stuttgart 2020.
B. P. Levack, Hexenjagd. Die Geschichte der Hexenverfolgungen in Europa. 5. Aufl. München 2019.
P. Oestmann, Hexenprozesse am Reichskammergericht. Köln/Weimar/Wien 1997.

M. Pohlig/B. Schlieben (Hrsg.), Grenzen des Sozialen. Kommunikation mit nichtmenschlichen Akteuren in der Vormoderne. Göttingen 2022.

U. Rublack, Der Astronom und die Hexe. Johannes Kepler und seine Zeit. 2. Aufl. Stuttgart 2022.

W. Rummel/R. Voltmer, Hexen und Hexenverfolgung in der Frühen Neuzeit. 2. Aufl. Darmstadt 2016.

R. Voltmer (Hrsg.), Hexenverfolgung und Herrschaftspraxis. Trier 2005.

M. Waddell, Magic, Science, and Religion in Early Modern Europe. Cambridge u. a. 2021.

Zeittafel

1568–1648	Achtzigjähriger Krieg/Niederländischer Unabhängigkeitskrieg
1582	Gregorianische Kalenderreform
1593–1606	Langer Türkenkrieg
1598	Edikt von Nantes
1602	Gründung der Niederländischen Vereinigten Ostindischen Kompanie
1603	† Elisabeth I. von England, Personalunion Englands und Schottlands unter Jakob I./VI. Stuart
1606	Kaiserlich-osmanischer Friede von Zsitvatorok
1608	Gründung der Protestantischen Union
1609	Gründung der Katholischen Liga
	Böhmischer Majestätsbrief Kaiser Rudolphs II.
	Beginn des zwölfjährigen Waffenstillstands zwischen Spanien und den Vereinigten Niederlanden
	Gründung der Amsterdamsche Wisselbank
1609–14	Jülich-Klevischer Erbfolgestreit
1610	Ermordung Heinrichs IV. von Frankreich; Regentschaft Marias de' Medici
1613	Beginn der Herrschaft des Hauses Romanow in Moskowien (Zar Michael I.)
1618–48	Dreißigjähriger Krieg
1618	Prager Fenstersturz
	Erbanfall des Herzogtums Preußen an die kurbrandenburgischen Hohenzollern
1619	Fast zeitgleiche Wahl Ferdinands II. von Österreich zum Römischen Kaiser und des Kurfürsten Friedrich V. von der Pfalz zum König von Böhmen
1620	Schlacht am Weißen Berg, Sieg der Habsburger und ihrer Verbündeten
1621	Wiederausbruch des spanisch-niederländischen Krieges
1625	Hugo Grotius: „De iure belli ac pacis"
1627	Erlass der „Verneuerten Böhmischen Landesordnung"
	Spanischer Staatsbankrott
1628	Fall des hugenottischen Sicherheitsplatzes La Rochelle
	Petition of Right des englischen Unterhauses
1628–31	Mantuanischer Erbfolgekrieg
1629	Kaiserliches Restitutionsedikt
	Kaiserlich-dänischer Friede von Lübeck
1630	Intervention Gustavs II. Adolf von Schweden in den Dreißigjährigen Krieg
1631	Schlacht bei Breitenfeld, Sieg Schwedens
	Friedrich Spee: „Cautio criminalis" gegen Hexenverfolgungen

Die Zeittafel präsentiert eine Auswahl von Daten, vornehmlich zu den Mächtebeziehungen sowie zur politischen Geschichte verschiedener europäischer Länder. Berücksichtigt werden aber auch andere Themenfelder wie die Wissensgeschichte. Auf diese Weise legt die Zeittafel Gleichzeitigkeiten offen, die in der Darstellung verborgen bleiben.

1632	Schlacht bei Lützen, Sieg Schwedens, † Gustav II. Adolf
1633	Verurteilung Galileo Galileis zu lebenslanger Haft wegen Ketzerei
1634	Ermordung Wallensteins
	Schlacht bei Nördlingen, Sieg der Habsburger
	Burchardiflut (zweite „Grode Mandränke")
1635	Prager Friede
	Eintritt Frankreichs in den Dreißigjährigen Krieg
	Gründung der Académie Française
1637	René Descartes: „Discours de la Méthode"
1640	Antispanischer Aufstand Kataloniens und Portugals
1640/41	Regensburger Reichstag
1642	Bürgerkrieg in England
1645-69	Venezianisch-osmanischer Kandia-Krieg
1648	Westfälischer Friede und spanisch-niederländischer Friede von Münster
1648-53	*Fronde*-Aufstand in Frankreich
1648-57	Chmelnyzkyj-Aufstand in Polen mit antijüdischen Pogromen
1649	Hinrichtung Karls I. von England
1649-60	Republik (*Commonwealth and Free State*) England
1649/50	Nürnberger Exekutionstag
1651	Thomas Hobbes: „Leviathan"
1652-54	Erster englisch-niederländischer Seekrieg
1653/54	Letzter deutscher Reichstag alten Stils
1653-58	Oliver Cromwell englischer *Lord Protector*
1654	Abdankung Königin Christinas von Schweden mit anschließender Konversion zum Katholizismus
1654-1672	Epoche der „wahren Freiheit" in den Vereinigten Niederlanden
1655-60	Nordischer Krieg
1657/58	Frankfurter Wahltag: Kaiserwahl Leopolds I. und Erster Rheinbund
1659	Pyrenäenfriede zwischen Frankreich und Spanien
1660	Restauration in England unter König Karl II. Stuart
	Gründung der Royal Society
	Reichstag von Kopenhagen: Dänemark als Erbmonarchie
	Lehnsunabhängigkeit des Herzogtums Preußen
1661	Beginn des persönlichen Regiments Ludwigs XIV.
1663	Beginn des Immerwährenden Reichstags in Regensburg (bis 1806)
1663/64	Kaiserlich-osmanischer Krieg
1664-67	Zweiter englisch-niederländischer Seekrieg
1665	*Lex Regia*: Dänemark als absolute Monarchie
	Erstes Erscheinen des „Journal des Sçavans" (Paris) und der „Philosophical Transactions" (London)
1666-94	Bau des „Canal Royal" in Südfrankreich

1667	Polnisch-russischer Vertrag von Andrussowo: Weißrussland und Teile der Ukraine russisch
1667/68	Devolutionskrieg mit Frieden von Aachen
1672–74	Dritter englisch-niederländischer Seekrieg
1672–1678/79	Holländischer Krieg
1673	François Poullain de la Barre: „De l'Egalité des deux Sexes"
1675	Philipp Jakob Spener: „Pia desideria"
1678	Englische *Exclusion Crisis*
1678/79	Friede von Nimwegen
1679	Beginn der französischen Reunionen
1681	Kapitulation Straßburgs
1682	Erstes Erscheinen der „Acta Eruditorum" (Leipzig)
	Schloss Versailles ständige Residenz des französischen Hofes
1683–99	Großer Türkenkrieg
1683	Belagerung Wiens
	Kurbrandenburgische Kolonie Groß Friedrichsburg (Guinea)
1684	Regensburger Stillstand: befristete Anerkennung der französischen Reunionen
1685	Aufhebung des Edikts von Nantes: Hugenottenexodus aus Frankreich
1687	Pressburger Reichstag: Erblichkeit der ungarischen Königskrone
	Beginn der *Querelle des Anciens et des Modernes*
1688	† „Großer Kurfürst" Friedrich Wilhelm I. von Brandenburg
1688/89	*Glorious Revolution* in England: *Bill of Rights*; Königtum Wilhelms III. von Oranien und Marias II. Stuart
1688–97	Neunjähriger Krieg (Pfälzischer Erbfolgekrieg)
1689	Wiener „Große Allianz" gegen Frankreich
1690	John Locke: „Two Treatises of Government"
	Schlacht am Boyne (Irland)
1692	Errichtung der neunten Kurwürde (Haus Hannover)
1694	Gründung der Bank of England
	Gründung der Universität Halle
1695/98	Gründung der Franckeschen Stiftungen in Halle
1697	Friede von Rijswijk
	Wahl Friedrich Augusts I. von Sachsen zum König von Polen (August II., „der Starke")
	Pierre Bayle: „Dictionnaire historique et critique"
1699	Friede von Karlowitz
1700–21	Großer Nordischer Krieg
1700	† Karl II. von Spanien: Ende der spanischen Linie der Habsburger im Mannesstamm
1701	Begründung der preußischen Königswürde
	Act of Settlement in England
	Christian Thomasius: „Dissertatio de crimine magiae" gegen die Hexenlehre
1701–1713/14	Spanischer Erbfolgekrieg
1703	Gründung Sankt Petersburgs

1705	† Kaiser Leopold I.; Nachfolge Josephs I.
1707	Englisch-schottische Union → Großbritannien
1708/09	Jahrtausendwinter
1709	Aufhebung des Nonnenklosters Port-Royal als Mittelpunkt des französischen Jansenismus
1713/14	Friede von Utrecht, Rastatt und Baden
1714	Nachfolge des Hauses Hannover in Großbritannien
1714–18	Kaiserlich-osmanischer Krieg
1715	† Ludwig XIV. von Frankreich
1716	† Gottfried Wilhelm Leibniz
1720	*South Sea Bubble*
1720/22	Letzter Pestausbruch in Westeuropa

Karten

Die Karten sollen eine Orientierung in der politischen Landschaft Europas im 17. Jahrhundert ermöglichen. Dafür bieten sie unterschiedliche Zugänge:

Karte 1 (Seite 298/299): **Zusammengesetzte Monarchien am Beginn des 17. Jahrhunderts (1618)** IEG-Maps (https://www.ieg-maps.uni-mainz.de/), bearbeitet von Peter Palm, Berlin
Karte 1 gibt einen Einblick in zusammengesetzte Staatlichkeit am Beginn des Dreißigjährigen Krieges. Besonders für die Reiche der spanischen und österreichischen Habsburger ist hervorgehoben, dass sie aus unterschiedlichen Herrschaftsgebieten und Ländergruppen mit je spezifischen Verfassungen und Rechten bestanden. Der König von Polen und Großfürst von Litauen war auch Lehnsherr der Herzöge von Kurland und Preußen. Der osmanische Sultan hatte eine Reihe von Vasallen in unterschiedlichen Graden der Abhängigkeit. Die ganze Tragweite zusammengesetzter Staatlichkeit lässt sich in einer Europakarte freilich kaum abbilden: Weder die Provinzen Frankreichs und der Niederlande noch die Schweizer Kantone – um nur zwei Beispiele zu nennen – sind in diesem Maßstab darstellbar.

Karte 2 (Seite 300/301): **Das Reich nach dem Dreißigjährigen Krieg (1648)**
© Peter Palm, Berlin
Karte 2 vermittelt für die Zeit nach dem Westfälischen Frieden einen Eindruck von der Komplexität des Reichs und seiner Verfasstheit. Sie rückt nicht einseitig einen territorialen „Flickenteppich" in den Vordergrund, sondern hebt neben den Reichsstädten die habsburgischen, schwedischen und kurfürstlichen Besitzungen hervor. Sie trägt damit dem Umstand Rechnung, dass die Kurfürsten nicht nur als Kaiserwähler den Anspruch hatten, Säulen des Reichs zu sein, sondern auch in der europäischen „Gesellschaft der Fürsten" einen königsähnlichen Rang innehatten. Die Karte differenziert zudem zwischen den Kerngebieten des Reichs und den nicht in die Reichskreisorganisation einbezogenen Ländern der Böhmischen Krone sowie den italienischen Reichslehnsgebieten.

Karte 3 (Seite 302): **Europa nach dem Spanischen Erbfolgekrieg (1714)**
© Peter Palm, Berlin
Karte 3 stellt West- und Mitteleuropa um 1714 dar. Hier steht ein systemimmanentes Problem frühneuzeitlicher Monarchien im Fokus: So wie auf dem Erbweg große, zusammengesetzte Monarchien entstehen konnten, konnten sie infolge von Erbfolgekonflikten wieder zerfallen. Konkret thematisiert die Karte das Ende des Reichs der spanischen Habsburger bzw. dessen Aufteilung infolge der Friedensschlüsse von Utrecht, Rastatt und Baden.

Es wird deutlich, dass alle Karten Komplexität reduzieren und einzelne Aspekte auf Kosten anderer in den Vordergrund rücken. Sie sollten daher nicht als Darstellungen historischer „Realität" missverstanden, sondern mit der gebotenen Vorsicht gelesen werden.

https://doi.org/10.1515/9783110732771-005

Abkürzungen

AKG	Archiv für Kulturgeschichte
APW	Acta Pacis Westphalicae
ARG	Archiv für Reformationsgeschichte
GWU	Geschichte in Wissenschaft und Unterricht
HA	Historische Anthropologie
HZ	Historische Zeitschrift
IPM	Instrumentum Pacis Monasteriense
IPO	Instrumentum Pacis Osnabrugense
JbEurG	Jahrbuch für Europäische Geschichte
QuFiAB	Quellen und Forschungen aus italienischen Archiven und Bibliotheken
VHO	Verhandlungen des Historischen Vereins für Oberpfalz und Regensburg
ZHF	Zeitschrift für Historische Forschung
ZNR	Zeitschrift für Neuere Rechtsgeschichte
ZRG GA	Zeitschrift der Savigny-Stiftung für Rechtsgeschichte, Germanistische Abteilung

Autorenregister

Adam, W. 175
Adams, C. 189
Adams, T. 189
Ágoston, G. 235, 237
Ahrendt-Schulte, I. 252
Akkerman, N. 225
Albrecht, D. 226
Allemeyer, M. L. 246 f.
Amend-Traut, A. 194
Ammerer, G. 175, 179, 181
Andermann, K. 198
Angermeier, H. 196
Aretin, K. O. v. 196
Arndt, J. 199 f., 223
Asbach, O. 223
Asch, R. G., 169, 220, 224
Asche, M. 204, 228

Babel, R. 175, 214
Backhaus, F. 210
Bähr, A. 249
Bähr, M. 207
Bahlcke, J. 204, 228
Barteleit, S. 207
Bastian, C. 218
Battenberg, F. 194, 210 f.
Bauer, K. 249
Bauer, V. 174
Baumann, A. 176
Baumgart, P. 170, 179
Bayreuther, M. 175
Becker, H.-J. 180
Begert, A. 199
Behringer, W. 209, 245, 250, 252
Bei der Wieden, H. 179
Bellingradt, M. 200
Bély, L. 120, 216, 220, 232
Bender, E. 176
Benedict, P. 206
Bérenger, J. 197, 239
Berg, D. 171
Bergerhausen, H.-W. 198
Bernard, A. 206
Biermann, V. 182

Bierther, K. 193
Black, J. 227
Blaich, F. 172
Blom, P. 245
Böhm, M. 206
Bömelburg, H.-J. 214
Börste, M. 217
Bog, I. 194
Born, R. 236, 241
Bosbach, F. 217, 231
Bots, H. 191
Bots-Estourgie, E. 191
Bourdieu, P. 155
Braddick, M. J. 171
Braden, J. 210
Brakensiek, S. 180
Braun, B. 185 f., 197
Braun, G. 214, 220
Brecht, M. 208
Bredow, C. v. 180
Bremm, K.-J. 235
Brendle, F. 226
Bretschneider, F. 200
Brevaglieri, S. 221
Brink, C. 224
Brockhoff, E. 197
Brockliss, L. W. B. 177
Brockmann, T. 196, 203, 226
Brüser, J. 217
Brunner, O. 98, 181
Buchholz, W. 204
Buchstab, G. 230
Buckreus, S. 184
Burgdorf, W. 197
Burke, P. 170, 174
Burkhardt, J. 193, 222 f., 227, 231
Burschel, P. 239
Bussmann, K. 230

Campagna, N. 169
Campbell Orr, C. 185
Caspari, V. 174
Chaix, G., 198
Chanet, J.-F. 217

Christ, G. 197
Coffey, J. 207
Conermann, S. 241 f.
Cools, H. 220
Coşan, L. 243
Cosandey, F. 185
Crawford, K. 183
Cremer, A. C. 176
Cruz, A. J. 185

Da Vinha, M. 190
Deflers, I. 170
Dickmann, F. 229
Dierauff, E. 242
Dierks, D. 238
Diestelkamp, B. 194
Dillinger, J. 250, 252 f.
Dingel, I. 231
Dinges, M. 248
Dixon, C. S. 208
Diyab, H. 242
Dölemeyer, B. 206
Domeier, N. 182
Dorfner, T. 221
Dotzauer, W. 195
Drews, W. 175
Duchhardt, H. 169, 206, 209, 214, 216, 221, 224, 230, 232
Dudink, S. 228
Duhamelle, C. 200, 208
Duindam, J. 174 f.
Durston, C. 207

Eales, J. 207
Ehrenpreis, S. 195 f., 211
Eickhoff, E. 236, 240
Eickhoff, S. 228
Elias, N. 155, 174
Eliav-Feldon, M. 210
Elliott, J. H. 177, 180
Emich, B. 176, 178, 205, 216, 219 f., 228
Engels, J. I. 220
Ernesti, J. 217
Espenhorst, M. 188, 221
Externbrink, S. 170

Fahrmeir, A. 220
Farge, A., 181
Ferguson, J. 171
Faroqhi, S. 235, 242
Feichtinger, J. 243
Feros, A. 177
Ferrari Schiefer, V. 188
Feuerstein-Herz, P. 248
Fiedler, J. 213
Field, J. F. 247
Flurschütz da Cruz, A. 198
Foucault, M. 155
François, E. 232
Franz, G. 229
Freist, D. 169, 204, 208
Freyer, S. 220
Friedeburg, R. v. 181
Friedrich, S. 194
Frisch, M. 226
Fröschl, T. 180
Frost, R. I. 214
Fuchs, R.-P. 230
Fürnrohr, W. 193 f.
Fuess, A. 241 f.

Galli Stampino, M. 185
Garnier, C. 239
Gebke, J. 221
Gehm, B. 252
Gerhard, D. 179
Ghirardelli, G. 242
Gibbs, G. C. 214
Gindhart, M. 249
Goertz, H. J. 208
Göse, F. 171
Goetze, D. 231
Goffman, D. 235
Goloubeva, M. 175
González Cuerva, A. 174
Gotthard, A., 191, 197, 217, 222, 226
Gotzmann, A. 211
Gräf, H. T. 240
Grande, N. 190
Grandjean, M. 206
Greene, M. 232, 236
Greengrass, M. 208

Greindl, G. 229
Greinert, M. 186
Greyerz, K. v. 203 f.
Grillon, P. 177
Groenveld, S. 208
Gromelski, T. 180
Großegger, E. 243
Gschließer, O. v. 195

Haag, N. 197
Haan, B. 232
Haas, P. 187
Haberer, S. 231
Hacke, D. 205
Häberlein, M. 247
Härter, K. 179
Hagemann, K. 228
Harms, W. 226
Harris, T. 171
Hartmann, P. C. 195, 197, 223
Hartmuth, M. 235
Hattler, C. 243
Hauer, K. 247
Haug, T. 197, 217
Haug-Moritz, G. 233
Hausmann, U. 211
Heckel, M. 230
Heckscher, E. 172
Heiss, J. 243
Helfferich, T. 184
Helmedach, A. 235
Hengerer, M. 170, 175, 196
Henshall, N. 168 f.
Hermanns, U. 182
Herzig, A. 208, 210
Hierdeis, I. 188
Hirschbiegel, J. 175, 177
Hochedlinger, M. 181
Hoffmann-Rehnitz, P. R. 244
Hohkamp, M. 186
Holland, W. L. 191
Hollenberg, G. 179
Holzem, A. 204

Ilg, U. 188
Immler, G. 229 f.

Iseli, A. 178
Isenmann, M. 173

Jaeger, S. 224
Jagodzinski, S. 236
Jahns, S. 194
Jakubowski-Tiessen, M. 244, 246, 249
Jaskanis, P. 243
Jedin, H. 202
Jerratsch, A. 249
Jesse, H. 231
Jettot, S. 232
Jörn, N. 194, 199
Jürgensmeier, F. 197
Jütte, R. 248

Kägler, B. 186 f.
Kaiser, M. 175
Kaiser, M. 171, 177, 228
Kampmann, C. 175, 216, 223, 228
Kaplan, B. 160, 208
Kapser, C. 228
Karmán, G. 240
Karner, H. 175
Karstens, S. 246
Kaufmann, T. 204
Keblusek, M. 220
Keil, M. 210
Keller, K. 185 f., 188 f., 208, 218, 224
Kiefner, T. 207
Kießling, R. 210
Kirchner, T. 221
Kizik, E. 214
Klein, D. 241
Kleinehagenbrock, F. 224
Klesmann, B. 214
Klingebiel, T. 179
Klueting, H. 209
Knoll, M. 244
Koči, J. 223
Koenigsberger, H. G. 181, 244
Körber, E.-B. 200
Kohl, W. 217
Kohler, A. 214
Koller, A. 174
Koller, E. 208

Koller, M. 235
Konersmann, F. 245
Kopp, S. 205
Kotowski, E.-V. 210
Kremer, B. M. 231
Kreye, L. 249
Krischer, A. 180, 198
Kroener, B. R. 227 f.
Kroll, S. 228
Krstić, T. 204, 235
Krüger, K. 179, 228
Krusenstjern, B. v. 229
Kühnel, M. 220
Kühner, C. 170
Küppers-Braun, U. 183
Kunisch, J. 182, 215
Kunze, B. Y. 207
Kurz, M. 236, 240, 242

Lachenicht, S. 206, 220
Lademacher, H. 208, 231
Lanzinner, M. 193
Latham, R. 247
Lau, T. 198, 205
Leber, T., 242
Leeb, R. 208
Leenen, S. 247
Lehmann, H. 245 f., 249
Lehsten, L. v. 194
Leibetseder, M. 175
Leins, S. 225
Leroux, F. 189
Leuschner, E. 242
Levack, B. P. 250
Leven, K.-H. 247
Lim, P. C. H. 207
Lindemann, M. 248
Litt, S. 210
Lockyer, R. 178
Loos, R. 208
Lorenz, G. 223, 228
Lotz-Heumann, U. 207, 210
Luh, J. 171, 205
Luhmann, N. 157

Mączak, A. 176
Mader, O. 209
Magdelaine, M. 158
Magnusson, L. 172 f.
Mai, S. 221
Maissen, T. 216
Malcolm, N. 234
Malettke, K. 82, 177, 213
Mallick, O. 183
Maral, A. 190
Marquardt, B. 200
Masters, B. 235, 237
Ma'ta, P. 170, 181, 208
Matheus, R. 209
Matschke, K.-P. 236
Matthews, W. 247
Mauelshagen, F. 244, 253
Maurer, M. 204
May, G. 209
May, N. F. 231
Mayer, G. 220
McGowan, M. M. 187
Medick, H. 229
Meinhardt, M. 228
Meller, H. 228
Mempel, D. 206
Menne, M. 205
Meumann, M. 180, 227 f.
Millen, R. F. 189
Missfelder, J.-F. 209
Mitchell, S. Z. 183
Möller, L. 245
Moritz, T. G. 205
Mostafawy, S. 243
Mühling, C. 182, 205
Müller, A. 193
Müller, M. 175
Müller, R. A. 174, 198
Münkler, H. 223
Muigg, C. 221
Mulsow, M. 220
Murk, K. 179

Näther, B. 180
Nagel, U. 224
Nehring, K. 242

Neitmann, K. 208
Neuburger, A. 226
Neugebauer-Wölk, M. 198
Neuhaus, H. 191
Neumaier, N. 198
Nicklas, T. 195
Niederkorn, J. P. 238
Niefanger, D. 228
Niggemann, U. 171, 206
Nipperdey, J. 209
Nolde, D. 188, 218
Noldus, B. V. 220
North, M. 199
Nowosadtko, J. 227 f.
Nützenadel, A. 220

Obst, H. 208
Oestmann, P. 252
Oestreich, G. 155, 178, 203
Oetzel, L. 231
Onnekink, D. 205
Opgenoorth, W. 171
Opitz-Belakhal, C. 174, 188
Oresko, R. 214
Ortlieb, E. 195
Oschmann, A. 231
Oy-Marra, E. 209

Pálffy, G. 241
Palos, J.-L. 187
Pappenheim, B. 211
Paravicini, W. 175, 177
Parker, G. 227, 244
Parrott, D. 227
Pastor, L. v. 216
Peacock, A. C. S. 241
Pečar, A. 177
Pech, R. 241
Pelizaeus, L. 233
Peper, I. 209
Petrisch, E. D. 237
Peyer, H. C. 32
Pfister, C. 244 f.,
Pietsch, A. 203, 210
Pietschmann, K. 209
Piltz, E. 203

Plassmann, M. 196
Pohlig, M. 209, 214, 250
Postel, C. 234
Press, V. 196, 229
Preusse, C. 180
Priesching, N. 205
Pröve, R. 180, 228
Pühringer, A. 227 f.
Puppel, P. 184
Puth, A. 243

Raths, D. 245
Rauscher, P. 210 f.
Rebitsch, R. 214, 224
Reich, C. 246
Reindl-Kiel, H. 239
Reinhard, W. 36, 170, 178, 202 f., 219
Reith, R. 244
Repgen, K. 229, 231
Richter, S. 247
Ries, R. 212
Roberts, M. 225, 227
Roeck, B. 198, 232
Röckelein, H. 197
Rogg, M. 228
Rogger, P. 216
Rohdewald, S. 241 f.
Rohrschneider, M. 171, 181, 221, 223, 232
Roll, C. 221
Rollig, S. 243
Romberg, M. 175
Rose, S. O. 228
Rosenberg, H. 247
Ross, A. 180
Rosseaux, U. 225
Rossel, B. 206
Rothman, E. N. 241
Rous, A.-S. 220
Rublack, U. 252
Rudolph, H. 193, 240
Ruffert, E. 215
Rummel, W. 250
Rutz, A. 228

Saito, K. 228
Sánchez, M. 187
Sarti, C. 181
Schaich, M. 214
Schattkowsky, M. 188
Schedlitz, B. 212
Schefzik, M. 228
Schenk, G. J. 246
Schenk, T. 194
Scheuerbrandt, A. 16
Scheurmann, I. 194
Scheutz, M. 175, 208 f., 224, 239
Schiersner, D. 197
Schildt, B. 194
Schilling, H. 36, 202 f., 213, 225
Schilling, L. 169
Schindling, A. 193, 196, 204
Schlachta, A. v. 194
Schlenkrich, E. 247
Schleuning, R. 189
Schlich, T. 248
Schlieben, B. 250
Schlögl, R. 244
Schmid, J. J. 223
Schmidt, G. 199, 222, 230
Schmidt, H. R. 203
Schmidt-Funke, J. 198
Schmidt-Voges, I. 231
Schnee, H. 212
Schneider, G. 181
Schnettger, M. 169, 185 f., 191, 193, 199, 201, 214, 216
Schönpflug, D. 187
Schopper, F. 228
Schraut, S. 199
Schröder-Stapper, T. 183
Schubert, A. 204
Schuller, F. 223
Schulz, R. 247
Schulze, F. 196
Schumann, J. 175
Schwerhoff, G. 198, 203
Scott, H. M. 214
Séré, D. 232
Signori, G. 228
Signorotto, G. 216

Simon, T. 173, 178, 181
Sindbaek, T. 235
Skinner, Q. 181
Skrzypietz, A. 185
Smith, L. M. 244
Snyder, J. R. 174, 221
Soykut, M. 234
Spannenberger, N. 236–241
Sperl, K. 239
Spörri, H. 221
Srbik, H. v. 192
Stein, W. H. 217
Steiner, J. 230
Steinert, M. A. 231
Stern, P. 172
Stern, S. 212
Stiebing, M. 224
Stollberg-Rilinger, B. 123, 180, 191, 194, 201, 203, 210, 215
Stolleis, M. 179
Stoye, J. 234
Strohmeyer, A. 180, 193, 204, 221, 236–240
Stühring, C. 249
Sturm, P. 247

Talbot, M. 242
Tammaro, S. 220
Taylor, S. 171
Temme, W. 208
'T Hart, M. 214
Theilig, S. 243
Thiessen, H. v. 176, 212, 216, 218–220
Thompson, I. A. A. 247
Tischer, A. 170, 213 f., 223, 230
Treue, W. 210

Ulbricht, O. 248
Ullmann, S. 210

Van Bost, P. 247
Van der Cruysse, D. 190 f.
Van der Lem, A. 181
Van Gelderen, M. 181
Van Wyhe, C. 184
Varga, S. 241

Veinstein, G. 234, 242
Verga, M. 200
Visceglia, M. A. 216
Vogel, C. 220, 239 f.
Volkmer, G. 241
Voltmer, R. 250, 252

Waddell, M. 249
Wahrmann, C. C. 247
Wallmann, J. 208
Weber, H. 226
Weber, M. 155
Weber, N. 175, 216 f.
Weikl, D. 208
Weiß, D. 203
Wendebourg, D. 208
Wendehorst, S. 180, 191, 211
Wennerlind, C. 172
Westphal, S. 175, 191, 220, 230 f.
Wettlaufer J. 175
Whaley, J. 200
White, S. 246
Wiebel, E. 244
Wieland, C. 178
Wieland, R. 205
Williams, P. 177
Wilson, P. H. 223, 228
Windler, C. 212, 216–220

Winiwarter, V. 244
Winkel, C. 228
Winkelbauer, T. 170, 181
Winn, C. H. 207
Winter, S. 175
Winzeler, M. 224
Winzen, K. 194
Wittmann, H. 198
Wolf, P. 225
Wolf, R. E. 189
Wrede, M. 142, 170, 222, 233 f.
Wright, Q. 2
Wünsch, T. 242
Wührer, J. 175
Würgler, A. 181
Wüst, W. 179, 195, 224
Wunder, H. 8, 180–182, 185

Yun Casalilla, B. 181, 247

Zechner, A. 246
Zeeden, E. W. 202 f.
Zemon Davis, N. 181, 211
Ziegler, H. 224
Ziegler, W. 196, 204
Zwierlein, C. 247
Zwingelberg, T. 249

Personenregister

Abbas I., Schah von Persien 139
Albrecht, Erzherzog 184
Alexander VII., Papst 72 f., 78
Alexei, Zar 145
Alfonso III., Herzog von Ferrara 216
Althusius, Johannes 27
Amalie Elisabeth von Hanau-Münzenberg, Landgräfin von Hessen-Kassel 67, 184
Anna von Dänemark, Königin von England und Schottland 102
Anna von Österreich, Königin von Frankreich 29, 81, 83–85, 183
Anna Stuart, Königin von Großbritannien 109, 111
Anselm Kasimir Wambolt von Umstadt, Kurfürst von Mainz 226
Arminius, Jacobus 114
Aubéry, Antoine 132
August von Sachsen-Weißenfels, Administrator von Magdeburg 65
August II., der Starke, König von Polen 147 f., 159
Aurangzeb, Großmogul 163
Avaux, Claude de Mesmes, Comte d' 74

Baden, Dynastie 242
Banér, Johan 67
Bayle, Pierre 160
Bernhard, Herzog von Sachsen-Weimar 64, 67
Bèze, Théodore de 27
Bodin, Jean 23, 188
Bolland, Jean 162
Borghese, Papstfamilie 36
Bossuet, Jacques Bénigne de 159
Botero, Giovanni 23
Bourbonen, Dynastie 37, 80 f., 125, 128, 135–138, 156
Braunschweig *siehe* Welfen
Buckingham, George Villiers, Herzog von 102 f., 177
Buttlar, Eva von 208

Caffarelli Borghese, Scipione, Kardinal 178
Cesare d'Este, Herzog von Modena 216
Charlotte von Hessen-Kassel, Kurfürstin von der Pfalz 190
Chigi, Fabio *siehe* Alexander VII.
Chmelnyzkyj, Bohdan 41, 145, 244
Christian, Prinz von Braunschweig-Wolfenbüttel 60
Christian IV., König von Dänemark-Norwegen 60, 63, 90
Christina, Königin von Schweden 29, 74, 76 f., 92, 144, 182
Christoph Bernhard von Galen, Bischof von Münster 101, 129, 217
Colbert, Jean-Baptiste 85–87, 173
Colbert de Croissy, Charles 85
Colbert de Torcy, Jean-Baptiste 85
Concini, Concino 82
Concini, Leonora Galigai 81
Condé, Louis de Bourbon, Prinz von 84
Contarini, Alvise 72
Cromwell, Oliver 105–107

Dalberg, Familie 198
Degenfeld, Marie Luise von 190
Descartes, René 45, 160 f.
Drake, Francis 50

Eleonora Gonzaga, Kaiserin 62
Eleonora Magdalena von Pfalz-Neuburg, Kaiserin 134
Elisabeth I., Königin von England 38, 102, 182
Elisabeth Stuart, Kurfürstin von der Pfalz 225
Elisabeth von Bourbon, Königin von Spanien 81, 129
Elisabeth Charlotte von der Pfalz, Herzogin von Orléans 131, 133, 190 f.
Elmas Mehmed Pascha 142
Ernst II., Graf von Mansfeld 60

Ernst I., der Fromme, Herzog von Sachsen-Gotha 99
Ernst August, Kurfürst von Hannover 28
Este, Dynastie 216
Eugen, Prinz von Savoyen-Carignan 137, 141, 143, 243

Fabricius, Philipp 56
Fagel, Gaspar 118
Fawkes, Guy 38
Fell, Margaret 207
Ferdinand I., Kaiser 39 f., 238
Ferdinand II., Kaiser 40, 55–66, 98, 167, 196, 226
Ferdinand III., Kaiser 61, 63 f., 66–69, 72, 75, 77, 94 f., 98, 196
Ferdinand IV., Römischer König 94 f.
Ferdinand, Kardinalinfant 64
Ferdinand von Bayern, Kurfürst von Köln 69, 73
Ferdinand von Fürstenberg, Bischof von Münster
Fettmilch, Vinzenz 33
Fox, George 207
Francke, August Hermann 21, 158, 208
Franz Wilhelm von Wartenberg, Bischof von Osnabrück 73
Friedrich III., Kurfürst von Brandenburg *siehe* Friedrich I., König in Preußen
Friedrich III., König von Dänemark-Norwegen 90–92, 146
Friedrich IV., König von Dänemark-Norwegen 148
Friedrich V., Kurfürst von der Pfalz 57–59, 65, 76, 224
Friedrich I., König in Preußen 100, 171, 215
Friedrich II., der Große, König von Preußen 167
Friedrich I. von Hessen-Kassel, König von Schweden 149
Friedrich August I., Kurfürst von Sachsen *siehe* August II., der Starke
Friedrich Heinrich, Prinz von Oranien 114
Friedrich Wilhelm I., Kurfürst von Brandenburg (Großer Kurfürst) 76, 99 f., 130, 146, 171, 215
Friedrich Wilhelm I., König in Preußen (Soldatenkönig) 100
Fugger, Familie 19, 47

Gabriel Bethlen, Fürst von Siebenbürgen 56 f., 240
Galilei, Galileo 44 f.
Georg I., König von Großbritannien 111
Georg I. Rákóczi, Fürst von Siebenbürgen 240
Georg II. Rákóczi, Fürst von Siebenbürgen 240 f.
Georg Ludwig, Kurfürst von Hannover *siehe* Georg I.
Glikl bas Judah Leib (Glükl von Hameln) 211
Gomarus, Franciscus 114
Gonzaga, Dynastie 18, 62
Gregor XIII., Papst
Grotius, Hugo 126
Gustav II. Adolf, König von Schweden 63 f., 70, 92, 144, 182, 225

Habsburger, Dynastie 19, 60, 65 f., 72, 83, 125
– österreichische 27, 29–31, 45, 52, 54 f., 57–59, 62, 76–78, 94, 96–99, 101, 134, 138–140, 151, 156, 170, 175, 180 f., 192, 208, 211, 223–225, 232, 234, 237–241
– spanische 29, 48, 57, 68, 77, 81, 94, 128, 134, 156, 180, 183, 217, 223 f.
Heinrich IV., König von Frankreich 37, 52, 80 f., 83, 189, 206
Heinsius, Anthonie 118
Henriette Maria von Bourbon, Königin von England und Schottland 102
Hessen, Dynastie 183, 187
Heyn, Piet Pieterszoon 48

Hobbes, Thomas 106 f., 161
Hohenzollern, Dynastie 30, 171, 183, 187, 192, 215
Holstein-Gottorf, Dynastie 183, 186
Horn, Gustav 64
Hotman, François 27

Ieyasu, Tokugawa 51
Innozenz VIII., Papst 251
Innozenz X., Papst 78
Innozenz XI., Papst 87, 131, 141
Isabella Clara Eugenia, Infantin von Spanien 184

Jablonski, Daniel Ernst 159
Jakob I./VI., König von England und Schottland 38, 58, 102 f., 111, 177
Jakob II./VII., König von England und Schottland 108–112, 118, 131, 136
Jakobiten *siehe* Stuart
James Francis Edward Stuart, Thronprätendent 109, 136
Johann II. Kasimir Wasa, König von Polen 144–146
Johann III. Sobieski, König von Polen 141, 243
Johann Georg I., Kurfürst von Sachsen 57, 61, 64 f., 69
Johann Philipp von Schönborn, Kurfürst von Mainz 95, 197, 211
Johann Sigismund, Kurfürst von Brandenburg 52
Johann Wilhelm Friso, Fürst von Nassau-Diez 118
Joseph I., Kaiser 97, 134, 138, 150
Joseph II., Kaiser 167
Joseph Clemens von Bayern, Kurfürst von Köln 96, 131
Joseph Ferdinand, Kurprinz von Bayern 125, 134 f.

Kangxi, chinesischer Kaiser 163
Kara Mustafa 141
Karl V., Kaiser 38 f.
Karl VI., Kaiser 134–138, 143, 156
Karl, Herzog von Berry 135

Karl I., König von England und Schottland 102–105, 107, 178
Karl II., König von England und Schottland 107–109, 111, 115, 129
Karl V., Herzog von Lothringen 141
Karl I. Gonzaga-Nevers, Herzog von Mantua 62
Karl IX., König von Schweden 91, 144
Karl X. Gustav, König von Schweden 79, 92, 144–146
Karl XI., König von Schweden 92, 145 f.
Karl XII., König von Schweden 93, 147–149
Karl II., König von Spanien 128, 134 f., 183
Karl III., (Gegen-)König von Spanien *siehe* Karl VI., Kaiser
Karl Emanuel I., Herzog von Savoyen 57
Karl Ludwig, Kurfürst von der Pfalz 190
Katharina von Braganza, Königin von England und Schottland 108
Katharina II., die Große, Zarin 182
Kepler, Johannes 44, 249, 252
Kepler, Katharina 252
Khlesl, Melchior, Kardinal 54–56, 196
Knox, John 188
Köprülü, Familie 140, 236
Köprülü, Ahmed 141
Kopernikus, Nikolaus 44
Kramer, Heinrich (Institoris) 251

Ladislaus Wasa, Prinz von Polen-Litauen 145
Laud, William 104
Leibniz, Gottfried Wilhelm 132, 159, 161 f.
Leopold I., Kaiser 41, 95–98, 129, 134–138, 140 f., 159, 175, 196 f., 211, 239
Lerma, Francisco Gómez de Sandoval y Rojas, Herzog von 177
Le Tellier, Michel 85
Le Tellier-Louvois, Familie 85 f.
Lipsius, Justus 23
Liselotte von der Pfalz *siehe* Elisabeth Charlotte
Lisola, Franz Paul von 132

Locke, John 110, 161
Longueville, Henri II. de Bourbon-Orléans, Herzog von 74
Lothringen, Dynastie 135
Louvois, François Michel Le Tellier, Marquis de 86, 132
Ludwig XIII., König von Frankreich 29, 59, 62, 65 f., 81–84, 177, 183
Ludwig XIV., König von Frankreich 2, 18, 29, 31, 78, 80, 83–89, 96, 109, 117, 119, 124, 126, 128–137, 150, 156, 159, 167–170, 174 f., 183, 189 f., 206 f., 217, 222, 240
Ludwig, Dauphin von Frankreich 134, 150
Ludwig Wilhelm, Markgraf von Baden-Baden 243
Luther, Martin 34
Luynes, Charles d'Albert, Herzog von 82

Machiavelli, Niccolò 23
Maintenon, Françoise d'Aubigné, Marquise de 88, 190 f.
Margarethe Theresia von Spanien, Kaiserin 128 f., 134
Maria II. Stuart, Königin von England und Schottland 109–111
Maria de' Medici, Königin von Frankreich 29, 66, 81–83, 183, 189
Maria Stuart, Königin von Schottland 102
Maria Anna von Österreich, Königin von Spanien 134, 183
Maria Anna von Pfalz-Neuburg, Königin von Spanien 134
Maria Antonia von Österreich, Kurfürstin von Bayern 134
Maria Eleonora von Brandenburg, Königin von Schweden 92
Maria Theresia von Österreich, Kaiserin 182
Maria Theresia von Spanien, Königin von Frankreich 126, 134
Mariana, Juan de 27
Marie Louise von Orléans, Königin von Spanien 134

Marlborough, John Churchill, Herzog von 137
Martinitz, Jaroslaw von 56
Matthias, Kaiser 33, 41, 54–56, 211
Maximilian I., Kurfürst von Bayern 53, 58–61, 64, 69, 196, 226
Maximilian II. Emanuel, Kurfürst von Bayern 96, 134
Mazarin, Jules, Kardinal 9, 74, 84 f., 128
Mecklenburg, Herrscherhaus 183
Mehmed II., Sultan 237
Mehmed IV., Sultan 239
Michael I., Zar 145
Ming, Dynastie 163, 244
Montecuccoli, Raimondo, Graf von 140
Montespan, Françoise de Rochechouart, Marquise de 190
Moritz, Prinz von Oranien 113 f.
Mustafa II., Sultan 142

Nassau, Dynastie 10
– -Diez 115
– -Oranien 113, 115, 118, 175

Oldenbarnevelt, Johan van 114
Oldenburg, Dynastie 89
Olivares, Gaspar de Guzmán, Conde-Duque de 29, 59, 67 f., 177
Osmanen, Dynastie 237
Oxenstierna, Axel 63 f., 74, 92
Oxenstierna, Johann 74

Pachner von Eggenstorff, Joseph 194
Paul V., Papst 36, 178
Pepys, Samuel 247
Peter I., der Große, Zar 147 f.
Pfalz-Zweibrücken, Dynastie 92, 144
Philipp II., König von Spanien 112, 167
Philipp III., König von Spanien 37, 54 f., 177
Philipp IV., König von Spanien 59, 62, 66 f., 81, 83, 128 f., 134, 177
Philipp V., König von Spanien 135–138
Philipp Christoph von Sötern, Kurfürst von Trier 66

Poullain de la Barre, François 9, 188
Pütter, Johann Stephan 202

Qing (Mandschu), Dynastie 163

Richelieu, Armand-Jean du Plessis,
    Kardinal de 9, 60, 65, 74, 82–84,
    128, 177
Ricci, Matteo 51
Ritter, Moriz
Rojas y Spinola, Cristobál de 159
Romanow, Dynastie 145
Roscher, Wilhelm 167
Rubens, Peter Paul 189
Rudolph II., Kaiser 47, 52–55, 94, 97,
    196, 238, 249
Rurikiden, Dynastie 145

Safawiden, Dynastie 139, 236
Salvius, Johann Adler 74
Schönborn, Familie 198
Schumacher, Peder 91
Seckendorff, Veit Ludwig von 99
Servien, Abel 74
Sickingen, Familie 10
Sigismund III/I., König von Polen und
    Schweden 91, 144
Slawata, Wilhelm 56
Smith, Adam 172
Sophie von der Pfalz, Kurfürstin von
    Hannover 111
Spee, Friedrich 22
Spener, Philipp Jakob 158, 208
Spinola, Ambrogio 67
Spinoza, Baruch de 116
Stanislav Leszcynski, polnischer Gegen-
    könig 148
Stuart, Dynastie 102, 109, 111
Suárez, Francisco 126
Sully, Maximilien de Béthune, Duc de 81

Taxis *siehe* Thurn und Taxis
Thököly, Emmerich 241
Thomasius, Christian 22, 162
Thurn, Heinrich Matthias von 56
Thurn und Taxis, Dynastie 47

– Leonhard I. 47
Tilly, Johann T'Serclaes von 60, 62 f.
Trauttmansdorff, Maximilian von 72
Turenne, Henri de La Tour d'Auvergne,
    Vicomte de 84

Ulrika, Königin von Schweden 149
Urban VIII., Papst 45, 215

Vasquez, Fernando 126
Vauban, Sébastien Le Prestre, Seigneur
    de 18, 130
Viktor II. Amadeus von Savoyen, König
    von Sizilien/Sardinien 133–135,
    138, 207
Vitoria, Francisco de 126

Wallenstein, Albrecht von 45, 58–62,
    64, 69, 223, 228, 249
Wasa, Dynastie 91, 144
Welfen, Dynastie 10, 28, 76, 97, 159,
    183, 230
Welser, Familie 19
Wentworth, Thomas, Earl of
    Strafford 104
Wettiner, Dynastie 183
– albertinische Linie 57
– ernestinische Linie 28
Wilhelm II., Fürst von Oranien 114 f., 117
Wilhelm III., Fürst von Oranien, König
    von England und Schottland 109–
    111, 117 f., 129
Wilhelm Egon von Fürstenberg, Bischof
    von Straßburg 97, 131
Witt, Johan de 117 f.
Wittelsbacher, Dynastie
– bayerische 29, 53, 58, 96, 125, 186
– kurpfälzische 29, 58, 183
– Linie Pfalz-Neuburg 131, 159
– Linie Pfalz-Simmern 131
Wolff, Christian 162
Wolfgang Wilhelm, Herzog von Pfalz-
    Neuburg 52

Xaver, Franz 51

Ortsregister

Auf die Lemmata Europa, Mitteleuropa etc. wurde verzichtet. Verträge, Schlachten etc., die nach einem Ort benannt sind, sind im Sachregister aufgeführt.

Afrika 48–50, 100, 116, 136, 164 f.
Akadien 138
Alpen 13, 57, 62, 151, 207
Altona 17, 210
Amerika 49, 151, 163–165
Amsterdam 15, 17, 42, 48, 112 f., 115, 154, 161
Amur 164
Andalusien 68
Ansbach 54
Antwerpen 75
Arabien 164
Asien 48, 50, 116, 142, 163–165
Asow 142, 148
Atlantik 20, 154, 164 f.
Augsburg 15, 19, 33, 38 f., 47 f., 76, 79, 94, 152, 198, 205, 231 f.
Auhausen 54

Baden (Schweiz) 32
Baltikum 148 f., 204
Banat Temeswar 142 f.
Barcelona 133, 137
Batavia 116
Bayern *siehe auch* Kurbayern 29, 53 f., 59, 63
Béarn 82
Belgrad 141, 143
Berlin 152, 158, 175
Bodensee 15, 188
Böhmen/Länder der böhmischen Krone 28, 30, 40, 54–60, 64, 67–69, 78, 98, 158, 199, 223–225
Bonn 229
Bordeaux 84
Bornholm 146 f.
Boyne 111
Brandenburg-Preußen *siehe auch* Preußen 30, 39, 52, 63, 76, 99 f., 125, 130, 150 f., 159, 171, 181, 192, 206, 208, 215

Brasilien 48 f., 116, 163
Braunau 55
Braunschweig 16
Braunschweig-Wolfenbüttel 16
Breda 67 f., 114
Breisach 67, 77, 133
Bremen 21, 76, 149
Brest 40
Bretagne 14
Briançon 18
Britische Inseln *siehe auch* England, Großbritannien 1 f., 46, 50, 102–112, 150, 154, 158, 160, 164 f., 168, 181, 200, 207, 230, 246
Buchau 182
Buchhorn 15
Burgund 112
Burgund, Freigrafschaft 29, 77, 199
Burgundischer Reichskreis 77, 199
Byzanz 40

Canal Royal (Canal du Midi) 153
Canterbury 104
Casale 18
China 51, 163 f., 244
Connaught 105
Czenstochau 146

Dänemark/Dänemark-Norwegen 17, 26, 37, 50, 60 f., 63, 68, 72, 89–91, 130, 144, 146–149, 154, 224, 246
Danzig 15
Den Haag 112, 114, 136 f.
Deshima 163
Deutschland *siehe auch* Heiliges Römisches Reich deutscher Nation 2, 7, 51, 169–171, 191–193, 199 f., 202 f., 206, 212, 215, 222, 230, 232
Dithmarschen 13
Dnipro 145

Donauwörth 53 f.
Dresden 152
Drogheda 106

Eger 64
Ehrenbreitstein 66
Elbe 76
Elsass 55, 77 f., 130, 133, 251
England *siehe auch* Britische Inseln, Großbritannien 11, 19, 25 f., 30 f., 38, 46, 48–50, 58, 83, 101–112, 116–118, 120, 129, 131, 133, 135–138, 142, 146, 151, 154, 156, 159, 161, 165, 168, 172, 177 f., 182, 207 f., 214, 239, 244
Erfurt 16
Essen 182

Ferrara 216
Finnland 148 f.
Five Nations 164
Fränkischer Reichskreis 64
Franche-Comté *siehe* Burgund
Franken 64, 198
Frankfurt a. M. 17, 19, 30, 33, 41, 47 f., 58, 63, 95, 154, 158, 198, 208, 210 f.
Frankreich 1 f., 5, 11, 18, 27, 29, 35, 37, 46, 48, 50, 58, 60, 62 f., 65–69, 71–78, 80–89, 94–97, 100–102, 107–111, 115, 117, 120, 122, 127–138, 140 f., 146 f., 150, 156, 159, 161, 163 f., 168 f., 172–175, 177, 183, 188–191, 197, 200, 205–207, 214, 217, 223 f., 226, 229 f., 232, 234, 240, 244, 247
Frederikshald 149
Freiburg 130, 133
Freudenstadt 16 f.
Friedrichshafen *siehe* Buchhorn
Friesland 112, 115
Fünen 146

Gandersheim 183
Geldern 112
Generalitätslande 114
Genf 34

Genua 6, 32, 131, 154, 216
Gibraltar 137 f.
Gießen 43
Gotland 144
Grönland 89
Groningen 112, 115
Großbritannien *siehe auch* Britische Inseln, England 111, 118, 125, 138, 163 f., 171 f.
Groß Friedrichsburg 100
Guastalla 62
Guinea 100

Halberstadt
Halle 21, 158
Hamburg 15, 17, 21, 42, 66, 152, 154, 210 f.
Hampton Court 105
Hanau 17
Hannover 97
Heidelberg 132, 247
Heiliges Römisches Reich deutscher Nation *siehe auch* Deutschland 2, 4 f., 10, 14, 16 f., 23 f., 26, 28, 30, 32, 34, 38–42, 46–48, 51–79, 91, 93–101, 120, 124, 130–133, 136, 138, 141, 149–151, 154 f., 159, 161, 164, 173–175, 177, 184, 188, 191–201, 204 f., 210, 213 f., 217, 222–224, 230, 233, 246, 250 f.
Helmstedt 43
Herborn 43
Herford 183
Hersfeld 76
Hessen 179
– -Darmstadt 43, 67, 211
– -Kassel 67, 76, 101, 151, 184
– -Marburg 67
Hildesheim 179
Hirado 51
Hohenlohe 224
Holland 46, 112–117, 133, 153
Holstein 60, 89
Hudsonbay 138

Iberische Halbinsel *siehe auch* Portugal,
   Spanien 1, 5, 37, 137, 150, 155, 247
Indien 24, 49 f., 89, 163
Indonesien 116
Ingermanland 144
Irland 14, 30, 38, 104–106, 111, 150, 207
Isenburg 17
Island 89
Isle of Wight 105
Istanbul *siehe* Konstantinopel
Italien 5 f., 15, 29 f., 37, 46, 55, 62 f., 65, 67, 84, 120, 125, 133 f., 136 f., 150–152, 154, 164, 188, 200, 210, 216, 233 f., 238, 248, 250

Jan Gora 146
Japan 51, 163
Java 49
Jülich-Kleve 30, 52
Jütland 60

Kärnten 55
Kammin 76
Kanada 50
Kandia (Iraklion) 141, 236
Kap der Guten Hoffnung 50, 116, 164
Karibik 50, 89, 133, 153, 165
Kastilien 67
Katalonien 29, 68, 133, 244
Kiew 147
Kirchenstaat 216, 251
Klostergrab 55
Köln 15, 198
Königsberg 100
Kongo 244
Konstantinopel 15, 46, 141, 143, 237, 239–241
Kopenhagen 90, 148
Kraichgau 198
Krain 55
Kreta 141, 232, 236
Krimkhanat 140 f., 242
Kurbayern 69, 96, 125, 134 f., 137, 189, 223, 226, 229 f.
Kurbrandenburg *siehe* Brandenburg-Preußen
Kurhannover 125, 148 f.
Kurköln 22, 39, 69, 73, 96 f., 117, 129, 131
Kurland 144
Kurmainz *siehe* Mainz
Kurpfalz 29, 39, 53–55, 58–60, 71, 75 f., 96, 131, 133, 151, 159, 230
Kurrheinischer Reichskreis 64
Kursachsen 63, 125, 158 f., 226
Kurtrier 39, 66

La Rochelle 66, 82 f.
Lausitz 54, 65
Leiden 43
Leinster 105
Leipzig 19, 161
Levante *siehe* Mittelmeer
Ligurien 134
Lille 129
Lissabon 15
Litauen 30
Livland 144
Lombardei 57
London 15, 17, 21, 48, 102, 105, 136, 151, 154, 161, 247
Lothringen 77, 133, 135, 199
Lucca 32
Ludwigsburg 101
Lübeck 21, 144

Maastricht 114
Macao 51
Madrid 62, 128, 135–137
Mähren 54, 56, 59
Magdeburg 63, 65, 76, 228
Mailand 62, 134 f., 138
Main 63, 252
Mainz 16, 18, 22, 39, 41, 63, 95, 131, 133, 195, 197, 211, 226
Malaysia 50
Mandschurei 164
Mantua 62, 65
Marseille 248
Mecklenburg 61
Menorca 137 f.
Metz 77
Minden 76

Mittelamerika 48 f., 134
Mittelmeer 50, 138, 143, 153 f., 232, 234, 242
Mogulreich 50
Monferrato 18, 62
Monte Coro 247
Mosel 245, 252
Moskau 15, 147
München 58, 63
Münster 68, 71–75. 101, 112, 114, 117, 129, 169, 217, 230
Munster 106

Nagasaki 51, 163
Nassau-Siegen 43
Navarra 82
Neapel 15, 68, 134 f., 138
Neuengland 50
Neuf-Brisach 18
Neufundland 138
Neu-Isenburg 17
Newa 148
New York 50
Niederlande *siehe auch* Österreichische Niederlande, Spanische Niederlande, Vereinigte Niederlande 12, 15, 35, 64, 67, 133, 151, 208
Niedersächsischer Reichskreis 60
Nieuw Amsterdam *siehe* New York
Nordamerika 133, 138, 163 f., 246
Norddeutschland 59 f., 63, 78, 144, 148
Nordfriesland 246
Norditalien 57, 62
Nordsee 1, 246
Normandie 83
Norwegen 149
Nouvelle France 50
Nürnberg 33, 64

Oberpfalz 29, 57, 59, 64, 76
Oberrheinischer Reichskreis 64
Odenwald 198
Oder 76
Öresund 89 f., 117, 144
Ösel 144

Österreich/Österreichische Erblande 15, 27, 30, 40, 54 f., 75, 98, 101, 120, 135, 143, 146, 158, 170, 182, 192 f., 195, 197, 199, 208, 211, 224, 236
– Innerösterreich 40, 55
– Niederösterreich 40, 54 f., 59, 78
– Oberösterreich 40, 54, 59, 78
Österreichische Niederlande 118, 138
Offenbach 17
Oldenburg 7
Osmanisches Reich 3 f., 15, 37, 40, 42, 95 f., 98, 130, 138–143, 148, 151, 204, 221, 232–243
Osnabrück 68, 71–76, 230 f.
Ostasien 49
Ostindien 117
Ostsee/Ostseeraum 1 f., 61, 67, 90, 117, 143 f., 147, 149, 153
Overijssel 112

Paderborn 43, 205
Padua 43
Palermo 68
Paris 15, 48, 81, 84, 161
Passau 96
Pazifik 163
Peene 149
Peloponnes 142 f.
Pera 240
Pernambuco 49
Persien 139, 236, 242
Pfalz 7, 56
Pfalz-Neuburg 52, 131
Philippinen 50, 134
Philippsburg 77, 130
Piemont 151
Pinerolo 62
Plurs (Pluro) 247
Podolien 141
Poel 76
Polen/Polen-Litauen 10, 15, 23, 26, 30 f., 40 f., 100, 120, 125, 141 f., 144–149, 151, 210, 214, 236, 241, 244
Pommern 76, 99, 130, 148
– Hinterpommern 30, 76, 99
– Vorpommern 76, 78, 99, 130, 146, 149

Port-Royal 87
Portugal *siehe auch* Iberische
    Halbinsel 5, 15, 29, 41, 48-51, 68, 75, 116, 134, 136 f., 154, 163 f., 210, 244
Prag 15, 41, 54-56, 58, 63, 69
Pressburg 98
Preußen 22, 30, 100 f., 120, 125, 136, 144-149, 170, 193, 215
Pyrenäen 128

Québec 50
Quedlinburg 183

Recife *siehe* Pernambuco
Regensburg 53, 59, 61-64, 66, 79, 94 f., 97, 130, 193 f.
Reims 84
Rhein 52, 57, 63, 67, 117, 130, 133, 252
Riga 144, 148
Rijswijk 133
Rom 43-46, 120, 122, 163, 182, 209, 216, 220 f., 237 f.
Roussillon 128
Russland 2, 48, 141 f., 144-149, 163 f., 182

Sachsen-Weimar 224
Saloniki 42
Salzburg 208, 247
Sankt Petersburg 148
Sardinien 125, 134 f., 138
Savoyen 62, 125, 136, 207
Schelde 75
Schlesien 54, 56, 98, 146
Schleswig 60, 89, 149
Schleswig-Holstein-Gottorf 147
Schonen 146
Schottland 30, 38, 102-107, 111, 118, 133, 188
Schwaben 131, 198, 224
Schwäbischer Reichskreis 53, 64
Schwarzes Meer 142, 148
Schweden 29, 37, 63 f., 66-68, 70-72, 74-79, 90-93, 95, 100, 117, 129-131, 144-149, 154, 164, 182, 202, 223-225, 227, 229
Schweizer Eidgenossenschaft 32, 40, 77, 150, 181, 200, 205, 207, 216, 244
Seeland (dänisch) 90
Seeland (niederländisch) 112 f.
Seemächte *siehe* England, Großbritannien, Vereinigte Niederlande
Serbien 141, 143, 151
Sevilla 15, 152
Sibirien 48, 163
Siebenbürgen 40, 56, 98, 139-142, 240 f.
Sizilien 125, 134 f., 138
Skandinavien 13, 34, 89-93, 204
Smolensk 145
Spanien *siehe auch* Iberische
    Halbinsel 2 f., 5 f., 10, 15, 20, 24, 27, 29, 37, 41, 48-50, 52, 55, 57-59, 62, 66-68, 70-75, 77, 80 f., 83 f., 95, 102 f., 112-115, 122, 125 f., 128-131, 133-138, 152, 154-156, 163 f., 177, 183 f., 204, 217, 223 f., 229, 232, 238, 244, 247, 250
Spanische Niederlande 29, 37, 52, 57, 74, 77, 117, 128-130, 133-137, 184
Speyer 93, 132
Steiermark 55
Stralsund 148
Straßburg 48, 130
Südamerika 48 f., 134
Süddeutschland 25

Täbris 139
Terra ferma 31, 154
Theiß 142
Thorn 182
Thüringen 7, 28
Toskana 45, 134 f.
Toul 77
Toulouse 153
Trient 33, 36
Trondheim 146 f.
Tschechien 223
Türkei 243

Ukraine 30, 141, 147 f., 232
Ulster 38, 106, 111
Ungarn 30, 40, 54, 56, 96, 98, 140–143, 151, 241
Usedom 63
Utrecht 113, 117

Veltlin 60, 247
Venedig 1, 31 f., 43, 72 f., 120 f., 141–143, 154, 229, 236, 240
Verden 76, 149
Verdun 77
Vereinigte Niederlande 2, 5, 19, 27 f., 31, 37, 40, 48–52, 57–59, 70, 72–75, 100 f., 109 f., 112–118, 121, 126, 129–133, 135 f., 138, 142, 146, 150, 154, 156, 164 f., 175, 181, 210, 214, 224 f., 227, 229, 239
Versailles 31, 88, 101, 124, 131, 136, 174 f.

Walachei 143
Wales 30, 151

Walfisch 76
Wandsbek 210
Warschau 148
Weißrussland 30, 147
Weser 76
Westafrika 89
Westminster 107, 116 f.
Wexford 106
Wien 11, 15, 18, 24, 31, 41, 45, 54–56, 58, 63, 95 f., 98, 101, 132, 137, 139, 141, 152, 174, 196, 209, 232, 234 f., 240, 243
Wiener Neustadt 159
Wismar 76, 78
Worms 41
Württemberg 17, 53, 101, 151, 226

Xanten 52

Zillertal 246

Sachregister

Abendmahlslehre 33 f.
Absolute Monarchie/Absolutismus 2, 4, 23, 65, 80, 89, 91, 93, 99, 101, 106, 167–174, 179 f., 196, 213
Accademia dei Lincei 44
Achte Kurwürde 76, 230
Ackerbürgerstadt 16
Act of Union 111
Adel *siehe auch* Amtsadel, Geblütsadel, Gentry, Granden, *Hidalgos*, Magnaten, Schwertadel, *Szlachta* 7–11, 19 f., 24–26, 31, 35, 46, 73, 81, 83–86, 88–92, 112, 119, 121 f., 127, 145, 175 f., 182 f., 189, 198, 219, 234
Ämterkauf 81 f.
Akademie 16, 44, 162
Alchemie 45, 249
Allmende 14
Almosenkasten 21
Alte Ordnung 24, 178 f.
Altes Recht 14
Ambiguität 176, 209
Amicabilis Compositio 75
Amnestie 65
Amtsadel (*Noblesse de Robe*) 11, 85
Anglikanismus/Anglikanische Hochkirche 38, 103, 107–109, 207
Antemurale Christianitatis 236
Antichrist 108, 132, 221, 233
Antijudaismus 33, 41, 107, 145
Antike 5, 25, 40, 42, 44, 46, 160
Antitrinitarier 35
Arbeitshaus 21
Arbeitspaar 8, 185
Armierter Reichsstand 101
Arminianer 114, 205
Aschkenasim 41, 211
Asiento de Negros siehe Sklavenhandel
Assekuration 67
Astrologie 45, 244, 249
Astronomie 44 f., 51
Aufklärung 3, 9, 89, 123, 149, 156, 160–162, 167, 169, 204

Aufstand 14, 29, 81, 83, 98, 105 f., 150, 184, 206, 241, 244
Augsburger Allianz 131 f.
Augsburger Bekenntnis 34, 38 f., 61
Augsburger Religionsfrieden 38 f., 60 f., 75, 93
Aushandlung von Herrschaft 25, 180
Außenbeziehungen *siehe auch* internationale Beziehungen 119, 158, 182, 212–222
Avvisi 47

Bankwesen 154
Barock 36, 169, 220
Barriere 75, 117 f., 133, 136, 138
Bauern *siehe auch* Landwirtschaft 7 f., 10–15, 19, 86, 112
Bibel 8 f., 34, 188
Bildung 9, 15–17, 19, 35, 37, 42–44, 162, 175 f., 189
Bollandisten 162
Borussisch-kleindeutsche Historiographie 170, 192
Brandenburgische Afrikanische Handelskompanie 100
Bündnisrecht 76, 98, 120
Bürger/Bürgertum 7, 11, 18 f., 32, 90 f., 112, 119

Cahiers de Doléances 27
Calvinismus 27, 34–40, 43, 52, 54, 61, 67, 75, 82, 87, 99 f., 103, 114, 159, 205, 207
Christianitas/Christentum 4, 33, 40, 65, 71, 73, 77, 96, 126, 139, 142 f., 156, 163, 232–235, 237, 239, 242 f., 249
Collegium Romanum 43
Commonwealth 105, 171, 207
Compagnie de la Nouvelle France 50
Composite Monarchy siehe Zusammengesetzte Staatlichkeit
Confessio Augustana siehe Augsburger Bekenntnis

Confoederatio Bohemica siehe Konföderationsakte
Corpus Catholicorum 75
Corpus Evangelicorum 75, 159
Cultural Turn 174, 185, 191, 200 f., 205, 214, 221 f., 228, 230, 241, 245, 249

Damenstift 35, 182 f.
Demographie 1, 5–7, 15, 20, 149 f., 155, 228 f., 248
Dérogeance 11
Deutscher Orden 144
Diplomatie 46, 71–74, 78, 119–124, 130, 143, 189, 212, 214 f., 218–222, 230 f., 237, 240 f.
Dissenters 107–109, 207 f.
Dissimulation 174, 209, 221, 238
Disziplinierung 155, 178 f., 203
Doge 32, 131
Dominium Maris Baltici 61, 63, 67, 90, 117, 143 f., 149
Domkapitel 99
Dorf /Dorfgemeinde 13 f., 18
Dritter Stand 7, 9, 11 f.
Dschihad 139, 237
Dynastie/dynastische Politik *siehe auch* Erbfolge, Ehe 10, 28, 30 f., 54, 81, 97, 108, 113, 119, 122, 125 f., 144, 156–158, 182 f., 186 f., 189–191, 198, 212

East India Company 50
Edikt
– Alès (1629) 83
– Fontainebleau (1685) 87 f., 206
– Nantes (1598) 37, 80–83, 87, 205–207
Ehe 6, 8 f., 13, 122, 125 f., 128, 134, 150, 176, 187, 190, 204 f.
Ehre/Ehrlichkeit 7, 10, 13 f., 20, 124, 137, 236
Empirismus 161
Epidemie *siehe* Pest, Pocken, Seuche
Erbfolge 28 f., 108 f., 111, 126, 128 f., 131 f., 136, 138, 182 f., 187, 190
Erbmonarchie 23, 59, 90

Erster Minister *siehe auch* Favorit 9, 54, 72, 74, 82, 84 f., 177 f.
Erzstift *siehe* Hochstift
Exclusion Crisis 108
Exulantenstadt 17

Favorit *siehe auch* Erster Minister 25, 102, 176–178, 190
Feindbild *siehe auch* Türkenfeindbild 132, 170, 206, 221 f.
Festung, Festungsstadt 17 f., 62, 66 f., 77, 116, 127, 130 f., 133, 139, 141, 144, 234
Fettmilchaufstand 33, 211
Folter 22
Französische Revolution 206
Frau/Weiblichkeit 4, 7–9, 19, 22, 29, 43, 122, 126, 175 f., 181–191, 211, 218, 252
Freibauern 13, 25, 91
Freiheit 31, 115, 136, 168, 181, 235
Freiheitszeit 93
Frieden/Friedensvertrag 1, 23, 27, 94, 140, 165, 187, 214, 221, 223, 231, 237–239
– Aachen (1668) 117, 129
– Altmark (1629) 144
– Altranstädt (1706) 148
– Baden (1714) 138
– Belgrad (1739) 143
– Breda (1667) 116
– Brömsebro (1645) 68, 144
– Cherasco (1631) 62
– Eisenburg (1664) 96, 140 f., 239
– Ewiger (1686) 147
– Frederiksborg (1720) 149
– Karlowitz (1699) 142, 232, 239
– Konstantinopel (1590) 139
– Kopenhagen (1660) 90, 147
– Limerick (1691) 111
– Lübeck (1629) 60
– Montpellier (1622) 82 f.
– Münster (1648) 74 f., 112
– Nimwegen 117, 130
– Nystad (1721) 148
– Oliva (1660) 100, 146, 149

- Passarowitz (1718) 143
- Polanów (1634) 145
- Prag (1635) 64–67, 76, 78, 223, 226
- Pyrenäenfrieden (1659) 77, 128, 232
- Rastatt (1714) 138
- Regensburg (1630) 62
- Rijswijk (1697) 128, 133 f., 141
- Roskilde (1658) 90, 146 f.
- Saint-Germain (1679) 92, 130, 147
- Stockholm (1720) 149
- Travendal (1700) 148
- Utrecht (1713) 138, 154, 156 f., 164 f.
- Vervins (1598) 80
- Westfälischer (1648) 30, 71–79, 93–97, 99, 119 f., 128, 144, 151, 197 f., 200, 205, 224, 226, 229–232
- Westminster (1654) 116 f.
- Zsitvatorok (1606) 53, 139, 236, 238 f.
- Zurawano (1676) 141

Friedenskongress 71, 124, 216, 239 f.
- Karlowitz 239
- Nimwegen 130, 240
- Rijswijk 239 f.
- Utrecht 240
- Westfälischer 68, 71–74, 121, 215, 229–231, 240

Friedensfeier 79, 231 f.
Friedensvermittlung 58, 72, 96, 142, 146, 148, 239
Frömmigkeit 33, 187
Fronde 84–86, 183, 244
Fürstäbtissin 182 f., 197

Gallikanismus 87
Garantie 75
Geblütsadel (*Noblesse de Sang*) 11, 85, 88
Gegenreformation 40, 54 f., 59, 98, 159, 202, 225
Geheimer Rat 24, 31, 90
Geistlicher Vorbehalt 39, 61
Geistlichkeit 9 f., 25, 35 f., 38, 42, 73, 86, 90 f., 122, 220
Gemeiner Kasten *siehe* Almosenkasten
Gemeiner Nutzen 178 f.
Generalstaaten 112–115

Generalstände (Frankreich) 27, 81 f.
Gentry 11, 102 f.
Gerechter Krieg 139, 214
Gerichtsbarkeit *siehe* Justizwesen
Gendergeschichte 4, 7–9, 181 f., 207, 228
Gesellschaftsvertrag *siehe auch* Herrschaftsvertrag 108
Gesetzgebung *siehe auch* Policey 24, 27, 81
Gewerbe 11, 16–20, 152
Ghetto 41, 210 f.
Gleichgewicht der Kräfte 136, 138, 156 f., 217
Gleichheit/Ungleichheit 7, 13, 18, 157
Globalgeschichte, Globalität 133, 137, 163–166, 175, 181, 228, 244, 246, 250
Glorious Revolution 110 f., 118, 131, 159, 171
Göttliches Recht 23, 106, 108
Goldene Bulle 93
Goldenes Zeitalter 112–118
Gottesgnadentum 23, 86, 92, 98, 106, 119, 168, 184
Granden 10
Grand Tour *siehe* Kavalierstour
Großdeutsche Historiographie 192 f.
Große Allianz (1688) 132 f., 158
Große Allianz (1701) 136 f., 156, 158
Große Armada 38, 103
Großgesandtschaft 143
Großwesir 140–142, 236
Grundherrschaft 12–14, 25, 86, 194
Gunpowder Plot 38, 103
Gutsherrschaft 12–14

Handel 11 f., 15–19, 41 f., 47, 85, 112, 115, 117 f., 129, 136, 138, 153 f., 172
Handelsemporium 17
Handelsgesellschaft/Handelskompanie 19, 48–50, 113 f., 116, 120, 165
Handels- und Gewerbestadt 16 f.
Handwerk/Handwerker 8, 16, 18–20, 152

Hanse 144
Haushalt 5, 7–9, 13, 18
Heilbronner Bund 64 f.
Heilige Liga 141, 234, 236
Heiligenverehrung 33 f., 36
Herrschaft *siehe auch* Aushandlung, Staat 4, 23, 80, 84 f., 92, 99, 101, 123, 161, 167–191, 249, 251 f.
Herrschaftspaar 125, 185 f.
Herrschaftsrepräsentation 25, 31, 44, 73, 88, 94, 101, 131, 170 f., 175, 187–190, 231
Herrschaftsvertrag *siehe auch* Gesellschaftsvertrag 26, 106
Herrscherabsetzung 91, 171, 181
Herrscherin kraft eigenen Rechts 182 f.
Hexen/Hexenverfolgung 9, 21 f., 82, 244, 250–253
Hidalgos 10
Hierarchie *siehe* Rang
Historiographie 100, 139, 162
Hochstift 30, 63, 65, 76 f., 131, 179, 197, 204, 208, 230
Hof 8, 11, 17, 22, 30 f., 41, 44, 46 f., 83, 88, 96, 98, 101–103, 107 f., 111, 120, 122–125, 156, 159, 167 f., 174–176, 181, 185, 189 f., 209, 211 f., 218–220, 222, 242
Hoffaktor 41, 210 f.
Hofkammer 24, 173
Hofkriegsrat 24, 140
Hohe Pforte 140, 143, 239 f., 241
Hugenotten *siehe auch* Calvinismus 37, 66, 80–83, 87 f., 100, 150, 158, 205–207
Humanismus 42 f.
Hussitismus 56

Impeachment 103
Indienrat 24
Inflation 6, 20
Inquisitionsprozess 251
Instrumentum Pacis Monasteriense siehe Westfälischer Frieden
Instrumentum Pacis Osnabrugense siehe Westfälischer Frieden

Intendant 83, 86
Internationale Beziehungen *siehe auch* Außenbeziehungen 3 f., 119, 125, 203, 205, 212–222
Islam 37, 139, 151, 204, 233–235, 237, 243
Itio in partes 75, 230
Ius armorum 76
Ius foederis siehe Bündnisrecht
Ius reformandi siehe Reformationsrecht

Jansenismus 87 f., 158
Jesuiten 22, 27, 36 f., 43, 49, 51, 163
Journée des Dupes 66, 82 f.
Judengasse *siehe* Ghetto
Judentum 33, 37, 40–42, 145, 210–212
Jülich-Klevischer Erbfolgestreit 52
Jurisprudenz 43
Justizwesen 9, 12–15, 22, 24, 32, 86

Kaiser/Kaisertum 11, 15 f., 23, 25, 30 f., 38, 41, 43 f., 53–57, 60–63, 65–67, 71, 73–77, 79, 93–101, 120, 122–124, 130–143, 148, 152, 175, 189, 195–198, 209, 211, 215, 224, 226, 229, 236–240
Kaiserin 185, 197
Kaiserwahl und -krönung 30, 39, 54, 58, 75, 93, 95, 138, 197
Kalender 35, 208
Kameralismus 173
Kaperei 49, 153
Kapital
- kulturelles 28
- ökonomisches 19, 28, 155
- soziales 19, 28, 121
- symbolisches 28, 155, 236
Kardinalnepot 178
Katastrophe 1, 4, 12, 243–246, 249 f., 253
Katholizismus 9, 27, 33–40, 42 f., 46, 52–57, 66, 73, 75, 80–82, 87, 92, 102, 105–108, 111, 125, 133, 144 f., 147, 158 f., 182, 202, 204 f., 207 f., 210, 230, 232, 234, 251
Kavalierstour 46 f., 175

Kipper- und Wipper 155, 225
Kirche/Kirchenpolitik siehe auch Geistlichkeit 4, 11 f., 16–18, 21, 25, 27, 35, 42–44, 49, 80, 87, 99, 107, 157, 190, 202 f.
Kirchengüter 39, 53, 61, 63, 65, 75, 82
Kirchenzucht 34
Kirk 38, 103
Kleine Eiszeit 1, 6, 20, 151, 244–246, 250, 252 f.
Klerus siehe Geistlichkeit
Klient siehe Patronage
Klima 1, 6, 244–246
Kloster 35, 44, 182
Königsmechanismus 174
Kolonialhandel 15, 19, 48–51, 87, 163, 165
Kolonie/Kolonialisierung 3, 29, 31, 37, 46, 48–51, 67, 75, 89, 100, 105, 114, 116, 133–138, 151, 154, 163–166, 246
Komet 249
Kommunikation 47, 57, 71, 122, 180, 194, 200, 221, 249
Konfession/Konfessionalisierung/ Konfessionskonflikt 4, 17, 27, 32–43, 53, 57, 72, 75 f., 80, 82, 93 f., 99, 102, 108, 125, 133, 145 f., 150 f., 157–159, 167 f., 181, 202–212, 224–226, 230, 251
Konfessionskrieg siehe Religionskrieg
Konföderation von Warschau 40
Konföderationsakte (Böhmen) 56 f.
Konfuzianismus 163
Konkordienformel 34
Konsistorium 42
Konstanzer Konzil 71
Konvenienz 157
Konversion 52, 80, 88, 92, 108, 139, 147, 158 f., 182, 206, 208, 235, 243
Konzil siehe auch Konstanzer Konzil, Tridentinum 87
Korruption 24, 121, 176, 220
Kosaken, Saporoger 141, 145
Kreuzzug 234, 236

Krieg 1–4, 6, 27, 87, 90, 92, 99, 113, 127 f., 151, 165, 196, 214, 222, 248
- Achtzigjähriger Krieg 2, 75, 112–115, 118, 214, 223 f.
- Bischofskriege 103
- Devolutionskrieg 126–128, 134
- Dreißigjähriger Krieg 2–4, 6 f., 15, 28 f., 51–79, 83, 90, 94 f., 97, 100, 127, 139, 149, 152, 154, 173, 184, 191, 196, 202, 206, 217, 222–232, 240, 243, 249 f.
- Englischer Bürgerkrieg 105–107, 150, 171, 244
- Englisch-niederländische Seekriege 116–118, 214
- Erster Weltkrieg 52
- Holländischer Krieg 117, 129 f., 147
- Mantuanischer Erbfolgekrieg 62, 65, 126
- Neunjähriger Krieg 109 f., 126, 131 f., 137, 141, 156
- Nordische Kriege 2, 143–149, 214
  - Nordischer Krieg (1655–1660) 78, 90, 94, 100, 117, 140, 144–147, 240 f.
  - Großer Nordischer Krieg 2, 78, 93, 147–149
- Pfälzischer Erbfolgekrieg siehe Neunjähriger Krieg
- Preußisch-österreichische Kriege 101
- Smolensker Krieg 145
- Spanischer Erbfolgekrieg 2, 96, 118, 126, 134–138, 148, 153–156, 214
- Türkenkrieg 2, 138–143, 151, 233–236, 242 f.
  - Langer Türkenkrieg 53, 139, 238
  - Türkenkrieg (1663/64) 95 f., 140, 236
  - Großer Türkenkrieg 96, 98, 130, 141 f., 232 f., 236, 239, 243
  - Türkenkrieg (1716–1718) 143
  - Türkenkrieg (1736–1739) 143
- Villmergerkriege 32, 205
- Zweiter Weltkrieg 192
Krise 1 f., 177, 184, 196, 216, 243 f., 250

Kunst 34, 36, 44, 46, 115, 122, 168 f., 175, 186, 219 f., 224, 228, 245
Kurfürst/Kurwürde 25 f., 29 f., 39, 58 f., 62, 66, 72 f., 75, 93 f., 101, 197, 215
Kurfürstentag (1630) 61–63
Kurie, römische *siehe* Papst
Kuruzzen 98

Land/Landwirtschaft *siehe auch* Bauern 5 f., 8 f., 11–16, 41, 115, 150, 210, 245, 247, 253
Landesherrschaft 10, 16, 27 f., 30, 47, 98 f., 119, 194
Landeshoheit 76, 120
Landesteilung 28
Landesuniversität 42 f.
Landfriede/Ewiger Landfriede 32, 61, 93
Landschaft 25
Lehen, Lehnswesen *siehe auch* Reichslehnswesen 24, 100, 120, 144, 146, 215 f., 240
Leibeigenschaft 12 f.
Levant/Turkey Company 50
Lex Regia 91
Liberalismus 86, 172
Liberum Veto 26
Liga, Katholische 54, 58–60, 62 f., 65
Luthertum 34, 36 f., 39, 52–54, 61, 91, 99, 144, 158 f., 205, 207, 230, 233

Mätresse 181, 189–191
Magdeburger Bluthochzeit 63, 228
Magie 244, 249–251
Magna Charta 103
Magnaten 10, 40, 98, 241
Magnatenverschwörung (Ungarn) 241
Majestätsbrief 54 f.
Makropolitik 176, 219
Mann/Männlichkeit 7–9, 22
Manufaktur 152 f.
Marktstadt 16
Mathematik 44 f., 51
Medien 47 f., 96, 161, 165, 222, 226, 228
Medizin 43, 248
Merkantilismus 86, 171–174

Messe 17, 19, 47, 154
Messrelation 47
Migration 6, 15, 17, 37, 41, 88, 100, 105 f., 140, 150–152, 158, 206 f., 228, 246, 248
Mikropolitik 25, 176, 182, 185, 219
Militär 6, 10 f., 16, 26, 29, 32, 41, 46, 60, 68–70, 77, 79, 85, 88, 92, 114, 127 f., 142, 168, 196, 198, 212, 216 f., 223, 226–229, 231, 235, 237
Militärgrenze 139 f.
Militärische Revolution 227
Mission 37, 46, 49, 51, 163, 202, 220
Mittelalter 10 f., 15, 24, 35, 37, 40, 46, 193, 210, 251
Monarchie/Königswürde 2, 23, 25, 27, 30, 73, 80, 89 f., 100–102, 107, 113, 119–121, 123–125, 129, 138, 167–170, 177, 179–181, 214–216, 219 f.
Monarchomachen 27
Moriskos 37
Museum 45
Musik 34, 46, 122, 175, 186, 219 f.
Muslime *siehe* Islam

Nation 81, 102, 108, 146, 199. 202
Nationalsozialismus 192
Nationalstaat 119, 170, 191, 199, 212
Naturkatastrophe *siehe* Katastrophe
Naturrecht 23, 106, 126, 188
Naturwissenschaft *siehe* Wissen/Wissenschaft
Naturzustand 106
Navigationsakte 116
Negotia remissa 79, 97
Neoabsolutismus 167
Neue Kulturgeschichte *siehe* Cultural Turn
Neunte Kurwürde 97
Neutralität 96, 127, 217
New Model Army 105, 107
Nonkonformisten *siehe* Dissenters
Normaljahr 65, 75, 79, 230
Nürnberger Exekutionstag 79, 231
Nuntius 73 f., 78, 120

Öffentlichkeit 132, 161, 221
Oligarchie 31–33
Oñate-Vertrag 55
Oranierorden 111
Oranische Heeresreform 70, 113
Ormonde 84
Ort (Eidgenossenschaft) 32, 40
Orthodoxie 35, 40, 145, 151
Ostseeherrschaft *siehe Dominium Maris Baltici*

Papiergeld 154
Papsttum 23, 30, 36, 38, 43–45, 72, 74, 78 f., 84, 87, 102 f., 108 f., 120, 122–124, 158, 163, 178, 197, 207–209, 215, 229, 231, 234, 251
Parität 75 f., 93, 205, 230 f.
Parlament (England) 11, 25 f., 38, 102–111, 137
Parlement (Frankreich) 81, 84, 86
Passagen- und Pfortenpolitik 65
Patriziat 31–33, 113
Patronage 24 f., 45, 85 f., 97, 102, 111, 121 f., 176–178, 185–187, 189 f., 197 f., 219
Penal Laws 111
Peregrinatio academica 46
Personalunion 30, 38, 102, 111, 145, 180
Pest 5 f., 150, 247 f.
Petition of Right 103
Peuplierung 173, 206
Pflanzen 45, 165 f.
Pietismus 21, 158, 208
Piraterie 153
Plantagenwirtschaft 49
Pocken 6, 115, 150
Pogrom 41, 145
Policey 24, 178 f.
Politisches Testament 99
Post 47 f., 161
Prädestinationslehre 34, 114
Präliminarfriede
 – Hamburg (1641) 68
 – Stockholm (1719) 149
Präsenzgesellschaft 18, 94, 201

Prager Fenstersturz
 – 1419 56
 – 1618 55 f.
Primogenitur 28
Prinz von Geblüt 81, 85
Privileg 9–11, 15 f., 25, 41, 43, 86, 90, 97, 138, 140, 152, 206
Propaganda 56, 63 f., 84, 96, 100, 104, 106, 130–132, 142, 146, 156, 170, 217, 221, 225 f., 234
Protektion 65 f., 217
Protektorat (England) 106 f.
Protestantismus 9, 21, 34–40, 42 f., 53–57, 64, 98 f., 102, 109, 113, 118, 136, 138, 158 f., 182 f., 195, 202, 204 f., 207, 231, 251
Prozessionen 33, 36, 53
Publizistik 74, 132, 158, 221 f., 233 f., 241 f.
Puritaner 103, 107, 207

Quäker 207
Queer History 182
Quellen 4–6, 22, 162, 182, 186, 190 f., 193, 195, 203, 211, 213, 218, 221–223, 229, 233, 241 f., 248
Querelle des Anciens et des Modernes 160
Querelle des Femmes 9, 188

Rang/Rangordnung/Rangstreit 10, 73, 78, 100, 113, 120 f., 123–125, 131, 183, 189, 194, 198, 201, 214–216, 219, 238–240
Rationalisierung 155
Ratspensionär 113 f., 117 f.
Rechtfertigungslehre 33 f.
Reduktionen 92
Reformation 9, 21, 33, 35, 38, 43, 103, 159, 202, 204
Reformationsrecht 38 f., 204
Reformiertentum *siehe* Calvinismus
Regalien 26
Regensburger Stillstand 130
Regenten 114 f., 117 f.
Regentschaft 8, 29, 67, 81–84, 92, 146, 183–185

Sachregister — **329**

Reichsabschied 53, 55, 79, 124
Reichsacht 53, 59, 61, 96
Reichsdeputationstag 95
Reichserzkanzler 63, 95, 195, 226
Reichsfürst 25, 38, 61, 72, 75, 77, 99, 101, 124, 179, 210
- geistlicher 9, 17, 23, 30, 39, 61, 63, 99, 175, 197, 217
- weltlicher 30, 217
Reichsgerichte 33, 93, 192, 194 f., 198, 200, 252
- Reichshofrat 52-54, 93 f., 195 f.
- Reichskammergericht 53, 93 f., 194 f.
Reichsgraf 10, 19, 30, 99, 124, 199
Reichsgrundgesetz 78 f., 93
Reichshofkanzlei 195
Reichskirche 197 f.
Reichskreis 93, 195 f.
Reichslehnswesen 30, 52, 55, 58 f., 61, 65, 77, 97, 120, 156, 200 f., 215 f.
Reichsmatrikel 65
Reichsöffentlichkeit 94, 200
Reichsprälat 30, 39, 183
Reichsrat (Dänemark) 89-91
Reichsrat (Schweden) 91 f.
Reichsritter 30, 99, 124, 198 f.
Reichsstadt 15 f., 25, 30, 32 f., 38 f., 54, 72, 76 f., 99, 152, 179, 198, 210, 230
Reichsstand 30, 39 f., 53-55, 64 f., 68 f., 72 f., 76 f., 79, 93, 95-98, 101, 120, 124, 131, 136, 159, 179, 192-195, 197 f., 213, 215, 230 f., 238
Reichstag (Heiliges Römisches Reich deutscher Nation) 25, 30, 39, 61, 72, 75-77, 93, 192-194, 198, 230
- 1530 61
- 1608 53 f.
- 1613 55, 68
- 1640/41 68
- 1653/54 79, 94 f., 124
- Immerwährender 95-97, 132, 159, 193
Reichstag (Dänemark) 90
Reichstag (Polen) *siehe* Sejm
Reichstag (Schweden) 91-93
Reichstag (Ungarn) 98

Reichsunmittelbarkeit 77, 124, 182
Reichsvasall *siehe* Reichslehnswesen
Reichsverfassung/Reichsverfasstheit 53, 75, 93-95, 99, 191, 193-201, 224, 230
Reisen 46 f., 153, 242
Religionsfreiheit 40, 107
Religionskriege 106, 205, 222, 225
- Frankreich 27, 37, 80, 205
Remonstranten *siehe* Arminianer
Renaissance 36, 42, 69
Republik/Republikanismus 22, 26 f., 31-34, 73, 105, 112, 114, 119-121, 124, 129, 131, 179, 181, 216, 238
République des Lettres 162
Reservatum ecclesiasticum siehe Geistlicher Vorbehalt
Residenz/Residenzstadt 17 f., 24, 31, 95, 152, 175
Restauration (England) 107 f.
Restitutionsedikt 60 f., 64, 78, 226
Reunion *siehe* Union
Reunionen 130, 133
Revolution *siehe auch* Französische Revolution, *Glorious Revolution*
- 1830 167
- 1848 167
- Englische 1649 *siehe auch* Englischer Bürgerkrieg 171
Rheinbund/Rheinische Allianz 95 f., 234
Rijswijker Klausel 133, 159
Ritterakademie 46
Ritual 180, 201, 215, 228
Römische Königswahl *vivente Imperatore* 61 f., 66, 76, 94 f., 97

Sacco di Mantova 62
Säkularisation 30, 76, 99
Säkularisierung 139, 230
Sakrament 9, 35
Salisches Recht 183
Satisfaktion 67, 76 f.
Schifffahrt 153
Schlacht 66
- Alte Veste (1632) 64
- Breitenfeld (1631) 63 f., 70

- Chocim (1673) 141
- Dessauer Brücke (1626) 60
- Fehrbellin (1675) 100, 130
- Jankau (1645) 69
- Kahlenberg (1683) 141, 232, 234
- Katalaunische Felder (451) 234
- Lützen (1632) 64, 92, 228
- Lutter am Barenberge (1626) 60
- Malplaquet (1709) 137
- Marathon (490 v. Chr.) 234
- Narva (1700) 148
- Naseby (1645) 105
- Nördlingen (1634) 64, 66 f.
- Nyborg (1659) 146
- Oudenaarde (1708) 137
- Peterwardein (1716) 143
- Poltawa (1709) 148
- Ramillies (1706) 137
- Rocroi (1643) 68
- St. Gotthard a. d. Raab (1664) 140, 239
- Tours und Poitiers (732) 234
- Turin (1706) 137
- Warschau (1656) 146
- Weißer Berg (1620) 58, 146
- Wittstock (1636) 66, 228
- Zenta (1697) 141 f.

Scholastik 43, 126, 162
Schule 16, 42
Schwertadel (*Noblesse d'Épée*) 11, 85
Sejm 26
Sephardim 41 f., 116, 210
Seuche 6, 12, 150, 244, 248 f.
Sicherheitsplatz 66, 80, 82 f., 205
Siglo de Oro 3
Silberflotte 20, 48 f.
Sklaverei/Sklavenhandel 49, 116, 136, 138, 164 f.
Söldner 67, 69 f., 127, 231
South Sea Bubble 165
Souveränität 23, 28, 31 f., 73 f., 77 f., 86, 90, 92, 100, 112, 114, 119–125, 130, 146, 168, 184, 212, 215–217
Sozialdisziplinierung *siehe* Disziplinierung
Sozialfürsorge 20 f., 33

Spanische Straße 57, 60
Spionage 32, 122, 220
Sprache(n) 42, 78, 162, 193, 221, 231, 238
Staat/Staatlichkeit *siehe auch* Herrschaft 1, 10, 14 f., 22–24, 80, 86, 155, 173, 199, 213, 227
Staatenbildungskrieg 223, 227
Staatsfinanzen 24, 26, 29, 41, 81, 83, 85–87, 89, 113, 228
Staatsräson 23, 31, 100, 173
Staatsrat (Niederlande) 113
Stadt 5 f., 15–21, 25 f., 41 f., 151 f., 210, 247 f.
Stadtbrand 244, 247
Stadtgründung 16
Stände/Landstände/Provinzialstände *siehe auch* Reichsstände 13, 22, 25–28, 54–57, 59, 89, 91 f., 98–101, 112 f., 115, 117, 119, 159, 171, 179–181
Stände/Ständische Gesellschaft 5, 7–9, 18 f., 22, 49, 123, 149, 152, 245
Statthalterlose Zeit 115, 117 f.
Statthalterschaft 29, 113–115, 117 f., 184 f.
Stehendes Heer 100 f., 127
Steuern 5, 9, 14, 26 f., 59, 81, 83 f., 86 f., 90 f., 102–105
Sturmflut 1, 246
Südseekompanie 165
Sundzoll 89, 149
Superioritas territorialis siehe Landeshoheit
Suprematsakte 38
Synode von Dordrecht 114
Szlachta 10, 26

Tacitismus 23
Täufer 35
Tagsatzung (Eidgenossenschaft) 32, 181
Teilungen Polens 157
Territorialverwaltung 25, 81, 85 f.
Test Act 108 f.
Theologie 35, 43, 45
Tiere 45, 153, 164–166, 175, 246

Toleranz/Toleration 80, 99 f., 116, 159 f., 206, 208, 230
Tories 108 f., 137 f.
Transfer 165, 186, 220 f., 241 f.
Translationsstreit 95
Transnationale Beziehungen 212
Transsubstantiationslehre 33
Tribut 139 f., 238 f.
Tridentinum 33, 36, 39
Tripelallianz 117, 129
Türkenbelagerung Wiens 96, 141, 232, 234 f., 243
Türkenfeindbild 132, 139, 142, 221, 233 f., 236, 242
Türkenhilfe 95, 97
Tulpenmanie 115
Tyrannenmord 27

Überschwemmung 246
Umweltgeschichte 244 f.
Uniformitätsakte 38
Union/Kirchenunion 159, 208 f.
Union, Protestantische 54, 58 f.
Union von Utrecht 27, 112
Universalmonarchie 130, 132, 135 f., 138, 156, 217
Universität 16, 18, 42–44, 46, 162
Untertanenlande (Eidgenossenschaft) 32
Untertanenprozess 194

Vereinigte Ostindische Kompanie (VOC) 49, 116, 163
Verkehr 153
Verneuerte Landesordnung (Böhmen) 59
Versteckte Kirchen 40
Vertrag 124
- Andrussowo (1667) 147
- Bärwalde (1631) 63
- Deulino (1618) 145
- Dover (1670) 108, 129
- München (1619) 58
- Stolbovo (1617) 144
- Teilungsverträge (spanisches Erbe) 129, 135, 156 f.
- Ulm (1620) 58
- Wehlau (1657) 146
- Xanten (1609) 52
Vierklösterstreit 53
Völkerrecht 73, 75, 77, 112, 116, 119–121, 126 f., 166, 196, 200
Votum decisivum 198

Waffenstillstand
- Kötzschenbroda (1647) 69
- Ulm (1647) 69
- Zwölfjähriger 52, 112–114
Wahlkapitulation
- Dänemark (Handfeste) 26, 89 f.
- Reich 26, 95, 97, 197
Wahlmonarchie 23, 26, 57, 91 f.
Waldenser 150 f., 158, 207
Wallfahrt 33, 36
Weltbild 166, 245
- geozentrisches (ptolemäisches) 44
- heliozentrisches 44
Westindische Kompanie (WIC) 49, 116
Westphalian System 216
Whig-Historiographie 168
Whigs 108–111
Widerstandsrecht 27 f., 35, 91, 98, 181
Wildfangstreit 96
Wissen/Wissenschaft 42–46, 51, 115 f., 160–162, 164–166, 169, 187, 242, 246, 249
Wissenschaftliche Revolution 44
Wunderkammer 45 f.

Zeitschrift 161
Zeitung 47 f.
Zensur 45, 116, 161
Zeremoniell 31, 73 f., 78, 123 f., 171, 180, 194, 201, 214–216, 220, 231
Zivilisierung 155
Zölibat 35
Zugewandter Ort (Eidgenossenschaft) 32
Zunft 18, 20, 25, 152
Zusammengesetzte Staatlichkeit 29 f., 32, 98, 101 f., 111, 180 f., 223

Oldenbourg Grundriss der Geschichte

Herausgegeben von Hans Beck, Karl-Joachim Hölkeskamp, Achim Landwehr, Benedikt Stuchtey und Steffen Patzold

Band 1a
Wolfgang Schuller
Griechische Geschichte
6., akt. Aufl. 2008. 275 S., 4 Karten
ISBN 978-3-486-58715-9

Band 1b
Hans-Joachim Gehrke
Geschichte des Hellenismus
4. durchges. Aufl. 2008. 328 S.
ISBN 978-3-486-58785-2

Band 2
Jochen Bleicken
Geschichte der Römischen Republik
6. Aufl. 2004. 342 S.
ISBN 978-3-486-49666-6

Band 3
Werner Dahlheim
Geschichte der Römischen Kaiserzeit
3., überarb. und erw. Aufl. 2003. 452 S., 3 Karten
ISBN 978-3-486-49673-4

Band 4
Jochen Martin
Spätantike und Völkerwanderung
4. Aufl. 2001. 336 S.
ISBN 978-3-486-49684-0

Band 5
Reinhard Schneider
Das Frankenreich
4., überarb. und erw. Aufl. 2001. 224 S., 2 Karten
ISBN 978-3-486-49694-9

Band 6
Johannes Fried
Die Formierung Europas 840–1046
3., überarb. Aufl. 2008. 359 S.
ISBN 978-3-486-49703-8

Band 7
Hermann Jakobs
Kirchenreform und Hochmittelalter 1046–1215
4. Aufl. 1999. 380 S.
ISBN 978-3-486-49714-4

Band 8
Ulf Dirlmeier/Gerhard Fouquet/Bernd Fuhrmann
Europa im Spätmittelalter 1215–1378
2. Aufl. 2009. 390 S.
ISBN 978-3-486-58796-8

Band 9
Erich Meuthen
Das 15. Jahrhundert
4. Aufl., überarb. v. Claudia Märtl 2006. 343 S.
ISBN 978-3-486-49734-2

Band 10
Heinrich Lutz
Reformation und Gegenreformation
5. Aufl., durchges. und erg. v. Alfred Kohler 2002. 283 S.
ISBN 978-3-486-48585-2

Band 11
Heinz Duchhardt / Matthias Schnettger
Barock und Aufklärung
5., überarb. u. akt. Aufl. des Bandes
„Das Zeitalter des Absolutismus" 2015.
302 S.
ISBN 978-3-486-76730-8

Band 12
Elisabeth Fehrenbach
Vom Ancien Régime zum Wiener Kongreß
5. Aufl. 2008. 323 S., 1 Karte
ISBN 978-3-486-58587-2

Band 13
Dieter Langewiesche
Europa zwischen Restauration und Revolution 1815–1849
5. Aufl. 2007. 261 S., 4 Karten.
ISBN 978-3-486-49734-2

Band 14
Lothar Gall
Europa auf dem Weg in die Moderne 1850–1890
5. Aufl. 2009. 332 S., 4 Karten
ISBN 978-3-486-58718-0

Band 15
Gregor Schöllgen/Friedrich Kießling
Das Zeitalter des Imperialismus
5., überarb. u. erw. Aufl. 2009. 326 S.
ISBN 978-3-486-58868-2

Band 16
Eberhard Kolb/Dirk Schumann
Die Weimarer Republik
8., aktualis. u. erw. Aufl. 2012. 349 S., 1 Karte
ISBN 978-3-486-71267-4

Band 17
Klaus Hildebrand
Das Dritte Reich
7., durchges. Aufl. 2009. 474 S., 1 Karte
ISBN 978-3-486-59200-9

Band 18
Jost Dülffer
Europa im Ost-West-Konflikt 1945–1991
2004. 304 S., 2 Karten
ISBN 978-3-486-49105-0

Band 19
Rudolf Morsey
Die Bundesrepublik Deutschland
Entstehung und Entwicklung bis 1969
5., durchges. Aufl. 2007. 343 S.
ISBN 978-3-486-58319-9

Band 19a
Andreas Rödder
Die Bundesrepublik Deutschland 1969–1990
2003. 330 S., 2 Karten
ISBN 978-3-486-56697-0

Band 20
Hermann Weber
Die DDR 1945–1990
5., aktual. Aufl. 2011. 384 S.
ISBN 978-3-486-70440-2

Band 21
Horst Möller
Europa zwischen den Weltkriegen
1998. 278 S.
ISBN 978-3-486-52321-8

Band 22
Peter Schreiner
Byzanz
4., aktual. Aufl. 2011. 340 S., 2 Karten
ISBN 978-3-486-70271-2

Band 23
Hanns J. Prem
Geschichte Altamerikas
2., völlig überarb. Aufl. 2008. 386 S.,
5 Karten
ISBN 978-3-486-53032-2

Band 24
Tilman Nagel
Die islamische Welt bis 1500
1998. 312 S.
ISBN 978-3-486-53011-7

Band 25
Hans J. Nissen
Geschichte Alt-Vorderasiens
2., überarb. u. erw. Aufl. 2012. 309 S.,
4 Karten
ISBN 978-3-486-59223-8

Band 26
Helwig Schmidt-Glintzer
Geschichte Chinas bis zur mongolischen Eroberung 250 v. Chr.–1279 n. Chr.
1999. 235 S., 7 Karten
ISBN 978-3-486-56402-0

Band 27
Leonhard Harding
Geschichte Afrikas im 19. und 20. Jahrhundert
2., durchges. Aufl. 2006. 272 S.,
4 Karten
ISBN 978-3-486-57746-4

Band 28
Willi Paul Adams
Die USA vor 1900
2. Aufl. 2009. 294 S.
ISBN 978-3-486-58940-5

Band 29
Willi Paul Adams
Die USA im 20. Jahrhundert
2. Aufl., aktual. u. erg. v. Manfred Berg
2008. 302 S.
ISBN 978-3-486-56466-0

Band 30
Klaus Kreiser
Der Osmanische Staat 1300–1922
2., aktual. Aufl. 2008. 262 S., 4 Karten
ISBN 978-3-486-58588-9

Band 31
Manfred Hildermeier
Die Sowjetunion 1917–1991
3. überarb. und akt. Aufl. 2016. XXX S.
ISBN 978-3-486-71848-5

Band 32
Peter Wende
Großbritannien 1500–2000
2001. 234 S., 1 Karte
ISBN 978-3-486-56180-7

Band 33
Christoph Schmidt
Russische Geschichte 1547–1917
2. Aufl. 2009. 261 S., 1 Karte
ISBN 978-3-486-58721-0

Band 34
Hermann Kulke
Indische Geschichte bis 1750
2005. 275 S., 12 Karten
ISBN 978-3-486-55741-1

Band 35
Sabine Dabringhaus
Geschichte Chinas 1279–1949
3. akt. und überarb. Aufl. 2015. 324 S.
ISBN 978-3-486-78112-0

Band 36
Gerhard Krebs
Das moderne Japan 1868–1952
2009. 249 S.
ISBN 978-3-486-55894-4

Band 37
Manfred Clauss
Geschichte des alten Israel
2009. 259 S., 6 Karten
ISBN 978-3-486-55927-9

Band 38
Joachim von Puttkamer
Ostmitteleuropa im 19. und 20. Jahrhundert
2010. 353 S., 4 Karten
ISBN 978-3-486-58169-0

Band 39
Alfred Kohler
Von der Reformation zum Westfälischen Frieden
2011. 253 S.
ISBN 978-3-486-59803-2

Band 40
Jürgen Lütt
Das moderne Indien 1498 bis 2004
2012. 272 S., 3 Karten
ISBN 978-3-486-58161-4

Band 41
Andreas Fahrmeir
Europa zwischen Restauration, Reform und Revolution 1815–1850
2012. 228 S.
ISBN 978-3-486-70939-1

Band 42
Manfred Berg
Geschichte der USA
2013. 233 S.
ISBN 978-3-486-70482-2

Band 43
Ian Wood
Europe in Late Antiquity
2020. 288 S.
ISBN 978-3-11-035264-1

Band 44
Klaus Mühlhahn
Die Volksrepublik China
2017. 324 S.
ISBN 978-3-11-035530-7

Band 45
Jörg Echternkamp
Das Dritte Reich. Diktatur, Volksgemeinschaft, Krieg
2018. 344 S., 2 Karten
ISBN 978-3-486-75569-5

Band 46
Christoph Ulf/Erich Kistler
Die Entstehung Griechenlands
2019. 328 S., 26 Abb.
ISBN 978-3-486-52991-3

Band 47
Steven Vanderputten
Medieval Monasticisms
2020. 304 S.
ISBN 978-3-11-054377-3

Band 48
Christine Hatzky/Barbara Potthast
Lateinamerika 1800–1930
2021, 370 S., 2 Karten
ISBN 978-3-11-034999-3

Band 49
Christine Hatzky/Barbara Potthast
Lateinamerika seit 1930
2021, 416 S., 1 Karte
ISBN 978-3-11-073522-2

Band 50/1
Raimund Schulz/Uwe Walter
Griechische Geschichte ca. 800–322
v. Chr.
Band 1: Darstellung
2022. 278 S., 7 Karten
ISBN 978-3-486-58831-6

Band 50/2
Raimund Schulz/Uwe Walter
Griechische Geschichte ca. 800–322
v. Chr.
Band 2: Forschung und Literatur
2022. 378 S.
ISBN 978-3-11-076245-7

Band 51
Peter-Franz Mittag
Geschichte des Hellenismus
2023. 348 S., 2 Karten
ISBN 978-3-11-064859-1

Band 52
Jörg Requate
Europa an der Schwelle zur Hochmoderne (1870-1890)
2023. 350 S., 3 Karten
ISBN 978-3-11-035937-4

Band 53
Friedrich Kießling
Europa im Zeitalter des Imperialismus 1890–1918
2023. 385 S.
ISBN 978-3-486-76385-0

www.ingramcontent.com/pod-product-compliance
Lightning Source LLC
Chambersburg PA
CBHW052055230426
43662CB00037B/1870